Horizonte 4

Geschichte Gymnasium Niedersachsen

Herausgegeben von
Ulrich Baumgärtner
Hans-Jürgen Döscher

Erarbeitet von
Christopher Andres
Ulrich Baumgärtner
Dieter Bode
Hans-Jürgen Döscher
Peter Heldt
Diethard Hennig
Gregor Meilchen
Christine Stangl
Stefan Stadler
Wolf Weigand
Barbara Weiß
Stefan Wolle

Fachwissenschaftliche Beratung
Prof. Dr. Edgar Wolfrum

westermann

Eine kommentierte Linkliste befindet sich unter:
www.westermann.de/gymnasium/geschichte.xtp

Westermann Schroedel Diesterweg Schöningh Winklers GmbH, Braunschweig
www.westermann.de

Druck A[1] / Jahr 2007
Alle Drucke der Serie A sind im Unterricht parallel verwendbar.

Redaktion: Christoph Meyer, Dorle Bennöhr
Herstellung: Udo Sauter
Typografie: Thomas Schröder
Satz: pva, Druck und Medien-Dienstleistungen GmbH, Landau
Druck und Bindung: westermann druck GmbH, Braunschweig

ISBN 3-14-**111038**-8

Inhalt

Methodenseiten im Überblick:

Vertiefung:

Wahlplakat der DNVP von 1924

„Der blaue Engel“
Filmplakat, 1930

Novemberrevolution
Revoltierende Soldaten am 9. November 1918 am Brandenburger Tor in Berlin

Nationaltheater in Weimar

Fackelzug durchs Brandenburger Tor, 30.1.1933

Geldschein von 1923

2. Extraausgabe. Sonnabend, den 9. November 1918.

Vorwärts

Berliner Volksblatt.
Zentralorgan der sozialdemokratischen Partei Deutschlands.

Der Kaiser hat abgedankt!

Der Reichskanzler hat folgenden Erlaß herausgegeben:

Seine Majestät der Kaiser und König haben sich entschlossen, dem Throne zu entsagen.

Der Reichskanzler bleibt noch so lange im Amte, bis die mit der Abdankung Seiner Majestät, dem Thronverzichte Seiner Kaiserlichen und Königlichen Hoheit des Kronprinzen des Deutschen Reichs und von Preußen und der Einsetzung der Regentschaft verbundenen Fragen geregelt sind. Er beabsichtigt, dem Regenten die Ernennung des Abgeordneten Ebert zum Reichskanzler und die Vorlage eines Gesetzentwurfs wegen der Ausschreibung allgemeiner Wahlen für eine verfassunggebende deutsche Nationalversammlung vorzuschlagen, der es obliegen würde, die künftige Staatsform des deutschen Volks einschließlich der Volksteile, die ihren Eintritt in die Reichsgrenzen wünschen sollten, endgültig festzustellen.

Berlin, den 9. November 1918. Der Reichskanzler.
Prinz Max von Baden.

Es wird nicht geschossen!

Der Reichskanzler hat angeordnet, daß seitens des Militärs von der Waffe kein Gebrauch gemacht werde.

Parteigenossen! Arbeiter! Soldaten!

Soeben sind das Alexanderregiment und die vierten Jäger geschlossen zum Volke übergegangen. Sozialdemokratische Reichstagsabgeordnete Wels u. a. haben zu den Truppen gesprochen. Offiziere haben sich den Soldaten angeschlossen.

Der sozialdemokratische Arbeiter- und Soldatenrat.

M 1 Extra-Ausgabe
„Vorwärts" vom 9. November

Die Deutsche Revolution 1918/19

Ein historischer Tag

Am 9. November 1918 überschlugen sich in der Reichshauptstadt Berlin die Ereignisse. Am Vormittag legte ein Generalstreik das gesamte Wirtschaftsleben lahm: Um 12 Uhr gab Reichskanzler Max von Baden eigenmächtig die Abdankung Wilhelms II. und den Thronverzicht des Kronprinzen bekannt. Zugleich übertrug er sein Amt an Friedrich Ebert, den Vorsitzenden der MSPD. Während des Krieges hatte sich die SPD gespalten. Ein Teil hatte sich als „unabhängige Sozialdemokratische Partei Deutschlands" selbstständig gemacht und sich von den „Mehrheitssozialdemokraten" (MSPD) getrennt. Damit übernahm zum ersten Mal ein Sozialdemokrat das höchste Regierungsamt. Ohne Ebert zu informieren, rief sein Parteifreund, Philipp Scheidemann, gegen 14 Uhr die „Deutsche Republik" aus und kam damit der Ausrufung einer Sowjetrepublik nach russischem Vorbild zuvor. Zwei Stunden später proklamierte nämlich Karl Liebknecht die „Sozialistische Republik" und forderte die „Weltrevolution". Am Abend des 9. November einigten sich schließlich die MSPD und die USPD darauf, eine provisorische Regierung zu bilden. Diese trug den Namen „Rat der Volksbeauftragten" und sollte bis zur Wahl einer Nationalversammlung die politische Verantwortung in Deutschland übernehmen. Das deutsche Kaiserreich hatte damit aufgehört zu bestehen.

Wie kam es dazu?

Nachdem das kommunistische Russland Anfang 1918 im Frieden von Brest-Litowsk riesige Gebiete hatte abtreten müssen, versuchten die deutschen Armeen mit einer groß angelegten Frühjahrsoffensive die militärische Entscheidung auch im Westen zu erzwingen. Im Lauf des Sommers zeichnete sich ab, dass diese Aktion erfolglos verlief. Zudem forderten die USA die Demokratisierung Deutschlands: Die konstitutionelle Monarchie, in der zwar eine Verfassung existierte, sollte in eine parlamentarische umgewandelt werden. Die Regierung sollte

M 2 Novemberrevolution
Soldaten am 9. November 1918 am Brandenburger Tor in Berlin, nachträglich kolorierte Fotografie

M 3 Friedrich Ebert (1871–1925)

M 4 Rosa Luxemburg (1870–1919)

M 5 Karl Liebknecht (1871–1919)

künftig vom Vertrauen des Reichstages und nicht mehr nur vom Kaiser abhängig sein. Doch diese so genannte Oktoberreform kam zu spät. Als Anfang November 1918 der Befehl gegeben wurde, dass die Kriegsflotte auslaufen solle, kam es zu Meutereien und Unruhen in den Kieler Werften und Rüstungsbetrieben, die sich schnell in ganz Deutschland ausbreiteten.

Die Räte übernehmen die Macht

Aufständische Soldaten und Arbeiter wählten Vertreter, die ihre Interessen wahrnehmen sollten. In diesen Soldaten- und Arbeiterräten arbeiteten meistens Mitglieder der MSPD und der USPD. Die Rätebewegung breitete sich in den ersten Novembertagen in ganz Deutschland aus, im landwirtschaftlich geprägten Bayern entstanden auch Bauernräte. Neben der Rätebewegung agierte der am 9. November eingerichtete Rat der Volksbeauftragten. Nur die beiden sozialistischen Parteien und gewählte Arbeiter- und Soldatenräte bestimmten das politische Geschehen. Die bürgerlichen Parteien, Zentrum und Liberale, waren von den Entscheidungen ausgeschlossen. Allerdings hatte General Groener Friedrich Ebert zugesagt, dass sich die Armee, um sich gegenüber den Soldatenräten zu behaupten, der neuen sozialdemokratischen Regierung unterstellen werde.

Räteherrschaft oder parlamentarische Demokratie?

Wie die politische Ordnung Deutschlands aussehen sollte, war unter den Revolutionären umstritten. Eine Richtung forderte eine Herrschaft der Räte, die direkt vom Volk gewählt, aber auch abgewählt werden konnten. Sie sollten gesetzgeberische, ausführende und richterliche Befugnisse haben, das heißt, es war keine Gewaltenteilung vorgesehen.

Eine andere Richtung wollte eine Volksvertretung mit gewählten Abgeordneten, die jedoch nicht an die Vorgaben ihrer Parteien gebunden sein sollten. Das Parlament sollte nur gesetzgeberische Rechte haben. In den ersten Tagen der Revolution waren jedoch schon Vorentscheidungen gefallen. So vereinbarten Friedrich Ebert und General Wilhelm Groener zusammenzuarbeiten, um eine Ausweitung der Revolution zu verhindern. Auch Unternehmer und Gewerkschaften einigten sich darauf, auf Enteignungen von Industriebetrieben zu verzichten.

Im Dezember trat in Berlin ein gesamtdeutscher Rätekongress zusammen, der sich mit überwältigender Mehrheit für die parlamentarische Demokratie entschied. In der neu gegründeten KPD, der Kommunistischen Partei Deutschlands, sammelten sich diejenigen, die weiterhin am Ziel einer Räterepublik festhielten und durch eine gewaltsame Revolution die bestehenden Verhältnisse beseitigen wollten. Sie versuchten mit dem so genannten Spartakus-Aufstand, die für Januar 1919 geplanten Wahlen zu verhindern. Die Regierung setzte zur Niederschlagung Freikorps ein, die sich aus entlassenen Soldaten zusammensetzten und die der Revolution ablehnend gegenüberstanden. Die verhafteten KPD-Führer Rosa Luxemburg und Karl Liebknecht wurden dabei ermordet. Als am 19. Januar 1919 die Wahl zur verfassungsgebenden Nationalversammlung stattfand, war die Revolution beendet, die am 9. November 1918 begonnen hatte. Nun ging es darum, eine neue politische Ordnung zu schaffen.

M 6 Ausrufung der Republik
Philipp Scheidemann am 9. November 1918 an einem Fenster des Reichstages in Berlin, Fotografie

M 7 „Die Deutsche Republik"

Philipp Scheidemann rief am 9. November gegen 14 Uhr die „Deutsche Republik" aus:

Arbeiter und Soldaten!
Furchtbar waren die vier Kriegsjahre, grauenhaft waren die Opfer, die das Volk an Gut und Blut hat bringen müssen. Der unglückselige Krieg ist zu Ende. Das Morden ist vorbei. Die Folgen des Krieges, Not und Elend, werden noch viele Jahre lang auf uns lasten. Die Niederlage, die wir unter allen Umständen verhüten wollten, ist uns nicht erspart geblieben, weil unsere Verständigungsvorschläge sabotiert wurden, wir selbst wurden verhöhnt und verleumdet. Die Feinde des werktätigen Volkes, die wirklichen „inneren Feinde", die Deutschlands Zusammenbruch verschuldet haben, sind still und unsichtbar geworden. Das waren die Daheimkrieger, die ihre Eroberungsforderungen bis zum gestrigen Tage ebenso aufrechterhielten, wie sie den verbissensten Kampf gegen jede Reform der Verfassung und besonders des schändlichen preußischen Wahlsystems geführt haben. Diese Volksfeinde sind hoffentlich für immer erledigt.

Der Kaiser hat abgedankt. Er und seine Freunde sind verschwunden. Über sie alle hat das Volk auf der ganzen Linie gesiegt! Der Prinz Max von Baden hat sein Reichskanzleramt dem Abgeordneten Ebert übergeben. Unser Freund wird eine Arbeiterregierung bilden, der alle sozialistischen Parteien angehören werden. Die neue Regierung darf nicht gestört werden in ihrer Arbeit für den Frieden, in der Sorge um Brot und Arbeit. Arbeiter und Soldaten! Seid euch der geschichtlichen Bedeutung dieses Tages bewusst. Unerhörtes ist geschehen. Große und unübersehbare Arbeit steht uns bevor.
Alles für das Volk, alles durch das Volk! Nichts darf geschehen, was der Arbeiterbewegung zur Unehre gereicht. Seid einig treu und pflichtbewusst! Das Alte und Morsche, die Monarchie ist zusammengebrochen. Es lebe das Neue! Es lebe die Deutsche Republik!

Geschichte in Quellen, hrsg. von W. Lautemann und M. Schlenke, Weltkriege und Revolutionen 1914–1945, München 1975, S. 114.

M 8 „Die freie sozialistische Republik"

Karl Liebknecht proklamierte am 9. November 1918 gegen 16 Uhr auf einer Massenversammlung in Berlin die „Sozialistische Republik":

Der Tag der Revolution ist gekommen. Wir haben den Frieden erzwungen. Der Friede ist in diesem Augenblick geschlossen. Das Alte ist nicht mehr. Die Herrschaft der Hohenzollern, die in diesem Schloss jahrhundertelang gewohnt haben, ist vorüber [...].
Parteigenossen, ich proklamiere die freie sozialistische Republik Deutschland, die alle Stämme umfassen soll, in der es keine Knechte mehr geben wird, in der jeder ehrliche Arbeiter den ehrlichen Lohn seiner Arbeit finden wird. Die Herrschaft des Kapitalismus, der Europa in ein Leichenfeld verwandelt hat, ist gebrochen [...].
Wir müssen alle Kräfte anspannen, um die Regierung der Arbeiter und Soldaten aufzubauen und eine neue staatliche Ordnung des Proletariats zu schaffen, eine Ordnung des Friedens, des Glücks und der Freiheit unserer deutschen Brüder und unserer Brüder in der ganzen Welt. Wir reichen ihnen die Hände und rufen sie zur Vollendung der Weltrevolution auf.

Geschichte in Quellen, hrsg. von W. Lautemann und M. Schlenke, Weltkriege und Revolutionen 1914–1945, München 1975, S. 115.

M 9 Der November in der Fachliteratur

Der Historiker Heinrich August Winkler bietet in seinem Buch „Der lange Weg nach Westen" einen Überblick über die Bedeutung des 9.11.1918:

Die Aushöhlung überlieferter Wertmaßstäbe durch den Krieg, die immer deutlicher sich abzeichnende militärische Niederlage der Mittelmächte und die Ausdehnung „schwarzer Märkte" als Folge des wirtschafts- und währungspolitischen Systemversagens: So lässt sich die Trias von Faktoren umreißen, die [...] den Zusammenbruch des Kaiserreichs verursachten. Die Verkörperung des alten Systems war der Kaiser. Er trug, so sahen es die breiten Massen, die oberste Verantwortung für die Dauer und den katastrophalen Ausgang des Krieges wie für die materiellen Entbehrungen des Volkes, und weil der uneinsichtig war, musste er gehen. Wilsons „Vierzehn Punkte" hatten den Glauben genährt, dass Deutschland auf einen gerechten Frieden hoffen durfte, wenn es sein politisches System demokratisierte. Die Sehnsucht nach Frieden förderte also den Wunsch nach Demokratie. Hinter diesen beiden Zielen stand im Herbst 1918 eine breite Mehrheit: Sie bildete den Kern eines zwar nicht allumfassenden, aber doch klassen- und konfessionsübergreifenden Konsenses am Vorabend des 9. November 1918 und in den ersten Wochen danach.

Ein gutes Maß an Demokratie war am 9. November 1918 bereits erreicht. Die Deutschen kannten seit der Reichsgründung von 1871 [...] das allgemeine gleiche Reichstagswahlrecht für Männer. Am 8. November 1918 hatten sich die Mehrheitsparteien darauf verständigt, dieses Wahlrecht auf alle Bundesstaaten, also auch Preußen, zu übertragen und auch den Frauen das aktive und passive Wahlrecht zu geben. Überdies wurde Deutschland seit dem 3. Oktober 1918 de facto und seit dem 28. Oktober de jure parlamentarisch regiert. Doch das eigenmächtige Vorgehen des Kaisers, der Armee und der Seekriegsleitung in den Tagen seit der Verfassungsreform machte deutlich , dass das neue parlamentarische System nur auf dem Papier stand, und die interfraktionellen Abmachungen vom 8. November kamen zu spät, um am Ablauf der Ereignisse noch etwas zu ändern.

Die Revolution von unten brach aus, weil die Revolution von oben, in Gestalt des Regimewandels vom Oktober, gescheitert war – gescheitert an militärischer Obstruktion [Widerstand]. Die Obstruktion des Militärs, und hier in erster Linie der Seekriegsleitung, machte es unmöglich, die Institution der Monarchie aufrechtzuerhalten. Zusammenbruch, Obstruktion und Revolution führten zur Proklamation der Deutschen Republik am 9. November 1918. Die Revolution war damit noch nicht zu Ende. Es war nur ein neuer Abschnitt in der Geschichte der deutschen Revolution, der an jenem Tag begann.

Heinrich August Winkler, Der lange Weg nach Westen. Deutsche Geschichte 1806–1933, München 2000, S. 376 f.

Aufgaben

1. a) Stelle dar, wie es im November 1918 zu einer Revolution in Deutschland kam.
   b) Welche Ursachen waren dafür verantwortlich?
   → Text
2. a) Stelle mit eigenen Worten die grundsätzlichen Unterschiede zwischen Rätesystem und parlamentarischer Diskussion dar.
   b) Erwäge die Vor- und Nachteile der beiden Modelle.
   → Text
3. a) Fasse die wichtigsten Aussagen der Reden von Scheidemann und Liebknecht zusammen.
   b) Vergleiche die beiden Aufrufe.
   → M7, M8
4. Welche Rolle spielte Friedrich Ebert im Verlauf der Ereignisse?
   → Text
5. Worin sieht der Historiker Heinrich August Winkler die Ursache für die Revolution?
   → M9
6. Informiere dich, ob heute noch an wichtige Personen der Revolution 1918 gedacht wird (Friedrich Ebert, Philipp Scheidemann, Karl Liebknecht, Rosa Luxemburg).
   → M3–M5, Lexikon oder Internet

Die Gründung der Weimarer Republik

Der Name „Weimarer Republik“
Warum hieß der neue Staat „Weimarer“ und nicht „Berliner Republik“? Nach der Wahl zur Nationalversammlung traten die Mitglieder des neuen Parlaments in Weimar zusammen, um eine Verfassung für den neuen Staat auszuarbeiten. Die Aufstände in der Hauptstadt hatten sie bewogen, das unruhige Berlin zu verlassen und sich in die durch Goethe und Schiller berühmt gewordene thüringische Kleinstadt zu begeben. In Weimar wählten die Abgeordneten Friedrich Ebert zum ersten Reichspräsidenten, sein Parteifreund Philipp Scheidemann wurde Reichskanzler, und die Reichsregierung bestand aus einer bürgerlich-sozialdemokratischen Koalition. SPD, Zentrum und Linksliberale bildeten die „Weimarer Koalition“, die auf dem Boden der parlamentarischen Demokratie und der republikanischen Staatsform stand.

Die Weimarer Reichsverfassung
Die provisorische Regierung Scheidemann wollte den verfassungslosen Zustand schnell überwinden und dem unruhigen Land eine Konstitution geben, in der sich auch die Errungenschaften der Revolution niederschlagen sollten. Am Ende ausführlicher und leidenschaftlicher Diskussionen in der Nationalversammlung von Weimar verabschiedeten die Abgeordneten im Sommer 1919 die Weimarer Verfassung, die Reichspräsident Ebert am 11. August unterzeichnete.

Sie war zum einen durch die starke Stellung des Reichspräsidenten gekennzeichnet, den das Volk direkt wählte und der in Krisenzeiten besondere Vollmachten erhielt. Aufgrund seiner Machtfülle wurde er als „Ersatzkaiser“ bezeichnet.

M 1

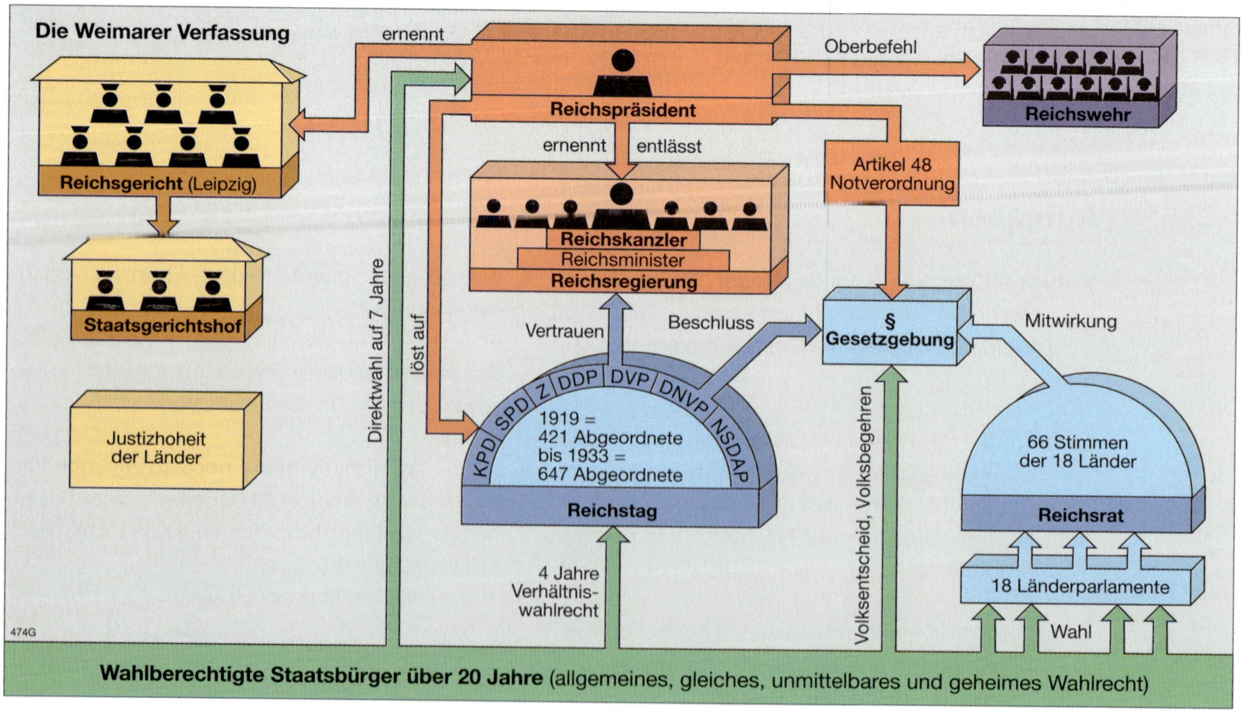

M 2 Weibliche Abgeordnete
Bei den Wahlen zur Nationalversammlung 1919 hatten Frauen zum ersten Mal aktives und passives Wahlrecht, Fotografie.

Zum anderen gewann der Reichstag gegenüber dem Kaiserreich an Macht, da die Regierung vom Parlament abhängig war. Zum ersten Mal in der deutschen Parlamentsgeschichte konnten auch Frauen wählen und gewählt werden. Da auch die kleinsten Parteien gemäß ihrem Stimmenanteil im Parlament vertreten waren, gestaltete sich die Regierungsbildung oft sehr schwierig. Schließlich hatten die Bürger die Möglichkeit, durch Volksentscheide (Plebiszite) direkt Einfluss auf die Politik auszuüben. Da die Weimarer Verfassung nur die politische Entscheidungsfindung regeln wollte und keine Vorkehrungen gegen Feinde der Demokratie vorsah, wird die Weimarer Reichsverfassung als „wertneutral" bezeichnet.

Parteien in der Weimarer Republik
Die Republik von Weimar war ein Parteienstaat. Zum ersten Mal in der deutschen Geschichte hatten die Parteien Einfluss auf die Regierungsbildung und die Besetzung wichtiger Ämter. Während sie im Kaiserreich im „Vorhof der Macht" blieben, gelangten sie in der Republik an die „Schaltstellen des Staates".

Das Parteiensystem des Kaiserreiches blieb trotz der Revolution im Wesentlichen erhalten. Auch die weltanschauliche Gebundenheit der Parteien lebte weiter. Die Konservativen sammelten sich vor allem in der Deutschnationalen Volkspartei (DNVP), die Liberalen in der Deutschen Demokratischen Partei (DDP) und der Deutschen Volkspartei (DVP), die Katholiken im Zentrum (Z) beziehungsweise in Bayern in der Bayerischen Volkspartei (BVP) und die Sozialdemokraten in der SPD und der USPD. Hinzu kamen die KPD und zahlreiche kleinere Splitterparteien.

M 3 Wahlplakat von 1919

Wahlen in der Weimarer Republik
Bei der ersten Wahl Anfang 1919 entschied sich die große Mehrheit für die Weimarer Koalition. Allerdings war dieses Regierungsbündnis nicht von langer Dauer, sodass Parteien, die der Republik distanziert, ablehnend oder sogar feindlich gegenüberstanden, in der Folgezeit immer wieder mitregierten. Dies trug nicht zur Stabilität des jungen Staates bei. Nach der Verfassungsgebung kehrte der Reichstag wieder nach Berlin zurück. Auch wenn die Hauptstadt nun das politische Zentrum war, blieb der Name „Weimarer Republik" erhalten.

Der Versailler Vertrag

Der Abschluss des Friedensvertrags

„Welche Hand müsste nicht verdorren, die sich und uns in diese Fesseln legt“, urteilte Reichskanzler Scheidemann über den Friedensvertrag mit Deutschland – den Vertrag von Versailles, der am 28. Juni 1919 in Versailles bei Paris unterzeichnet wurde und im Januar 1920 in Kraft trat. Vorausgegangen war der Waffenstillstand am 11. November 1918 – also zwei Tage nach der Revolution. Der Vertrag wurde von einer deutschen Kommission unter dem Zentrumspolitiker Matthias Erzberger unterzeichnet, also nicht die Krieg führenden Militärs, sondern zivile Politiker der Revolutionsregierung schlossen den Waffenstillstand.

Im Mai 1919 übergaben die Sieger ihre Forderungen, die bei allen Parteien in der Nationalversammlung und bei der Bevölkerung auf einmütige Ablehnung stießen. Da sich Deutschland durch die Errichtung einer Republik dem politischen System des Westens angepasst hatte, war ein milder Frieden erwartet worden. Doch die „großen Drei“, der US-Präsident Wilson, der britische Premier Lloyd George und der französische Ministerpräsident Clemenceau, zeigten kein Entgegen-

M 1

kommen. Die deutschen Vertreter wurden von den Verhandlungen ausgeschlossen, und die Siegermächte erzwangen die Annahme des Friedensvertrages mit der Drohung, in Deutschland einzumarschieren und das Land militärisch zu besetzen. Parallel dazu wurden in den Pariser Vororten Saint Germain-en-Laye und Trianon mit Bulgarien, der Türkei und Österreich-Ungarn separate Friedensverträge abgeschlossen. Sie bedeuteten das Ende des Habsburger Vielvölkerstaates.

Die Bestimmungen

Der Vertrag von Versailles legte die Alleinschuld Deutschlands und seiner Verbündeten am Ausbruch des Ersten Weltkrieges fest und führte bis ins Kleinste alle Forderungen auf, die das Reich gegenüber den Siegern zu erfüllen hatte. Der Kriegsschuldartikel 231 diente dabei als Begründung für die Zahlung von Entschädigungen, so genannten Reparationen, deren endgültige Höhe später bestimmt werden sollte. Deutschland musste Gebiete wie zum Beispiel Elsass-Lothringen abtreten, ohne dass die Bevölkerung gefragt wurde. In anderen Gebieten sollten Volksabstimmungen stattfinden. Danzig wurde zur „Freien Stadt" unter Aufsicht des Völkerbundes erklärt. Das linke Rheinufer und ein 50 km breiter Gebietsstreifen rechts des Rheins wurden entmilitarisiert.

Neben Kriegsschuld, Reparationen und Gebietsverlusten wurde Deutschland auch entmilitarisiert: An die Stelle der allgemeinen Wehrpflicht sollte ein Berufsheer mit 100 000 Mann treten. Fast das gesamte Kriegsmaterial musste abgeliefert werden. Zudem wurde gefordert, dass die Regierung „Kriegsverbrecher" ausliefert und dass Kaiser Wilhelm II. unter Anklage gestellt wird.

M 2 **Gegen den Versailler Vertrag**
Postkarte, um 1920

Revisionspolitik und Dolchstoßlegende

Ziel der deutschen Außenpolitik in den folgenden Jahren war eine Änderung dieses Friedensvertrages durch Verhandlungen. Diese Politik wurde als Revisionspolitik bezeichnet. In der öffentlichen Diskussion spielte in diesem Zusammenhang die Dolchstoßlegende eine wichtige Rolle. Diese Unterstellung besagte, dass die Deutschen den Krieg nur deswegen verloren hätten, weil ihre Armee von „hinten" erdolcht worden sei. Nicht im äußeren Gegner, sondern bei denjenigen, die den Umsturz im Innern herbeigeführt hatten, sahen diese Gruppen die Verantwortlichen für die militärische Niederlage Deutschlands. Diese wurden als „Erfüllungspolitiker", ja als „Novemberverbrecher" beschimpft.

Der Völkerbund

Die Idee des amerikanischen Präsidenten Wilson, einen Völkerbund zu schaffen, der künftig den Weltfrieden sichern sollte, fand große Zustimmung und wurde schließlich verwirklicht. Zum Sitz dieser neuen internationalen Organisation wurde die Schweizer Stadt Genf bestimmt. Alle Streitigkeiten sollten hier durch Verhandlungen beigelegt, bewaffnete Konflikte verhindert werden. Die USA und auch das kommunistische Russland traten dem Völkerbund nicht bei, das besiegte Deutschland wurde erst Jahre später aufgenommen. Der Völkerbund als internationales Gremium gilt als Vorläufer der heutigen UN.

M 3 Der Friedenskuss
Karikatur aus dem Simplizissimus

M 4 „Die Stunde der Abrechnung"

Aus der Ansprache des französischen Ministerpräsidenten Clemenceau an die deutsche Delegation in Versailles am 7.5.1919 vor der Aushändigung des Vertragstextes:

Meine Herren Delegierten des Deutschen Reiches! Es ist hier weder der Ort noch die Stunde für überflüssige Worte. Sie haben vor sich die Versammlung der Bevollmächtigten der kleinen und großen Mächte, die sich vereinigt haben, um den fürchterlichsten Krieg auszufechten, der ihnen aufgezwungen worden ist. Die Stunde der Abrechnung ist da. Sie haben uns um Frieden gebeten. Wir sind geneigt ihn Ihnen zu gewähren.
Wir übergeben Ihnen das Buch des Friedens. Jede Muße zu seiner Prüfung wird Ihnen gegeben werden. Ich rechne darauf, dass Sie diese Prüfung im Geiste der Höflichkeit vornehmen werden, welche zwischen den Kulturnationen vorherrschen muss; der zweite Versailler Friede ist zu teuer von uns erkauft worden, als dass wir es auf uns nehmen könnten, die Folgen dieses Krieges allein zu tragen.
Um auch die andere Seite meines Gedankens zu Ihrer Kenntnis zu bringen, muss ich notwendigerweise hinzufügen, dass dieser zweite Versailler Friede, der den Gegenstand unserer Verhandlungen bilden wird, von den hier vertretenen Völkern zu teuer erkauft worden ist, als dass wir nicht einmündig entschlossen sein sollten, sämtliche uns zu Gebote stehenden Mittel anzuwenden, um jede uns geschuldete berechtigte Genugtuung zu erlangen.

Lautemann, W./Schlenke, M. (Hg.), Geschichte in Quellen, München 1975, S. 126 f.

M 5 Flammender Protest

Rede des Reichsministerpräsidenten Philipp Scheidemann in der Nationalversammlung am 12.5.1919:

Die deutsche Nationalversammlung ist heute zusammengetreten, um am Wendepunkte im Dasein unseres Volkes gemeinsam mit der Reichsregierung Stellung zu nehmen zu dem, was unsere Gegner Friedensbedingungen nennen. [...]
Heute, wo jeder die erdrosselnde Hand an der Gurgel fühlt, lassen Sie mich ganz ohne taktisches Erwägen reden: was unseren Beratungen zugrunde liegt, ist dies dicke Buch, in dem 100 Absätze beginnen: Deutschland verzichtet, verzichtet, verzichtet! Dieser schauerliche und mörderische Hexenhammer, mit dem einem großen Volke das Bekenntnis der eigenen Unwürdigkeit, die Zustimmung zur erbarmungslosen Zerstückelung abgepresst werden soll, dies Buch darf nicht zum Gesetzbuch der Zukunft werden. Seit ich die Forderungen in ihrer Gesamtheit kenne, käme es mir wie eine Lästerung vor, das Wilson-Programm, diese Grundlagen des ersten Waffenstillstandvertrages, mit ihnen auch nur vergleichen zu wollen! Aber eine Bemerkung kann ich nicht unterdrücken: Die Welt ist wieder einmal um eine Illusion ärmer geworden. Die Völker haben in einer an Idealen armen Zeit wieder einmal den Glauben verloren. [...]
Ich frage Sie: Wer kann als ehrlicher Mann – ich will gar nicht sagen als Deutscher – nur als ehrlicher, vertragstreuer Mann solche Bedingungen eingehen? Welche Hand müsste nicht verdorren, die sich und uns solche Fesseln legte? [...]
Dieser Vertrag ist nach der Auffassung der Reichsregierung unannehmbar ...

Lautemann, W./Schlenke, M. (Hg.), a.a.O., S. 129.

60

M 6 **Wahlplakat der DNVP von 1924**

M 7 **Dolchstoßlegende**

Die Nationalversammlung setzte einen Untersuchungsausschuss ein, um die Ursachen für den deutschen Zusammenbruch 1918 zu ergründen. Am 18.11.1919 sagte der oberste Militär, Generalfeldmarschall Paul von Hindenburg aus:

Unsere wiederholten Anträge auf strenge Zucht und strenge Gesetzgebung wurden nicht erfüllt. So mussten unsere Operationen misslingen, es musste der Zusammenbruch kommen; die Revolution bildete nur den Schlussstein. Ein englischer General sagte mit Recht: „Die deutsche Armee ist von hinten erdolcht worden." Den guten Kern des Heeres trifft keine Schuld [...].
Wo die Schuld liegt, ist klar erwiesen. Bedurfte es noch eines Beweises, so liegt er in dem angeführten Ausspruch des englischen Generals und in dem maßlosen Erstaunen unserer Feinde über ihren Sieg.

Michaelis, Herbert/Schraepler, Ernst (Hg.), Ursachen und Folgen. Vom deutschen Zusammenbruch 1918 und 1945 bis zur staatlichen Neuordnung Deutschlands in der Gegenwart, Bd. 4, Berlin o.J., S. 7 f.

Aufgaben

1. a) Erkläre die Bezeichnung „Versailler Vertrag".
   b) Informiere dich, wann das Schloss Versailles für die Beziehungen zwischen Deutschland und Frankreich im 19. Jahrhundert wichtig war.
   → Text, Lexikon oder Internet
2. a) Fasse die Friedensbestimmungen für Deutschland stichpunktartig zusammen.
   b) Vergleiche aufgrund der Karte die territorialen Regelungen für Deutschland und für Österreich-Ungarn.
   → Text, M1
3. a) Welche Einstellung gegenüber dem Vertrag kommt in der Karikatur „Der Friedenskuss" zum Ausdruck? Begründe deine Deutung.
   b) Erläutere, wie Philipp Scheidemann den Versailler Vertrag bewertet. Belege deine Aussagen mithilfe von Zitaten aus der Rede.
   c) Welche Einstellung vertritt Clemenceau?
   → M4–M6
4. a) Erläutere den Begriff „Dolchstoßlegende".
   b) Überlege, wen die DNVP mit ihrem Wahlplakat ansprechen wollte. Beziehe den Text und das Bild in deine Überlegungen mit ein.
   c) Wem weist Hindenburg die Schuld an der Kriegsniederlage zu?
   → M6, M7

M 1 **Wandkarte**

Von der Reichsregierung 1928 für den Gebrauch in Schulen herausgegeben

Geschichtskarte und historische Karte

Die Begriffe „Geschichtskarte“ und „historische Karte“ werden oft gleich verwendet, bezeichnen aber Unterschiedliches. Historische Karten stammen aus vergangenen Zeiten und geben die damalige Sichtweise wieder, während Geschichtskarten aus einer späteren Zeit geschichtliche Zusammenhänge rückblickend darstellen.

Karten erwecken oft den Eindruck, Zusammenhänge objektiv darzustellen. Bei genauerer Betrachtung lässt sich allerdings feststellen, dass die in der Entstehungszeit wirksamen Wahrnehmungen und Deutungen auch die Gestaltung der Karten beeinflussen konnten. Bei einem so umstrittenen Ereignis wie dem Versailler Vertrag ist dies auch nicht verwunderlich.

So gibt es zur Situation nach dem Ersten Weltkrieg kartografische Darstellungen aus den 1920er Jahren wie die für den Schulgebrauch gedachte Karte „Deutschlands Verstümmelung“, aber auch solche aus heutiger Zeit wie die Karte „Deutschland nach dem Ersten Weltkrieg“ aus einem Schulbuch. Beim Vergleich beider Karten können unterschiedliche Sichtweisen auf das historische Ereignis sichtbar werden.

M 2

Fragen an historische Karten und Geschichtskarten

1. Bestandteile der Karten

a) Vergleiche den Ausschnitt und den Maßstab der Karten. Gibt es dabei Unterschiede?

b) Betrachte die jeweilige Legende und stelle in einer Liste gegenüber, was im Einzelnen aufgeführt wird. Worin unterscheiden sich die Karten?

c) Achte auf die Farbgebung, die Linienführung und die Beschriftung. Konzentriere dich dabei auf das Gebiet um Danzig und auf Ostpreußen. Welche Unterschiede fallen dir dabei auf?

d) Vergleiche die Überschriften: Was fällt dabei auf?

2. Art der Karten

a) Überlege, welchen Zweck die jeweilige kartografische Darstellung hat.

b) Welche Karte ist eine historische, welche eine Geschichtskarte? Begründe.

c) Überlege, ob die Geschichtskarte auch zu einer historischen werden könnte.

3. Aussagewert der Karten

a) Welche der beiden Karten enthält mehr Informationen zum Versailler Vertrag?

b) Welche Einstellung gegenüber dem Versailler Vertrag lässt sich aus den Überschriften entnehmen?

c) Überlege, ob die Karte „Deutschlands Verstümmelung" als Quelle gelten kann.

d) Die Karte „Deutschlands Verstümmlung" trägt nicht zur Versöhnung bei. Nimm zu dieser Aussage Stellung.

Die schwierigen Anfänge

Die Weimarer Republik im Überblick

Die Weimarer Republik entstand nach dem Ersten Weltkrieg und endete mit der Errichtung der nationalsozialistischen Herrschaft unter Hitler. Die etwa 14 Jahre ihres Bestehens werden oft in drei Phasen eingeteilt: Die schwierigen Anfänge der Jahre 1918 bis 1923, in denen es immer wieder zu schweren Krisen kam; die so genannten „Goldenen Zwanzigerjahre“ von 1924 bis 1930, die durch relativ stabile Verhältnisse gekennzeichnet waren, und schließlich die Auflösungsphase von 1930 bis 1933.

„Reichswehr schießt nicht auf Reichswehr“

Aufstände gegen die Republik und Attentate auf ihre führenden Vertreter verhinderten in den ersten Jahren, dass sich die politischen Verhältnisse stabilisierten. Drei Männer waren es, die im März 1920 eine Staatskrise auslösten: General Walther von Lüttwitz, der Reichswehrbefehlshaber von Berlin, Wolfgang Kapp, ein nationalistischer Politiker, und der Freikorpsführer Hermann Ehrhardt. Sie widersetzten sich der nach dem Versailler Vertrag geplanten Auflösung von Freikorps und Armeeverbänden und versuchten die gewählte Reichsregierung zu stürzen.

Dieser so genannte Kapp-Putsch – ein Putsch ist eine Machtübernahme durch das Militär – begann am 13. März, als die 5000 Mann starke Marinebrigade von Ehrhardt nach Berlin marschierte, die Ministerien besetzte und Kapp zum Reichskanzler ausrief. Als sich die Regierung an die Reichswehrführung wandte und um militärische Hilfe gegen die Putschisten bat, weigerte sich diese und betonte ihre Neutralität. „Reichswehr schießt nicht auf Reichswehr“, soll General Hans von Seeckt als Begründung für das Verhalten des Militärs gesagt haben.

M 1 Kapp-Putsch
Putschisten auf dem Pariser Platz vor dem Brandenburger Tor in Berlin mit der Reichskriegsflagge, Fotografie vom 13.3.1920

Arbeiter! Parteigenossen!

Der Militärputsch ist da! Die Baltikum-Landsknechte, die sich vor der befohlenen Auflösung fürchten, haben den Versuch unternommen, die Republik zu beseitigen und eine diktatorische Regierung zu bilden, mit Lüttwitz und Kapp an der Spitze.

Arbeiter und Genossen!

Wir haben die Revolution nicht gemacht, um uns heute wieder einem blutigen Landsknechts-Regiment zu unterwerfen. Wir paktieren nicht mit den Baltikum-Verbrechern.

Arbeiter und Genossen!

Die Arbeit eines ganzen Jahres soll in Trümmer geschlagen, Eure schwer erkaufte Freiheit vernichtet werden.

Es geht um alles!

Darum sind die schärfsten Abwehrmittel geboten. Kein Betrieb darf laufen, solange die Militärdiktatur der Ludendorffe herrscht!

Deshalb legt die Arbeit nieder! Streikt!

Schneidet dieser reaktionären Clique die Luft ab. Kämpft mit jedem Mittel, um die Erhaltung der Republik, laßt allen Zwist bei Seite.
Es giebt nur ein Mittel gegen die Rückkehr Wilhelms II:

Lahmlegung jeden Wirtschaftslebens!
Keine Hand darf sich rühren!
Kein Proletarier
darf der Militärdiktatur helfen!
Generalstreik auf der ganzen Linie!

Proletarier vereinigt Euch!
Nieder mit der Gegenrevolution!

Die sozialdemokratischen Mitglieder der Reichsregierung.
Ebert. Bauer. Noske. Schlicke. Schmidt. David. Müller.

Der Parteivorstand der S. P. D.
Otto Wels.

M 2 Aufruf zum Generalstreik
SPD-Plakat zum Kapp-Putsch

Die Regierung floh nach Stuttgart und rief den Generalstreik aus, der nach vier Tagen zum Zusammenbruch des Aufstands führte. Kapp und von Lüttwitz flohen ins Ausland, Ehrhardt wurde verhaftet. Das Verhalten der Reichswehrführung und die milden Gerichtsurteile gegen die Aufständischen zeigten außerdem, dass wichtige Gruppen in der Gesellschaft dem neuen Staat distanziert bis ablehnend gegenüberstanden.

Politische Attentate

Seit der Reichstagswahl von 1920 gab es keine Mehrheit für die Parteien der „Weimarer Koalition“, die fest auf dem Boden der Verfassung stand. Die einsetzende Wirtschaftskrise, harte Reparationsforderungen Frankreichs und die unsichere politische Lage begünstigten ein Klima der Gewalt, aus dem sich Anschläge gegen Vertreter der Republik entwickelten.

So fiel Matthias Erzberger 1921 einem Attentat zum Opfer. Er hatte den Waffenstillstand unterzeichnet und den Versailler Friedensvertrag akzeptiert. Weil er die Auffassung vertreten hatte, eine Erfüllung des Versailler Vertrages würde den Siegermächten zeigen, dass er unerfüllbar sei, wurde er als „Erfüllungspolitiker“ verleumdet. Den Tätern, die Mitglieder einer Geheimorganisation namens „Organisation Consul“ waren, gelang die Flucht ins Ausland.

Im Juni 1922 ermordeten zwei ehemalige Offiziere Walther Rathenau, den international geachteten Außenminister der Republik. Als die Polizei die Attentäter einen Monat später fassen wollte, wurde einer von ihnen bei der Verfolgungsjagd getötet, während der andere Selbstmord beging.

Reichspräsident Ebert erließ als Reaktion auf die politischen Morde eine „Verordnung zum Schutz der Republik“ und setzte einen Staatsgerichtshof ein. Das Parlament beschloss zudem ein „Gesetz zum Schutz der Republik“ als Mittel im Kampf gegen die Verfassungsfeinde von rechts und links. Bevor sich die Situation in der Weimarer Republik beruhigte, hatte sie das Krisenjahr 1923 zu bestehen.

M 3 Walther Rathenau
Der Außenminister (links) in seinem Dienstwagen, Fotografie von 1922

M 4 **Der Rathenau-Mord**

a) In der Reichstagsdebatte über den Mord an Außenminister Rathenau äußerte sich der Reichskanzler Dr. Wirth (Zentrum):

Ist es denn eine Schande, wenn jemand von uns, von der äußersten Linken bis zur äußersten Rechten, in idealem Schwung die Fäden der Verständigung mit allen Nationen anzuknüpfen versucht? Ist es eine Schande, wenn wir mit jenem gemäßigten Teil des französischen Volkes, der die Probleme nicht nur unter dem Gesichtspunkt sieht: „Wir sind die Sieger, wir treten die Boches [französisches Schimpfwort für Deutsche] nieder, heraus mit dem Säbel, Einmarsch ins Ruhrgebiet", wenn wir durch persönliche Beziehungen mit allen Teilen der benachbarten Nationen zu einer Besprechung der großen Probleme zu kommen suchen? Dr. Rathenau war wie kaum einer zu dieser Aufgabe berufen. [Sehr richtig! links.]
Seine Sprachkenntnisse, die formvollendete Art seiner Darstellung machten ihn in erster Linie geeignet, an dieser Anknüpfung von Fäden zwischen den Völkern erfolgreich zu arbeiten. [Zustimmung von links.]
Wenn dann ein Mann wie Rathenau über trennende Grenzpfähle hinaus bei aller Betonung des Deutschen, seines Wertes für die Geschichte, seiner kulturellen Taten, seines Forschungstriebes, seines Wahrheitssuchens, die großen Probleme der Kulturentwicklung Europas und der Wirtschaft organisatorisch durch seine Arbeiten in allen Ländern, dann als Staatsmann im Auswärtigen Amt mit den reichen Gaben seines Geistes und unter Anknüpfung von Beziehungen gefördert hat, die ihm ja das Judentum in der ganzen Welt, das kulturell und politisch bedeutsam ist, gewährt hat, dann hat er damit dem deutschen Volke einen großen Dienst erwiesen. […]
Es ist notwendig, dass jeder Faden geflochten wird, der die zerrissenen Völker einander wieder näherbringt. [Lebhafte Zustimmung links und in der Mitte.] Dabei geben wir nichts auf, was unser eigenes Volk angeht. […]
Geduld, meine Damen und Herren, wieder Geduld und nochmals Geduld und die Nerven angespannt und zusammengehalten auch in den Stunden, wo es persönlich und parteipolitisch angenehmer wäre, sich in die Büsche zu drücken.

Wolfgang Michalka/Gottfried Niedhart (Hg.), Die ungeliebte Republik, München 1984, S. 86.

b) Der sozialdemokratische Politiker Otto Wels äußerte sich in der gleichen Reichstagsdebatte:

Meine Damen und Herren! Wir fordern ein rücksichtsloses Vorgehen der Regierung gegen die geheimen Organisationen, welche die Mörderbanden beherbergen. Wir fordern rücksichtsloses Verbot all der Regimentsfeiern und -appelle, die doch lediglich zum Gegenstand monarchischer, antirepublikanischer Kundgebungen werden. […]
Wir fordern rücksichtsloses Zugreifen seitens der Regierung, die uns im Namen des deutschen Volkes dafür haftbar ist. [Sehr richtig! bei den Sozialdemokraten. – Zurufe von den Kommunisten: Und eure Minister?]
Auch die!
Wir wissen, dass die Ausführung der Verordnung der Regierung das Entscheidende ist. Wir kennen die Schwierigkeiten, die in dem reaktionären Beamtenheer dem wirkungsvollen Schutz der Republik entstehen. [Zurufe links … Aufräumen mit der Gesellschaft!]
An sie richte ich das Wort: Wer der Republik nicht dienen will, der soll darauf verzichten, von ihr Gehalt und Einkommen zu beziehen [Wiederholte lebhafte Zustimmung links.], der soll aus ihrem Dienst ausscheiden! [Sehr wahr! links.]
Wir fordern, dass der Zustand der Verordnung auf das schnellste durch gesetzgeberische Maßnahmen abgelöst wird, die die Mängel beseitigen, welche wir heute noch in der Verordnung des gestrigen Tages erblicken. Die Regierung muss sich klar darüber sein: Der Glaube in den Arbeiterklassen an ein rücksichtsloses Zugreifen gegen rechts ist gering. [Sehr richtig! links.]
Die Tatsache, dass von allen den Kapp-Verbrechern als einzige Ausnahme Herr v. Jagow die Regel bestätigt, dass man in Deutschland an der Republik ungestraft sündigen kann, die Tatsache, dass man erst noch in diesen Tagen Dutzende meiner Parteifreunde in Hannover und anderen Städten zu Gefängnisstrafen verurteilt hat, weil sie die schwarz-weiß-rote, zu provokatorischen Zwecken gehisste Fahne heruntergeholt haben, [Hört! Hört! Hört! links.], zwingt uns zu der Forderung der politischen Amnestie, soweit nicht gemeine Verbrecher in Frage kommen […]. Die Justiz in unserem Lande ist ein Skandal, der zum Himmel schreit.

Michalka/Niedhart, Die ungeliebte Republik, a. a. O., S. 84 f.

MILITÄRS DER KAPP-REGIERUNG

Lfd. Nr.	Name	Rang	Schicksal
1	*Ludendorff*	General (nahm an allen Kabinettsitzungen der Kappregierung teil)	keine Anklage
2	*Freih. v. Lüttwitz*	Reichswehrminister und Oberbefehlshaber	im Ausland
3	*v. Hülsen*	Adjutant d. Oberbefehlsh.	in Freiheit
4	*v. Klewitz*	Stabschef b. v. Hülsen	in Freiheit
5	*v. Trotha*	Admiral	in Freiheit
6	*v. Oven*	General	in Freiheit
7	*v. Dassel*	General	in Freiheit
8	*v. Watter*	General	in die Ebertreg. übernommen
9	*v. Loßberg*	Generalmajor	in Freiheit
10	*Bauer*	Oberst	im Ausland
11	*Ehrhardt*	Kapitän (Eroberer v. Berlin)	steckbrieflich verfolgt
12	*Hpt. Pabst*	persönlicher Adj. Kapps	in Freiheit
13	*Freih. v. Lützow*	Freikorpsführer	in Freiheit
14	*Maj. Schulz*	Freikorpsführer	in Freiheit
15	*Ltn. Roßbach*	Freikorpsführer	in Freiheit
16	*Hpt. Pfeffer v. Salomon*	Freikorpsführer	in Freiheit
17	*v. Löwenfeld*	Freikorpsführer	in Freiheit

MILITÄRS DER RÄTE-REGIERUNG

Lfd. Nr.	Name	Rang	Schicksal
1	*R. Eglhofer*	Oberkommandierender	erschlagen
2	*Eugen Maria Karpf*	Adj. d. Oberkommand.	12 J. Festung
3	*Wilh. Reichart*	Mitgl. d. Militärkomm.	3 J. Festung
4	*Ernst Toller*	Kommand. im Abschnitt Dachau	5 J. Festung
5	*G. Klingelhöfer*	Adj. des Kommandeurs	5½ J. Festung
6	*E. Wollenberg*	Kommandeur d. Infanterie	2 J. Festung
7	*H.F.S.Bachmair*	Kommandeur d. Artillerie	1½ J. Festung
8	*R. Podubecky*	Kommand. d. Fernsprechtruppen	3 J. Festung
9	*Winkler*	Kommand. eines Abschn.	4 J. Zuchthaus
10	*G. Riedinger*	Adj. d. Kommandeurs in Starnberg	1½ J. Festung entlass.
11	*Er. Günther*	in d. Kommandant. Dachau	1 J. 9 M. Fest.
12	*Fritz Walter*	Rotgardist	3 J. Festung
13	*Max Schwab*	im Kriegsministerium	4 J. Festung
14	*H. Taubenberger*	Streckenkommandant in Dachau	3 J. Festung
15	*Gottfr. Bareth*	Rotgardist	1½ J. Festung
16	*Max Huber*	Rotgardist	3 J. Festung
17	*Peter Regler*	Rotgardist	2 J. Festung
18	*Haßlinger*	Rotgardist	5 J. Festg. (begnadigt)
19	*And. Rauscher*	Rotgardist	1 J. 4 M. Fest.
20	*M. Reichert*	Rotgardist u. Propagandist	1 J. 3 M. Fest.
21	*Jos. Vogl*	Rotgardist	3 J. Festung
22	*Josef Faust*	Rotgardist	3 J. Zuchthaus
23	*Rentsch*	Rotgardist	5 J. Zuchthaus
24	*Zöllner*	Rotgardist	3 J. Zuchthaus

M 5 **„Vier Jahre politischer Mord“**

Der Mathematiker Emil Julius Gumbel (1891–1966) analysierte in seiner Schrift „Vier Jahre politischer Mord“ die politischen Straftaten und ihre gerichtliche Ahndung in der Anfangsphase der Weimarer Republik.

Aufgaben

1. a) Welche drei Phasen in der Geschichte der Weimarer Republik lassen sich unterscheiden?
   b) Stelle die Ereignisse zusammen, die den Bestand des neuen Staates in den Anfangsjahren gefährdeten.
   c) Suche Gründe, warum es zu diesen Krisen kam.
   → Text
2. a) Erkläre den Begriff „Putsch“.
   b) Erläutere den Satz „Reichswehr schießt nicht auf Reichswehr“.
   → Text
3. a) Fasse die Aussagen von Wirth und Wels knapp zusammen.
   b) Wie bewerteten die Politiker das Attentat auf Walther Rathenau, und welche politischen Folgerungen zogen sie daraus?
   c) Woran wird erkennbar, dass es sich um Aussagen eines Zentrums- und eines SPD-Politikers handelt?
   → M4
4. a) Betrachte die Aufstellung über die politischen Straftaten in der Weimarer Republik. Was fällt dir dabei auf?
   b) Deute deine Beobachtungen.
   → M5

M 1 **„Produktive Pfänder"**
Ein französischer Soldat bewacht einen Kohlenwaggon im Ruhrgebiet 1923, kolorierte Fotografie.

Das Krisenjahr 1923

Reparationen als gefährlicher Konfliktherd

Da Anfang der 20er-Jahre in Deutschland eine Wirtschaftskrise herrschte, beendete die Reichsregierung die „Erfüllungspolitik", die durch Entgegenkommen eine Abschwächung, ja Rücknahme der im Versailler Vertrag verankerten Reparationen erreichen wollte. „Erst Brot, dann Reparationen!", lautete die Forderung der deutschen Regierung, die einen Zahlungsaufschub verlangte.

Der französische Ministerpräsident Poincaré forderte jedoch als Gegenleistung dafür Garantien, die er sich dadurch beschaffte, dass Truppen aus Frankreich und Belgien Anfang des Jahres 1923 das Ruhrgebiet besetzten. Diese „Politik der produktiven Pfänder", die in Deutschland auf Empörung stieß, beantwortete die Reichsregierung mit dem Aufruf zum passiven Widerstand in den besetzen Gebieten. Der Konflikt verschärfte sich in der Folgezeit, da die französische Besatzungsmacht mit aller Härte vorging: Es kam zu Ausweisungen, Verhaftungen und Beschlagnahmungen. Gegen streikende Arbeiter und einzelne Saboteure wurden sogar Todesurteile verhängt.

Inflation

Dieser Konflikt verschärfte die wirtschaftliche Krise noch mehr, da die Reichsregierung den passiven Widerstand im Ruhrgebiet durch staatliche Zuschüsse finanzierte. Dies führte zu einer Inflation, einer nahezu vollständigen Entwertung des Geldes, und zum Zusammenbruch des Währungssystems.

Wen traf dies besonders hart? Diejenigen, die Geld gespart hatten, verloren ihr Vermögen. Schuldner und Spekulanten dagegen galten als Gewinner dieser wirtschaftlichen Krise. Die politischen Folgen der großen Inflation des Jahres 1923 waren unübersehbar: Die bürgerlichen Mittelschichten sahen im Staat den Schuldigen, der für ihre verzweifelte wirtschaftliche Lage die Verantwortung trug und wandten sich von der Republik ab. Viele setzten in die Parteien der extremen Rechten, die die Weimarer Demokratie bekämpften, ihre Hoffnung.

M 2 **Geldschein**
Aus Erlangen, 1923

M 3 **Einmarsch der Reichswehr**
In Sachsen wurden die kommunistischen Aufstände mithilfe der Reichswehr unterdrückt, Fotografie aus Freiberg von 1923.

Kurswechsel

Wegen der ungeheuren finanziellen Verluste musste die Regierung den passiven Widerstand aufgeben. Der DVP-Politiker Gustav Stresemann, der im Herbst eine Koalition mit SPD, Zentrum und DDP bildete, führte eine Währungsreform durch. Die so genannte Rentenmark erwies sich in der Folgezeit als stabil. Dies trug dazu bei, dass sich in den folgenden Jahren die politische Lage entspannte.

Der „deutsche Oktober"

Als in Sachsen und Thüringen Kommunisten versuchten, die Macht zu übernehmen, griffen Reichsregierung und Reichswehr ein. Dies führte in Sachsen - im Unterschied zu Thüringen - zu gewaltsamen Auseinandersetzungen, die durch die Einsetzung eines Reichskommissars, der die Regierung übergangsweise übernahm, beendet wurden. Die geplante proletarische Revolution fand nicht statt.

Die Situation in Bayern

Die Reichsregierung hatte angesichts der vielfältigen Krisen des Jahres 1923 den Ausnahmezustand verhängt, also angesichts der Notsituation für sich besondere Befugnisse beansprucht. Der bayerische Ministerpräsident Gustav von Kahr erkannte dies jedoch nicht an: Er erließ einen eigenen Ausnahmezustand für Bayern und suchte damit den offenen Konflikt mit der Regierung in Berlin. Als sich der Chef des bayerischen Reichswehrkommandos, General von Lossow, weigerte, Befehle aus Berlin entgegenzunehmen, verschärfte sich die Auseinandersetzung zwischen Bayern und dem Reich.

Während die Reichswehr in Sachsen und Thüringen gegen die Kommunisten mit aller Härte vorgegangen war, hatte der Chef der Reichswehr, General von Seeckt, Verständnis für die reichsfeindliche Politik der bayerischen Regierung. Er warnte aber Kahr und Lossow vor einem Putsch.

Der Hitler-Putsch

Die Ereignisse in Bayern überschlugen sich, als Hitler und seine Anhänger am 8. November eine Versammlung im Münchner Bürgerbräukeller dazu nutzten, von Kahr und seine Verbündeten zur Beteiligung an der „nationalen Revolution" und zur Bildung einer provisorischen Regierung mit dem Weltkriegsgeneral Ludendorff zu zwingen. Noch in der Nacht widerriefen von Kahr, Lossow und der Kommandeur der bayerischen Polizei von Seisser ihre Zusage und wandten sich gegen den nationalsozialistischen Aufstand.

Der Demonstrationszug der Aufständischen wurde am 9. November an der Münchner Feldherrnhalle von bayerischen Polizisten gewaltsam aufgelöst. Hitler und Ludendorff wurden verhaftet und Anfang April 1924 wegen Hochverrats vor Gericht gestellt. Der Richter behandelte die Aufrührer jedoch außerordentlich milde: Ludendorff wurde freigesprochen, Hitler bekam fünf Jahre Festungshaft, wurde allerdings nach einigen Monaten wieder entlassen. Während er in Landsberg einsaß, schrieb er „Mein Kampf", ein Buch, in dem er seine politischen Ziele offen darlegte.

Ende 1923 hatte der neue Staat seine bislang schwersten Herausforderungen überstanden. Die Demokratie war aber nicht dauerhaft gesichert.

M 4 Hitler-Putsch
Stoßtrupp der NSDAP in München am 8./9. November 1923, Fotografie

Dollarnotierung (Juli 1914 - November 1923)

Jahr		Mark	Jahr		Mark
			Januar	1922	*191,8*
Juli	1914	*4,2*	Juli	1922	*493,2*
Januar	1919	*8,9*	Januar	1923	*17 972,0*
Juli	1919	*14,0*	Juli	1923	*353 412,0*
Januar	1920	*64,8*	August	1923	*4 620 455,0*
Juli	1920	*39,5*	September	1923	*98 860 000,0*
Januar	1921	*64,9*	Oktober	1923	*25 260 208 000,0*
Juli	1921	*76,7*	15. November	1923	*4 200 000 000 000,0*

11287E

Quelle: Wolfgang Michalka/Gottfried Niedhart, Die ungeliebte Republik, München, Seite 118

M 5

M 6 Wertloses Geld

Eine Zeitzeugin berichtet über ihre Erfahrungen mit der Inflation 1923:

Die fürchterliche Geldentwertung, die ständig wachsende Zahl der Erwerbslosen, die aus dem Stadtsäckel gespeist werden müssen, die aus der Arbeitslosigkeit entspringende Unmoral der Unbeschäftigten, über die vor allem die Frauen aus dem Arbeiterstand am heftigsten klagen, das tägliche weitere Sinken des materiellen und geistigen Lebensniveaus, die stete Beschäftigung mit der Frage: „Wie hoch steht der Dollar?“, da von dessen Stande all unsere Preise abhängen, oder vielmehr, da das Sinken unserer Währung sich am deutlichsten vom ständigen Höherklettern des Dollars ablesen lässt – das Bemühen eines jeden Menschen, ob Knabe, Jüngling, Mann oder Greis, irgendein Wechselgeschäft zu machen, das heißt morgens um zehn einen Dollar zu kaufen, den man dann um elf mit einem Gewinn wieder verkaufen kann – diese einzige Beschäftigung fast aller Menschen, sich mit diesem entsittlichenden und entnervenden Börsenspiel kärglich am Leben zu erhalten – […] dies Ganze verbraucht die Energie der Menschen, besonders aber die der Hausfrauen in einem zu krankhaften Zuständen hintreibenden Maße. Und dies Notgeld, dass sich jede größere Firma unter gewissen Umständen selbst drucken lassen darf und natürlich zu fürchterlichen Schwindeleien aufruft, all dies unbegründete, unfundierte, unsolide, schwankende Gehabe und Gewese macht das gesundeste Gemüt seekrank.

Hedda Eulenburg, in: Rainer Beck (Hg.), Streifzüge durch die Jahrhunderte. Ein historisches Lesebuch, München 1987, S. 215.

M 7 Gewinner und Verlierer

Der Historiker Detlev Peukert äußert sich über die sozialen Folgen der Inflation:

Unter den sozialen Klassen standen die Unternehmer auf der Gewinnerseite. Sie erhielten billige Kredite, konnten größere Investitionen tätigen und Konzernbildungen […] vorantreiben.
Zur Gewinnerseite gehörten auch die Bauern und alle sonstigen Hypothekenschuldner, die ihre Verpflichtungen mit wertlosem Geld abtragen konnten, ebenso alle Devisen- und Sachwertbesitzer. […] Für die Arbeiter fiel die Bilanz nicht so eindeutig positiv aus […]. Vor allem kam es bis in das Jahr 1923 hinein zu keiner nennenswerten Arbeitslosigkeit, wenn man von einer schnell überwundenen Problemzeit in der frühen Nachkriegsphase absieht. Insgesamt aber blieb das Lebensniveau kärglich. Nur die ungelernten Arbeiter konnten ihre Position im Vergleich zu den Facharbeitern und den Angestellten und Beamten eindeutig verbessern.
Zu den Verlierern der Inflation gehörten dagegen all jene, die bisher von den Zinsen ihres langfristig angelegten Geldvermögens gelebt hatten, eine im Vorkriegsdeutschland bedeutsame Gruppe des Bürgertums, zu der auch viele Intellektuelle gehörten. Es verschlechterte sich ebenfalls die Position der gehaltsabhängigen Mittelschichten, der Angestellten und Beamten. Auch die Rentner und die Bezieher von Fürsorgeleistungen gerieten mit steigender Inflation in Not, weil ihre Einkünfte nur verzögert und unvollkommen an die Preissteigerungen angepasst wurden.

Detlev J. K. Peukert, Die Weimarer Republik, Krisenjahre der Moderne, Frankfurt 1987, S. 74 f.

M 8 **Aufruf der Hitler-Putschisten** 9. November 1923

M 9 **Urteile im Prozess**

Folgendes Urteil fällte das Gericht über die Beteiligten am Hitler-Putsch:

Urteil
I. Von den Angeklagten:
1. Hitler Adolf, geboren am 20. April 1889 in Braunau (Oberösterreich), Schriftsteller in München, seit 14. November 1923 in dieser Sache in Untersuchungshaft;
2. Ludendorff Erich, geboren am 9. April 1865 in Kuszewia, General der Infanterie a. D., Exzellenz in München;
3. Pöhner Ernst, geboren am 11. Januar 1870 in Hof a. S., Rat am Obersten Landesgerichte in München, in dieser Sache vom 9. November 1923 bis 23. Januar 1924 in Untersuchungshaft gewesen;
4. Frick Wilhelm, geboren am 12. März 1877 in Alsenz B. A. Reckenhausen, Oberamtmann der Polizeidirektion München, Dr. jur., in dieser Sache seit 9. November 1923 in Untersuchungshaft;
5. Weber Friedrich, geboren am 30. Januar 1892 zu Frankfurt a. M., Assistent an der tierärztlichen Fakultät der Universität München, Dr. med. vet., in dieser Sache seit 9. November 1923 in Untersuchungshaft;
6. Röhm Ernst, geboren am 28. November 1887 in München, Hauptmann A. D. in München, in dieser Sache seit 9. November 1923 in Untersuchungshaft;
[...]
werden verurteilt:

Hitler, Weber, Kriebel und Pöhner

jeder wegen eines Verbrechens des Hochverrats je zu fünf Jahren Festungshaft,
ab bei Hitler vier Monate zwei Wochen, Weber vier Monate drei Wochen, Kriebel und Pöhner je zwei Monate zwei Wochen Untersuchungshaft,
sowie jeder zur Geldstrafe von zweihundert Goldmark, ersatzweise zu je weiteren zwanzig Tagen Festungshaft;

Brückner, Röhm, Pernet, Wagner und Frick

jeder wegen eines Verbrechens der Beihilfe zu einem Verbrechen des Hochverrats zu je einem Jahr drei Monaten Festungshaft, ab bei Brückner vier Monate eine Woche, Röhm und Frick je vier Monate drei Wochen, Pernet und Wagner je zwei Monate drei Wochen Untersuchungshaft,
sowie jeder zur Geldstrafe von einhundert Goldmark, ersatzweise zu je weiteren zehn Tagen Festungshaft,
sowie endlich alle zu den Kosten.

II. Ludendorff wird von der Anklage eines Verbrechens des Hochverrats unter Überbürdung der ausscheidbaren Kosten auf die Staatskasse freigesprochen.

III. Die Haftanordnungen gegen Frick, Röhm und Brückner werden aufgehoben.

Otto Gritschneder, Bewährungsfrist für den Terroristen Adolf H. Der Hitler-Putsch und die bayerische Justiz, Müchen 1990, S. 60.

Vorwort

Am 1. April 1924 hatte ich, auf Grund des Urteilsspruches des Münchner Volksgerichts von diesem Tage, meine Festungshaft zu Landsberg am Lech anzutreten.

Damit bot sich mir nach Jahren ununterbrochener Arbeit zum ersten Male die Möglichkeit, an ein Werk heranzugehen, das von vielen gefordert und von mir selbst als zweckmäßig für die Bewegung empfunden wurde. So habe ich mich entschlossen, in zwei Bänden nicht nur die Ziele unserer Bewegung klarzulegen, sondern auch ein Bild der Entwicklung derselben zu zeichnen. Aus ihr wird mehr zu lernen sein als aus jeder rein doktrinären Abhandlung.

Ich hatte dabei auch die Gelegenheit, eine Darstellung meines eigenen Werdens zu geben, soweit dies zum Verständnis sowohl des ersten als auch des zweiten Bandes nötig ist und zur Zerstörung der von der jüdischen Presse betriebenen üblen Legendenbildung über meine Person dienen kann.

Ich wende mich dabei mit diesem Werk nicht an Fremde, sondern an diejenigen Anhänger der Bewegung, die mit dem Herzen ihr gehören und deren Verstand nun nach innigerer Aufklärung strebt.

Ich weiß, daß man Menschen weniger durch das geschriebene Wort als vielmehr durch das gesprochene zu gewinnen vermag, daß jede große Bewegung auf dieser Erde ihr Wachsen den großen Rednern und nicht den großen Schreibern verdankt.

Dennoch muß zur gleichmäßigen und einheitlichen Vertretung einer Lehre das Grundsätzliche derselben niedergelegt werden für immer. Hierbei sollen diese beiden Bände als Bausteine gelten, die ich dem gemeinsamen Werke beifüge.

Landsberg am Lech,
Festungshaftanstalt.

Der Verfasser.

M 10 **„Mein Kampf": Vorwort**

Am 9. November 1923, 12 Uhr 30 Minuten nachmittags, fielen vor der Feldherrnhalle sowie im Hofe des ehemaligen Kriegsministeriums zu München folgende Männer im treuen Glauben an die Wiederauferstehung ihres Volkes:

Alfarth, Felix, Kaufmann, geb. 5. Juli 1901
Bauriedl, Andreas, Hutmacher, geb. 4. Mai 1879
Casella, Theodor, Bankbeamter, geb. 8. Aug. 1900
Ehrlich, Wilhelm, Bankbeamter, geb. 19. Aug. 1894
Faust, Martin, Bankbeamter, geb. 27. Januar 1901
Hechenberger, Ant., Schlosser, geb. 28. Sept. 1902
Körner, Oskar, Kaufmann, geb. 4. Januar 1875
Kuhn, Karl, Oberkellner, geb. 26. Juli 1897
Laforce, Karl, stud. ing., geb. 28. Oktober 1904
Neubauer, Kurt, Diener, geb. 27. März 1899
Pape, Claus von, Kaufmann, geb. 16. Aug. 1904
Pfordten, Theodor von der, Rat am obersten Landesgericht, geb. 14. Mai 1873
Rickmers, Joh., Rittmeister a. D., geb. 7. Mai 1881
Scheubner-Richter, Max Erwin von, Dr. ing., geb. 9. Januar 1884
Stransky, Lorenz Ritter von, Ingenieur, geb. 14. März 1899
Wolf, Wilhelm, Kaufmann, geb. 19. Oktober 1898

Sogenannte nationale Behörden verweigerten den toten Helden ein gemeinsames Grab.

So widme ich ihnen zur gemeinsamen Erinnerung den ersten Band dieses Werkes, als dessen Blutzeugen sie den Anhängern unserer Bewegung dauernd voranleuchten mögen.

Landsberg a. L., Festungshaftanstalt, 16. Oktober 1924.

Adolf Hitler.

M 11 **„Mein Kampf": Gedenkblatt**

Während seiner Festungshaft in Landsberg verfasste Adolf Hitler die Schrift „Mein Kampf". Der erste Teil enthält eine Darstellung seines bisherigen Lebens, der zweite seine politischen Vorstellungen. Das Buch, das in der Zeit des Nationalsozialismus massenhaft verbreitet war, enthielt in den Augen seiner Anhänger unumstößliche Wahrheiten.
In seinem Vorwort (M10) gab Hitler Auskunft über die Entstehung der Schrift. Das Gedenkblatt (M11) erinnerte an die Ereignisse im November 1923.

Aufgaben

1. Erläutere, warum das Jahr 1923 als „Krisenjahr" bezeichnet wird.
   → Text
2. a) Erkläre den Begriff Inflation.
   b) Ab wann beschleunigte sich die Entwertung der Reichsmark gegenüber dem Dollar?
   c) Welche Folgen der Geldentwertung sieht die Zeitgenossin Hedda Eulenburg?
   d) Stelle zusammen, welche sozialen Gruppen von der Inflation besonders betroffen waren.
   → M5–M7
3. a) Schildere den Ablauf des Hitler-Putsches.
   b) Analysiere den Aufruf der Putschisten.
   c) Erscheinen dir die Urteile gerecht? Begründe.
   → M8–M9
4. a) Erkläre den Titel von Hitlers Buch.
   b) Welche Motive waren für Hitler maßgeblich, das Buch zu schreiben?
   c) Woran erinnert das Gedenkblatt, das dem Buch vorangestellt war?
   d) Stelle dar, welche Deutung der Ereignisse im November 1923 im Gedenkblatt vermittelt werden soll.
   → M10–M11

Außenpolitik der Weimarer Republik (1919–1929)

Besiegte und Sieger

Grundlage der Außenpolitik nach dem Ersten Weltkrieg war der Versailler Vertrag. Den deutschen Politikern ging es darum, die harten Friedensbedingungen durch Verhandlungen abzumildern, ja rückgängig zu machen und die Reparationszahlungen zu reduzieren. Dies wurde Revisionspolitik genannt. Außenminister Walther Rathenau vertrat die Auffassung, dass Deutschland den Siegermächten entgegenkommen müsse, indem die Forderungen soweit wie möglich erfüllt würden. Dies – so die Überlegung – würde deutlich machen, dass der Versailler Vertrag insgesamt unerfüllbar ist.

Die Gegner der Republik benutzen den Begriff „Erfüllungspolitik" allerdings, um die verantwortlichen Politiker und das demokratische System insgesamt zu verunglimpfen.

Die Siegermächte verfolgten keine einheitliche Politik, denn sie hatten unterschiedliche Interessen. Während sich die USA nach 1918 aus Europa zurückzogen, vertrat Großbritannien – wie schon zu früheren Zeiten – die Idee einer „balance of power" auf dem europäischen Festland. Frankreich dagegen baute ein System von Bündnissen auf, das Deutschland isolieren und die eigene Sicherheit garantieren sollte.

Der Ausgleich mit der Sowjetunion

Angesichts der internationalen Lage nach dem Ersten Weltkrieg galt es als eine Sensation, als bekannt wurde, dass die beiden isolierten Staaten, das Deutsche Reich und Sowjetrussland, 1922 in Rapallo unweit von Genua einen Vertrag geschlossen hatten. Er sah die Aufnahme diplomatischer Beziehungen, den Verzicht auf Kriegsentschädigungen, militärische Kontakte und verbesserte wirtschaftliche Beziehungen vor. Deutschland war das erste Land, das den aus der Russischen Revolution hervorgegangenen kommunistischen Staat international anerkannte. Die Zusammenarbeit zwischen Deutschland und der Sowjetunion wurde 1926 erneuert.

M 1 **Verträge von Locarno**
Der deutsche Außenminister Gustav Stresemann (1878–1929) und der französische Außenminister Aristide Briand (links) nach der Unterzeichnung der Verträge, Fotografie von 1925

Der Ausgleich mit dem Westen

Das Verhältnis zwischen Deutschland und Frankreich war vor allem wegen des Ruhrkampfes stark belastet. In dieser Situation versuchte Gustav Stresemann einen Kurswechsel. Als Außenminister prägte der Politiker die Außenpolitik der Republik von 1924 bis zu seinem Tod im Jahr 1929 entscheidend. Sein Ziel war es, durch einen Ausgleich mit dem Westen für Deutschland wieder den Rang einer europäischen Großmacht zu erreichen.

Gleich nach seinem Amtsantritt versuchte Gustav Stresemann, die ehemaligen Kriegsgegner durch eine „Friedensoffensive" zu besänftigen. Sowohl der englische Außenminister Chamberlain als auch sein französischer Kollege Briand reagierten positiv auf die deutschen Vorschläge und luden im Herbst 1925 zu einer Konferenz in den Schweizer Ort Locarno ein. Anwesend waren auch Vertreter aus Belgien, Italien, Polen und der Tschechoslowakei.

In den so genannten Locarno-Verträgen von 1926 verzichteten Deutschland und seine westlichen Nachbarn auf eine kriegerische Ver-

M 2 Deutschland im Völkerbund
Gustav Stresemann spricht auf einer Vollversammlung des Völkerbundes in Genf, Fotografie.

änderung der bestehenden Grenzen und erkannten somit die Regelungen des Versailler Vertrags grundsätzlich an. Eine förmliche Anerkennung der Grenzen zur Tschechoslowakei und zu Polen fand sich jedoch nicht. Die Revision der Ostgrenze blieb damit weiterhin ein Ziel deutscher Politik. Zudem wurde vereinbart, dass Deutschland Mitglied im Völkerbund werden sollte. Für ihre Verständigungspolitik erhielten Stresemann und Briand den Friedensnobelpreis.

Das Dauerproblem der Reparationen

Eng verbunden mit der Revisionspolitik war das Problem der im Versailler Vertrag festgelegten Reparationsforderungen. 1921 setzten die Siegermächte den Betrag auf 132 Milliarden Goldmark fest und verbanden ihre Forderung mit der Drohung, das Ruhrgebiet zu besetzen, falls sich Deutschland weigern würde zu zahlen („Londoner Ultimatum"). Der Ruhrkampf und die Inflation machten allerdings deutlich, dass eine Neuregelung der Zahlungen notwendig war.

Der Amerikaner Charles G. Dawes entwickelte 1924 einen nach ihm benannten Plan, in dem die jährlichen Raten und die Art, wie das Geld aufgebracht werden sollte, festgelegt wurden. Er sah aber auch vor, dass Deutschland eine Auslandsanleihe von 800 Millionen Goldmark erhalten solle. Der heftig kritisierte Dawes-Plan stellte eine Verbesserung der deutschen Situation dar, da auf diese Weise die Besetzung des Rheinlands rückgängig gemacht wurde, war jedoch von den Forderungen Deutschland nach einer Revision des Versailler Vertrags noch weit entfernt.

Eine weitere Entschärfung der Reparationsfrage entwickelte der amerikanische Finanzexperte Owen D. Young. Die Republik sollte 59 Jahre lang jährlich zwei Milliarden Mark zahlen, dafür verpflichteten sich die Siegermächte, alle besetzten Gebiete im Rheinland vor Ablauf der vereinbarten Frist zu räumen. Auch der Young-Plan war in Deutschland höchst umstritten. Erst 1932 kam es zu einer dauerhaften Einigung.

Die Auseinandersetzungen um den Versailler Vertrag und das Bemühen um internationalen Ausgleich stellten somit ständige Herausforderungen für die europäischen Staaten dar.

M 3 Gegen den Dawes-Plan
Wahlplakat

M 4 Plakat der DNVP
Zu den Reichstagswahlen am 20. Mai 1928

M 5 Streit um Locarno

a) Um den von Stresemann ausgehandelten Locarno-Vertrag vom 16.10.1925 gab es eine heftige innenpolitische Auseinandersetzung. Der „Völkische Kurier" schrieb am 19.10.1925:

Die Verantwortung, die Luther und Stresemann auf sich geladen haben, wird nicht im Reichstag festgestellt werden. Darüber wird die Geschichte befinden. Deren Urteile werden die selbstgefälligen Logenbrüder von Locarno hoffentlich noch hören. Auf jeden Fall wünschen wir ihnen aus diesem Grunde ein recht langes Leben. Denn die große Gnade, die Bethmann Hollweg und Ebert widerfuhr, vor dem Tage der irdischen Abrechnung abberufen zu werden, wird nicht jedem zuteil.

b) Der KPD-Abgeordneter Bartels am 30.10.1925:

Was ist Locarno? Wenn man die einzelnen Verträge und ihre Paragrafen durchgeht, so sehen wir, dass Deutschland hinreichend Garantie gibt, aber dafür lediglich die Garantie erhält, dass es Kriegsbütteldienste leisten darf und andererseits Deutschland als Kriegsschauplatz ausliefern muss. Locarno bedeutet in Wirklichkeit – das wird auch in diesem Hause niemand zu bestreiten versuchen – die Auslieferung der Rheinlande, es bedeutet direkt ein Verschenken preußisch-deutschen Gebietes, es bedeutet die Garantie des Einmarsch- und Durchmarschrechtes durch Deutschland, es bedeutet die Kriegsdienstverpflichtung der deutschen Bevölkerung für die Entente gegen Russland, es bedeutet vor allem die Anerkennung der Aufrechterhaltung des Besatzungsregimes, und es bedeutet erneut das Bekenntnis zu dem Versailler Vertrag. Es bedeutet darüber hinaus verschärfte Ausbeutung, verschärfte Entrechtung, Unterdrückung, Elend, Übel, Not und alles, was im Gefolge des neuen Krieges eben zu erwarten ist.

c) Der DNVP-Politiker Hugenberg am 5.11.1925:

Sachlich betrachtet ist vor allem die Auffassung falsch, dass Locarno einen zehn- bis zwanzigjährigen Frieden bedeute. Gerade das Gegenteil ist richtig. Ich bin kein Pazifist, aber ich muss der Tatsache Rechnung tragen, dass Deutschland waffenlos ist, und muss deshalb verlangen, dass die deutsche auswärtige Politik mit einer dieser Tatsache Rechnung tragenden Vorsicht geführt wird! Seit unserem Zusammenbruch hat mir immer als größte Sorge vorgeschwebt, dass Deutschland der Kriegsschauplatz zwischen Russland und dem Westen werden, dass Deutschland den Fehler einer Verfeindung mit Russland wiederholen könnte. […]
Manche Leute sind sich des Unterschiedes in der Struktur des Westens und des Ostens Deutschlands nicht bewusst. Das dichtbevölkerte industrielle Rheinland zu französisieren, würde den Franzosen auch dann nicht gelingen, wenn sie es – was Gott

verhüte – eine Zeitlang beherrschten. Ganz anders im weiten Osten mit seinem ausgedehnten Großgrundbesitz und seiner dünnen Bevölkerung. Was wir in Polen heute sehen, kann sich für den ganzen deutschen Osten wiederholen!
Man muss auch als Gegner anerkennen, dass alle Regierungen seit der Revolution diesen gefahrvollen, sich jedermann aufdrängenden Tatbestand berücksichtigt haben. Es ist Herrn Stresemann vorbehalten geblieben, mit diesem Feuer zu spielen. Denn Locarno, wie es geworden ist, bedeutet tatsächlich und trotz aller Vorbehalte, dass Deutschland in dem Gegensatz Westmächte-Russland optiert und damit – waffenlos wie es ist – sich leichtsinnig mitten in Gegensätze hineinspielt, bei deren Austragung es nur die Rolle des furchtbar Leidenden spielen kann. [...]

d) Otto Wels (SPD) am 24.11.1925:

Wie man zu den Verträgen von Locarno und zu dem Eintritt Deutschlands in den Völkerbund stehen mag, dass fühlt ein jeder: Wir stehen jetzt am Scheidepunkte der europäischen Politik. Es fragt sich jetzt, ob eine neue Welt, in der der Gedanke des Friedens lebendige Kraft haben soll, das Leben der Völker Europas in Zukunft beherrschen wird, oder ob die Mächte, die, auf Gewalt und kriegerischen Auseinandersetzungen fußend, dem Fortschritt, dem moralischen und materiellen Wiederaufbau den Weg dauernd versperren sollen. [...]
Was seit Jahrzehnten in Europa fehlte, das Bedürfnis nach europäischer Solidarität, das ist heute ein sichtbares Bedürfnis aller europäischen Völker geworden. [...] Es zeigt sch jetzt allerdings mehr denn je die Notwendigkeit, die Allgemeininteressen Europas, die mit den Interessen jedes einzelnen Landes identisch sind, den selbstsüchtigen Interessen von Gruppen, Cliquen und Parteien voranzustellen.

e) Konstantin Fehrenbach (Zentrum) am 24.11.1923:

Oberstes Gesetz unseres politischen Handelns nach dem unglücklichen Ausgang des Weltkrieges ist die Wiederaufrichtung unseres Deutschen Reiches aus Knechtschaft zur Freiheit, aus Not und Elend zur wirtschaftlichen Gesundung. Dabei sind wir uns bewusst, dass dieses hohe Ziel nur auf dem Wege friedlicher Verständigung mit den anderen Nationen in stufenweise sich aufbauenden Teilerfolgen zu erreichen ist. [...]
Von dieser Überzeugung durchdrungen, haben wir im Vorjahre dem Londoner Abkommen und den Dawes-Gesetzen zugestimmt, um unseren wirtschaftlichen Wiederaufstieg zu ermöglichen. In demselben Geiste nehmen wir heute Stellung zu den Verträgen von Locarno, die der politischen Befriedung Europas dienen sollen.
Wir fragen uns: Sind diese Verträge in Wirklichkeit ein Instrument des Friedens, eines Friedens, dem Deutschland in Ehren zustimmen kann?
Dazu ist unseres Erachtens zunächst erforderlich, dass sowohl in der Form wie in der Sache die volle Gleichberechtigung Deutschlands gewahrt ist und dass dem deutschen Volke nichts zugemutet wird, was seiner nationalen Würde und unveräußerlichen, durch die natürliche Ordnung der Dinge garantierten Rechten eines jeden Staatsvolkes zuwiderliefe.
Diese Bedingung ist erfüllt. Nach der formalen Seite ist das unbestritten. Aber auch der Inhalt der Verträge entspricht der gestellten Anforderung.

Wolfgang Michalka/Gottfried Niedhart (Hg.), Die ungeliebte Republik, München 1984, S. 167 ff.

Aufgaben

1. Erläutere, inwiefern Gustav Stresemann für die Außenpolitik der Weimarer Republik eine so bedeutsame Rolle spielte.
   → Text
2. Stelle zusammen, welche Regelungen im Hinblick auf die Reparationen getroffen wurden.
   → Text
3. Erkläre, was der Völkerbund war.
   → Text
4. a) Fasse die wichtigsten Bestimmungen der Locarno-Verträge zusammen.
   b) Welche Einstellung gegenüber diesen Verträgen ist im Wahlplakat der DNVP erkennbar?
   c) Fasse die in der Reichstagsdebatte vertretenen Positionen knapp zusammen.
   d) Erkläre die jeweilige Beurteilung. Beziehe dabei die Parteizugehörigkeit der jeweiligen Redner mit ein.
   → Text, M4, M5

Die ruhige Zwischenphase der Weimarer Republik

„Goldene Zwanziger"

Der Begriff „Die Goldenen Zwanziger" rührt von den kulturellen Entwicklungen, den künstlerischen Leistungen sowie den wissenschaftlichen Entdeckungen und technischen Erfindungen her, die für die Mitte der Zwanzigerjahre kennzeichnend sind. Dies überstrahlte zeitweise die wirtschaftliche und politische Entwicklung. Zwar kam es in den Jahren nach 1923 bis zum Ausbruch der Weltwirtschaftkrise 1929 zu einer Stabilisierung der ersten deutschen Demokratie, es blieben jedoch die Probleme wirksam, die die Frühphase gekennzeichnet hatten.

Politische Entwicklungen

Auch in den 1920er-Jahren blieb die politische Situation unsicher. Zwar ging die politische Gewalt zurück und es gab keine offenen Aufstände mehr, jedoch gab es keine stabilen Mehrheiten im Reichstag und die Regierungen wechselten deshalb oft. Ein wichtiges Ereignis war die Wahl des Reichspräsidenten. Nach dem Tod von Friedrich Ebert 1925, der als SPD-Politiker in der Revolution eine entscheidende Rolle gespielt und die Republik stabilisiert hatte, wurde eine Neuwahl notwendig. Im zweiten Wahlgang setzte sich schließlich der General des Ersten Weltkriegs Paul von Hindenburg durch. Dies galt Zeitgenossen und späteren Historikern als Zeichen der Wende nach rückwärts. Auch wenn der Monarchist Hindenburg sich in den ersten Jahren streng an die Reichsverfassung hielt, bekamen republikfeindliche Kräfte dennoch Zulauf.

M 1 Reichspräsident Hindenburg
Nach der Wahl 1925 in Berlin, Fotografie

Zur politischen Stabilisierung trug der wirtschaftliche Aufschwung bei. Dieser war durch die Währungsreform begründet, die die Inflation beendete, und durch die Entlastung von den Reparationszahlungen, die der Dawes-Plan mit sich brachte. Für viele verbesserte sich die materielle Situation, allerdings blieb die Wirkung begrenzt.

M 2 **Werbeplakat**
Kabarett-Veranstaltung in Berlin

Die neue Rolle der Frau

Die Lebenssituation der Frauen änderte sich nach dem Ersten Weltkrieg tief greifend. Das Frauenwahlrecht sicherte ihnen mehr politische Mitsprache. Die wachsende Berufstätigkeit verbesserte ihre soziale Stellung. Insbesondere weibliche Angestellte im Büro übten qualifizierte Tätigkeiten aus. Dieses veränderte Selbstbewusstsein äußerte sich in Frisur und Kleidung: Kurze als „Bubikopf" geschnittene Haare sowie Seidenstrümpfe und kürzere Röcke spiegelten das neue Rollenverhalten in der Gesellschaft wider. Im Haushalt erleichterten neue Geräte wie der Staubsauger die Arbeit.

Moderne Massenkultur

Eine der auffallendsten Entwicklungen war die Entstehung einer modernen Massenkultur, bei der die neuen Medien Rundfunk und Film eine wichtige Rolle spielten. So sendete 1923 die „Funkstunde AG" zum ersten Mal, drei Jahre später gab es bereits mehr als eine Million Radiohörer. In den neu entstandenen Kinos wurden zunächst Stummfilme, dann Tonfilme gezeigt. Die 1917 gegründete Universum Film AG (UFA) war der wichtigste deutsche Filmproduzent. „M", das Porträt eines Kindermörders (Regie: Fritz Lang) mit Peter Lorre und Gustaf Gründgens, und „Der Blauer Engel" (Regie: Josef von Sternberg) mit Marlene Dietrich und Emil Jannings waren die großen Kinoerfolge. Das Kino erwies sich als der große Publikumsmagnet, bereits 1925 kauften täglich zwei Millionen Menschen eine Kinokarte.

Eng verbunden mit dem Film waren auch populäre Schlager, modische Tänze, Swing- und Jazzmusik, die das Bild einer ausgelassenen Epoche bis in unsere Gegenwart prägen. Charleston und Foxtrott sowie die Lieder der „Comedian Harmonists" sind Beispiele für die „Goldenen Zwanziger". Einen großen Einfluss übte auch die Presse aus. 1928 erschienen 3 356 unterschiedliche Tageszeitungen. Die Entwicklungen in der Weimarer Republik waren ein entscheidender Schritt auf dem Weg zu einer durch Medien geprägten Gesellschaft, wie sie heute in Deutschland existiert.

M 3 **Luft-Hansa Flug**
Fotografie, um 1930

Kunst, Wissenschaft und Technik

Für die Kunst in dieser Phase der Republik mit ihren nüchternen, wirklichkeitsgetreuen Ausdrucksformen setzte sich der Begriff „Neue Sachlichkeit" durch. In der Architektur wurden klare, einfache Formen bevorzugt, in der Literatur experimentierten die Autoren mit neuen Ausdrucksformen, für das Theater schrieb Bertolt Brecht Stücke, die sich mit aktuellen Problemen auseinandersetzten.

In der Wissenschaft bewiesen deutsche Nobelpreisträger wie Carl Bosch, Albert Einstein und Werner Heisenberg die herausragende Stellung der Naturwissenschaft in der Weimarer Republik. Mit dem Namen Hugo Junkers verbindet sich die Entwicklung der zivilen Luftfahrt. Die 1926 gegründete „Luft-Hansa AG" brachte den Durchbruch des Flugzeugs als Transportmittel.

In den Bereichen Kultur, Wissenschaft und Technik war die Weimarer Republik ein moderner, zukunftsoffener Staat, während sich ihre politischen Führungskräfte noch stark an den Traditionen des vergangenen Kaiserreichs orientierten.

Erwerbspersonen nach Stellung im Beruf (1907 - 1933)

Jahr	Erwerbspersonen insgesamt	Stellung im Beruf als							
		Selbstständige		Mithelfende Familienangehörige		Beamte und Angestellte		Arbeiter	
	1000	1000	%①	1000	%①	1000	%①	1000	%①
1907	28 092	5496	19,6	4288	15,3	2882	10,3	15 427	54,9
1925	32 009	5288	16,5	5437	17,0	5525	17,3	15 759	49,2
1933	32 296	5303	16,4	5312	16,4	5513	17,1	16 168	50,1

11288E

① in % der Erwerbspersonen

M 4

Weibliche Erwerbspersonen nach Stellung im Beruf (1907 - 1933)

Jahr	Weibliche Erwerbspersonen insgesamt	Stellung im Beruf als							
		Selbstständige		Mithelfende Familienangehörige		Beamtinnen und Angestellte		Arbeiterinen	
	1000	1000	%①	1000	%①	1000	%①	1000	%①
1907	9 493	1091	11,5	3178	33,5	371	3,9	4853	51,1
1925	11 478	1081	9,4	4133	36,0	1450	12,6	4814	41,9
1933	11479	936	8,2	4149	36,1	1695	14,8	4699	40,9

11291E

① in % der Erwerbspersonen

M 5

M 6 **„Vampyr-Staubsauger"**
Werbeplakat der Firma AEG, um 1929

M 7 **„Plätteisen"**
Werbeplakat der Firma AEG, um 1929

M 8 **Filmplakate** „Metropolis“ von 1926 (links) und „Der blaue Engel“ von 1930 (rechts)

Aufgaben

1. Erläutere, warum der Begriff „Goldene Zwanziger“ missverständlich ist.
   → Text
2. a) Erkläre, warum es zu einer politischen und wirtschaftlichen Stabilisierung kam.
   b) Welche Bedeutung hatte die Wahl Hindenburgs zum Reichspräsidenten?
   → Text
3. a) Berechne, wie sich der Anteil der Frauen an den Berufstätigen zwischen 1907 und 1933 insgesamt veränderte.
   b) In welchen Bereichen nahm die Erwerbstätigkeit der Frauen zu, in welchen ab?
   → M4–M5
4. a) In den 1920er Jahren wurde von der „neuen Frau“ gesprochen. Worin bestand das Neue im Leben der Frauen?
   b) Inwiefern haben die damaligen Veränderungen Auswirkungen bis heute?
   → M6–M7
5. a) Welche Handlung erwartest du aufgrund der Filmplakate in den beiden Filmen?
   b) Informiere dich über den Inhalt der beiden Filme und vergleiche den tatsächlichen Inhalt mit deinen Erwartungen.
   c) Suche Informationen zu Emil Jannings, Josef von Sternberg, Marlene Dietrich und Fritz Lang. → M8, Lexikon oder Internet

Phasen der Weimarer Republik	
1918/19	Deutsche Revolution
1919–1923	Schwierige Anfänge
1923	Krisenjahr
1923–1929	Ruhige Zwischenphase
1929	Weltwirtschaftskrise
1930–1933	Präsidialkabinette
1933	Ende der Republik

Die Weltwirtschaftskrise 1929

Phasen der Weimarer Republik

Die Republik von Weimar bestand von 1919 bis 1933. In diesen 14 Jahren gab es schwere innen- und außenpolitische Krisen, aber auch Zeiten einer gewissen Stabilität. Zwar war die Anfangsphase durch revolutionäre Aktionen, Putschversuche, Attentate, den Streit um den Versailler Vetrag und die Inflation von 1923 gekennzeichnet. Doch erlebte die Republik zwischen 1924 und 1929 ruhigere Zeiten.

Man hat diese Jahre später als die „Goldenen Zwanziger“ bezeichnet, in denen Deutschland auf dem Gebiet der Wissenschaft und Kultur eine herausragende Stellung erlangte. Das trifft für einige Bereiche zu, denn die Wirtschaft wuchs kräftig und die Zahl der Arbeitslosen sank. Zudem spielten die radikalen Parteien des linken und rechten Spektrums im öffentlichen Leben noch keine große Rolle. Außenpolitisch konnte sich Deutschland aus seiner Isolierung befreien, in die es durch den Ersten Weltkrieg geraten war, und in den Kreis der Großmächte zurückkehren.

Die Weltwirtschaftskrise, die Ende 1929 auch Deutschland erfasste, markiert die letzte Phase der Weimarer Republik. Es kam zu einer tief greifenden Staatskrise, die wesentlich zu ihrem Untergang beitrug.

M 1 **Schwarzer Freitag**
Anleger vor der Börse in New York am 24.10.1929

Der „Schwarze Freitag“

Nachdem die Aktienkurse am 24. Oktober 1929 an der New Yorker Börse stark eingebrochen waren, erreichte der Kurssturz am folgenden Tag – einem Freitag – auch Europa. Viele Anleger, vor allem jene, die ihre Aktien auf Kredit gekauft hatten, standen plötzlich vor dem finanziellen Nichts. Doch dies war nur der Auftakt zu einer globalen Wirtschaftskrise. Wegen der weltweiten finanziellen Verflechtung erfasste die Katastrophe alle Industriestaaten. Man spricht deshalb von einer „Weltwirtschaftskrise“. In den USA stieg die Zahl der Arbeitslosen von 1929 bis 1932 von 1,5 auf 12 Millionen.

Da viele Menschen wegen ihrer verzweifelten Finanzlage kaum Waren kaufen konnten, führte die mangelnde Nachfrage zu einem Preisverfall. Die Unternehmen leiteten deshalb Massenentlassungen ein und kürzten drastisch die Löhne. Massenarbeitslosigkeit und wirtschaftliche Not prägten die Situation zu Beginn der dreißiger Jahre.

Ursachen der Weltwirtschaftskrise

Die Regelungen des Dawes-Plans begrenzten die deutschen Reparationszahlungen auf ein erträgliches Maß. Das begünstigte den internationalen Kapitalverkehr, von dem Deutschland besonders profitierte. Amerikanische Banken und Finanziers investierten nach 1924 viel Kapital in die deutsche Wirtschaft und beteiligten sich an Unternehmen. So kaufte der Automobilkonzern „General Motors“ 1929 die Adam Opel AG. Manche sahen Deutschland geradezu als „Kolonie der New Yorker Börse“, so eng waren die finanziellen Verflechtungen beider Länder.

Insgesamt flossen von 1925 bis 1929 ausländische Kredite in Höhe von 21 Milliarden Reichsmark nach Deutschland, denen nur 7,7 Milliarden Reichsmark deutscher Anlagen im Ausland gegenüberstanden.

Die Folgen der Weltwirtschaftskrise

All das änderte sich schlagartig, als die amerikanische Wirtschaft nach dem Börsenkrach eine verheerende Rezession erlebte und kurzfristig gewährte Kredite aus Deutschland abzog. Da die deutschen Banken zu wenig Eigenkapital hatten um einzuspringen, fehlte Geld für Kredite und Investitionen.

Als Folge mussten viele Betriebe schließen oder Entlassungen vornehmen: Die Arbeitslosenzahlen stiegen unaufhörlich und erreichten schließlich die Schwindel erregende Höhe von über 6 Millionen Erwerbslosen. Merkmale der Weltwirtschaftskrise waren Produktionseinbrüche, Firmenpleiten, sinkende Einkommen und rapide steigende Arbeitslosenzahlen. Im Gegensatz zum Krisenjahr 1923, in dem die Geldentwertung vor allem Sparer und Kapitalbesitzer getroffen hatte, traf die Weltwirtschaftskrise die gesamte Bevölkerung.

Neben der Industrie erfasste die Krise auch das Bank- und Kreditwesen, sodass es zum Zusammenbruch des deutschen Bankensystems kam. Nach Konkursen verschiedener Großbanken verloren die Kunden ihre gesamten Spareinlagen und verarmten.

Heute weiß man, dass der „Schwarze Freitag“ nicht alleiniger Auslöser der deutschen Wirtschaftskrise war, sondern den seit 1928 bestehenden Abschwung enorm beschleunigte. Zwischen 1928 und 1930 verdoppelte sich die Arbeitslosigkeit, weil die deutsche Exportwirtschaft unter hohen Einfuhrzöllen wichtiger Exportländer litt und auf deren Binnenmärkten nicht mehr konkurrenzfähig war.

Die Weltwirtschaftskrise trug entscheidend zum Verfall des parlamentarischen Systems von Weimar bei und begünstigte den Aufstieg der radikalen Parteien NSDAP und KPD.

M 2 Bankenpleite
Andrang ängstlicher Sparer vor dem Postscheckamt in Berlin, 13.7.1931

M 3 **Die Weltwirtschaftskrise**

Hans Fallada schrieb 1932 den Roman „Kleiner Mann – was nun?“, der in den Wirren der Weltwirtschaftskrise spielt. Die Hauptperson, Herr Pinneberg, ist arbeitslos geworden. Mietschulden häufen sich an und das Geld reicht zum Überleben kaum noch aus:

Die Fahrkarte ist gelb, sie kostet fünfzig Pfennig, die Rückfahrt kostet wieder fünfzig Pfennig, und da Pinneberg zweimal wöchentlich zum Arbeitsamt in die Stadt muss, gehen von seinen achtzehn Mark Unterstützung gleich zwei Mark Fahrgeld ab. Jedesmal, wenn Pinneberg dies Fahrgeld ausgeben muss, wütet er.
Nun gibt es zwar Siedlerkarten, sie sind billiger, aber um eine Siedlerkarte zu bekommen, müsste Pinneberg dort wohnen, wo er wohnt, und das darf er aber nicht. Auch gibt es ein Arbeitsamt an dem Orte, wo er wohnt, dort könnte er ohne alles Fahrgeld stempeln gehen, aber das darf er nicht, da er nicht wohnt, wo er wohnt. Für das Arbeitsamt wohnt Pinneberg bei Meister Puttbreese, heute, morgen, in alle Ewigkeit, ob er nun die Miete zahlen kann oder nicht.
Ach, Pinneberg mag gar nicht daran denken, aber er denkt viel daran, wie er in den Monaten Juli und August von Pontius zu Pilatus gelaufen ist, um die Erlaubnis zu bekommen, von Berlin in jene Siedlung außerhalb Berlins zu verziehen, vom Arbeitsamt Berlin an das dortige Arbeitsamt überwiesen zu werden.
„Nur, wenn sie nachweisen können, dass sie dort Aussicht auf Arbeit haben, sonst nehmen die Sie nicht.“
Nein, das kann er nicht. „Aber ich kriege hier ja auch keine Arbeit!“
„Das wissen Sie nicht. Jedenfalls sind sie hier arbeitslos geworden und nicht dort.“
„Aber ich spare dreißig Mark Miete im Monat.“
„Damit hat das nichts zu tun. Das geht uns nichts an.“
„Aber der Wirt wirft mich hier raus!“
„Dann besorgt Ihnen die Stadt eine andere Wohnung. Sie brauchen sich nur bei der Polizei als obdachlos zu melden.“
„Aber ich habe sogar Land bei der Laube! Ich könnte mir mein Gemüse selbst bauen und meine Kartoffeln!“
„Laube – das wissen Sie ja wohl, dass es gesetzlich verboten ist, in Lauben zu wohnen?!“
Also, es ist nichts zu machen. Pinnebergs wohnen offiziell immer noch in Berlin bei Meister Puttbreese, und Pinneberg muss zweimal jede Woche für sein Geld in die Stadt fahren. Und zu dem verhassten Puttbreese gehen und mit sechs Mark alle vierzehn Tage seinen Mietrückstand abtragen.
Ja, wenn Pinneberg so eine Stunde in der Bahn sitzt, so hat er alle möglichen Scheite zuammenzutragen, und es gibt alles in allem ein ganz hübsches Feuerchen aus Wut, Hass und Erbitterung. Aber es ist doch nur ein Feuerchen. Wenn er sich dann mit dem grauen, eintönigen Strom der andern durch das Arbeitsamt schiebt, so viele verschiedene Gesichter, so viel verschiedene Kleidung und alle die gleichen Sorgen, alle der gleiche Krampf, alle die gleiche Erbitterung ...
Ach, was hat es für einen Sinn? Er ist drin in diesem Betrieb, einer von sechs Millionen, schiebt er sich an den Schaltern vorbei, warum sich aufregen? Zehntausenden geht es schlimmer, Zehntausende haben keine tüchtige Frau, Zehntausende haben kein Kind, sondern ein halbes Dutzend – weiter, Mann Pinneberg, nimm dein Geld und hau ab, wir haben wirklich keine Zeit für dich, du bist nichts so Besonderes, dass wir uns mit dir aufhalten könnten.

Hans Fallada, Kleiner Mann – was nun?, Reinbek 1966, S. 231.

M 4 **Hans Fallada (1893–1947)**
Fallada hat nach einer humanistischen Ausbildung die verschiedensten Berufe ausgeübt. Sein Roman „Kleiner Mann – was nun?“ brachte ihm den ersten literarischen Erfolg ein. Er war zu Lebzeiten und auch später noch einer der bekanntesten sozialkritischen Autoren Deutschlands, Foto von 1934.

M 5 **Massenarbeitslosigkeit**

Der Historiker Detlev Peukert schreibt über die Arbeitslosigkeit in der Weltwirtschaftskrise:

Hauptbetroffene waren jedoch die Arbeiter und Angestellten. Dabei ging es den Arbeitern im Baugewerbe und denen in der Schwerindustrie am schlechtesten. [...]
Die Zeit der Erwerbslosigkeit dauerte nach dem Verlust eines Arbeitsplatzes immer länger, 1933 konnten viele auf ein halbes Jahrzehnt ohne Arbeit zurückblicken. In dieser Zeit sanken ihr sozialer Status und Einkommen immer weiter ab; letzteres erreichte bald das Existenzminimum. Sowohl die 1927 gesetzlich verankerte Arbeitslosenversicherung als auch die an sie anschließende Krisenhilfe reichten mit ihren Unterstützungszahlungen nur über eine relativ kurze Zeitspanne. Dann fiel man der kommunalen Wohlfahrtspflege zur Last, die nicht nur Unterstützungssätze auszahlte, die sich am Existenzminimum (und an den leeren Kassen der Gemeinde) orientierten, sondern selbst diese kargen Hilfen von entwürdigenden Prüfungsprozeduren abhängig machten. Die Erwerbslosen durchliefen eine regelrechte Negativkarriere, bis sie ganz unten angelangt waren. [...]
Zu Armut und Statusverlust trat bei vielen Dauererwerbslosen das Gefühl völliger Entwürdigung und des Ausgeliefertseins an anonyme Behördenmächte hinzu. [...]
Der Alltag der Arbeitslosen war nicht nur von materieller Entbehrung und Sorgen um den Unterhalt der Familien gekennzeichnet. Daneben trat die kaum zu überschätzende psychische Belastung, aus dem Produktionsprozess ausgestoßen, nutzlos und ohne Aufgaben den Tag verbringen zu müssen. Der Rhythmus des Arbeitslebens, die Zeitdisziplin des Arbeitstages hatten den Alltag gegliedert und auch die verbliebene freie Zeit erst kostbar gemacht. Alle zeitgenössischen Untersuchungen des Arbeitslosenalltags stimmen darin überein, dass schrittweise auch die sonst betriebene Freizeitaktivität nachließ, dass sich ein allgemeiner Verlust des Zeitbewusstseins einstellte und den Dauererwerbslosen alle Initiative und die Hoffnungen auf eine zukünftige Besserung immer mehr verlorenging.

Detlev J. K. Peukert, Die Weimarer Republik. Krisenjahre der klassischen Moderne, Frankfurt/M. 1987, S. 247.

M 6 **Arbeitslosigkeit**
Arbeitslose vor dem Arbeitsamt in Hannover, Foto von 1930

Aufgaben

1. a) Erläutere anhand von Beispielen, warum man von der „Weltwirtschaftskrise" spricht.
   b) Stelle dar, welche Wirkungen die Weltwirtschaftskrise auf die deutsche Innenpolitik hatte.
   → Text
2. Mit welchen Problemen hat die Hauptperson Pinneberg zu kämpfen?
   → M3
3. a) Beschreibe die einzelnen Stufen der Negativkarriere eines Arbeitslosen, indem du ein Stufenmodell zeichnest und die einzelnen Stufen einträgst.
   b) Stelle die Wirkungen der Arbeitslosigkeit für die Betroffenen dar.
   → Text, M5, M6

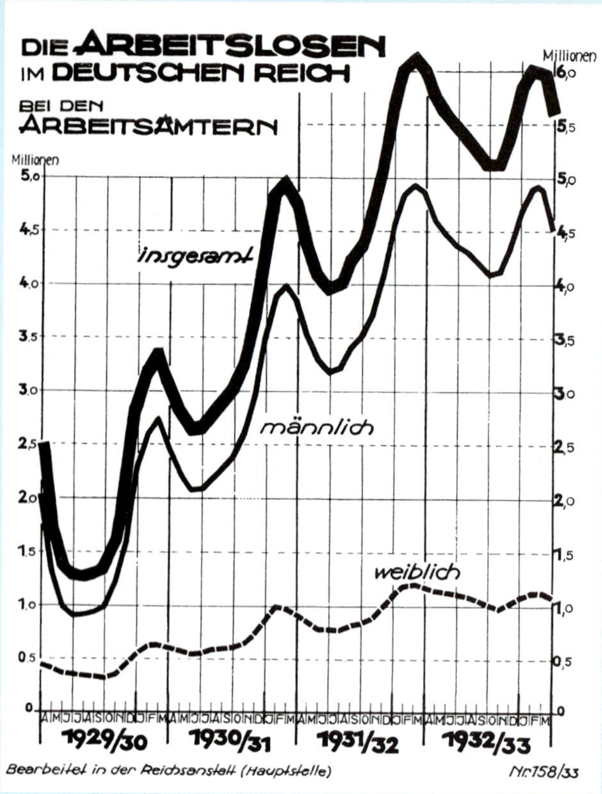

M 1 **„Die Arbeitslosen im Deutschen Reich"**
Aus einer Veröffentlichung der „Reichsanstalt für Arbeitsvermittlung und Arbeitslosenversicherung" von 1934

Arbeitslosigkeit 1919 – 1933

Jahr	abhängige Erwerbspersonen (in 1000)	Arbeitslose (in 1000)
1919	16 950	–
1920	18 367	–
1921	19 126	346
1922	20 184	215
1923	20 000	818
1924	19 122	927
1925	20 176	682
1926	20 287	2 025
1927	21 207	1 312
1928	21 995	1 391
1929	22 418	1 899
1930	21 916	3 076
1931	20 616	4 520
1932	18 711	5 603
1933	18 540	4 804

Aus: Dietmar Petzina, Werner Abelshauser, Anselm Faust, Sozialgeschichtliches Arbeitsbuch, München 1978, S. 119.

12401E

M 2 **„Arbeitslosigkeit 1919–1933"**

Verlauf der Weltwirtschaftskrise (1928 = 100)

	1929	1930	1931	1932	1933	1934
Produktion und Beschäftigung						
Produktionsgüter [1]	103	86	61	46	54	77
Investitionsgüter [2]	103	84	54	35	45	75
Verbrauchsgüter	97	91	87	74	80	90
Beschäftigte	99	92	80	71	74	85
Preise und Löhne						
Produktionsgüter	102	101	96	86	83	83
Konsumgüter	98	91	80	67	64	67
Lebenshaltung	102	98	90	80	78	80
Reallohn	102	97	93	87	91	95

[1] Produktionsgüter: Güter, die nicht für den Endverbraucher bestimmt sind, sondern zur Weiterverarbeitung vorgesehen sind.
[2] Investitionsgüter: Wirtschaftsgüter von langer Lebensdauer, die zur Leistungserstellung in Unternehmen eingesetzt werden, z. B. Maschinen und Werzeuge

Aus: Dietmar Petzina, Werner Abelshauser, Anselm Faust, Sozialgeschichtliches Arbeitsbuch, München 1978, S. 84.

12403E

M 3

Umgang mit Statistiken

Eine Wirtschaftskrise, und eine Weltwirtschaftskrise erst recht, ist ein schwer zu durchschauender Sachverhalt, denn es wirken viele Faktoren aufeinander ein. Umso notwendiger ist es, sich einen möglichst genauen Überblick zu verschaffen. Dazu ist es nötig, auf Statistiken zurückzugreifen. Um die richtigen Informationen zu entnehmen, müssen sie genau gelesen und ausgewertet werden.

Fragen an Statistiken

1. Thema der Statistiken

a) Erläutere die Überschrift der graphischen Darstellung bei M1 und M2. Achte dabei auf den Zusatz „bei den Arbeitsämtern".
b) Welche Übersicht umfasst den größten Zeitraum?
c) Vergleiche die beiden Überschriften. Welche verspricht umfassendere Informationen?

2. Darstellung der Statistiken

Zu den Diagrammen M1 und M2
a) Welchen Zeitraum umfasst die Übersicht?
b) Was ist auf der waagrechten x-Achse und was auf der senkrechten y-Achse eingetragen? Was bedeuten die Buchstaben auf der x-Achse?
c) Erkläre die Wellenbewegung der beiden oberen Kurven.
d) Warum weicht die Kurve „weiblich" so stark von den anderen beiden ab?
e) Was bedeutet der Begriff „abhängige Erwerbspersonen"?
f) Ist die Arbeitslosigkeit hoch? Überlege, welche Zusatzinformationen du benötigst, um diese Frage genauer beantworten zu können.
g) Wie hoch war der Anteil der Arbeitslosen an den abhängigen Erwerbspersonen? Errechne den Prozentsatz mit Hilfe der Angaben in der Übersicht M2).

Zur Tabelle M3
h) Informiere dich über den Begriff Index.
i) Wieso wurde für das Jahr 1928 der Index 100 angesetzt?
k) Erläutere die einzelnen Begriffe in der linken Spalte.
l) Beantworte folgende Fragen:
In welchem Jahr waren die Löhne am niedrigsten?
In welchem Jahr wurden am wenigsten Produktionsgüter produziert?
In welchem Jahr gab es die wenigsten Beschäftigten?
In welchem Jahr gab es die wenigsten Güter des alltäglichen Bedarfs?
In welchem Jahr wurde insgesamt am wenigsten produziert?

3. Informationsgehalt der Statistiken

a) Wann war der Höhepunkt der Wirtschaftskrise?
b) Welche Darstellung enthält die meisten Informationen? Begründe.
c) Überlege, ob sich aus den Zahlen Ursachen für die Wirtschaftskrise ableiten lassen.

M 1 **Adolf Hitler (1889–1945)**
Sorgsam pflegte man Hitlers Erscheinungsbild in der Öffentlichkeit. Ungünstige Fotos wurden nicht veröffentlicht.

Der Aufstieg der NSDAP

München – „Stadt der Bewegung"

In der Zeit des Nationalsozialismus erhielt München den Beinamen „Stadt der Bewegung", denn hier war die „Nationalsozialistische Deutsche Arbeiterpartei" (NSDAP) entstanden. Sie ging hervor aus der im Jahr 1920 gegründeten „Deutschen Arbeiterpartei" und verstand sich im Gegensatz zu anderen politischen Vereinigungen nicht als Partei, sondern als eine alle Schichten des Volkes umfassende „Bewegung", an deren Spitze der „Führer" Adolf Hitler stand.

Basis für den Aufstieg der Partei war die nationalistische und rassistische Stimmung, die sich nach Niederschlagung der kommunistischen Räterepublik im Frühjahr 1919 in Bayern ausbreitete. Da führende Vertreter der Räterepublik Juden und Bolschewisten waren, hatte die NSDAP ein Feindbild, das der junge Adolf Hitler auf seinen Versammlungen beschwor. Er sah seine Aufgabe als „Trommler" der Bewegung, der die Massen mit aggressiven Reden aufpeitschte.

Dem aus Österreich stammenden Hitler, den der Weltkrieg aus der Bahn geworfen hatte, gelang es, den Parteigründer Drexler beiseite zu drängen und 1921 „Führer" der Partei zu werden. Sein unermüdlicher Einsatz als Redner bei Versammlungen verschaffte ihm in nationalistischen Kreisen einen Ruf als bedenkenloser Agitator, der die Massen begeistern konnte.

Der „Hitler-Putsch"

Im Oktober 1922 hatte Benito Mussolini, Führer der italienischen Faschisten, durch einen „Marsch auf Rom" die Macht in Italien errungen. Nach diesem Vorbild riskierte Hitler im Krisenjahr 1923 in München einen Putsch. Er wollte die Macht in Deutschland gewaltsam an sich reißen und das verhasste System der Weimarer Republik beseitigen. Da ihm jedoch die Unterstützung der führenden konservativen und militärischen Kreise fehlte, schlug das Unternehmen fehl.

Hitler wurde zu fünf Jahren Haft auf der Festung Landsberg verurteilt und die NSDAP verboten. In der Gefängniszelle, wo er bis zur vorzeitigen Entlassung seine Strafe verbüßte, entstand das Bekenntnisbuch „Mein Kampf", in dem Hitler seine politischen Vorstellungen darlegte. Diese waren durch einen extremen Antisemitismus – also Judenhass – und die Forderung nach Eroberung von „Lebensraum" im Osten gekennzeichnet.

Wechsel der politischen Strategie

Nach Neugründung der NSDAP 1925 gelang es Hitler, die zerstrittenen völkischen Gruppen in Deutschland auf seine Person zu vereinen und eine neue Strategie durchzusetzen: Wahlerfolge sollten nun statt eines gewaltsamen Putsches die Machtübernahme ermöglichen. Dass sie die Ordnung der Weimarer Republik zerstören wollten, verschwiegen die Nationalsozialisten nicht. Ihr Kurs beschränkte sich darauf, nur die formalen Spielregeln der Demokratie einzuhalten.

Die Einführung des Hitlergrußes – „Heil Hitler" – und die willige Unterordnung anderer NS-Größen zeigten, dass die NSDAP Adolf Hitler als unumstrittenen Führer anerkannte.

Adolf Hitler
*** 20.4.1889** Braunau (Österreich)
† 30.4.1945 Berlin
Schöpfer und Zerstörer des „Dritten Reichs", gescheiterter Künstler, Weltkriegsteilnehmer im 1. Weltkrieg.
Seit 1920 Propagandist und in der Folgezeit „Führer" der NSDAP.
1923 Festungshaft nach missglücktem Putsch („Mein Kampf").
Nach 1930 Durchbruch der NSDAP zur Massenbewegung während der Weltwirtschaftkrise.
30.1.1933 Ernennung zum Reichskanzler.
1934 nach dem Tod Hindenburgs „Führer und Reichskanzler".
Verantwortlich für Errichtung der totalitären NS-Diktatur und Entfesselung des 2. Weltkriegs.
1945 Selbstmord im Bunker der Reichskanzlei.

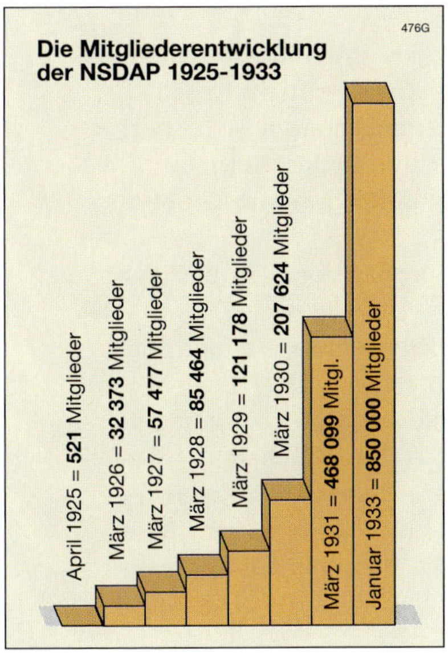

M 2

Eine straffe Organisation und die Gründung einer Jugendabteilung im Jahr 1926, aus der später die „Hitlerjugend" (HJ) hervorging, festigten die Macht des „Führers" und machten ihn auch bei der jüngeren Generation populär.

Der Aufstieg zur stärksten Partei

In der stabilen Phase der Weimarer Republik zwischen 1924 und 1929 blieben große Wahlerfolge aus. Erst 1930 gelang es der NSDAP, die Stimmenzahl deutlich zu steigern: Die Zahl ihrer Abgeordneten im Reichstag stieg sensationell von 12 auf 107. Aufgrund der sich verschärfenden Weltwirtschaftskrise erhielt die Partei großen Zulauf. Zwischen 1926 und 1930 wuchs die Mitgliederzahl von 32 000 auf 207 000. Im Januar 1933 hatte sie 850 000 Mitglieder.

Mit neuen Formen der Propaganda gelang es der Partei, Anhänger zu gewinnen. So benutzte Hitler als Wahlkämpfer ein Flugzeug und konnte jeden Tag in verschiedenen Orten Kundgebungen abhalten. Geschickt inszenierte Massenveranstaltungen, Aufmärsche mit Fahnen und Marschmusik und eine zentral gelenkte Parteipresse ließen die NSDAP als dynamische politische Bewegung erscheinen. Auf der anderen Seite dienten die „Sturm-Abteilung" (SA) und die „Schutz-Staffel" (SS) dazu, politische Gegner mit Straßen- und Saalschlachten einzuschüchtern. Diese militärisch organisierten Gruppierungen vermittelten ein Gemeinschaftsgefühl und bildeten die Basis des künftigen nationalsozialistischen Terrorregimes.

Zwischen 1930 und 1933 wurde die NSDAP so stark, dass führende Vertreter der Republik sie an der Regierung beteiligen wollten. Das scheiterte zunächst daran, dass Hitler die ganze Macht für sich beanspruchte. Wenn er später die Macht dennoch an sich reißen konnte, so verdankte er das der Entwicklung der NSDAP zu einer Massenbewegung und ihrem Aufstieg zur stärksten Partei im Reichstag.

M 3 Hitler als Redner
Adolf Hitler spricht im Berliner Lustgarten zur Reichspräsidentenwahl, Foto vom 4.4.1932

M 4 Programm der NSDAP

Aus dem Programm vom 24. Februar 1920:

1. Wir fordern den Zusammenschluss aller Deutschen auf Grund des Selbstbestimmungsrechts der Völker zu einem Groß-Deutschland.

2. Wir fordern die Gleichberechtigung des deutschen Volkes gegenüber den anderen Nationen, Aufhebung der Friedensverträge in Versailles und St. Germain. [...]

4. Staatsbürger kann nur sein, wer Volksgenosse ist. Volksgenosse kann nur sein, wer deutschen Blutes ist, ohne Rücksichtnahme auf Konfession. Kein Jude kann daher Volksgenosse sein. [...]

10. Erste Pflicht jedes Staatsbürgers muss sein, geistig oder körperlich zu schaffen. Die Tätigkeit des Einzelnen darf nicht gegen die Interessen der Allgemeinheit verstoßen, sondern muss im Rahmen des Gesamten und zum Nutzen aller erfolgen. Daher fordern wir:

11. Abschaffung des arbeits- und mühelosen Einkommens. Brechung der Zinsknechtschaft. [...]

13. Wir fordern die Verstaatlichung aller (bisher) bereits vergesellschaftlichten (Trusts) Betriebe.

14. Wir fordern Gewinnbeteiligung an Großbetrieben.

15. Wir fordern einen großzügigen Ausbau der Altersversorgung.

16. Wir fordern die Schaffung eines gesunden Mittelstandes und seine Erhaltung. [...]

18. Wir fordern den rücksichtslosen Kampf gegen diejenigen, welche durch ihre Tätigkeit das Gemeininteresse schädigen. Gemeine Volksverbrecher, Wucherer, Schieber usw. sind mit dem Tode zu bestrafen, ohne Rücksichtnahme auf Konfession oder Rasse. [...]

Aus: Wolfgang Treue, Deutsche Parteiprogramme seit 1861, Göttingen 1954, S. 156–158.

Soziale Struktur der NSDAP vor 1933

	Arbeiter	Selbstständige				Beamte		Angestellte	Mithelfende Familienangehörige (meist weibl.)	Insgesamt
		Landwirte	Handwerker und Gewerbetreibende	Kaufleute	Freie Berufe	Lehrer	Andere			
Im Reichsgebiet (Volkszählung von 1925)	45,1	6,7	5,5	3,7	1,5	1,0	3,3	15,9	17,3	100
In der NSDAP vor dem 14.09.1930	28,1	14,1	9,1	8,2	3,0	1,7	6,6	25,6	3,6	100
Unter den neuen NSDAP-Mitgliedern (zwischen 14.09.1930 und 30.01.1933)	33,5	13,4	8,4	7,5	3,0	1,7	5,5	22,1	4,9	100

Erwerbstätige (in %)

Aus: Martin Broszat, Der Staat Hitlers, München 1969, S. 51

12407E

M 5

M 6 Wer wählte Hitler?

Der Historiker Jürgen Falter schreibt:

Betrachtet man schließlich die Netto-Fluktuation zur NSDAP, d.h. den absoluten Beitrag, den die einzelnen politischen Lager zu den Wahlerfolgen der NSDAP geleistet haben, so zeigt sich, dass in der Summe aller zwischen 1928 und 1933 stattfindenden Reichstagswahlen das Nichtwählerlager mit fast 14 Prozentpunkten wahrscheinlich der mit Abstand stärkste Spender war. In erster Linie ist dies auf die enorme Mobilisierung bisheriger Nichtwähler zugunsten der NSDAP bei der Märzwahl von 1933 zurückzuführen. Von erheblicher Bedeutung war auch der Beitrag der Interessen- und Regionalparteien des bürgerlich-protestantischen Lagers. Die mit großem Abstand geringste Nettofluktuationsrate zur NSDAP hin hatte wie erwartet das katholische Lager zu verzeichnen. [...] Von den liberalen, konservativen und interessenorientierten Parteien gelang es der NSDAP zwischen 1928 und 1933 im Saldo wahrscheinlich, rund 7,5 Millionen Wähler und aus dem Nichtwählerlager nochmals fast 6 Millionen Stimmen zu sich herüberzuziehen.

Aus: Falter, Jürgen, Hitlers Wähler, München, 1991, S. 369.

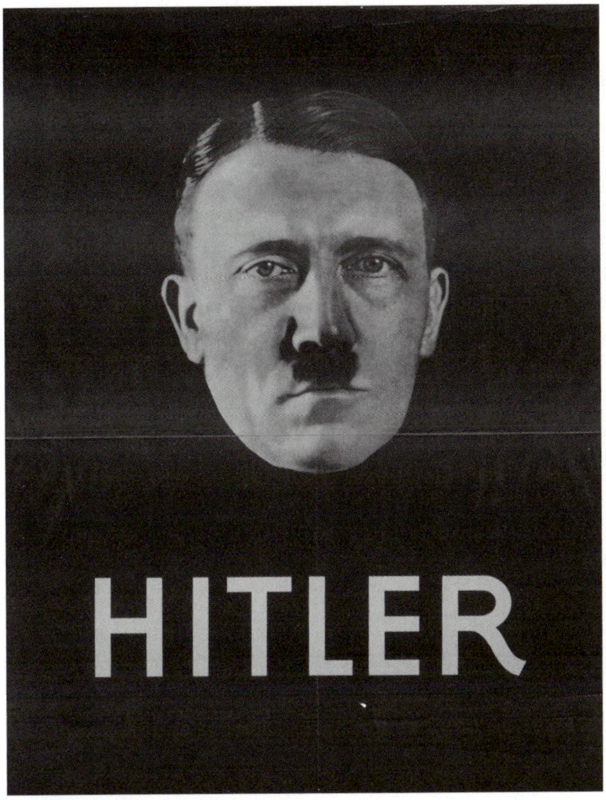

M 7 **„Hitler"**
Wahlplakat zur Reichspräsidentenwahl, 1932

M 8 **„Hitler über Deutschland"**
Umschlag eines Buches zu Hitlers Deutschlandflügen, 1932

Aufgaben

1. Erkläre, was der Name NSDAP über den Charakter der Partei aussagt.
   → Text
2. a) Erläutere, was die Forderung der NSDAP nach einem „Großdeutschland" konkret bedeutet.
   b) Wie wird der Antisemitismus in dieser Partei begründet?
   c) Stelle dar, in welchen Artikeln des Programms die NSDAP „sozialistisch" ist.
   d) Für welche wirtschaftlichen Gruppen tritt sie ein, welche bekämpft sie?
   → M4
3. a) Stelle anhand des Textes von Falter dar, wie der typische NSDAP-Wähler aussieht.
   b) Vergleiche die Aussagen Falters mit der Statistik über die soziale Struktur der NSDAP.
   → M5, M6
4. a) Beschreibe, mit welchen Propagandamitteln die NSDAP um Anhänger warb.
   b) Analysiere das Plakat zur Reichspräsidentenwahl 1932 „Hitler" und den Umschlag des Buches über die Deutschlandflüge Hitlers. Was lässt sich anhand dieser Bilder über die NSDAP aussagen?
   → M7, M8

Die Endphase der Weimarer Republik

M 1 Paul von Hindenburg (1847–1934), Reichspräsident von 1932 bis 1934, Foto von 1932

M 2 Heinrich Brüning (1885–1970), der Reichskanzler in seinem Arbeitszimmer, 1932

Die letzte parlamentarische Regierung

Seit 1923 war die SPD, die die Republik gegründet und mit Zentrum und DDP die Weimarer Koalition gebildet hatte, in keiner Regierung mehr vertreten. Das änderte sich nach der Reichstagswahl vom Mai 1928. Gemeinsam mit dem Zentrum und den liberalen Parteien DVP und DDP bildete sie unter Hermann Müller (SPD) eine große Koalition. Diese hatte sich angesichts der Weltwirtschaftskrise vor allem mit der steigenden Arbeitslosigkeit auseinanderzusetzen.

Seit 1927 gab es eine staatliche Arbeitslosenversicherung, die Arbeiter und Unternehmer durch Beiträge je zur Hälfte finanzierten. Die Gelder reichten aber nur für 800 000 Empfänger, sodass angesichts steigender Arbeitslosenzahlen entweder die Beiträge erhöht oder Leistungskürzungen vorgenommen werden mussten.

Die SPD beharrte auf einer Erhöhung der Beiträge von 3,5 auf 4 Prozent, während die Koalitionspartner diese Forderung wegen der Belastung der Wirtschaft ablehnten. Hinter den Sozialdemokraten standen die Gewerkschaften, während die anderen Parteien von den Unternehmern unterstützt wurden. Da es zu keinem Kompromiss bei der Arbeitslosenversicherung kam, traten Reichskanzler Müller und sein Kabinett im März 1930 zurück. Die Politik der Großen Koalition war gescheitert. Sie war die letzte Regierung, die sich auf eine parlamentarische Mehrheit im Reichstag stützen konnte.

Die Regierung der Präsidialkabinette

Von nun an verlagerte sich die Macht vom Parlament auf den Reichspräsidenten. Es bildeten sich statt parlamentarischer Regierungen so genannte „Präsidialkabinette“, die politisch allein vom Reichspräsidenten abhängig waren. Die Weimarer Verfassung bot dafür die Grundlage. Der Reichspräsident konnte den Reichstag auflösen und Neuwahlen ausschreiben (Artikel 25), den Reichskanzler ernennen (Artikel 53) und anstelle von Gesetzen, über die der Reichstag zu beschließen hatte, Notverordnungen erlassen (Artikel 48).

Diese Regelungen waren für Krisensituationen gedacht und nur vereinzelt angewandt worden. Nach 1930 entwickelte sich daraus aber ein Dauerzustand. Die Verlagerung der Macht vom Parlament zum Präsidenten leitete das Ende des demokratischen Systems von Weimar ein.

Reichskanzler Brüning

Nach Rücktritt von Hermann Müller (SPD) ernannte Reichspräsident Hindenburg den Zentrumspolitiker Heinrich Brüning zum Regierungschef. Der versuchte mit einer Deflationspolitik die Wirtschaftskrise zu überwinden und den Staatshaushalt zu sanieren. „Deflationspolitik“ bedeutete „Sparpolitik“ und das hieß konkret: Erhöhung von Steuern, Senkung von Löhnen und Staatsausgaben, vor allem Gehaltskürzungen bei Beamten und Leistungsabbau bei den Sozialversicherungen. Brünings Maßnahmen dienten einerseits dem Ziel, einen ausgeglichenen Haushalt aufzustellen. Andererseits sollten sie den Alliierten zeigen, dass Deutschland nicht länger in der Lage sei, die gewaltigen Reparationslasten zu tragen.

Da Brünings Politik angesichts der Mehrheitsverhältnisse im Reichstag keine Unterstützung fand, setzte Hindenburg sie mit Notverordnungen nach Artikel 48 durch. Als die Abgeordnetenmehrheit dagegen stimmte, löste der Reichspräsident das Parlament auf.

Die Reichstagswahlen 1930 und ihre Folgen

Die Neuwahlen vom 14. September 1930 kamen einer politischen Katastrophe gleich, die im In- und Ausland Bestürzung hervorrief. Hitlers NSDAP erhielt gewaltigen Zulauf und wurde zweitstärkste Partei im Reichstag. Auch die Kommunisten gewannen hinzu. Damit wurde eine konstruktive Arbeit im Reichstag zusehends unmöglich. Die Situation bot Brüning kaum Chancen, künftig mit einer parlamentarischen Mehrheit zu regieren. Die Sozialdemokraten tolerierten jedoch die Regierung Brüning, da sie eine Regierungsbeteiligung der NSDAP unbedingt verhindern wollten.

M 3 Im Reichstag 1930
Das Foto zeigt eine der üblichen Aktionen der NSDAP-Reichstagsfraktion im Reichstag: Die NS-Fraktion kehrt dem Redner einer bürgerlichen Partei den Rücken zu, Dezember 1930.

Das Entscheidungsjahr 1932

Brutale Straßenkämpfe und Saalschlachten veranlassten Brüning, die SA zu verbieten. Als er daran ging, unrentable Güter in Ostdeutschland aufzuteilen, um Arbeitslose als Bauern anzusiedeln, schuf er sich Gegner aus den Reihen der Großgrundbesitzer. Sowohl Militärs, die der SA Sympathie entgegenbrachten, als auch die Großagrarier erreichten beim greisen Staatsoberhaupt Brünings Entlassung am 30. Mai 1932. Inzwischen war Hindenburg am 10. April 1932 wiedergewählt worden. Sogar die Sozialdemokraten hatten ihn unterstützt, um Adolf Hitler als Reichspräsidenten zu verhindern.

Hindenburg ernannte Franz von Papen zum Kanzler und löste den Reichstag kurz nach dessen Amtsantritt auf. Doch brachten auch die Wahlen vom 31. Juli 1932 nicht die erwünschte parlamentarische Basis. Eine erste Maßnahme der neuen Regierung war die Aufhebung des SA-Verbots. Der Terror auf den Straßen nahm während des Wahlkampfs in erschreckender Weise zu. Innerhalb von zwei Monaten kamen über 300 Menschen bei gewalttätigen Ausschreitungen zwischen Nazis und Kommunisten ums Leben, rund 1200 wurden verletzt.

M 8 „Bravo Herr von Papen"
Wahlplakat der NSDAP zur Reichstagswahl vom 6. November 1932

M 9 „Wählt Sozialdemokraten"
Wahlplakat der SPD zur Reichstagswahl vom 6. November 1932

M 10 Werbung mit Hammer und Sichel
Wahlplakat der KPD zur Reichstagswahl vom 6. November 1932

M 11 „Zurück zu Brüning"
Wahlplakat der Zentrumspartei zur Reichstagswahl vom 6. November 1932

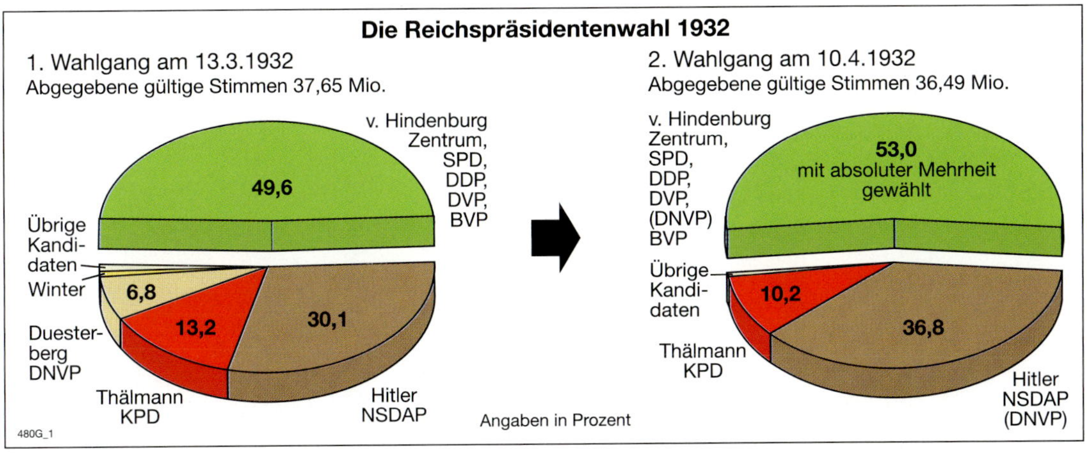

M 12

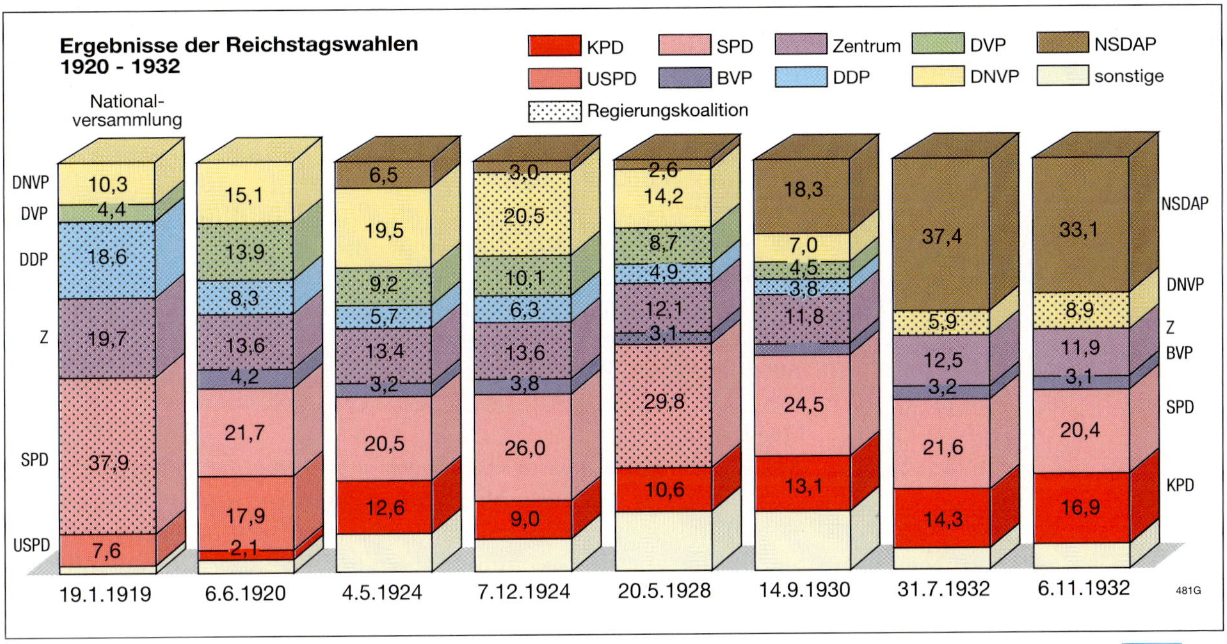

M 13

Aufgaben

1. Erläutere den Unterschied zwischen einem parlamentarischen System und dem Präsidialsystem.
   → Text
2. a) Erläutere den Begriff „Deflationspolitik“.
   b) Analysiere die Karikatur zum Wirtschaftsprogramm von 1932.
   c) Stelle dar, wie der Historiker Heinrich August Winkler Kanzler Brüning beurteilt.
   → Text, M6, M7
3. Analysiere die Wahlplakate der verschiedenen Parteien NSDAP, KPD, Zentrum und SPD. Achte auf die Bildinhalte und auf die Wahlslogans.
   → M8–M11
4. a) Vergleiche die Reichstagswahlergebnisse im Zeitraum von 1920 bis 1932 und erläutere, von welchen Parteien die NSDAP ihre Wähler bekam.
   b) Stelle dar, welche Parteien im genannten Zeitraum am stabilsten waren und versuche zu erklären, warum das so war.
   → M13

Auszug aus dem Heimatort

Exerzieren im Schmutz

Essen gegen Liebe

M 1 **Standbilder** aus dem Film „Im Westen nichts Neues"

Wir analysieren einen zeitkritischen Film

„Im Westen nichts Neues"
1929 erschien der in 42 Sprachen übersetzte Antikriegsroman des deutschen Autors Erich Maria Remarque „Im Westen nichts Neues". Es sollte „dieses Buch weder eine Anklage noch ein Bekenntnis sein, sondern nur über eine Generation berichten, die vom Krieg zerstört wurde – auch wenn sie seinen Granaten entkam", so der Autor. Das Buch wurde 1929/30 mit triumphalem Erfolg in den USA verfilmt.

Der Inhalt
Angesteckt von der Kriegsbegeisterung und bestärkt vom Klassenlehrer meldet sich 1914 eine Abiturklasse geschlossen zum Kriegseinsatz. Vom früheren Briefträger Himmelstoß werden sie während der Ausbildung bis zur Erschöpfung schikaniert. Ein Rotkreuzzug voll Verwundeter, der erste Kampfeinsatz, der erste Tote unter ihnen, Nässe, Strapazen, Gas und Granaten lassen rasch Illusionen verfliegen.

Der erfahrene Soldat Katczinsky („Kat") lehrt die Jungen das Überleben. Dennoch stirbt in den ersten Gefechten die halbe Kompanie. Der Schüler Kemmerich, dem ein Bein amputiert wird, stirbt im Lazarett. Seine guten Stiefel wechseln nach und nach den Besitzer. Mit französischen Mädchen tauschen die Soldaten „Wurst gegen Liebe".

Paul Bäumer, die Hauptfigur, wird verwundet und kommt ins Lazarett. Auf Heimaturlaub erkennt er, dass er mit seiner Familie und seinem alten Lehrer nicht mehr viel gemeinsam hat.

Bei einem Artillerieangriff gerät Paul in einen Granattrichter. Dort ersticht er einen Franzosen und erkennt, dass er keinen Feind, sondern einen Menschen – den Drucker Duval – getötet hat.

Kurz vor Kriegsende 1918 beobachtet Paul während einer Feuerpause einen Schmetterling und greift nach ihm. Dabei wird er erschossen. Der Heeresbericht meldet an diesem Tag: „Nichts Neues von der Westfront." Paul Bäumers Tod ist nur eine kleine, unwichtige Episode im mörderischen Krieg.

M 2 **Regisseur Lewis Milestone**
Er wurde für seine Regieleistung im Film „Im Westen nichts Neues" 1930 mit dem Oscar ausgezeichnet.

Kampf in Schützengräben

Heimaturlaub bei der kranken Mutter

Maschinengewehrstellung

Ein Film im Meinungsstreit

In Amerika war das Publikum gebannt „durch die erstaunliche Kraft eines sachlichen, schrecklichen Dramas", sodass der Streifen einen riesigen Erfolg hatte. Seine Brisanz machte „Im Westen nichts Neues" zum Antikriegsfilm schlechthin. Willkürliche Schnitte der deutschen Zensur verstümmelten jedoch den Film. Geschnitten wurden damals fast alle Schleiferszenen der Rekruten sowie ein Gespräch, in dem die Soldaten dem Kaiser die Schuld am Krieg gaben.

Am 21.11.1930 gelangte der Film in die Kinos. Sofort kam es zu gezielten Störmaßnahmen durch die Nazis mit der Begründung, das Ansehen der deutschen Soldaten werde in den Dreck gezogen. Der Regisseur wurde angegriffen mit dem Argument, er sei ein „jüdischer Deutschenhetzer". 1933, gleich nach der „Machtergreifung", verbot Hitler den Film. 1952 wurde der Film wieder für deutsche Kinos freigegeben, wobei die Szene mit dem sterbenden Franzosen Duval fehlte. In dieser Szene verletzt Paul Bäumer den Soldaten Duval im Kampf und muss dann – da er den Bombentrichter auf dem Schlachtfeld nicht verlassen kann – mehrere Stunden dessen Todeskampf verfolgen. Erst 1984 kam es zur Ausstrahlung der ungekürzten Originalfassung im ZDF.

M 3 **Deutsches Filmplakat,** 1952

Wie wirkt ein Film?

Ein Film ist ein sehr komplexes Medium. Bild und Ton wirken zusammen und nehmen den Zuschauer gefangen. Der Eindruck, den ein Film hinterlässt, ist allerdings – auch wenn viele Bilder im Kopf bleiben – schwer nachzuvollziehen. Im Unterschied zu einem Buch ist es bei einem Kinobesuch nicht möglich, zurückzublättern und einzelne Stellen noch einmal zu betrachten.

Anhand einzelner Szenen ist es aber möglich, sich die Wirkungsweise von Filmen vor Augen zu führen. Dazu bedarf es jedoch einiger Kenntnisse über die Filmsprache. Von zentraler Bedeutung für die Wirkung einzelner Einstellungen ist die Perspektive der Kamera, aus der eine Szene gefilmt wird.

M 4 **Standbilder aus der „Duval-Szene"**

M 5 **Einstellungen und Perspektiven**

M 6 **Glossar: Perspektiven und Einstellungen**

a) Die Kamera als bewegliches Aufnahmeinstrument kann ein Geschehen aus verschiedenen Positionen aufnehmen. Diese prägen auch die Sicht des Zuschauers auf das Geschehen. Drei Perspektiven werden unterschieden:

Als **Normalsicht** wird eine Kamerahöhe von etwa 1,70 m (der Augenhöhe eines erwachsenen Menschen) bezeichnet. Sie gilt als normal, weil sie unserer alltäglichen Wahrnehmung am ehesten entspricht.

Als **Froschperspektive** wird ein Kamerablick von unten nach oben bezeichnet. Dem Zuschauer wird durch eine solche Kameraposition eine dem Abgebildeten untergeordnete Position nahe gelegt, so, als müsse auch er aufblicken.

Die **Vogelperspektive** bringt den Zuschauer umgekehrt in eine erhöhte Position über das Dargestellte, verschafft ihm eine Übersicht, so, als hätte er Macht über das Geschehen.

Zwischen den Perspektiven gibt es Übergänge. Aufsicht und Untersicht können extrem, aber auch nur geringfügig angewendet werden, auch kann sich innerhalb einer Einstellung die Kameraperspektive verändern. Mit den Perspektiven werden keine festen Bedeutungszuweisungen verbunden. [...] Die Perspektive ist nur ein Darstellungsmodus, die Bedeutung des so Gezeigten ergibt sich erst aus der Relation zum Kontext der gesamten Geschichte und aus der sonstigen Charakterisierung des Gezeigten.

b) Die Einstellungsgröße bestimmt, wie groß ein Mensch oder ein Gegenstand zu sehen ist. Hier werden folgende Einstellungen unterschieden:

Weit: Weite Landschaften, Panoramen werden so gezeigt, dass sich der Einzelne in der Landschaft verliert.

Totale: Ein Überblick über ein Geschehen wird vermittelt, ein Eindruck des Ganzen, in dem aber der Einzelne noch zu erkennen ist.

Halbtotale: Die Figur ist ganz zu sehen, ihre Körpersprache dominiert, es ist Raum für Aktion.

Halbnah: Die Figur ist bis zu den Oberschenkeln bzw. zu den Knien zu sehen. Man sieht jetzt viel Umraum, die Figur tritt zu anderen Figuren in deutliche Beziehung, die Mimik ist zugunsten der Gestik in den Hintergrund getreten.

Nah: Ein Brustbild bzw. bis zum Bauch. Es ist dies die gemäßigt-normale Distanz des Ansagers und Nachrichtensprechers.

Groß: Ein Kopf wird bis zum Hals oder zur Schulter gezeigt. Der Zuschauer kann so die Mimik des Gezeigten genau verfolgen, jeder Augenaufschlag, jedes Zucken des Mundwinkels bekommt Bedeutung.

Detail: Hier ist nur ein sehr kleiner Ausschnitt zu sehen, ein Auge, ein Mund, die Finger am Abzugshahn des Revolvers.

Fragen an Spielfilme

1. Entstehung des Films

a) Wann entstand „Im Westen nichts Neues"?
b) Wer war an der Entstehung des Films beteiligt?
c) Wie wurde die literarische Vorlage umgesetzt?

2. Filmsprache

a) Beschreibe die Wirkung, die die Szenenfotos auf dich haben.
b) Benenne mit Hilfe des Glossars die jeweils gewählte Einstellung.
c) Vergleiche die möglichen Kameraeinstellungen. Nenne die wesentlichen Unterschiede.
d) Überlege, warum sich der Regisseur für eine bestimmte Einstellung entschied. Warum hat er denkbare andere Sichtweisen, wie sie die Zeichnungen zeigen, nicht gewählt?

3. Wirkung des Films

a) Wie wurde „Im Westen nichts Neues" aufgenommen?
b) Wie veränderten sich die Reaktionen auf den Film im Lauf der Zeit?

M 1 **„Bonn ist nicht Weimar"**
Umschlag des Buches von Fritz René Allemann

Warum scheiterte die Weimarer Republik?

Vielfältige Schuldzuweisungen

Das Ende der Weimarer Republik markiert zugleich den Beginn der nationalsozialistischen Herrschaft. Daher ist die Suche nach Gründen für den Untergang der ersten parlamentarischen Demokratie in Deutschland noch heute aktuell. Für Zeitgenossen wie Otto Braun, bis 1932 sozialdemokratischer Ministerpräsident in Preußen, war klar, wer Schuld am Scheitern der Weimarer Republik trug: „Versailles und Moskau", lautete seine Botschaft. Die Kommunisten dagegen sahen die Verantwortung bei der Industrie, den Großgrundbesitzern und Militärs, während Konservative und Liberale die verblendeten Massen anklagten, die Hitler gewählt hatten.

Amerikanische Historiker haben den obrigkeitshörigen Charakter des deutschen Volkes seit Martin Luther betont und ihn für den Niedergang der ersten deutschen Demokratie verantwortlich gemacht. Andere gaben dem preußischen Militär und dem autoritären Staat die Schuld. Nach dem Zweiten Weltkrieg entstand die Formel: „Bonn ist nicht Weimar". Damit sollte zum Ausdruck gebracht werden, dass es vor allem die Schwächen der Weimarer Verfassung waren, die zum Scheitern der Republik beitrugen.

Zusammenspiel vieler Faktoren

Historiker haben bis heute eine Fülle von Ursachen erarbeitet, die erklären, wie es zum Untergang der ersten deutschen Demokratie kam. Im Einzelnen werden genannt:

- die unvollendete Revolution von 1918, insbesondere das Fortbestehen der alten Eliten des Kaiserreichs;
- die Schwäche der demokratischen Parteien und ihre mangelnde Fähigkeit, Kompromisse zu schließen;
- die Schwächung des bürgerlichen Mittelstandes durch Inflation und Weltwirtschaftskrise;
- die Stärke der radikalen Parteien NSDAP und KPD und die Radikalisierung des öffentlichen Lebens in der Endphase der Republik;
- antidemokratische Tendenzen in Militär, Justiz und Beamtenschaft,
- das Intrigenspiel der letzten Reichskanzler Papen und Schleicher, und die Unfähigkeit führender Politiker, die gewalttätige NSDAP in ihre Schranken zu weisen;
- Fehler der Verfassung, vor allem Artikel 48 (Notverordnungen);
- außenpolitische Belastungen durch den Versailler Vertrag;
- Massenarbeitslosigkeit infolge der Weltwirtschaftskrise;
- Schwäche des Verhältniswahlrechts und Parteienzersplitterung;
- massenwirksame NS-Propaganda mit der Führungsfigur Hitler;
- unheilvoller Einfluss der Berater auf den greisen Reichspräsidenten Hindenburg;
- fehlende demokratische Gesinnung der Staatsbürger.

Einigkeit herrscht darin, dass das Ende von Weimar nur durch ein Zusammenwirken vieler Faktoren zu erklären ist. Welche davon entscheidend waren, bleibt allerdings umstritten.

M 2 **„Republik"**
Karikatur von Thomas Theodor Heine, erschienen 1927 in der Zeitschrift „Simplicissimus"

Aufgaben

1. Erstelle eine Zeitleiste für die gesamte Weimarer Republik zwischen 1918 und 1933 und trage – unter Zuhilfenahme eines Lexikons – die wichtigsten innen- und außenpolitischen Ereignisse ein.
   → Lexikon
2. a) Stelle dar, wofür die einzelnen Personen auf der Karikatur stehen.
   b) Erläutere die Aussage der Karikatur.
   c) Erkläre mit Blick auf die Karikatur den Satz, Weimar sei eine „Demokratie ohne Demokraten" gewesen.
   → M2

M 4 Petersburger „Blutsonntag" am 22. Januar 1905
Soldaten treiben den Demonstrationszug vor dem Winterpalast auseinander.

M 5 Augenzeugenbericht zum „Blutsonntag"

Der Politiker Kerenski aus der Partei der Sozialrevolutionäre war Augenzeuge am 22. Januar 1905:

Wir hatten schon den Alexander-Garten erreicht, der dem Winter-Palais gegenüber liegt, als wir Hornsignale hörten, das Angriffszeichen für die Kavallerie. Die Marschkolonne hielt inne; die Arbeiter wussten nicht, was das Hornsignal bedeutete, und konnten nicht sehen, was geschah. Vorn rechts stand eine Polizeiabteilung, die jedoch kein Zeichen von Feindseligkeit zeigte; deshalb setzte sich die Kolonne wieder in Marsch.
In diesem Augenblick jedoch ritt ein Trupp Kavallerie aus Richtung des Distrikts-Militärhauptquartiers heran und die erste Salve wurde abgeschossen. Eine Abteilung Soldaten, die auf der anderen Seite des Platzes gegenüber der Admiralität in Stellung gegangen war, eröffnete ebenfalls das Feuer. Die erste Salve wurde in die Luft gefeuert, die zweite aber zielte in die Menge, und viele Menschen stürzten zu Boden. Von Panik erfasst, wich die Menge zurück und rannte in alle Richtungen. Die Menschen wurden nun auch von hinten beschossen und wir Zuschauer ergriffen mit den anderen die Flucht.
Ich kann den Schrecken nicht beschreiben, den wir in diesem Augenblick empfanden. Es war völlig klar, dass die Behörden einen ungeheuerlichen Fehler gemacht hatten; sie hatten die Absichten der Menge vollkommen missverstanden. Wie immer die Pläne der Organisatoren des Marsches auch ausgesehen haben mögen – die Arbeiter marschierten ohne jede böse Absicht zum Palast. Sie waren davon überzeugt, dass sie vor dem Palast niederknien würden, und dann würde der Zar kommen und mit ihnen sprechen oder er würde sich zumindest auf dem Balkon zeigen.
Aber alles, was sie bekamen, waren Kugeln. Es war ein historischer Irrtum, für den sowohl die Monarchie als auch Russland teuer bezahlen mussten.
Nach ersten Schätzungen hatte es mindestens zwei- bis dreihundert Tote und Verletzte gegeben. Krankenwagen wurden schnell herbeigerufen, und die Unverletzten halfen, die verwundeten Männer, Frauen und Kinder zu bergen. Alles löste sich in Verwirrung auf, und die Menge zerstreute sich in die Nebenstraßen.

Alexander Kerenski, Die Kerenski-Memoiren, Wien und Hamburg 1966, S. 68 f.

Fläche (in km²)	Bevölkerung (in Mio.)	Eisenbahn (in km)
22 031 000 **Russland**	150	76 300
541 000 **Deutsches Reich**	60	63 100
315 000 **Großbritannien**	45	37 700
9 421 000 **USA**	86	393 000

Zahlenangaben um 1910

495G

M 6

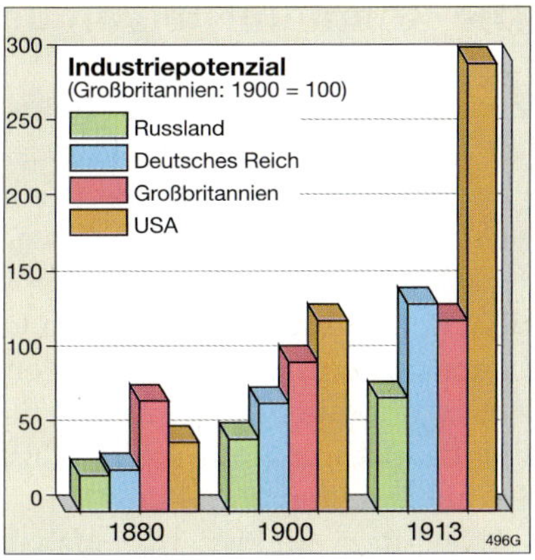

M 7

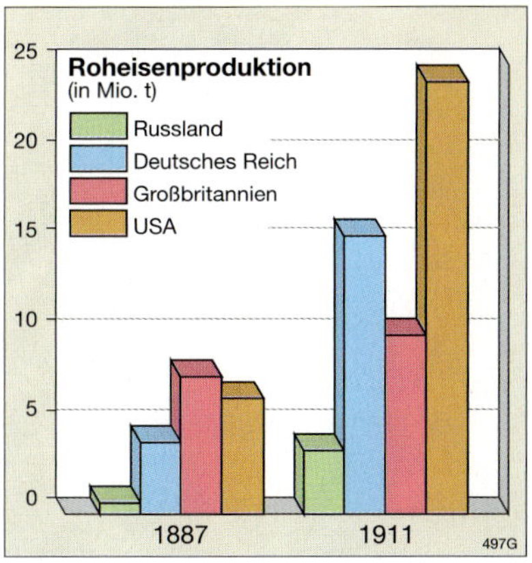

M 8

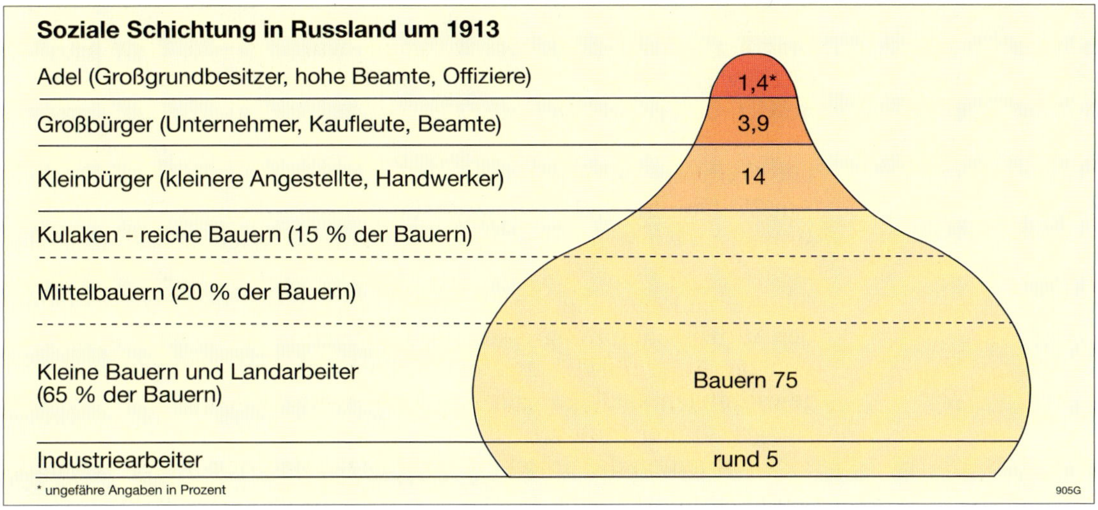

M 9

Aufgaben

1. Erläutere Russlands wirtschaftliche und politische Situation im Vergleich zu den übrigen Staaten Westeuropas. → Text
2. a) Versuche den Begriff „Industriepotenzial" zu definieren.
   b) Warum war damals gerade die Roheisenproduktion von besonderer Wichtigkeit?
   c) Wie schneidet Russland im Vergleich zu den anderen aufgeführten Ländern bezüglich des Industriepotenzials und der Roheisenproduktion ab? Berücksichtige dabei die jeweilige Bevölkerungsgröße.
   → M6, M7, M8
3. a) Betrachte das Schaubild zur sozialen Schichtung der russischen Bevölkerung. Welche Schicht dominiert zahlenmäßig eindeutig?
   b) Wie spiegelt sich die prozentuale Größe dieser Schicht im politischen und wirtschaftlichen Bereich wider?
   c) Was sagt die geringe Zahl von Industriearbeitern aus?
   → M9
4. a) Vergleiche das Bild vom „Blutsonntag" 1905 mit der Darstellung von Kerenski.
   b) Welche Erwartungen hatten nach Ansicht Kerenskis die Arbeiter 1905?
   c) Wie reagierte die Staatsmacht?
   → M4, M5
5. Welche Parteien begannen sich in Russland zu bilden und wen vertraten sie?
   → Text
6. Beschreibe Russlands Weg zur Republik. → Text

M 1 Lenins Ankunft in Petrograd
Am 16. April 1917 kehrte der Revolutionär aus seinem Schweizer Exil nach Petrograd zurück, wie St. Petersburg von 1914–1924 hieß.

Die Kommunisten an der Macht

Zwischen Februar und Oktober 1917

Im Verlauf des Jahres 1917 gelang es der Regierung nicht, die drängendsten Probleme des Landes in den Griff zu bekommen. Russland befand sich weiterhin im Krieg, militärische Misserfolge ließen die Kriegsmüdigkeit der russischen Bevölkerung wachsen und brachten den Bolschewiken starken Zulauf. Die Auflösung der gesellschaftlichen Strukturen – Bauern vertrieben Großgrundbesitzer, radikale Arbeiterkomitees übernahmen die Leitung von Betrieben – und die bei der Bevölkerung auf größte Zustimmung stoßende bolschewistische Parole „Frieden, Land und Brot“ taten ihr Übriges.

Nachdem ein Putschversuch der Bolschewiki im Juli 1917 scheiterte, operierten sie zunächst aus dem Untergrund. Lenin, ihr führender Kopf, musste vorübergehend nach Finnland fliehen. Von Finnland aus rief Lenin nun zum gewaltsamen Umsturz der Provisorischen Regierung auf. Als Zeitpunkt des Aufstands wurde der 25. Oktober 1917 (7.11. westlicher Zeit) bestimmt, ein Tag, an dem der 2. Allrussische Sowjetkongress in Petersburg tagen sollte.

Die Oktoberrevolution

Am 25. Oktober 1917 besetzten die Bolschewiki ohne Blutvergießen strategisch wichtige Punkte in Petersburg; lediglich am Winterpalais, dem Sitz der Regierung, kam es zu Gefechten. Einen Tag später kapitulierte die Regierung, die Minister wurden verhaftet. Auf der Sitzung des Allrusisschen Kongresses, der am gleichen Abend tagte, weigerten sich die Menschewiki und rechte Sozialrevolutionäre, unter diesen gewalttätigen Bedingungen weiter mitzuarbeiten und verließen den Kongress unter Protest.

Somit hatten die Bolschewiki nun eine Mehrheit in der Versammlung und setzten die erste Sowjetregierung, den „Rat der Volkskommissare“, unter Vorsitz Lenins ein. Trotzki wurde Kommissar für Auswärtiges, Stalin Kommissar für Nationalitätenfragen.

Unverzüglich wurden entscheidende Maßnahmen getroffen. Innenpolitisch ging es den Bolschewiki primär um die Festigung ihrer Machtposition. Hierbei zeigte sich, dass sie nicht gewillt waren, ihre Macht nach demokratischen Grundsätzen auszuüben. Schon am 27. Oktober wurde die Pressefreiheit aufgehoben, eine neue Geheimpolizei, die „Tscheka“, diente der Verfolgung aller angeblichen Staatsfeinde. Verhaftung, Verbannung und Todesurteile waren nun an der Tagesordnung.

Mit dem „Dekret über Grund und Boden“ wurden die Großgrundbesitzer enteignet, ihr Land den Bauern übertragen. Diese Maßnahme war begleitet von der Verstaatlichung der Industrie und der Banken. Fabriken wurden den Arbeiterräten unterstellt, Offiziersränge in der Armee abgeschafft. Jegliche Religionsausübung wurde verboten, der Kirchenbesitz eingezogen. Die Regierung untersagte den privaten Handel, die Verteilung der Güter unterstand künftig dem Staat. Die Einführung der Schulpflicht sollte dem weit verbreiteten Analphabetismus entgegenwirken. – All diese Maßnahmen leiteten ein weltgeschichtliches Experiment von enormer Tragweite ein.

M 2

M 3 **„Genosse Lenin reinigt die Erde von Unrat"**
Sowjetisches Plakat von 1920

Die Bolschewiki festigen die Macht

Am 25. November 1917 abgehaltene Wahlen zu einer verfassunggebenden Versammlung bescherten den Bolschewiki eine herbe Niederlage. Nur etwa 25 % der Stimmberechtigten votierten für Lenin und seine Gefolgsleute, während die anderen sozialistischen Parteien auf 62 % und die bürgerlichen Parteien auf 13 % kamen.

Als die verfassunggebende Versammlung den Bolschewiki bei ihrer ersten Zusammenkunft im Januar 1918 die Zustimmung versagte, ließ Lenin sie auflösen. Die Diktatur einer kleinen Gruppe nahm nun konkrete Formen an und bis zum Jahr 1993 trat in Russland kein frei gewähltes Parlament mehr zusammen. Ab März 1918 nannten sich die Bolschewiki „Russische Kommunistische Partei", neue Hauptstadt wurde kurz darauf Moskau.

Der Krieg wird beendet

Außenpolitisch bemühte sich die neue Regierung den Krieg gegen die Mittelmächte zu beenden, da die Lage im Innern dies erforderte. Daher erließ sie gleich nach der Machtübernahme 1917 das „Dekret über den Frieden". Es proklamierte einen sofortigen Waffenstillstand mit der Maßgabe, dass Russland auf jegliche Gebietsansprüche oder Reparationsforderungen verzichten werde.

Verhandlungen mit der deutschen Obersten Heeresleitung führten im März 1918 zum Vertrag von Brest-Litowsk, der schmerzliche territoriale Einbußen für Russland enthielt. Diese in der russischen Öffentlichkeit äußerst unpopulären Maßnahmen akzeptierte die bolschewistischen Führung, da an weitere Kampfhandlungen wegen der unzureichenden Versorgung und der sich in Auflösung befindlichen russischen Armee nicht mehr zu denken war. Zudem hatte die Festigung der Macht im Innern nun unbedingten Vorrang für die Bolschewiki.

Blutiger Bürgerkrieg

Ab Mitte 1918 formierte sich Widerstand gegen die neuen Machthaber, der zu einem blutigen Bürgerkrieg führte. Die Gegner des neuen Regimes, „die Weißen", konnten sich jedoch auf keine gemeinsame Strategie einigen. Zu unterschiedlich waren ihre Interessen und ihre Herkunft. Das waren nicht nur Monarchisten, Liberale und sozialrevolutionäre innere Gegner, sondern auch Freiwillige aus Westeuropa, die den Kommunismus bekämpften, und Truppen der Westmächte, die die Zahlung russischer Staatsschulden erzwingen wollten.

Die Entstehung der Sowjetunion

Trotzki gelang der Aufbau einer schlagkräftigen Roten Armee, die den Bürgerkrieg siegreich beendete. Die Kriegshandlungen und ein Wirtschaftschaos durch überstürzte Einführung des Sozialismus führten jedoch zwischen 1918 und 1922 zu Millionen Opfern.

Nach der Oktoberrevolution hatten sich auf dem Gebiet des ehemaligen Russischen Reichs mehrere selbstständige Sowjetrepubliken gebildet. Sie schlossen sich 1922 zur „Union der Sozialistischen Sowjetrepubliken" (UdSSR) zusammen. Hauptstadt wurde Moskau. Die UdSSR bestand bis 1991 und löste sich dann mit dem Zerfall des Ostblocks auf. Aus ihr gingen das heutige Russland sowie zahlreiche Nachfolgestaaten in Europa und Asien hervor.

M 4 **„Lenin auf der Tribüne"**
Gemälde von A. M. Gerassimow (1930)

M 5 **„Klasse" und „Staat"**

a) Lenin hat in seinen zahlreichen Büchern zu wichtigen Begriffen eine Definition gegeben. Zum Begriff „Klasse" schrieb er:

Als Klassen bezeichnet man große Menschengruppen, die sich voneinander unterscheiden nach ihrer Stellung in einem geschichtlich bestimmten System der gesellschaftlichen Produktion, nach ihrem (größtenteils in Gesetzten festgelegten und fixierten) Verhältnis zu den Produktionsmitteln, nach ihrer Rolle in der gesellschaftlichen Organisation der Arbeit und folglich nach der Art der Erlangung und dem Umfang des Anteils am gesellschaftlichen Reichtum, über den sie verfügen. Klassen, das sind solche Gruppen von Menschen, von denen die eine sich die Arbeit der anderen aneignen kann, infolge der Verschiedenheit ihrer Stellung in einem bestimmten System der [...] Wirtschaft.

Zit. nach: I. Fetscher, Der Marxismus, Seine Geschichte in Dokumenten, München 1983, S. 560.

b) Über den Staat schrieb Lenin:

Der Staat ist das Produkt und die Äußerung der Unversöhnlichkeit der Klassengegensätze. Der Staat entsteht dort, [...] wo, wann und inwiefern die Klassengegensätze objektiv nicht versöhnt werden können. Und umgekehrt: Das Bestehen des Staates beweist, dass die Klassengegensätze unversöhnlich sind.
Wir setzen uns als Endziel die Vernichtung des Staates, d. h. jeder organisierten und systematischen Gewalt, jeder Gewaltanwendung gegen Menschen überhaupt. [...]
Indem wir zum Sozialismus streben, sind wir überzeugt, dass er in den Kommunismus hineinwachsen wird, und im Zusammenhang damit wird jede Notwendigkeit der Gewaltanwendung gegen Menschen überhaupt, die Unterordnung eines Menschen unter einen anderen, eines Teiles der Bevölkerung unter den anderen, verschwinden. [...] Zwischen der kapitalistischen und der kommunistischen Gesellschaft liegt die Periode der revolutionären Umwandlung der einen in die andere. Dem entspricht auch eine politische Übergangsperiode, deren Staat nichts anderes sein kann als die revolutionäre Diktatur des Proletariats. [...]
Zugleich bringt die Diktatur des Proletariats eine Reihe von Freiheitsbeschränkungen für die Unterdrücker, die Ausbeuter, die Kapitalisten. [...]
Erst in der kommunistischen Gesellschaft, wo der Widerstand der Kapitalisten endgültig gebrochen ist, [...] wo es keine Klassen mehr gibt, erst da hört der Staat auf zu bestehen und kann von Freiheit die Rede sein.

Zit. nach: I. Fetscher, Der Marxismus, Seine Geschichte in Dokumenten, S. 594; und: I. Fetscher, Von Marx zur Sowjetideologie, Frankfurt/M., 1965, S. 103 f., S. 107.

M 6 **Bewertung der Revolution**

Der englische Historiker Eric Hobsbawm schreibt in seinem Buch „Das Zeitalter der Extreme" über die weltgeschichtliche Bedeutung der Oktoberrevolution:

Die alte Welt [vor 1914] war ganz offensichtlich zum Untergang verdammt. Die alte Gesellschaft, die alte Wirtschaft, das alte politische System hatten, wie es in einem alten chinesischen Sprichwort heißt, „das Mandat des Himmels verloren". Die Menschheit wartete auf eine Alternative.
Und eine dieser Alternativen war 1914 durchaus bekannt. Sozialistische Parteien, die auf die Unterstützung der sich ausbreitenden Arbeiterklasse in ihren Ländern bauten und vom Glauben an die historische Unvermeidlichkeit ihres Sieges durchdrungen waren, boten in den meisten Ländern Europas diese Alternative an. Und es sah so aus, als bräuchten die Völker nur ein Signal, um sich zu erheben und den Kapitalismus durch Sozialismus zu ersetzen und damit die sinnlosen Leiden des Krieges schließlich in etwas Sinnvolleres zu verwandeln: die blutigen Geburtswehen und Konvulsionen [Krämpfe] einer neuen Welt.
Die Russische oder genauer: die bolschewistische Revolution vom Oktober 1917 war bereit, der Welt dieses Signal zu geben. Deshalb war sie für dieses Jahrhundert ein ebenso zentrales Ereignis, wie es die Französische Revolution von 1789 für das 19. Jahrhundert gewesen war.
Es ist in der Tat kein Zufall, dass die Geschichte des „Kurzen 20. Jahrhunderts", wie es in diesem Buch definiert wird, genau mit der Lebensdauer des Staates zusammenfällt, den die Oktoberrevolution geboren hat.
Die Oktoberrevolution hatte jedoch ein sehr viel stärkeres und globaleres Echo als ihre Vorgängerin. Zwar ist mittlerweile deutlich geworden, dass die Ideen der Französischen Revolution die des Bolschewismus überlebt haben, aber die faktischen Auswirkungen von 1917 waren bei weitem größer und anhaltender als die von 1789. Die Oktoberrevolution brachte die gewaltigste Revolutionsbewegung der modernen Geschichte hervor. Ihre Ausdehnung über die Welt ist seit dem Siegeszug des Islam in seinem ersten Jahrhundert ohne Parallele geblieben! Bereits dreißig bis vierzig Jahre nach Lenins Ankunft am Finnlandbahnhof von Petrograd befand sich ein Drittel der Menschheit unter der Herrschaft von Regimen, die unmittelbar aus den „Zehn Tagen, die die Welt erschütterten" und Lenins organisatorischem Modell, der Kommunistischen Partei, hervorgegangen waren.

Eric Hobsbawm, Zeitalter der Extreme, München 1994, S. 79.

Aufgaben

1. Fasse zusammen: Wie sind die Kommunisten im Oktober 1917 an die Macht gelangt?
   → Text
2. a) Wer wird auf der Karikatur von 1920 als „Unrat" bezeichnet?
   b) Welcher Anspruch der neuen sowjetischen Machthaber wird hier ersichtlich?
   → M3
3. a) Wie wird Lenin auf dem Gemälde von 1930 dargestellt?
   b) Erläutere, inwiefern man von politischer Propaganda sprechen kann. Beachte dabei auch das Entstehungsjahr.
   → M4
4. Nach welchen Kriterien werden die Menschen von Lenin in die jeweiligen gesellschaftlichen Klassen eingeordnet?
   → M5a
5. a) Erläutere, wie Lenin den „Staat" definiert.
   b) Was versteht man unter dem Begriff „Diktatur des Proletariats"?
   c) Wie sieht Lenin die Zukunft des Staates?
   → M5b
6. Lenin betrachtet es als legitim, zumindest übergangsweise Menschenrechte einzuschränken. Setze dich kritisch mit dieser Auffassung auseinander und begründe deine Meinung. → M5b
7. Welche Bedeutung spricht Hobsbawm der Oktoberrevolution zu? Welche Argumente nennt er?
   → M6

M 1 Straf- und Arbeitslager in der Sowjetunion um 1932
Das Foto zeigt Strafgefangene, die beim Bau eines Kanals eingesetzt werden.

M 2 Josef Stalin (1879–1953)
Das Bild zeigt Stalin auf dem XVIII. Parteitag 1939, Gemälde von A. Gerassimow.

Die Sowjetunion unter Stalin

Stalins Aufstieg

Nach Lenins Tod 1924 brachen Machtkämpfe in der Führung der Bolschewiki aus. Aus ihnen ging Josef Wissarionowitsch Dschugaschwili als Sieger hervor, der 1922 zum Generalsekretär der Kommunistischen Partei (KPdSU) aufgestiegen war, und sich „Stalin“ – der Stählerne – nannte. Sein Machtinstrument wurde die KPdSU. Es gelang ihm, alle Rivalen auszuschalten und den gesamten Parteiapparat unter seine Kontrolle zu bringen. Dazu besetzte er tausende Funktionärsstellen mit ihm ergebenen Leuten.

Die stalinistische Gewaltherrschaft

Ein Merkmal des „Stalinismus“ war der Massenterror, der sich zunächst gegen führende Parteifunktionäre und hohe Offiziere richtete. Missliebige Personen wurden verhaftet, in Gefängnisse oder Arbeitslager eingewiesen oder erschossen. Ferner gab es Schauprozesse, bei denen sich prominente Bolschewiki oder Militärs selbst bezichtigten für Taten, die sie nie begangen hatten.

Später fielen solchen „Säuberungen“ auch einfache Bürger zum Opfer, die oft nur eine kritische oder respektlose Äußerung gemacht hatten. Sie wurden als Volksfeinde, Saboteure, Spione oder Revisionisten angeklagt, zu Geständnissen gezwungen und meist zu langjähriger Zwangsarbeit verurteilt.

M 3 **Werbung für Stalin**
Der Text des Propagandaplakats von 1930 lautet: „Unsere Heimat soll blühen und gedeihen."

Straf- und Arbeitslager

Vor Stalins Terror konnte sich niemand sicher fühlen und wer in die Hände der Geheimpolizei NKWD fiel, musste mit Haft, Arbeitslager oder Hinrichtung rechnen. Bald überzog das Land ein Netz von Straflagern (GULAG), deren Insassen unter unmenschlichen Bedingungen in Bergwerken oder beim Bau von Kanälen, Straßen und Eisenbahnen arbeiten mussten. Man schätzt, dass dem Massenterror Stalins zwischen 1925 und 1953 etwa 20 Millionen Menschen zum Opfer fielen.

Die Industrialisierung der Sowjetunion

Früh wurde klar, dass die russische Revolution keine Weltrevolution auslösen würde. Stalin gab daher die Devise „Sozialismus in einem Land" aus. Voraussetzung dafür war die Industrialisierung der UdSSR sowie die Abwehr des Kapitalismus.

So begann ab 1928 ein gewaltiges industrielles Aufbauprogramm, für das die staatlichen Behörden Fünfjahrespläne aufstellten. Die Wirtschaftspolitik konzentrierte sich zunächst auf den Ausbau der Schwerindustrie. Es entstanden riesige Stahlkombinate, Erz- und Kohlebergwerke, Staudämme, Eisenbahnen und Traktorenwerke, die als Symbole des sozialistischen Aufbaus galten. In Sibirien und der Ukraine wuchsen ganze Industriereviere aus dem Boden, während ein Heer von Zwangsarbeitern die Erzlagerstätten aubeutete. Den Bedarf an Energie deckten riesige Kraftwerke.

Erkauft wurde dieser Erfolg durch brutale Ausbeutung und Disziplinierung der Arbeitskräfte. Auf eine bessere Versorgung mit Konsumgütern musste die Bevölkerung verzichten und ihren Lebensstandard stark einschränken. Hunderttausende von Zwangsarbeitern wurden der Industrialisierung bedenkenlos geopfert.

M 4 **Der Bau des Dnjepr-Staudamms,** Gemälde von 1928

M 5 **Das Dorf im Sozialismus**
„Traktoren und Krippen sind die Triebwerke des Neuen Dorfes", Propagandaplakat von 1930

Die Kollektivierung der Landwirtschaft

Ende der 20er Jahre kam es zu Engpässen bei der Getreideversorgung. Das nahm Stalin zum Anlass, die Kollektivierung der Landwirtschaft durchzusetzen: Die Regierung enteignete die Bauern, schloss ihren Grundbesitz zu Staatsgütern zusammen, die gemeinschaftlich (kollektiv) bewirtschaftet wurden. Die so entstandenen landwirtschaftlichen Großbetriebe hießen „Kolchosen".

Auf diese Weise wurden etwa 5–6 Millionen Groß- und Mittelbauern – die „Kulaken"– enteignet. Obwohl die meisten nur über bescheidenen Grundbesitz verfügten, diffamierte Stalin sie als „konterrevolutionäre Klasse". Viele wurden mit ihren Familien in Viehwaggons nach Sibirien deportiert, andere von ihren Höfen vertrieben und in der Nähe neu angesiedelt. Wer Widerstand leistete, wurde sofort erschossen. Man schätzt, dass etwa 600 000 Kulaken bei diesen Aktionen ums Leben kamen.

Die Folge der brutalen Zwangskollektivierung war eine Hungerkatastrophe, der in den Wintern 1931/33 Millionen Menschen zum Opfer fielen. Der Staat aber hatte sein Ziel erreicht: 1931 befand sich über 50 % der landwirtschaftlichen Nutzfläche in Kollektivbesitz, 1937 bereits über 90 %.

In den Kollektiven lebten die Bauern als Landarbeiter mit geringer Entlohnung. Die Regierung ließ ihnen nur das Lebensnotwendigste und leitete alle übrigen landwirtschaftlichen Produkte in die neuen Industriereviere mit ihrer wachsenden Bevölkerung. So lieferten die Bauern mit ihrer Arbeit das Kapital zum Aufbau der Industrie.

M 6 **Plakat zur Kollektivierung der Landwirtschaft**
Die Aufschrift lautet: „Bäuerin, kollektiviere das Dorf, tritt ein in die Reihen der roten Traktorfahrerinnen!", 1930.

M 7 „Wir bauen den Sozialismus"
Propagandaplakat von Jurij Pimenow, 1927

M 8 Stalins wirtschaftliches Aufbauprogramm

Das neue Programm „Sozialismus in einem Land" erläuterte Stalin 1925 in einer Rede:

Ist die Errichtung der sozialistischen Wirtschaft in unserem Lande möglich ohne den vorherigen Sieg des Sozialismus in anderen Ländern, ohne dass das siegreiche Proletariat des Westens direkte Hilfe mit Technik und Ausrüstung leistet?
Ja, sie ist möglich. Und sie ist nicht nur möglich, sondern auch notwendig und unausbleiblich. Denn wir bauen bereits den Sozialismus auf, indem wir die nationalisierte Industrie entwickeln und sie mit der Landwirtschaft zusammenschließen, indem wir das Genossenschaftswesen auf dem Lande entfalten und die bäuerliche Wirtschaft in das allgemeine System der sowjetischen Entwicklung einbeziehen, indem wir die Sowjets beleben und den Staatsapparat mit den Millionenmassen der Bevölkerung verschmelzen, indem wir eine neue Kultur aufbauen und ein neues gesellschaftliches Leben entfalten. [...] Wir werden die sozialistische Wirtschaft errichten, wenn man uns bauen lässt.

nach: Wolfgang Haseloff u.a., Die UdSSR, Frankfurt/M. 1977, S. 53.

M 9 Die Industrialisierung der UdSSR

Der Fernsehjournalist Dieter Franck berichtet über die Sowjetunion der Dreißigerjahre:

Die alte Dampflokomotive mit ihrem trichterförmigen Schornstein keucht im Frühjahr 1930 die schneebedeckten Hänge des Urals hinauf. Für so viele Güterwaggons war sie von der zaristischen Eisenbahnverwaltung nicht bestimmt worden. Doch wen kümmert das heute, im dreizehnten Jahr nach der Oktoberrevolution? Eine zweite Revolution hat eingesetzt: Die Umformung des altmodischen Agrarlandes in den modernen Industriestaat Sowjetunion.
Die Güterwaggons hinter der alten Lok befördern Menschen. Auf rohgezimmerten Gestellen hocken sie zweistöckig und gedrängt, junge Männer mit zerschlissenen Jacken und hoffnungsvollem Gesicht unter der speckigen Kappe. Ziel solcher Transporte ist die Zukunft. Im Ural und in fernen Steppen Sibiriens werden Industriekombinate und Städte aus dem Nichts gestampft.
Magnitogorsk heißt dieser riesige Bauplatz im südöstlichen Ural. Schon jetzt hat das Wort „Magnitogorsk" nahezu magische Bedeutung. Es steht für den gewaltigen Sprung in die industrielle Zukunft, den Josef Stalin der rückständigen Sowjetunion verordnet hat. Als Fundament dieser Zukunft wird hier eine neue Eisen- und Stahlindustrie aufgebaut. [...]
Der große Sprung nach vorn transportiert nicht nur die Arbeitslosen und die Zwangsarbeiter zu den neuen Industriezentren. Die Idee von der Erneuerung des Landes begeistert viele junge Sowjetbürger. Die Jugendorganisation Komsomol organisiert den Einsatz der Freiwilligen, die harte Entbehrungen auf sich nehmen.

Dieter Franck, Die Welt der dreißiger Jahre, München 1985, S. 57–62.

M 10 1928: Erste Traktoren aus der UdSSR

M 11 Propagandaplakat gegen die Kulaken
Der Text lautet: „Das Popenpack ist der Kulaken Stütze. Mit den Kolchosen werden wir das Kulakentum gänzlich ausrotten." Plakat um 1930

M 12 Zwangskollektivierung

Der russische Schriftsteller Lew Kopelew (1912–1997) saß unter Stalin von 1945 bis 1955 in Haft. In seinen Erinnerungen berichtet er über die Kollektivierungen, an denen er in den 30er Jahren als junger Offizier teilnahm:

Ich sah, was durchgängige Kollektivierung bedeutete – wie sie „kulakisierten" und „entkulakisierten", wie sie im Winter 1932/33 den Bauern erbarmungslos alles nahmen. Ich nahm selbst daran teil, durchstreifte die Dörfer auf der Suche nach verstecktem Getreide, stocherte mit einem Stock in der Erde herum, um es zu finden. Gemeinsam mit anderen leerte ich die Vorratskisten alter Leute und verstopfte mir die Ohren, um das Geschrei der Kinder nicht anhören zu müssen ... Im schrecklichen Frühjahr 1933 sah ich, wie Menschen hungers starben ...
Ich sah all das und verlor doch nicht den Verstand. Ich verfluchte auch diejenigen nicht, die mich ausgesandt hatten, um den Bauern im Winter oder im Frühjahr das Getreide wegzunehmen und die zum Skelett abgemagerten Menschen, die sich kaum auf den Beinen halten konnten, zu überzeugen, auf die Felder zu gehen und den Anbauplan der Bolschewiki nach Art von Stoßbrigaden zu erfüllen. Ich verlor auch meinen Glauben nicht. Wie bisher glaubte ich, weil ich glauben wollte.

Lew Kopelew, Und schuf mir einen Götzen. Lehrjahre eines Kommunisten, Göttingen 1996, S. 232.

M 13 „Archipel Gulag"

Der russische Schriftsteller Alexander Solschenizyn (geb. 1918) thematisierte das Schicksal russischer Zwangsarbeiter in einem Roman, den er nach der Lagerhauptverwaltung GULAG „Archipel Gulag" nannte. Solschenizyn war von 1945–1953 selbst in ein stalinistisches Arbeitslager verbannt:

Die traditionelle Verhaftung – das heißt ...: mit zitternden Händen zusammensuchen, was der Verhaftete dort brauchen könnte, Wäsche zum Wechseln, ein Stück Seife und was an Essen da ist ... Für die aber, die nach der Verhaftung zurückbleiben, beginnen nun Monate eines zerrütteten, verwüsteten Lebens. Die Versuche, mit Paketen durchzukommen. Und überall nur bellende Antworten: „Den gibt es hier nicht" ... Und erst nach Monaten oder einem Jahr lässt der Verhaftete selbst von sich hören oder es wird einem das „Ohne Recht auf Briefwechsel" an den Kopf geworfen ... Das steht fast sicher für: erschossen ...
Geprügelt wird mit Gummiknüppeln, geprügelt wird mit Teppichklopfern, geprügelt wird mit Sandsäcken. Arg ist der Schmerz, wenn sie auf Knochen schlagen, zum Beispiel mit Stiefeln gegen das Schienbein, wo über dem Knochen nur Haut ist. Der Brigadekommandeur Karpunitsch-Brawen wurde 21 Tage hintereinander geprügelt. (Heute sagt er: „Noch dreißig Jahre später tut mir jeder Knochen weh und der Kopf." Auf Eigenes und Vernommenes rückblickend, kam er auf insgesamt 52 Folterarten.)
Oder auch noch so: Die Hände des Untersuchungshäftlings werden in einer Sondervorrichtung festgeschraubt – sodass die Handflächen fest am Tisch aufliegen –, und dann hauen sie mit der scharfen Kante eines Lineals auf die Gelenke. Da heulst du auf! Soll beim Prügeln das Zähneausschlagen gesondert angeführt werden? (Karpunitsch verlor acht Stück.)

Alexander Solschenizyn, Der Archipel Gulag, Bern/München 1974, S. 17, 212.

M 14 **„Arbeiter und Kolchosbäuerin“**
Das Standbild wurde für den Pavillon der UdSSR auf der Weltausstellung 1937 in Paris geschaffen und steht heute in Moskau. Es ist 25 m hoch.

M 15 Erfolge der sozialistischen Wirtschaft

Aus Stalins Rechenschaftsbericht vor dem XVII. Parteitag vom 26. Januar 1934:

Die Sowjetunion hat sich in dieser Periode von Grund aus umgestaltet und das Gepräge der Rückständigkeit und des Mittelalters abgestreift. Aus einem Agrarland ist sie zu einem Industrieland geworden. Aus einem Lande der kleinbäuerlichen Einzelwirtschaft ist sie zu einem Lande des kollektiven mechanisierten landwirtschaftlichen Großbetriebs geworden. Aus einem unwissenden, analphabetischen und kulturlosen Land wurde sie – genauer gesagt, wird sie – zu einem gebildeten, kulturell hochstehenden Land, das von einem gewaltigen Netz von Hoch-, Mittel- und Elementarschulen bedeckt ist.
Es wurden neue Industriezweige geschaffen: der Werkzeugmaschinenbau, die Automobilindustrie, die Traktorenindustrie, die chemische Industrie, der Motorenbau, der Flugzeugbau, die Produktion von Mähdreschmaschinen, von Hochleistungsturbinen und Generatoren, von Qualitätsstahlsorten, Eisenlegierungen, synthetischem Kautschuk, Stickstoff, Kunstfasern usw. In dieser Periode wurden Tausende neuer, modernster Industriewerke errichtet und in Betrieb gesetzt.

nach: Geschichte in Quellen, Bd. 5, Weltkriege und Revolutionen 1914–1945, München 1975, S. 143.

M 16 „Säuberungen“ und Schauprozesse

Ein moderner Historiker beleuchtet den stalinistischen Terror zwischen 1936 und 1938:

Neben den zentralen Tribunalen fanden ungezählte in der Provinz statt, denen die lokalen Führer zum Opfer fielen. Noch weit größer ist die Zahl der Erschossenen, die stillschweigend verschwanden, nachdem sie als angebliche „Volksfeinde“ ihre Positionen verloren hatten. Auf diese Weise vernichtete das NKWD Stalins fast die gesamte Führergruppe aus der Zeit Lenins. Nicht anders erging es den meisten ausländischen Kommunisten, die sich in jener Zeit in Russland befanden.
Ohne große Schauprozesse aber wurden Zehntausende alter Kommunisten erschossen oder in die Verbannung geschickt, wovon die Öffentlichkeit kaum etwas erfuhr.
Die große Säuberung von 1936 bis 1938 zog einen Schlussstrich unter die gesellschaftliche Entwicklung, die – basierend auf der Grundlage der verstaatlichten Industrie und der kollektivierten Landwirtschaft – seit Anfang der 20er Jahre zur politischen und wirtschaftlichen Herrschaft der Apparate geführt hatte.

H. Weber, Stalinismus. Zum Problem der Gewalt in der Stalin-Ära, in: R. Crusius u. M. Wilke (Hg.), Der XX. Parteitag der KPdSU und seine Folgen, Frankfurt/M. 1977, S. 274 f., gekürzt.

Aufgaben

1. Welcher Methoden zur Machterhaltung bediente sich Stalin? → Text, M1, M13, M16
2. Erläutere Stalins Projekt „Sozialismus in einem Land“. → Text, M7, M8
3. Schildere die Industrialisierung. → Text, M9, M15
4. Erläutere das Programm der Kollektivierung und schildere Durchführung und Ergebnisse. → Text, M5, M6, M10, M11, M12
5. a) Welche Erfolge nennt Stalin in seinem Rechenschaftsbericht? → M15
   b) Wäge Erfolge und Opfer gegeneinander ab. Zu welchem Ergebnis kommst du? Begründe!

Die Weimarer Republik

Novemberrevolution (1918)

Russische Revolution (1917)

Erster Weltkrieg

Scheidemann ruft die Republik aus

Inflation und Ruhrkampf (1923)
Hitlerputsch (1923)

1914 1916 1918 1920 1922

Grundwissen: Zeit

1917 Russische Revolution
1918 Novemberrevolution
1923 Hitlerputsch
1929 Weltwirtschaftskrise

30.1.1933 Hitler Reichskanzler
1933 „Ermächtigungsgesetz“
9.11.1938 Novemberpogrom
1.9.1939 Beginn des Zweiten Weltkriegs
20. Juli 1944 Attentat auf Hitler
8./9.5. 1945 bedingungslose Kapitulation Deutschlands

1949 Gründung der beiden deutschen Staaten
23.5. 1949 Grundgesetz

1945 Gründung der UNO
1962 Kuba-Krise
ab 1985 Reformpolitik in der UdSSR
1989 Umbruch im Ostblock

17.6. 1953 Aufstand in der DDR
1961 Mauerbau
1972 Grundlagenvertrag
9.11.1989 Öffnung der Grenze
3.10.1990 „Tag der Deutschen Einheit“

Grundwissen: Begriffe

Vertrag von Versailles
Weimarer Verfassung
Inflation

„Machtergreifung“
Nationalsozialismus
Antisemitismus
„Drittes Reich“
„Gleichschaltung“
„Nürnberger Gesetze“
Systematische Vernichtung der europäischen Juden
Holocaust, Shoa
Konzentrations- und Vernichtungslager
Widerstand

Konferenz von Potsdam
Flucht und Vertreibung
Besatzungszonen
Entnazifizierung
Währungsreform

Kalter Krieg
NATO, Warschauer Pakt
Europäische Einigung
Vietnamkrieg
Glasnost, Perestroijka

Ostverträge
Entspannungspolitik
68er-Bewegung

Grundwissen: Methoden

Umgang mit Geschichtskarten
Umgang mit Statistiken
Umgang mit Spielfilmen

Umgang mit Fotografien

Umgang mit Berichten von Zeitzeugen

Umgang mit schriftlichen Quellen
Umgang mit dem Internet

Stalin (1924–1953) >>>

„Die Goldenen Zwanziger" >>>

Weltwirtschaftskrise

„Machtergreifung" der Nationalsozialisten (1933)

1926 | 1928 | 1930 | 1932 | 1934

Zusammenfassung

Nach dem Ersten Weltkrieg entstanden in der Sowjetunion und in Deutschland gegensätzliche Systeme, die zu ganz unterschiedlichen politischen und gesellschaftlichen Entwicklungen führten.

Die Geschichte der Sowjetunion begann 1917 mit der Oktoberrevolution. Die siegreichen Bolschewiki suchten unter Lenin eine sozialistische Gesellschaft zu verwirklichen, die nach 1924 unter Stalin zu einem Terrorregime entartete. Unter unvorstellbaren Opfern setzte Stalin die Industrialisierung der Sowjetunion und die Zwangskollektivierung der Landwirtschaft durch.

In Deutschland fegte die Novemberrevolution die Monarchie hinweg, und mit der Weimarer Republik entstand 1919 die erste deutsche Demokratie. Neben der Ausarbeitung einer Verfassung, die dem Reichspräsidenten eine starke Stellung verlieh, musste die junge Republik den Friedensvertrag von Versailles unterzeichnen. Er stieß in Deutschland auf heftige Kritik.

In der großen Krise von 1923, die durch Ruhrkampf, Inflation und kommunistische Aufstände gekennzeichnet war, konnte sich die Republik – unter dem Reichspräsidenten Friedrich Ebert – behaupten. Es folgte eine Phase der Stabilisierung, in der sich Kultur und Wissenschaft entfalteten.

Außenminister Stresemann, der in der Reparationsfrage Erleichterungen durchsetzte und sich mit den Westmächten verständigte, entspannte das Verhältnis zu Frankreich. Während sein Vorgänger Rathenau diplomatische Beziehungen zur Sowjetunion aufgenommen hatte, war es Gustav Stresemann, der Deutschland nach der Konferenz von Locarno 1925 in den Völkerbund führte.

1929 kam es in den USA zu einer Weltwirtschaftskrise, die auch Deutschland erfasste. Die Wirtschaft brach zusammen, Millionen Arbeitslose standen mittellos auf der Straße. Damit begann ein Auflösungsprozess der ersten deutschen Demokratie, von dem die Nationalsozialisten profitierten: Die rechtsextreme NSDAP unter Adolf Hitler wuchs von einer kleinen Randgruppe zur stärksten Partei.

Da die radikalen Parteien KPD und NSDAP eine parlamentarische Arbeit blockierten, fiel Reichspräsident Hindenburg zunehmend eine Schlüsselrolle zu. Als nach einigen Regierungswechseln auch die Kabinette von Papen und Schleicher stürzten, ernannte er als Ausweg aus der Krise am 30. Januar 1933 Adolf Hitler zum Reichskanzler.

2. Nationalsozialismus und Zweiter Weltkrieg

NSDAP-Parteitag in Nürnberg, 1935

Opfer in Auschwitz, 1945

Gefallene deutsche Soldaten, 1941

KZ-Gedenkstätte Buchenwald

„Jugend dient dem Führer“
NS-Propagandaplakat, 1935

Zerstörte deutsche Großstadt, 1943

KdF-Katalog, 1938

M 1 **Fackelzug der SA durch das Brandenburger Tor, 30. Januar 1933**
So feierten die Nationalsozialisten Hitlers Machtübernahme.
Da es keine brauchbaren Fotos hiervon gab, stellte die NSDAP die Szene für einen Propagandafilm im Sommer 1933 nach.

Die Nationalsozialisten erringen die Macht

30. Januar 1933: Adolf Hitler ist Reichskanzler

Dieser Tag gilt als Beginn der nationalsozialistischen Diktatur und als entscheidendes Datum der deutschen Geschichte. In zeitgenössischen Zeitungsmeldungen, Briefen und Augenzeugenberichten erschien er als Tag wie jeder andere. Nach den kurzen Amtszeiten der Reichskanzler v. Papen und v. Schleicher kam – so die Wahrnehmung vieler Menschen – nur eine weitere Regierung an die Macht.

Nach langen Verhandlungen hatte Reichspräsident Hindenburg Adolf Hitler am Abend des 30. Januar 1933 zum Reichskanzler ernannt. Als ein Fackelzug der SA durchs Brandenburger Tor marschierte, erwarteten die wenigsten, dass Hitler und seine Anhänger in nur wenigen Monaten die gesamte Macht an sich reißen könnten. Viele glaubten, Hitler würde nach kurzer Zeit scheitern.

„Machtergreifung" oder „Machtübergabe"?

Hitlers Bündnispartner waren Franz von Papen und Alfred Hugenberg. In Verkennung der wirklichen Machtverhältnisse wollten sie die NSDAP dazu benutzen, eine autoritäre Regierung zu errichten. So stellten die Nationalsozialisten im Kabinett nur drei Minister, denen acht Konservative gegenüberstanden. Papen behauptete sogar, sie hätten Hitler „in die Ecke gedrückt, dass er quietscht". Dass dies eine gefährliche Fehleinschätzung war, zeigte sich bald.

Der Nationalsozialist Wilhelm Frick, als Innenminister zuständig für die innere Sicherheit, befehligte die Polizei. Hermann Göring erhielt bald die kommissarische Leitung des preußischen Innenministeriums und hatte so entscheidenden Einfluss auf das größte deutsche Land. Die Nationalsozialisten nutzten also ihre politischen Möglichkeiten konsequent aus. Hinzu kam, dass sie im Unterschied zu den anderen Ministern von einer dynamischen Massenpartei unterstützt wurden, die zu jedem Gewaltakt bereit war.

M 2 Kabinett der „nationalen Erhebung", Foto vom 30.1.1933
Vorn (von li. nach re.):
Göring (NSDAP, ohne Geschäftsbereich), Hitler (NSDAP, Reichskanzler), Papen (parteilos, Vizekanzler).
Hinten (von li. nach re.):
Seldte (Stahlhelm, Arbeitsminister), Gereke (Deutsche Bauernpartei, Reichskommissar für Arbeitsbeschaffung), Graf Schwerin von Krosigk (parteilos, Finanzminister), Frick (NSDAP, Innenminister), Blomberg (parteilos, Reichswehrminister), Hugenberg (DNVP, Wirtschafts- u. Landwirtschaftsminister)

Zunächst fürchteten die Nationalsozialisten, dass sich die Arbeiterschaft durch einen Generalstreik gegen die Regierung wenden könnte oder Bürger gegen den Raub ihrer Freiheitsrechte protestieren würden. Anfangs gab es zwar Proteste und auch Beschwerden bei den Gerichten. Aber die bürgerlichen Gruppierungen waren zu schwach und zerstritten. Auch erreichten SPD und KPD keinen Zusammenschluss, da die KPD das kapitalistische System stürzen, die SPD aber auf dem Boden der Verfassung bleiben wollte.

Aus Uneinigkeit und Zwietracht übergab man Hitler also die Macht, die er mit Hilfe der NSDAP schnell und rücksichtslos für seine Ziele ausnutzte. Auf scheinbar legalem Weg wurde die Macht ausgebaut.

M 3 Wahlplakat der NSDAP zur Reichstagswahl am 5. März 1933

Erste Schritte zur Sicherung der Macht

Bedingung für Hitlers Regierungsübernahme war die Auflösung des Reichstags, die schon am 1. Februar 1933 erfolgte. Den Wahlkampf nutzte die NSDAP für eine Propagandaschlacht, der die anderen Parteien wenig entgegenzusetzen hatten, da eine Notverordnung ihre Arbeit massiv einschränkte.

Am 27. Februar 1933 brannte das Berliner Reichstagsgebäude. Das Feuer hatte vermutlich der holländische Kommunist Marinus van der Lubbe gelegt, der für die Tat zum Tode verurteilt wurde. Hintermänner ließen sich nicht finden.

Für die Nationalsozialisten war dies ein willkommener Anlass, die Tat den Kommunisten und Sozialdemokraten zur Last zu legen. Bereits am nächsten Tag wurde die Notverordnung „zum Schutz von Volk und Staat" erlassen. Sie setzte wichtige Grundrechte wie freie Meinungsäußerung und Versammlungsfreiheit außer Kraft und erlaubte Beschränkungen wie Hausdurchsuchungen, Festnahmen und die Beschlagnahme von Eigentum. Politische Gegner wurden ohne Gerichtsverfahren in „Schutzhaft" genommen und Ende März 1933 wurden die ersten Konzentrationslager eingerichtet. Nur wenige protestierten gegen die Welle von Verhaftungen, Folterungen und Tötungen.

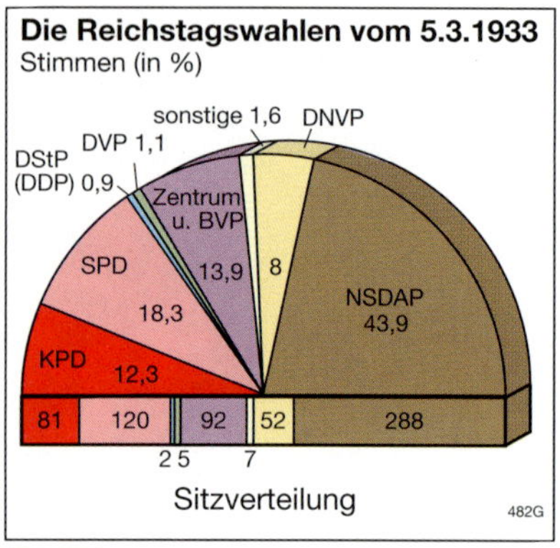

M 4

Das „Ermächtigungsgesetz"

Die Reichstagswahl vom 5. März 1933 lässt sich wegen der massiven Behinderung politischer Gegner nicht als „frei" bezeichnen – dennoch verfehlte die NSDAP mit 43,9 % die absolute Mehrheit. Um die bürgerlichen Parteien für sich zu gewinnen, inszenierten die Nationalsozialisten die feierliche Eröffnung des neuen Reichstags als „Tag von Potsdam". Geladen waren in die Potsdamer Garnisonskirche – Begräbnisort Friedrichs des Großen – Vertreter der Parteien (außer SPD und KPD), der SA, des Militärs und der Wirtschaft sowie Fürsten und Generäle des untergegangenen Kaiserreichs.

Hitler gab sich betont konservativ und beruhigte so Monarchisten und Bürgerliche. Seine Verneigung vor Hindenburg galt als Symbol für die Versöhnung des „alten" mit dem „jungen" Deutschland, das Hitler als „Drittes Reich" bezeichnete.

Damit war der Weg frei für das „Gesetz zur Behebung der Not von Volk und Reich" – dem so genannten „Ermächtigungsgesetz" –, das der Reichstag am 23. März 1933 verabschiedete. Es ermächtigte die Regierung, ohne Zustimmung des Reichstags und Gegenzeichnung durch den Reichspräsidenten Gesetze zu erlassen. Das bedeutete die Übertragung der gesetzgebenden Gewalt auf die Regierung und ein Ende der Demokratie.

In dieser entscheidenden Reichstagssitzung marschierten Männer der SA auf, die die SPD-Abgeordneten bedrohten und beschimpften. Die 81 Abgeordneten der KPD waren bereits verhaftet oder untergetaucht. Am Ende erhielt das Gesetz die verfassungsändernde Zweidrittelmehrheit; nur die Abgeordneten der SPD stimmten dagegen.

M 5 **Propaganda zum 1. Mai**
Die Nationalsozialisten vereinnahmten diesen Tag, der einst gewerkschaftlichen Forderungen der Arbeiter vorbehalten war.

Die NSDAP wird Staatspartei

Danach gingen die Nationalsozialisten rigoros gegen die Arbeiterschaft und ihre Organisationen vor. Der 1. Mai, seit Jahrzehnten der Tag, an dem die Arbeiter ihre Forderungen öffentlichkeitswirksam erhoben, wurde „Tag der nationalen Arbeit" und als Feiertag mit Massenveranstaltungen begangen. Wenig später wurden die freien Gewerkschaften zerschlagen, ihr Vermögen eingezogen und viele Funktionäre verhaftet. Als Ersatz wurde die „Deutsche Arbeitsfront" (DAF) gegründet, eine Organisation der NSDAP, die Arbeiter und Unternehmer unter Schirmherrschaft des „Führers" zusammenschloss. Danach folgten Verbote der KPD und SPD.

Bis Juli 1933 lösten sich die restlichen Parteien unter massivem Druck selbst auf – mit einer Widerstandslosigkeit, die sogar Hitler überraschte. Dies geschah mit einer Mischung aus Resignation und Furcht. Das „Gesetz gegen die Neubildung von Parteien" vom 14. Juli 1933 machte die NSDAP zur Staatspartei. Parteienpluralismus, Meinungsvielfalt und das Parlament waren beseitigt, Deutschland eine Diktatur geworden.

Die Nationalsozialisten hatten nur ein halbes Jahr gebraucht, um ihre Machtposition zu festigen, politische Gegner auszuschalten und die demokratische Ordnung der Weimarer Republik zu beseitigen. Erst die Ernennung Adolf Hitlers zum Reichskanzler am 30. Januar 1933 hatte allerdings diesen Prozess ermöglicht, auch wenn das damals für viele Zeitgenossen nicht erkennbar war.

M 6 **„Beim Schachspiel"**
Zeitgenössische Karikatur von 1932 aus der satirischen Zeitschrift „Der wahre Jacob". Der Text lautet: „Na dann Prosit, Herr Generaldirektor, auf ein glückliches neues Spiel."

M 7 Tagebucheintragungen

a) Luise Solmitz, Lehrerin aus Hamburg, schrieb am 30. Januar 1933 in ihr Tagebuch:

Hitler ist Reichskanzler! Und was für ein Kabinett!!! Wie wir es im Juli nicht zu erträumen wagten. Hitler, Hugenberg, Seldte, Papen!!! An jedem hängt ein großes Stück meiner deutschen Hoffnung. Nationalsozialistischer Schwung, deutschnationale Vernunft, der unpolitische Stahlhelm und der von uns unvergessene Papen. Es ist so unausdenkbar schön, dass ich es schnell niederschreibe, ehe der erste Missklang folgt, denn wann erlebt Deutschland nach herrlichstem Frühling einen gesegneten Sommer? Wohl nur unter Bismarck. Was Hindenburg da geleistet hat!

zitiert nach: Josef und Ruth Becker (Hg.), Hitlers Machtergreifung 1933, Dokumente vom Machtantritt Hitlers 30. Januar 1933 bis zur Besiegelung des Einparteienstaates 14. Juli 1933, München 3. Aufl. 1993, S. 31.

b) Julius Leber war Reichstagsabgeordneter der SPD aus Lübeck und wurde 1945 von den Nationalsozialisten hingerichtet. Über die politische Situation äußerte er sich am 30. Januar 1933 in seinem Tagebuch:

Jetzt steht es klar vor aller Augen: Hitler Kanzler – Papen Vizekanzler – Hugenberg Wirtschaftsminister. Was wird diese Regierung tun? Ihre Ziele kennen wir. Von ihren nächsten Maßnahmen weiß niemand.
Ungeheuer sind die Gefahren. Aber unerschütterlich ist die Festigkeit der deutschen Arbeiterschaft. Wir fürchten die Herren nicht. Wir sind entschlossen, den Kampf aufzunehmen.

zitiert nach: Josef und Ruth Becker (Hg.), Hitlers Machtergreifung 1933, Dokumente vom Machtantritt Hitlers 30. Januar 1933 bis zur Besiegelung des Einparteienstaates 14. Juli 1933, München 3. Aufl. 1993, S. 32.

M 8 Bericht des britischen Botschafters

Der britische Botschafter in Berlin, Rumbold, schrieb am 1. Februar 1933 an seinen Außenminister Simon:

Überall im Lande nahm die Bevölkerung die Nachricht gleichgültig auf. In der Hauptstadt selbst konnte man ein gewisses Maß an öffentlichem Interesse feststellen, da die Nazi-Führer ihr Talent für Propaganda und theatralische Auftritte bei einem improvisierten Fackelzug entfalteten. Einheiten der SA, denen später der „Stahlhelm" folgte, zogen am Sitz des Reichspräsidenten und des Kanzlers vorbei.

zitiert nach: Josef und Ruth Becker (Hg.), a.a.O., S. 39.

M 9 Das „Ermächtigungsgesetz“

Aus dem „Gesetz zur Behebung der Not von Volk und Reich“, verabschiedet am 24. März 1933:

Artikel 1. Reichsgesetze können außer in dem in der Reichsverfassung vorgesehenen Verfahren auch durch die Reichsregierung beschlossen werden. Dies gilt auch für die in den Artikeln 85 Abs. 2 und 87 der Reichsverfassung bezeichneten Gesetze.
Artikel 2. Die von der Reichsregierung beschlossenen Reichsgesetze können von der Reichsverfassung abweichen, soweit sie nicht die Einrichtung des Reichstags und des Reichsrats als solche zum Gegenstand haben. Die Rechte des Reichspräsidenten bleiben unberührt.

zitiert nach: Der Nationalsozialismus, Dokumente 1933–1945, hrsg. von Walter Hofer, Frankfurt/M. 1979, S. 57.

M 10 Hitler zum Ermächtigungsgesetz

Auszug aus der Rede Adolf Hitlers im Reichstag vom 23. März 1933:

Es ist kaum eine Revolution von so großem Ausmaß so diszipliniert und unblutig verlaufen wie diese Erhebung des deutschen Volkes in diesen Wochen. Es ist mein Wille und meine feste Absicht, für diese ruhige Entwicklung in Zukunft zu sorgen. Allein um so nötiger ist es, dass der nationalen Regierung jene souveräne Stellung gegeben wird, die in einer solchen Zeit allein geeignet ist, eine andere Entwicklung zu verhindern. Die Regierung beabsichtigt dabei, von diesem Gesetz nur insoweit Gebrauch zu machen, als es zur Durchführung der lebensnotwendigen Maßnahmen erforderlich ist. Weder die Existenz des Reichstags noch des Reichsrats soll dadurch bedroht sein. Die Stellung und die Rechte des Herrn Reichspräsidenten bleiben unberührt […].
Der Bestand der Länder wird nicht beseitigt, die Rechte der Kirchen werden nicht geschmälert, ihre Stellung zum Staate nicht geändert.

zitiert nach: Werner Conze, Der Nationalsozialismus, Teil I, 1919–1934, Stuttgart 1976, S. 64.

M 11 Einmarsch der SA in den Reichstag
zur Einschüchterung der Abgeordneten am 23. März 1933

M 12 Otto Wels zum Ermächtigungsgesetz

Auszug aus der Rede des SPD-Parteivorsitzenden Otto Wels im Reichstag vom 23. März 1933:

Freiheit und Leben kann man uns nehmen, die Ehre nicht. Nach den Verfolgungen, die die Sozialdemokratische Partei in der letzten Zeit erfahren hat, wird niemand billigerweise von ihr verlangen und erwarten können, dass sie für das hier eingebrachte Ermächtigungsgesetz stimmt. Die Wahlen vom 5. März haben den Regierungsparteien die Mehrheit gebracht. Damit ist die Möglichkeit gegeben, streng nach Wortlaut und Sinn der Verfassung zu regieren. Wo diese Möglichkeit besteht, besteht auch die Pflicht. Kritik ist heilsam und notwendig. Niemals, seit es einen deutschen Reichstag gibt, ist die Kontrolle der öffentlichen Angelegenheiten durch die gewählten Vertreter des Volkes in solchem Maße ausgeschaltet worden, wie das jetzt geschieht und wie das durch das neue Ermächtigungsgesetz noch mehr geschehen soll. Eine solche Allmacht der Regierung muss sich umso schwerer auswirken, als auch die Presse jeder Bewegungsfreiheit entbehrt. […]
Die Verfassung von Weimar ist keine sozialistische Verfassung. Aber wir stehen zu den Grundsätzen des Rechtsstaates, der Gleichberechtigung, des sozialen Rechtes, die in ihr festgelegt sind. Wir deutschen Sozialdemokraten bekennen uns in dieser geschichtlichen Stunde feierlich zu den Grundsätzen der Menschlichkeit und der Gerechtigkeit, der Freiheit und des Sozialismus. […]
Wir grüßen die Verfolgten und Bedrängten. Wir grüßen unsere Freunde im Reich. Ihre Standhaftigkeit und Treue verdienen Bewunderung. Ihr Bekennermut, ihre ungebrochene Zuversicht verbürgen eine hellere Zukunft.

zitiert nach: Wolfgang Michalka (Hg.), Das Dritte Reich, Dokumente zur Innen- und Außenpolitik, Band 1, „Volksgemeinschaft“ und Großmachtpolitik 1933–1939, München 1985, S. 33–35.

M 13 **Foto vom „Tag von Potsdam"**
Hitler begrüßt Reichspräsident Hindenburg vor der Garnisonskirche in Potsdam am 21. März 1933 (im Hintergrund: Reichswehrminister General von Blomberg). In der Garnisonskirche befand sich damals das Grab Friedrichs des Großen, außerdem wurde zu Ehren des im Exil lebenden Kaisers Wilhelm II. in der Kirche ein leerer Stuhl freigehalten.

M 14 **Bildpostkarte vom „Händedruck von Potsdam"**
Die Szene vom 21. März 1933 hat der Fotograf Karl Langhorst (1867–1950) kurz danach als Postkartenmotiv bearbeitet und in den Innenraum der Kirche verlegt.

Aufgaben

1. Der 30. Januar 1933 wurde in der Öffentlichkeit sehr unterschiedlich aufgenommen.
   a) Erläutere, warum die Karikatur aus dem „Wahren Jacob" mit den zwei Industriellen als Fehleinschätzung bezeichnet werden muss.
   b) Stelle die Meinungen von Julius Leber und Luise Solmitz zum 30. Januar 1933 einander gegenüber. Welche Position vertritt der britische Botschafter in Berlin?
   c) Erkläre die Bedeutung des Fackelzugs durch das Brandenburger Tor in der Nacht des 30. Januar 1933.
   → Text, M6–M8
2. a) Die NSDAP hatte im neuen Kabinett keine Mehrheit. Erkläre, warum ihre Positionen dennoch entscheidend für die Sicherung der Macht waren.
   b) Begründe, warum der Berliner Reichstagsbrand ein entscheidendes Ereignis für die Nationalsozialisten war.
   c) Im Grundgesetz der Bundesrepublik können die Grundrechte nicht außer Kraft gesetzt werden. Erläutere, wie man aus den Erfahrungen im „Dritten Reich" gelernt hat.
   → Text, M1, M2
3. a) Erkläre, welche Auswirkungen das Ermächtigungsgesetz auf das demokratische Leben in Deutschland hatte.
   b) Wie begründet Hitler die Notwendigkeit des Gesetzes? Was verspricht er?
   c) Warum hält Otto Wels das Ermächtigungsgesetz für unnötig? In welcher Situation befindet sich die SPD?
   → Text, M9–M12
4. a) Zeige anhand des Verfassertextes und des Fotos, wie Goebbels und Hitler den „Tag von Potsdam" als Versöhnung zwischen „altem" und „jungem" Deutschland inszenierten.
   b) Vergleiche das Foto mit der Bildpostkarte und arbeite heraus, was Karl Langhorst mit seinen Veränderungen bezwecken wollte.
   → Text, M13, M14

Die Nationalsozialisten festigen ihre Macht

„Gleichschaltung“ – Die NS-Diktatur entsteht

Mitte 1933 hatten Hitler und die Nationalsozialisten ihre Macht bereits so weit gefestigt, dass sie ihnen kaum noch genommen werden konnte. Bis Sommer 1934 bildeten sich dann die Grundzüge der nationalsozialistischen Diktatur heraus, die bis Ende 1945 wirksam blieben. Diesen Prozess der Ausrichtung des politischen, wirtschaftlichen und gesellschaftlichen Lebens auf Hitler und die NSDAP bezeichnete man als „Gleichschaltung“.

Welche Folgen hatte dieser Propagandabegriff? Er bedeutete die Entfernung aller Gegner aus ihren Machtpositionen und die Zerschlagung von Strukturen, die dem „Führerwillen“ im Wege standen. So brachten die Nationalsozialisten Verbände und Vereine, Berufsorganisationen und Kultureinrichtungen unter ihre Kontrolle.

Die Entmachtung der Länder

Obwohl Hitler die Unabhängigkeit der Länder noch im „Ermächtigungsgesetz“ garantiert hatte, schaffte er die föderative Ordnung Schritt für Schritt ab. Im März 1933 wurde das „Gesetz zur Gleichschaltung der Länder mit dem Reich“ erlassen, das die Landtage entsprechend der Sitzverteilung im Reichstag umbildete. Ein zweites Gleichschaltungsgesetz vom April 1933 setzte in den Ländern „Reichsstatthalter“ ein, die die Länderregierungen künftig ernannten. 1934 wurden die Landtage ganz aufgelöst und die Länderregierungen bestanden nur noch formal fort.

Die neu ernannten Ministerpräsidenten begannen mit „Säuberungen“ und entsandten ihrerseits Gesinnungsgenossen in die Schlüsselpositionen der Verwaltung. Mit der Ausschaltung ihrer Gegner hatten die Nationalsozialisten leichtes Spiel, da ihnen in allen Ländern Polizei und Justiz unterstanden.

Unterstützt wurde die Gleichschaltung durch das „Gesetz zur Wiederherstellung des Berufsbeamtentums“ vom 7. April 1933. Es ermöglichte die Entlassung von Beamten aus politischen oder rassischen Gründen und forderte von ihnen eine „nationale Gesinnung“.

M 1 Adolf Hitler und Ernst Röhm auf dem Reichsparteitag in Nürnberg, 1933

Machtkampf in der NSDAP

Die größte Gefahr drohte Hitler 1934 von der SA. Die „Sturmabteilung“ betrieb Konzentrationslager und Gefängnisse und trat zunehmend in Konkurrenz zur Reichswehr. Hinzu kamen Eigenmächtigkeiten vieler SA-Führer und Forderungen von SA-Chef Ernst Röhm, gegen die Großindustrie vorzugehen. Hitler wollte jedoch Reichswehr und Großindustrie an sich binden, um Deutschland auf einen Krieg vorzubereiten. Bestärkt wurde Hitler durch hohe Parteiführer wie Hermann Göring, Joseph Goebbels und besonders Heinrich Himmler. Der Führer der „Schutzstaffel“ (SS) konnte hoffen, auf Kosten der SA an Macht und Einfluss zu gewinnen.

Der „Röhm-Putsch“

Als sich der Konflikt zuspitzte, schlugen Hitler und die SS zu: Unter dem Vorwand, Röhm habe einen Putsch geplant, wurden er und die

SA-Führung Ende Juni und Anfang Juli 1934 ermordet. Hitler ließ in dieser Nacht ohne jede rechtliche Grundlage über 80 Gegner töten und erklärte die Mordaktion in einem eigenen Reichsgesetz für rechtens. Gewinner des „Röhm-Putsches“ waren neben Hitler die Reichswehr und die SS unter Heinrich Himmler.

Hitler: „Führer und Reichskanzler“

Die Demontage der Weimarer Republik hatte nur die Institution des Reichspräsidenten überlebt. Als Hindenburg im August 1934 starb, entfiel auch dieses Amt. Hitler wurde „Führer und Reichskanzler“ und damit Oberbefehlshaber der Reichswehr. Mit der persönlichen Vereidigung auf Hitler waren alle Beamten, Richter und Soldaten eng an ihn gebunden, denn sie schworen „dem Führer des Deutschen Reiches und Volkes, Adolf Hitler, dem Oberbefehlshaber der Wehrmacht“, unbedingten Gehorsam.

Hitler besaß nun die uneingeschränkte Gewalt in Deutschland: im Bereich der Exekutive, Legislative, Judikative und beim Militär.

Hitler – absoluter Diktator?

Hitlers Diktatur stützte sich auf eine Parteiorganisation, die straff organisiert war. Dennoch gab es ein Nebeneinander von staatlichen Stellen und Parteigliederungen, die miteinander konkurrierten, weil sie ähnliche Aufgabenbereiche hatten.

So wirkten an der Schulpolitik drei Stellen mit: das staatliche Reichsministerium für Wissenschaft, Erziehung und Volksbildung, der NS-Lehrerbund und die Führung der Hitlerjugend (HJ). Bei den häufigen Streitigkeiten musste nicht selten der „Führer“ schlichten, was seine Position stärkte. Dennoch war Hitler nur vordergründig der allmächtige Diktator, da viele seiner Befehle im Dickicht der Bürokratie und des Kompetenzgerangels versandeten.

M 2

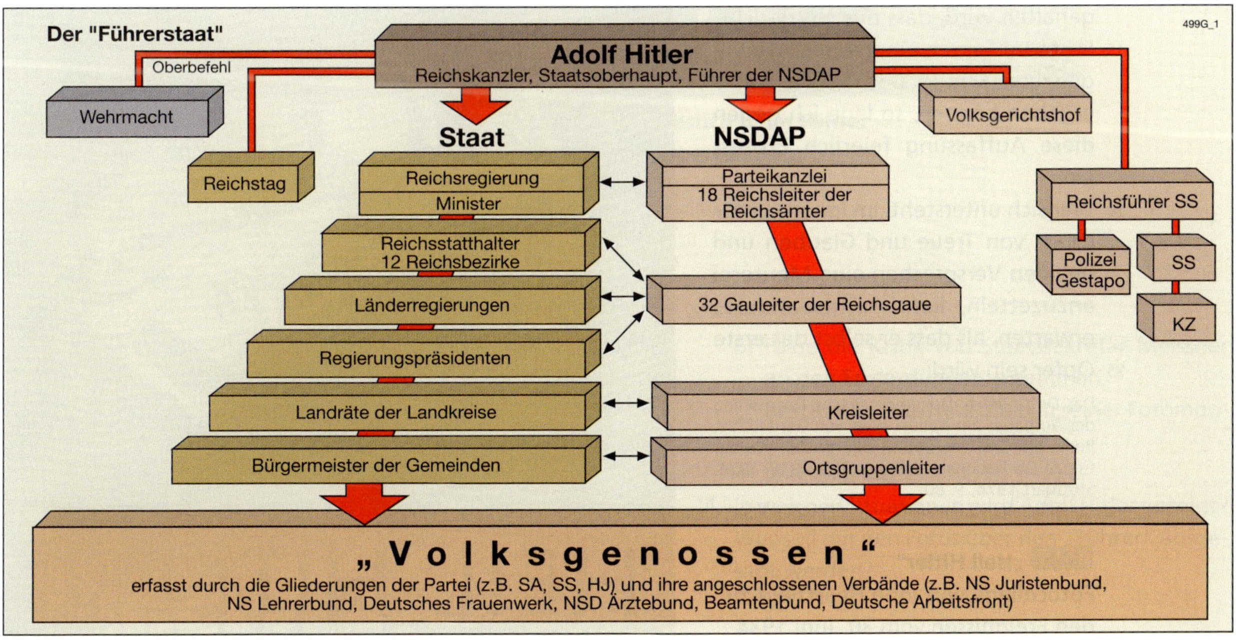

M 1 **Nürnberger Parteitag 1935**
Das Bild erschien 1935 im Sammelalbum „Adolf Hitler. Bilder aus dem Leben des Führers", herausgegeben vom „Cigaretten/Bilderdienst" in Hamburg. Es gehört zu den drei Bildern, denen im Album jeweils eine eigene Seite zugestanden wurde. Die Unterschrift lautete dort: „Reichsparteitag 1935. Standartenweihe und Totenehrung".

M 2 **Nürnberger Parteitag 1935**
Das Foto zeigt ebenfalls eine Szene vom Reichsparteitag 1935. Die Bildunterschrift lautete: „Standarteneinmarsch beim gewaltigen SA-Appell in der Luitpoldarena". Es erschien 1935 im offiziellen Bericht über den Reichsparteitag.

Fotografien vom Reichsparteitag 1935

Die Fotos zeigen den Nürnberger Reichsparteitag 1935, der in der Sprache der Propaganda „Reichsparteitag der Freiheit" genannt wurde und mit den dort verkündeten „Nürnberger Gesetzen" die Grundlagen für Unfreiheit, Ausgrenzung und massenhafte Ermordung der Juden brachte. Warum wurde das erste Foto und nicht das zweite für einen Propagandaband ausgewählt? Welche Argumente lassen sich aufgrund der formalen Gesichtspunkte (Format, Perspektive) anführen, welche aufgrund der inhaltlichen Aspekte (Position des „Führers", Darstellung des Massencharakters der „Bewegung")?

Fragen an Fotografien

1. Entstehung der Fotografie
a) Was war der Anlass, zu dem die Fotografien entstanden?
b) Lässt sich ein Auftraggeber für die Fotos erschließen? Welche Motive hatte dieser, einen Fotografen zu beauftragen?

2. Bildsprache
a) Was ist dargestellt? Beschreibe die beiden Fotos genau.
b) Überlege, von welchem Standort aus die Fotos gemacht wurden.
c) Untersuche den Bildaufbau. Suche nach Symmetrien.
d) Decke Teile der Fotos ab und bestimme, ob sich die Wirkung verändert.

3. Verwendung der Fotografien
a) Wie wurden die Fotos verbreitet?
b) Überlege, ob die gewählten Bildunterschriften passen.
c) Denke dir neue Bildunterschriften aus. Ändert sich dadurch die Wirkung?

4. Kritik
a) Wurde etwas hinzugefügt oder weggelassen?
b) Fotos bilden Wirklichkeit ab. Überlege, ob und wie sich die fotografierte Wirklichkeit von dem tatsächlichen Geschehen unterscheiden kann.

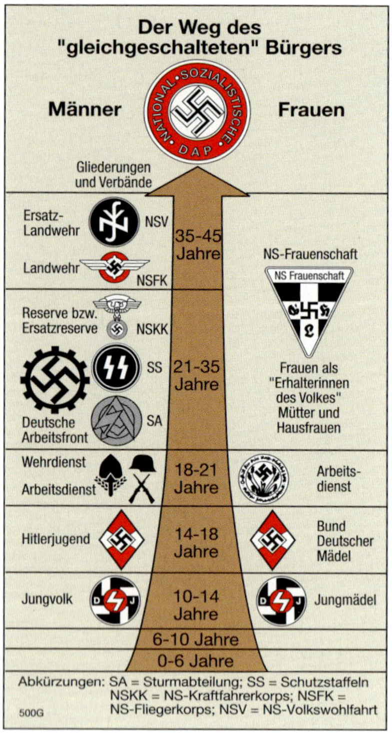

M 1

Nationalsozialistische Innenpolitik 1934–1938

Berichte aus der Diktatur

Die im Exil tätige SPD verfasste nach der Machtübernahme auf der Basis von Informationen aus dem Deutschen Reich geheime Berichte, die interessante Einblicke eröffnen. Daraus geht hervor, dass nach der turbulenten Phase der Machtsicherung 1933/34 viele Menschen die folgenden Jahre als relativ stabil empfanden. Auch wenn sich bei den Befürwortern die erste Begeisterung abgekühlt hatte, bewirkte das Abklingen der wirtschaftlichen Not und die – gewaltsam hergestellte – innere Ruhe bei vielen ein trügerisches Gefühl der Zufriedenheit.

Aufbau der „Volksgemeinschaft“

Die Nationalsozialisten verstanden es, in der Bevölkerung ein Gemeinschaftsgefühl zu erzeugen: einmal durch Vergünstigungen, dann durch Druck und schließlich durch Ausgrenzung der „anderen“. Die Menschen wurden durch zahlreiche Organisationen erfasst, wie z. B. NS-Berufsorganisationen, NS-Sportgruppen oder NS-Jugendorganisationen. Von Kindheit an beeinflusste der Nationalsozialismus auf diese Weise die Menschen.

Die Mitgliedschaft in den NS-Organisationen war mit Vorteilen verbunden und für den beruflichen Aufstieg unverzichtbar. Wer sich nicht beteiligte, war verdächtig und erlitt Nachteile. Menschen, die aus „rassischen“ oder politischen Gründen nicht in das nationalsozialistische Konzept passten, wurden aus der „Volksgemeinschaft“ ausgeschlossen und waren schutz- und rechtlos.

Überwindung der Massenarbeitslosigkeit

Die Nationalsozialisten erkannten, dass der Schlüssel zur Sicherung ihrer Herrschaft in der Beseitigung der Massenarbeitslosigkeit lag. Dabei kam ihnen die vor Hitlers Regierungsantritt einsetzende wirtschaftliche Erholung zu Gute, die sie durch eine Reihe staatlicher Arbeitsbeschaffungsmaßnahmen verstärkten. Zudem trugen die Einschränkung der Frauenarbeit, die 1935 wieder eingeführte Wehrpflicht und der für junge Menschen vorgeschriebene halbjährige Reichsarbeits-

M 2 Einweihung einer Autobahn (Teilstrecke München–Salzburg) Arbeitsbeschaffung durch Großprojekte wie den bereits vor 1933 geplanten Autobahnbau oder die Förderung des Wohnungsbaus wurden propagandistisch in Szene gesetzt, Foto 1936

M 3 Autarke Wirtschaft
Solche Aufrufe sollten die Selbstversorgung ankurbeln, die deutsche Wirtschaft stärken und ihre Kriegsfähigkeit fördern.

dienst zur Entlastung der Arbeitslosenstatistik bei. Auch wenn unter den Arbeitern die Zustimmung zum Nationalsozialismus gering blieb, waren viele froh, wieder Arbeit zu haben. Gegenüber der Zeit der Weltwirtschaftskrise empfanden die meisten Menschen ihre Lage als besser.

Aufrüstung und Autarkie
Eine Politik der Aufrüstung sorgte für scheinbare Besserung der Wirtschaftslage. Hitler hatte 1936 gefordert, dass die Wirtschaft innerhalb von vier Jahren „kriegsfähig“ sein müsse. Davon profitierten große Rüstungskonzerne wie Krupp, Thyssen und Siemens. Zudem benötigte die Rüstungsindustrie immer mehr Arbeitskräfte.

Ferner strebte Hitler im Zuge seiner Kriegsvorbereitungen die Autarkie Deutschlands an. Bei der Verwirklichung dieses Plans stand die Landwirtschaft an zentraler Stelle. Neue Gesetze garantierten daher den im „Reichsnährstand“ zusammengefassten Bauern Abnahmequoten und Festpreise für ihre Produkte.

Da sich die Landwirte von den Nationalsozialisten eine Besserung ihrer schwierigen finanziellen Lage erhofften, stieß die NS-Parole von der „Rettung des deutschen Bauern“ auf große Resonanz. Mit Entschuldungskampagnen, dem Stopp von Zwangsversteigerungen und einem „Reichserbhofgesetz“ löste die NSDAP ihre Versprechungen ein. Überdies spielte der Bauernstand in der „Blut-und-Boden-Ideologie“ der Nationalsozialisten eine zentrale Rolle.

„Man ist entweder Christ oder Deutscher“ (A. Hitler)
Die letzten großen Organisationen, die der NSDAP distanziert oder ablehnend gegenüberstanden, waren die Kirchen. Ihre Lehre widersprach der Ideologie der Nationalsozialisten, die vor allem die katholische Kirche schon vor 1933 scharf kritisiert hatte. Die evangelische Kirche spaltete sich in Gegner und Befürworter.

Zunächst verfolgten die Nationalsozialisten einen kirchenfreundlichen Kurs und schlossen am 20. Juli 1933 mit dem Vatikan ein „Reichskonkordat“. Darin garantierten sie der katholischen Kirche die ungeschmälerte Ausübung ihrer Rechte. Teile der evangelischen Kirche, die mit den Nationalsozialisten sympathisierten, schlossen sich zu den „Deutschen Christen“ zusammen und gründeten 1933 eine „Reichskirche“. Dem widersetzte sich 1934 die „Bekennende Kirche“, in der sich regime-kritische Protestanten sammelten.

M 4 Karikatur zum Konkordat
Titelblatt der satirischen Zeitschrift „Kladderadatsch“, 1933

Angriff auf die katholische Kirche
Schon bald begann der NS-Staat seinen Angriff auf die katholische Kirche. Er versuchte das kirchliche Verbandswesen aufzulösen, behinderte das Schul- und Ordenswesen und ließ Geistliche verhaften. Es kam zum Konflikt, als Papst Pius XI. in seiner Enzyklika „Mit brennender Sorge“ der Reichsregierung 1937 die Verletzung des Konkordats vorwarf und den wachsenden Rassismus kritisierte.

Eine gemeinsame Haltung der deutschen Bischöfe kam zwar nicht zu Stande, doch gab es mutige Geistliche, die eindeutig Stellung bezogen. Sie kritisierten Hitlers gottähnliche Verehrung und verurteilten die Ermordung Behinderter und Kranker, was die Nationalsozialisten als „Euthanasie“ verharmlosten.

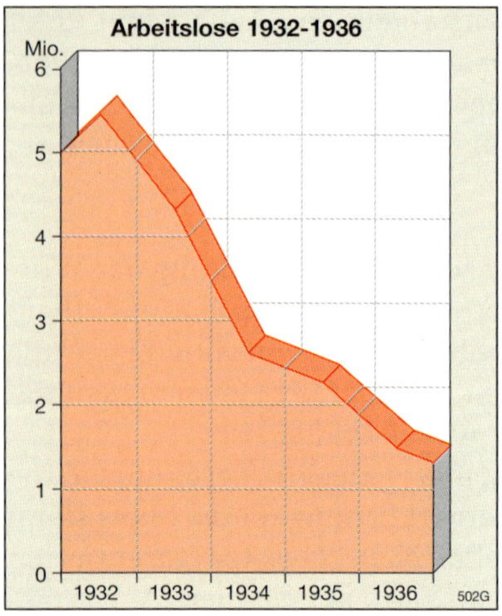

M 5

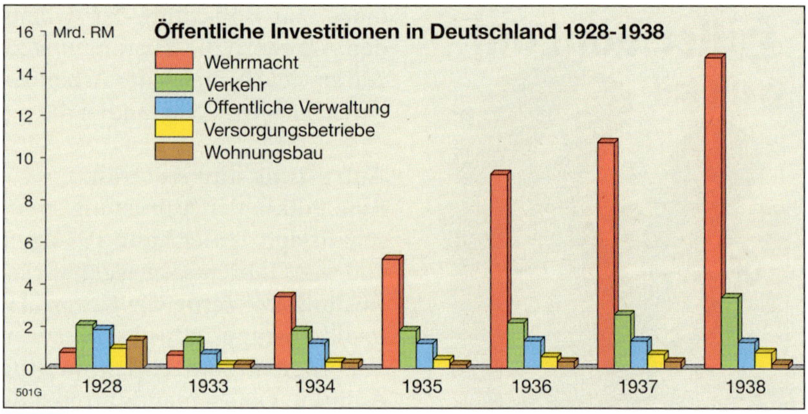

M 6

Tariflöhne der Industriearbeiter* (Reichspfennig) und durchschnittliche Arbeitszeit in der verarbeitenden Industrie (Stunden)

Jahr	Stundenlöhne der Facharbeiter*	Stundenlöhne der Hilfsarbeiter**	durchschnittliche Arbeitszeit pro Woche
1928	95,9	75,2	46,0
1929	101,1 (63,4)	79,4 (52,7)	–
1930	102,8	80,7	–
1931	97,4	76,6	–
1932	81,6 (53,1)	64,4 (43,9)	41,5
1933	78,5	62,3	42,9
1934	78,3	62,2	44,6
1935	78,3	62,2	44,4
1936	78,3 (51,6)	62,2 (43,4)	45,6
1937	78,5	62,3	46,1
1938	78,8	62,5	46,5
1939	79,1 (51,5)	62,8 (44,0)	47,0
1940	79,2	62,9	–
1941	79,9	63,8	–
1942	80,3	64,1	49,2
1943	80,9	64,1	–

* in Klammern: einige Vergleichszahlen für Facharbeiterinnen
** in Klammern: einige Vergleichszahlen für Hilfsarbeiterinen

Zusammengestellt nach: Dietmar Petzina, Werner Abelshauser, Anselm Faust, Sozialgeschichtliches Arbeitsbuch Band III, Materialien zur Statistik des Deutschen Reiches 1914-1945, München 1978, S. 98f. Vergleichszahlen: Wolfgang Michalka (Hrsg.), Das Dritte Reich, Dokumente zur Innen- und Außenpolitik, Band 1: "Volksgemeinschaft" und Großmachtpolitik 1933-1939, München 1985, S. 302.

12408E

M 7

Verbrauch eines durchschnittlichen Vier-Personen-Arbeiterhaushalts pro Jahr

	Fleisch (kg)	Eier (Stück)	Milch (l)	Butter (kg)*	Fette (kg)	Kartoffeln (kg)	Gemüse (kg)	Obst (kg)	Bohnenkaffee (kg)
1928	146,5	472	481	17,9	55,4	507,8	127,3	96,2	–
1937	118,5	258	358	19,1	37,3	530,3	117,8	64,9	–

*Hier wird nur die Menge verglichen. Nicht eingerechnet ist, dass Butter von 1937 einen größeren Wassergehalt und damit einen geringeren Fettgehalt als von 1928 hat.

Wolfgang Michalka (Hrsg.), Das Dritte Reich, Dokumente zur Innen- und Außenpolitik, Band 1: „Volksgemeinschaft" und Großmachtpolitik 1933-1939, München 1985, S. 303. Zusatzinformation aus: Jürgen Kuczynski, Geschichte des Alltags des deutschen Volkes, Studien 5, 1918-1945, Köln 1982. S.66.

12406E

M 8

M 9 Der Vierjahresplan

Aus Hitlers geheimer Denkschrift von 1936 über die Aufgaben des Vierjahresplans:

So wie die politische Bewegung in unserem Volk nur ein Ziel kennt, die Lebensbehauptung unseres Volkes und Reiches zu ermöglichen, d.h. alle geistigen und sonstigen Voraussetzungen für die Selbstbehauptung unseres Volkes sicherzustellen, so hat auch die Wirtschaft nur diesen einen Zweck. [...] Die wirtschaftliche Lage Deutschlands ist aber, in kürzesten Umrissen gekennzeichnet, folgende:
1. Wir sind übervölkert und können uns auf der eigenen Grundlage nicht ernähren [...].
5. Es ist aber gänzlich belanglos, diese Tatsachen immer wieder festzustellen, d.h. festzustellen, dass uns Lebensmittel oder Rohstoffe fehlen, sondern es ist entscheidend, jene Maßnahmen zu treffen, die für die Zukunft eine endgültige Lösung, für den Übergang eine vorübergehende Entlastung bringen können.
6. Die endgültige Lösung liegt in einer Erweiterung des Lebensraumes bzw. der Rohstoff- und Ernährungsbasis unseres Volkes. Es ist die Aufgabe der politischen Führung, diese Frage dereinst zu lösen. [...]
Und ich stelle daher zu einer endgültigen Lösung unserer Lebensnot folgendes Programm auf:
I. Ähnlich der militärischen und politischen Aufrüstung bzw. Mobilmachung unseres Volkes hat auch eine wirtschaftliche zu erfolgen, und zwar im selben Tempo, mit der gleichen Entschlossenheit und wenn nötig auch mit der gleichen Rücksichtslosigkeit [...].
II. Zu diesem Zwecke sind auf all den Gebieten, auf denen eine eigene Befriedigung durch deutsche Produktionen zu erreichen ist, Devisen einzusparen, um sie jenen Erfordernissen zuzulenken, die unter allen Umständen ihre Deckung nur durch Import erfahren können.
III. In diesem Sinne ist die deutsche Brennstofferzeugung im schnellsten Tempo vorwärtszutreiben und binnen 18 Monaten zum restlosen Abschluss zu bringen. Diese Aufgabe ist mit derselben Entschlossenheit wie die Führung eines Krieges anzufassen und durchzuführen; denn von ihrer Lösung hängt die kommende Kriegsführung ab und nicht von einer Bevorratung des Benzins. [...]
IV. Es ist ebenso augenscheinlich die Massenfabrikation von synthetischem Gummi zu organisieren und sicherzustellen [...].
V. Die Frage des Kostenpreises dieser Rohstoffe ist ebenfalls gänzlich belanglos [...]. Es ist weiter notwendig, die deutsche Eisenproduktion auf das außerordentlichste zu steigern [...]. Es ist weiter notwendig, unsere industrielle Fettversorgung in kürzester Schnelligkeit vom Import unabhängig zu machen und aus unserer Kohle zu befriedigen [...]. Es ist weiter notwendig, ohne Rücksicht auf die Kosten die deutsche sonstige Erzförderung zu steigern [...]. Kurz zusammengefasst: Ich halte es für notwendig, dass nunmehr mit eiserner Entschlossenheit auf all den Gebieten eine 100%ige Selbstversorgung eintritt, auf denen diese möglich ist [...].
Ich stelle damit folgende Aufgabe:
I. Die deutsche Armee muss in 4 Jahren einsatzfähig sein.
II. Die deutsche Wirtschaft muss in 4 Jahren kriegsfähig sein.

aus: Wolfgang Lautemann, Manfred Schlenke (Hg.), Geschichte in Quellen, Band V, Weltkriege und Revolutionen 1914–1945, München 1975, S. 320 ff.

Aufgaben

1. a) Stelle dar, warum sich bei der Statistik M5 die Tabellenform nicht geeignet hätte.
   b) Begründe, warum bei der Statistik M6 die Form des Balkendiagramms gewählt wurde.
   c) Zeichne anhand der Angaben aus M7 ein Kurvendiagramm zur Entwicklung der Stundenlöhne. Verwende verschiedene Farben. Überlege, wie man die Vergleichszahlen der Fach- und Hilfsarbeiterinnen übersichtlich einfügen kann.
   → M5–M7
2. a) Überprüfe, wie sich die Weltwirtschaftskrise auf die deutsche Wirtschaft und die Situation der Arbeiter ausgewirkt hat.
   b) Trage zusammen: In welchen Bereichen haben die Nationalsozialisten arbeiterfreundliche Politik betrieben? In welchen nicht?
   → M5–M8
3. a) Fasse zusammen, welche Ziele Hitler mit dem Vierjahresplan im Einzelnen verfolgte.
   b) Zeige auf, dass Hitler die Wirtschaftspolitik zur Vorbereitung eines Krieges benutzte.
   → M9

M 1 **„Der ewige Jude“**
Die Darstellung enthält alle Symbole, die die Nationalsozialisten mit dem Judentum verbanden, Plakat zu einer Ausstellung, München 1937

Die Weltanschauung der Nationalsozialisten

Die Bedeutung der Ideologie

Wie wichtig war die Ideologie, also das Gedankengebäude, an das die Nationalsozialisten glaubten, für ihr politisches Handeln? Lässt sich die Ermordung der europäischen Juden oder der Krieg gegen die Sowjetunion allein aus Hitlers politischen Vorstellungen erklären oder gab es dafür noch andere Gründe? Um die Frage zu beantworten, muss man die „Weltanschauung“ näher betrachten.

Auffallend ist, dass die nationalsozialistische Ideologie keineswegs einheitlich war, sondern ganz unterschiedliche Vorstellungen zusammenfügte. Es gab auch keine systematische Zusammenfassung zentraler Punkte. Wichtig waren das Parteiprogramm von 1920 und Adolf Hitlers Buch „Mein Kampf“.

Das Parteiprogramm von 1920 und Hitlers „Mein Kampf“

Das Parteiprogramm der NSDAP entstand in einer Zeit, als der verlorene Erste Weltkrieg enorme politische und wirtschaftliche Belastungen auf die junge Weimarer Republik häufte. Diese Notlage nutzte Hitler, um den verunsicherten und gedemütigten Deutschen sein Programm als alleinige Rettung anzupreisen.

Nach dem missglückten Putsch vom November 1923 nutzte Hitler seine Haftzeit, um das Buch „Mein Kampf“ zu verfassen. Der erste Teil ist eine Autobiografie, d. h. die Darstellung seines bisherigen Lebens. Der zweite Teil enthält Hitlers politische Grundsätze. „Mein Kampf“ wurde bald zur „Bibel der Bewegung“, zu einem zentralen Werk, an das die Nationalsozialisten auf fast religiöse Weise glaubten.

Der Antisemitismus

Radikaler Antisemitismus, also fanatischer Judenhass, war das zentrale Element der nationalsozialistischen Weltanschauung. Im Judentum sah Hitler den „Weltfeind“, der am Unglück des deutschen Volks die Schuld trug. So war es möglich, der Bevölkerung einen „Sündenbock“, eine „Erklärung“ für alle Missstände zu präsentieren.

Der Weltkrieg war demnach das Werk „imperialistisch-jüdischer Mächte“, der „Schandvertrag“ von Versailles das Produkt „jüdisch-kapitalistischer Regierungen“. Hauptschuldige der allgemeinen Not waren in Hitlers Augen die angeblichen „jüdisch-marxistischen Novemberverbrecher“, also die Gründer der Weimarer Republik.

„Rassenlehre“ und „Lebensraum“

Ein Rassenwahn kennzeichnete Hitlers Weltanschauung. Im Zentrum stand die Behauptung, dass es eine hoch stehende nordische oder „arische Rasse“ gäbe – nämlich die Deutschen –, die zur Herrschaft über die „minderwertigen Rassen“ berufen sei. Die größte Gefahr ging nach dieser absurden Lehre von der „jüdischen Rasse“ aus, die das deutsche Volk zersetzen wolle und eine „jüdische Weltverschwörung“ angezettelt habe.

Gefährlich waren Hitlers expansive Ziele, da er „neuen Lebensraum“ im Osten forderte. Die slawischen Völker sollten unterworfen werden und der deutschen „Herrenrasse“ als „Sklavenvölker“ dienen.

Franz Eher Nachf. G. m. b. H.
Deutschvölkische Verlagsbuchhandlung
München

4½ Jahre Kampf
gegen Lüge, Dummheit und Feigheit
Eine Abrechnung von Adolf Hitler

Leitspruch

M 2 **Urform von „Mein Kampf“**
Der noch wenig einprägsame Arbeitstitel von Hitlers „Mein Kampf“ aus dem Jahr 1924

Die „Volksgemeinschaft“
Die Deutschen bildeten für Hitler eine „Volksgemeinschaft“, aus der Juden und Gegner des Regimes ausgeschlossen waren. An ihrer Spitze stand der „Führer“. „Führerprinzip“ und „Führerkult“ bildeten somit weitere Elemente der NS-Ideologie. Hitler erschien dabei als „Erlöser“, der von der „Vorsehung“ dazu berufen war, das deutsche Volk zu einigen. Er würde es von den „Fesseln des Versailler Schandvertrags“ befreien und zur Weltherrschaft führen.

Attraktvität für große Teile der Bevölkerung
Solche Gedanken waren in damaliger Zeit weit verbreitet und machten die NSDAP für unterschiedliche Wählergruppen und Bevölkerungskreise attraktiv. Auch wenn manche politische Maßnahmen nicht nur auf die Ideologie zurückzuführen sind, so sind sie doch ohne die nationalsozialistische Weltanschauung nicht erklärbar.

M 3 **Schmucktelegramm** der Post zum Reichsparteitag in Nürnberg 1933

M 4 „Mein Kampf"

In seinem Buch „Mein Kampf" entwickelte Hitler zentrale Aspekte seiner Weltanschauung:

Nein, der Jude besitzt keine irgendwie kulturbildende Kraft, da der Idealismus, ohne den es eine wahrhafte Höherentwicklung des Menschen nicht gibt, bei ihm nicht vorhanden ist und nie vorhanden war. Daher wird sein Intellekt niemals aufbauend wirken, sondern zerstörend und in ganz seltenen Fällen vielleicht höchstens aufpeitschend, dann aber als das Urbild der „Kraft, die stets das Böse will und stets das Gute schafft". [...]
Da der Jude niemals einen Staat mit bestimmter territorialer Begrenzung besaß und damit auch nie eine Kultur sein eigen nannte, entstand die Vorstellung, als handle es sich hier um ein Volk, das in die Reihe der Nomaden zu rechnen wäre. Dies ist ein ebenso großer wie gefährlicher Irrtum. Der Nomade besitzt sehr wohl einen bestimmt umgrenzten Lebensraum, nur bebaut er ihn nicht als sesshafter Bauer, sondern lebt vom Ertrage seiner Herden, mit denen er in seinem Gebiete wandert. Der äußere Grund hierfür ist in der geringen Fruchtbarkeit eines Bodens zu sehen, der eine Ansiedlung einfach nicht gestattet. Die tiefere Ursache aber liegt im Missverhältnis zwischen der technischen Kultur einer Zeit oder eines Volkes und der natürlichen Armut eines Lebensraumes. Es gibt Gebiete, in denen auch der Arier nur durch seine im Laufe von mehr denn tausend Jahren entwickelte Technik in der Lage ist, in geschlossenen Siedlungen des weiten Bodens Herr zu werden und die Erfordernisse des Lebens aus ihm zu bestreiten. Besäße er diese Technik nicht, so müsste er entweder diese Gebiete meiden oder sich ebenfalls als Nomade in dauernder Wanderschaft das Leben fristen, vorausgesetzt, dass nicht seine tausendjährige Erziehung und Gewöhnung an Sesshaftigkeit dies für ihn einfach unerträglich erscheinen ließe. Man muss bedenken, dass in der Zeit der Erschließung des amerikanischen Kontinents zahlreiche Arier sich ihr Leben als Fallensteller, Jäger usw. erkämpften, und zwar häufig in größeren Trupps mit Weib und Kind, immer herumziehend, so dass ihr Dasein vollkommen dem der Nomaden glich. Sobald aber ihre steigende Zahl und bessere Hilfsmittel gestatteten, den wilden Boden auszuroden und den Ureinwohnern standzuhalten, schossen immer mehr Siedlungen in dem Lande empor.
Wahrscheinlich war auch der Arier erst Nomade und wurde im Laufe der Zeit sesshaft, allein deshalb war er doch niemals Jude! Nein, der Jude ist kein Nomade; denn auch der Nomade hatte schon eine bestimmte Stellung zum Begriffe „Arbeit", die als Grundlage für eine spätere Entwicklung dienen konnte, sofern die notwendigen geistigen Voraussetzungen hierzu vorhanden waren. Die idealistische Grundanschauung aber ist bei ihm, wenn auch in unendlicher Verdünnung, gegeben, daher erscheint er auch in seinem ganzen Wesen den arischen Völkern vielleicht fremd, allein nicht unsympathisch. Bei dem Juden hingegen ist diese Einstellung überhaupt nicht vorhanden; er war deshalb auch nie Nomade, sondern immer nur Parasit im Körper anderer Völker. Dass er dabei manchmal seinen bisherigen Lebensraum verließ, hängt nicht mit seiner Absicht zusammen, sondern ist das Ergebnis des Hinauswurfes, den er von Zeit zu Zeit durch die missbrauchten Gastvölker erfährt. Sein Sich-Weiterverbreiten aber ist eine typische Erscheinung für alle Parasiten; er sucht immer neuen Nährboden für seine Rasse.[1] [...]
Die völkische Weltanschauung glaubt keineswegs an eine Gleichheit der Rassen, sondern erkennt mit ihrer Verschiedenheit auch ihren höheren oder minderen Wert und fühlt sich durch diese Erkenntnis verpflichtet, gemäß dem ewigen Wollen, dass dieses Universum beherrscht, den Sieg des Besseren, Stärkeren zu fördern, die Unterordnung des Schlechteren und Schwächeren zu verlangen. Sie huldigt damit prinzipiell dem aristokratischen Grundgedanken der Natur.[2] [...]
Wo immer wir in der Welt Angriffe gegen Deutschland lesen, sind Juden ihre Fabrikanten. Die Gedankengänge des Judentums sind dabei klar. Die Bolschewisierung Deutschlands, d.h. die Ausrottung der nationalen völkischen deutschen Intelligenz und die dadurch ermöglichte Auspressung der deutschen Arbeitskraft im Joche der jüdischen Weltfinanz ist nur als Vorspiel gedacht für die Weiterverbreitung dieser jüdischen Welteroberungstendenz. Werden unser Volk und unser Staat das Opfer dieser blut- und geldgierigen jüdischen Völkertyrannen, so sinkt die ganze Erde in die Umstrickung dieses Polypen; befreit sich Deutschland aus dieser Umklammerung, so darf diese größte Völkergefahr als für die gesamte Welt gebrochen gelten.[3]

Adolf Hitler, Mein Kampf, München, 11. Aufl. 1932, (1) S. 332 ff., (2) S. 420 f., (3) S. 702 f.

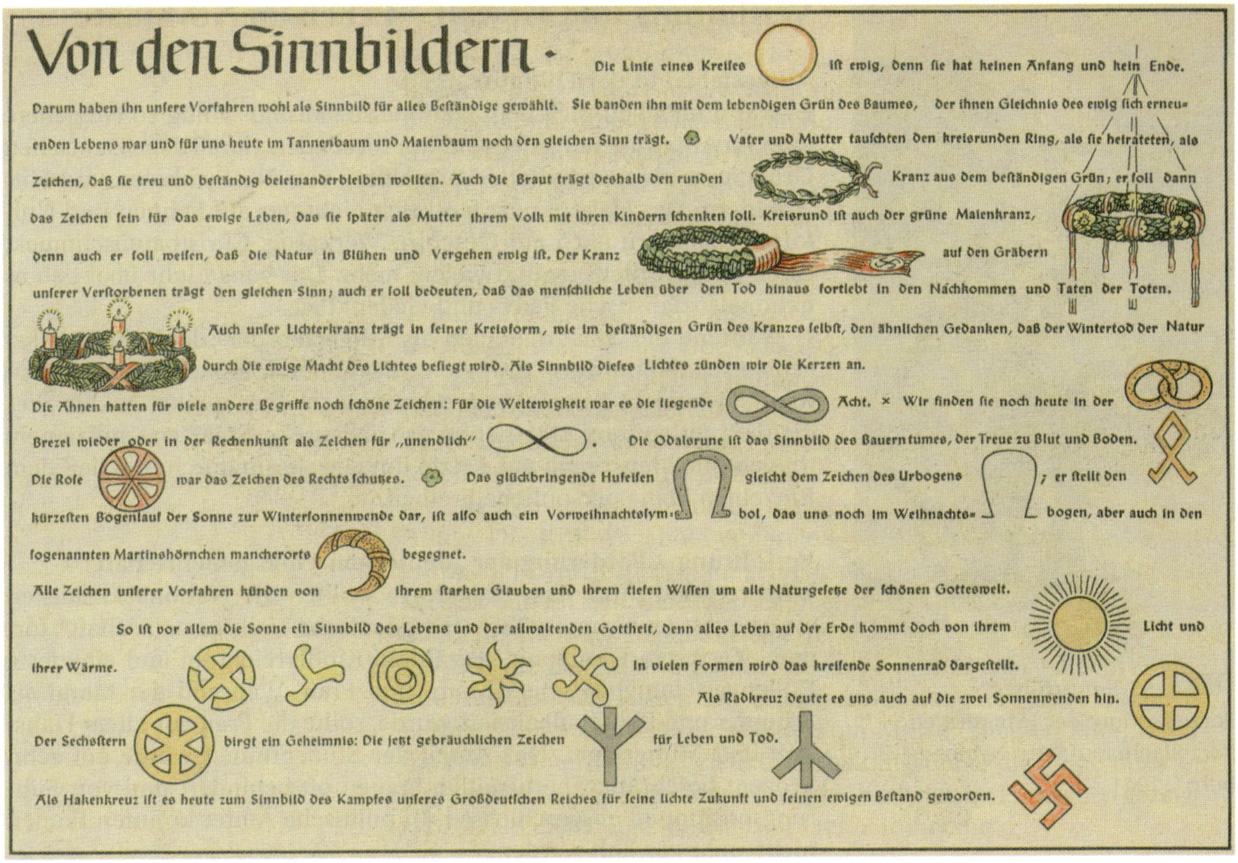

Von den Sinnbildern. Die Linie eines Kreises ist ewig, denn sie hat keinen Anfang und kein Ende. Darum haben ihn unsere Vorfahren wohl als Sinnbild für alles Beständige gewählt. Sie banden ihn mit dem lebendigen Grün des Baumes, der ihnen Gleichnis des ewig sich erneuenden Lebens war und für uns heute im Tannenbaum und Maienbaum noch den gleichen Sinn trägt. Vater und Mutter tauschten den kreisrunden Ring, als sie heirateten, als Zeichen, daß sie treu und beständig beieinanderbleiben wollten. Auch die Braut trägt deshalb den runden Kranz aus dem beständigen Grün; er soll dann das Zeichen sein für das ewige Leben, das sie später als Mutter ihrem Volk mit ihren Kindern schenken soll. Kreisrund ist auch der grüne Maienkranz, denn auch er soll weisen, daß die Natur in Blühen und Vergehen ewig ist. Der Kranz auf den Gräbern unserer Verstorbenen trägt den gleichen Sinn; auch er soll bedeuten, daß das menschliche Leben über den Tod hinaus fortlebt in den Nachkommen und Taten der Toten.

Auch unser Lichterkranz trägt in seiner Kreisform, wie im beständigen Grün des Kranzes selbst, den ähnlichen Gedanken, daß der Wintertod der Natur durch die ewige Macht des Lichtes besiegt wird. Als Sinnbild dieses Lichtes zünden wir die Kerzen an.

Die Ahnen hatten für viele andere Begriffe noch schöne Zeichen: Für die Weltewigkeit war es die liegende Acht. × Wir finden sie noch heute in der Brezel wieder oder in der Rechenkunst als Zeichen für „unendlich". Die Odalsrune ist das Sinnbild des Bauerntumes, der Treue zu Blut und Boden. Die Rose war das Zeichen des Rechtsschutzes. Das glückbringende Hufeisen gleicht dem Zeichen des Urbogens; er stellt den kürzesten Bogenlauf der Sonne zur Wintersonnenwende dar, ist also auch ein Vorweihnachtssymbol, das uns noch im Weihnachtsbogen, aber auch in den sogenannten Martinshörnchen mancherorts begegnet.

Alle Zeichen unserer Vorfahren künden von ihrem starken Glauben und ihrem tiefen Wissen um alle Naturgesetze der schönen Gotteswelt.

So ist vor allem die Sonne ein Sinnbild des Lebens und der allwaltenden Gottheit, denn alles Leben auf der Erde kommt doch von ihrem Licht und ihrer Wärme. In vielen Formen wird das kreisende Sonnenrad dargestellt. Als Radkreuz deutet es uns auch auf die zwei Sonnenwenden hin. Der Sechsstern birgt ein Geheimnis: Die jetzt gebräuchlichen Zeichen für Leben und Tod.

Als Hakenkreuz ist es heute zum Sinnbild des Kampfes unseres Großdeutschen Reiches für seine lichte Zukunft und seinen ewigen Bestand geworden.

M 5 „Von den Sinnbildern"
Blatt aus dem Kalender „Vorweihnachten", herausgegeben von der NSDAP, um 1934

Aufgaben

1. Erkläre den Begriff Antisemitismus.
   → Text
2. a) In seinem Buch „Mein Kampf" wird Hitlers Bild von den Juden deutlich. Fasse die Auszüge mit eigenen Worten zusammen.
   b) Wodurch unterscheiden sich nach Hitler die „Juden" von den „Ariern"?
   c) Welche Folgen lassen sich für die Juden in Deutschland aus den Ausführungen Hitlers ableiten?
   d) Inwieweit widerspricht die Darstellung Hitlers den Vorstelllungen von Menschenwürde?
   → M4
3. Erläutere, inwiefern „Rassenlehre" und „Lebensraum" zentrale Begriffe der Weltanschauung der Nationalsozialisten waren.
   → Text
4. Die NS-Ideologie drang in fast alle Lebensbereiche ein. Zeige anhand des Kalenderblattes von 1934, wie das Weihachtsfest im Sinne der NS-Weltanschauung umgedeutet wurde.
   → M5
5. a) Erkläre, warum die NS-Ideologie für Teile der Bevölkerung Attraktivität besaß.
   b) Die NS-Ideologie weist auch Elemente einer „Ersatzreligion" auf. Zeige dies mit Hilfe des Schmucktelegrammes von 1933.
   → Text, M3

M 4 **Heinrich Himmler**
Der „Reichsführer SS und Chef der Deutschen Polizei" war maßgeblich an der Einrichtung der Konzentrationslager beteiligt, Foto von 1935.

Systematischer Terror im Konzentrationslager
Inbegriff des nationalsozialistischen Terrors sind die „Konzentrationslager" (KZ). Organisatoren und Vollstrecker waren neben der „Gestapo" der SD (Sicherheitsdienst) und die SS. Eine zentrale Rolle spielte dabei Heinrich Himmler (1900–1945), der ab 1936 als „Reichsführer SS und Chef der deutschen Polizei" den gesamten Sicherheitsapparat kontrollierte.

Anfangs gab es „wilde" Gefängnisse und KZ, in denen vor allem die SA folterte und tötete. Ab Mitte 1933 bauten die Nationalsozialisten jedoch eine planvolle Organisation mit klarer Verantwortlichkeit auf und unterstellten die Konzentrationslager später der SS. Inhaftiert wurden die Menschen ohne Gerichtsurteil.

Die ersten Häftlinge waren politische Gegner des Regimes und jüdische Bürger. Später folgten Sinti und Roma, Homosexuelle, Geistliche, Kriegsdienstverweigerer (z. B. Zeugen Jehovas) und Kriminelle, nach 1939 auch Kriegsgefangene. Insgesamt gab es bis 1945 in Deutschland und den eroberten Gebieten 23 KZ-Stammlager und über 1 000 Außenlager. Die Häftlinge mussten harte Zwangsarbeit leisten. Viele starben an Unterernährung, Erschöpfung, Krankheit oder sadistischer Quälerei, andere an Erschießungen. Manche wurden sogar für medizinische Experimente benutzt.

Die Inschrift am Lagertor des KZ Dachau lautete: „Arbeit macht frei!" Das war zynisch, denn trotz härtester Arbeit kamen nur wenige frei. Wer entlassen wurde, musste eine Schweigeverpflichtung unterschreiben; dennoch sickerten viele Informationen über das Innenleben der KZ in der Öffentlichkeit durch. Wenn man allein Dachau herausgreift, lassen sich die Dimensionen des nationalsozialistischen Terrors erahnen: Laut Lageraufzeichnungen waren von 1933 bis 1945 etwa 206 200 Menschen inhaftiert. 31 591 Todesfälle sind beurkundet, doch dürfte ihre Zahl wesentlich höher liegen.

M 5 **Flucht aus dem KZ**
Sie gelang 1933 Gerhart Seger, Reichstagsabgeordneter der SPD.

M 6 **Das Konzentrationslager Oranienburg**
Zu den ersten Inhaftierten zählte Fritz Ebert, Sohn des früheren SPD-Reichspräsidenten Friedrich Ebert (2. Häftling von links), Foto vom Juli 1933.

M 7

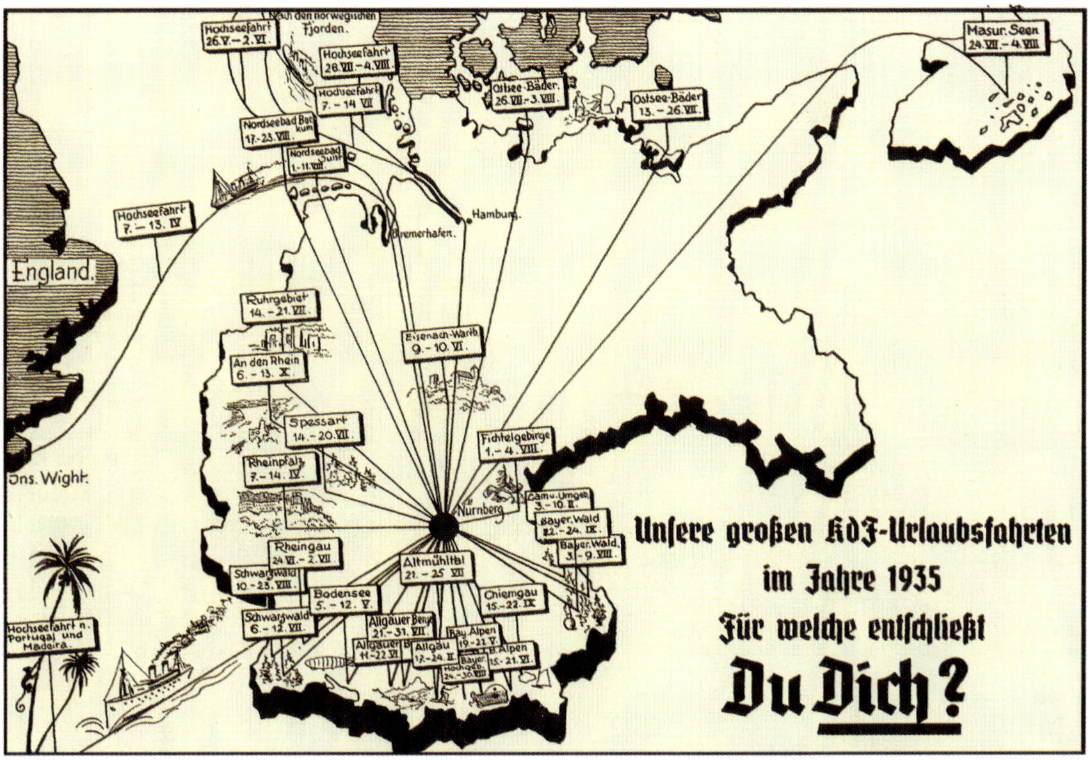

M 8 Urlaubsfahrten mit „KdF" 1938

Einmal im Jahr sollten Deutsche aus dem umfangreichen Angebot der „KdF"-Reisen eine Erholungsfahrt auswählen: Die günstigsten Reisen kosteten 10,– RM, die teuersten – z. B. eine Norwegenfahrt auf der „Wilhelm Gustloff" – 62,– RM.:

Denke stets daran, dass du als KdF-Urlauber einer nationalsozialistischen Gemeinschaft angehörst. Du bist nicht „Kunde", sondern Angehöriger der NS-Gemeinschaft „Kraft durch Freude", die nichts anderes darstellt als das Werk einer großen Gemeinschaft. Du hast aber nur dann ein Recht, von dieser Gemeinschaft etwas zu fordern, wenn du für diese etwas leistest. Dein Beitrag dazu soll darin bestehen, dass du uns zu verstehen suchst und mithilfst, dem deutschen Volke durch „KdF" immer noch Größeres und Schöneres zu geben. [...] Wir weisen ausdrücklich darauf hin, dass an KdF-Fahrten ausschließlich gesunde und lebensfrohe Volksgenossen teilnehmen sollen. [...] Volksgenossen, welche belästigend, Ekel erregend oder sonst allgemein anstößig wirken (Schwachsinnige usw.) können grundsätzlich nicht teilnehmen.

Urlaubsfahrten mit Kraft durch Freude, Gau Franken 1938, Nürnberg 1938, S. 3 und S. 57.

M 9 KdF-Reisekatalog (1938)
Teilnehmen konnte nur, wer Mitglied der KdF oder einer anderen NS-Vereinigung war.

Konzentrationslager für Schutzhäftlinge in Bayern

München, 20. März.

Bezüglich der Dauer der Schutzhaft laufen fortgesetzt zahllose Anfragen bei der Polizeidirektion ein. Polizeipräsident Himmler erklärte hierzu, es sei notwendig, das Material, das wir in ungeahnten Mengen beschlagnahmen konnten, zu sichten. Anfragen halten in der Sichtung dieses Materials nur auf und laufen praktisch darauf hinaus, daß jede Anfrage dem Schutzhäftling einen Tag mehr kostet.

Bei dieser Gelegenheit trat Polizeipräsident Himmler den Gerüchten über eine schlechte Behandlung der Schutzhäftlinge entschieden entgegen.

Aus zwingenden Gründen sind einige Änderungen in der Unterbringung der Schutzhäftlinge notwendig geworden.

Am Mittwoch wird in der Nähe von Dachau das erste Konzentrationslager mit einem Fassungsvermögen für 5000 Menschen errichtet werden. Hier werden die gesamten kommunistischen und soweit dies notwendig ist, Reichsbanner- und sozialdemokratischen Funktionäre, die die Sicherheit des Staates gefährden, zusammengezogen, da es auf die Dauer nicht möglich ist und den Staatsapparat zu sehr belastet, diese Funktionäre in den Gerichtsgefängnissen unterzubringen. Es hat sich gezeigt, daß es nicht angängig ist, diese Leute in die Freiheit zu lassen, da sie weiter hetzen und Unruhe stiften. Im Interesse der Sicherheit des Staates müssen wir diese Maßnahme treffen ohne Rücksicht auf kleinliche Bedenken. Polizei und Innenministerium sind überzeugt, daß sie damit zur Beruhigung der gesamten nationalen Bevölkerung und in ihrem Sinne handeln.

M 10 **„Völkischer Beobachter"**
Seite vom 21.3.1933

M 11 **„Konzentrationslager Dachau"**
Titelseite des „Illustrierten Beobachters" vom 3.10.1936 mit einer Reportage über das KZ

M 12 **Lagerordnung**

Aus der „Disziplinar- und Strafordnung" für das KZ Dachau vom 1.10.1933:

Im Rahmen der bestehenden Lagervorschriften werden zur Aufrechterhaltung der Zucht und Ordnung für den Bereich des Konzentrationslagers Dachau nachstehende Strafbestimmungen erlassen. […]
Toleranz bedeutet Schwäche. Aus dieser Erkenntnis heraus wird dort rücksichtslos zugegriffen werden, wo es im Interesse des Vaterlandes notwendig erscheint. Der anständige, verhetzte Volksgenosse wird mit diesen Strafbestimmungen nicht in Berührung kommen. Den politisierenden Hetzern und intellektuellen Wühlern – gleich welcher Richtung – aber sei gesagt, hütet euch, dass man euch nicht erwischt, man wird euch sonst nach den Hälsen greifen und nach eurem eignen Rezept zum Schweigen bringen. […]
§ 6
Mit 8 Tagen strengem Arrest und mit je 25 Stockhieben zu Beginn und am Ende der Strafe wird bestraft:
1. wer einem SS-Angehörigen gegenüber abfällige oder spöttische Bemerkungen macht, die vorgeschriebene Ehrenbezeugung absichtlich unterlässt oder durch sein sonstiges Verhalten zu erkennen gibt, dass er sich dem Zwange der Zucht und Ordnung nicht fügen will. […]

Konzentrationslager Dachau, hrsg. vom Comité International de Dachau, Dachau o. J., S. 69 und 135.

M 13 Bericht der Exil-SPD

Die Leitung der Exil-SPD versuchte aus dem Ausland, den Genossen in Deutschland heimlich zu helfen und den Widerstand gegen den Nationalsozialismus zu organisieren. Sie analysierte das Verhalten der Arbeiterschaft im Januar 1935:

Es zeigt sich, dass die Wirkungen der Wirtschaftskrise auf die innere Widerstandskraft der Arbeiterschaft verheerender waren, als man bis dahin glaubte. Immer wieder wird dieselbe Erfahrung gemacht: Der mutigste illegale Kämpfer, der rücksichtsloseste Gegner des Regimes ist in der Regel der Erwerbslose, der nichts mehr zu verlieren hat. Kommt aber ein Arbeiter nach jahrelanger Arbeitslosigkeit in den Betrieb, so wird er – und seien Lohn und Arbeitsbedingungen noch so schlecht – auf einmal ängstlich. Jetzt hat er wieder etwas zu verlieren. [...]
Die Nationalsozialisten haben das Selbstvertrauen der Arbeiterschaft zerstört, die Kräfte der Solidarität verschüttet und ihren Willen zum Widerstand gelähmt. Das ist im Wesentlichen der Stand am Ende des zweiten Jahres der Diktatur. Es zeigen sich vereinzelt Ansätze neu erwachenden Widerstandsgeistes, aber es ist noch nicht zu übersehen, ob aus den Ansätzen bald eine allgemeine Bewegung herauswachsen wird.

Wolfgang Michalka (Hg.), Das Dritte Reich, Dokumente zur Innen- und Außenpolitik, Band 1: „Volksgemeinschaft" und Großmachtpolitik 1933–1939, München 1985, S. 88.

M 14 Bericht der Gestapo

Aus einem Bericht der „Geheimen Staatspolizei" des Regierungsbezirks Aachen vom 7.8.1935:

Leider erfasst die gegen den Staat und die Bewegung gerichtete stille, gleichwohl aber nachhaltige und gefährliche Opposition neuerdings immer weitere Kreise. Zu den Teilen der Arbeiterschaft [...] und der im hiesigen Bezirk sehr breiten Schicht kirchentreuer Katholiken [...] kommen hinzu jene bürgerlichen Elemente, die sich aus ihrem rein wirtschaftlich-materiellen Denken nicht loslösen können und dem Kampf der Bewegung gegen Juden [und den] politischen Katholizismus verständnislos gegenüber stehen und aus ihrem liberalistischen Denken heraus jegliche Eingriffe des Staates in ihre eigene Sphäre ablehnen. Vielfach setzen gerade diese Kreise ihre Hoffnung auf die Reichswehr, die in Gerüchten oft in einen Gegensatz zur Partei gebracht wird. Auch hier geht der Reim um:

„Heil Hitler ist der deutsche Gruß,
Die Reichswehr steht Gewehr bei Fuß.
Blomberg[1] wartet auf den großen Krach
Und dann sagen wir wieder ‚Guten Tag'.
Im dritten Reich marschieren wir,
Im vierten Reich regieren wir."

[1] Blomberg = damaliger Reichskriegsminister

Wolfgang Michalka (Hg.), Das Dritte Reich, Dokumente zur Innen- und Außenpolitik, Band 1: „Volksgemeinschaft" und Großmachtpolitik 1933–1939, München 1985, S. 93 f.

Aufgaben

1. a) Erkläre, warum die Nationalsozialisten so stark auf die Verbreitung ihrer Symbole setzten.
   b) Fasse zusammen, welche Funktion die KdF-Fahrten hatten.
   c) Beurteile, welche Wirkung die Symbolik und die KdF-Fahrten auf die Menschen hatte.
   d) Erläutere, warum die propagierte Volksgemeinschaft dennoch als „Lüge" bezeichnet werden kann.
   → Text, M2, M7–M9
2. a) Überlege, warum die Nationalsozialisten systematisch Terror eingesetzt haben.
   b) Erläutere, warum der Eingangsspruch zum KZ Dachau „Arbeit macht frei" als zynisch bezeichnet werden muss. Warum haben die Nationalsozialisten diese Sprüche und Handlungen bewusst eingesetzt?
   c) Überlege, warum in den KZ eine umfangreiche Kennzeichnung eingeführt wurde. Welche Funktion hatte es, dass Nationalsozialisten die Häftlinge nur mit ihrer Nummer angeredet haben?
   d) Versuche einzuschätzen, welche Wirkung die Konzentrationslager auf die Oppositionellen 1933 gehabt haben müssen.
   e) Erkundige dich, welche Haftbedingungen in einem heutigen Gefängnis in Deutschland herrschen müssen. Vergleiche dies mit den Bedingungen und Regeln in den NS-Gefängnissen und KZ.
   → Text, M3, M5, M6, M10–M12

Die Hitlerjugend (HJ)

Jugend im NS-Staat

„Du bist nichts – dein Volk ist alles!“ – „Führer befiehl – wir folgen dir!“ Das waren Propagandasprüche, die die Jugend im NS-Staat überfluteten: in Klassenzimmern, auf Plakatwänden oder bei Veranstaltungen. Von Kindesbeinen an war der Nationalsozialismus Teil des Alltags: auf Sammelbildern, in Kinderbüchern, bei Aufmärschen oder in Radiosendungen. Die Nationalsozialisten hatten erkannt, wie wichtig es war, die Jugend in ihrem Sinn zu erziehen und an sich zu binden. Hitler wollte eine sportliche, kriegsbereite Jugend, die „hart wie Kruppstahl“ war. Jungen und Mädchen sollten zu „rassebewussten“ Mitgliedern der „Volksgemeinschaft“ erzogen werden und dem „Führer“ bedingungslos folgen.

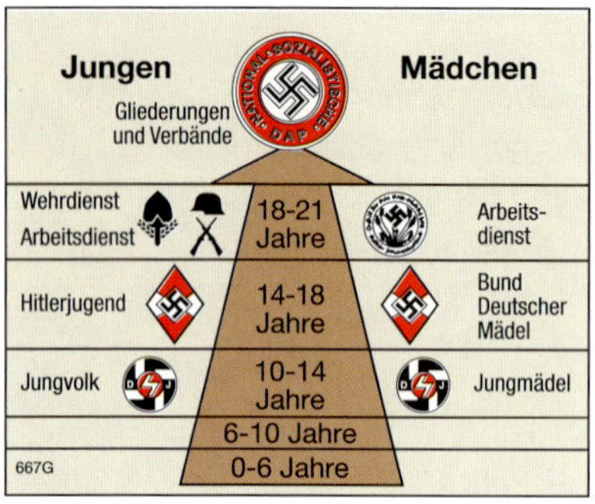

M 1 **Der Jugendliche im NS-Staat**

Die „Erfassung“ der Jugend

Vor 1933 war fast jeder zweite Jugendliche Mitglied in einer Jugendorganisation, sei es ein Sportverein, eine christliche oder politische Vereinigung. Hitler beauftragte nach der Machtübernahme „Reichsjugendführer“ Baldur von Schirach (1907–1974) damit, alle Jugendlichen bis zu 18 Jahren in der „Hitlerjugend“ (HJ) zu erfassen: die Jungen im Alter von 10–14 Jahren im „Jungvolk“, im Alter von 14–18 Jahren in der „Hitlerjugend“. Der Name „Hitlerjugend“ blieb Oberbegriff für alle NS-Jugendorganisationen. Die Mädchen wurden bei den „Jungmädeln“ und dem „Bund Deutscher Mädel“ (BDM) organisiert. Alle anderen Jugendgruppen wurden eingegliedert oder verboten.

Die „Hitlerjugend“ als „Staatsjugend“

Bis 1936 blieb der Dienst in der HJ freiwillig. Trotz Propaganda und Vergünstigungen war bis zu diesem Zeitpunkt nur die Hälfte aller Jugendlichen zum Eintritt bereit. Das „Gesetz über die Hitlerjugend“ von 1936 fasste daher alle Jugendliche zwischen 10 und 18 Jahren automatisch in der Hitlerjugend zusammen. So wurde die nationalsozialistische Parteijugend zur „Staatsjugend“. Anfang 1938 zählte die HJ nach eigenen Angaben sieben Millionen Mitglieder.

M 2 **Hitlerjungen bei der Schießausbildung,** Foto von 1938

Attraktivität für Kinder und Jugendliche

1933 gab es in Deutschland wesentlich mehr jüngere Menschen als heute. Mit Sprüchen wie „Macht Platz, ihr Alten!“ wirkte die NS-Bewegung auf junge Menschen besonders attraktiv. Es war ein bestechendes Gefühl, als junger Mensch ernst genommen und gebraucht zu werden – man galt als „Garant der Zukunft“ und Hitler wandte sich in vielen Reden ganz besonders an die Jugend.

Die HJ bot Kindern und Jugendlichen bei Fackelzügen und Lagerfeuern, beim Singen und Marschieren, bei Sport und Geländespielen Gemeinschaftserlebnisse. Attraktiv war auch, dass nicht Erwachsene befahlen, sondern Jugendliche als HJ-Führer Verantwortung trugen. Da viele von ihnen in bescheidenen Verhältnissen lebten, erhielten sie durch die HJ erstmals die Möglichkeit Fahrten zu unternehmen. Auch das Tragen der HJ-Uniform förderte das Gefühl, an etwas Großem teilzuhaben. Dies vermittelte vielen Jugendlichen ein Gefühl der Macht.

M 3 **„BDM-Mädel" in einem Zeltlager,** Foto von 1938

Kriegsvorbereitung
Allerdings dienten sportliche Angebote wie Schießen oder Segelfliegen auch der Kriegsvorbereitung. Geländespiele hatten das gleiche Ziel: Jugendliche lernten Karten zu lesen, Hügel zu verteidigen, Maschinengewehr-Attrappen zu bedienen und sammelten schließlich Wollfäden von „getöteten" Gegnern. Dementsprechend spielte das Militärische im Rahmen der HJ eine große Rolle. Uniformen und Dienstgrade waren der Armee nachempfunden, Marschieren und Exerzieren bestimmten die wöchentlichen Zusammenkünfte und Ferienlager. Eine eigene Meinung war unerwünscht. Es herrschte das Prinzip von Befehl und Gehorsam.

Ausgrenzung Andersdenkender
Der gezielt eingesetzte Gruppendruck veranlasste viele zum Mitmachen, da sie nicht abseits stehen wollten. Daher schickten Eltern ihre Kinder oft bewusst zur HJ, auch wenn sie selbst nicht davon überzeugt waren. Wer fern blieb, lief Gefahr, von Funktionären der Partei unter Druck gesetzt und benachteiligt zu werden. Dennoch gab es Jugendliche, die eine Mitgliedschaft verweigerten oder allenfalls halbherzig mitmachten.

Zudem mehrten sich Berichte über aufkommenden Unmut, weil die HJ mit den Jahren nichts Neues mehr bot. Die immer gleichen HJ-Abende mit ihren politischen Schulungen, die Dienste und Pflichten und auch das einförmige Marschieren und Exerzieren wurden vielen jungen Leuten langweilig. Es ist daher schwer einzuschätzen, wie erfolgreich die ideologische Berieselung der Jugendlichen durch die Nationalsozialisten war.

M 4 „Mein Weg in die Hitler-Jugend"

Die Zeitzeugin Melita Maschmann berichtet:

Auf die Frage, welche Gründe junge Menschen damals veranlasst haben, Nationalsozialisten zu werden, wird es viele Antworten geben. Vermutlich hat der Gegensatz der Generationen und das Zusammentreffen der Hitlerschen Machtübernahme mit einem bestimmten Pubertätsstadium dabei oft eine Rolle gespielt. Für mich war es ausschlaggebend: Ich wollte einen anderen Weg gehen als den konservativen, den mir die Familientradition vorschrieb. Im Mund meiner Eltern hatte das Wort „sozial" oder „sozialistisch" einen verächtlichen Klang. Sie sprachen es aus, wenn sie sich darüber entrüsteten, dass die bucklige Hausschneiderin so anmaßend war, sich politisch betätigen zu wollen.

Am 30. Januar 1933 verkündeten sie, dass jetzt eine Zeit anbrechen würde, in der Dienstmädchen nicht mehr am Küchentisch essen müssten. Meine Mutter hatte stets vorbildlich für ihre Angestellten gesorgt, aber es wäre ihr absurd vorgekommen, Tischgemeinschaft mit ihnen zu haben.

Keine Parole hat mich je so fasziniert wie die der Volksgemeinschaft. Ich habe sie zum ersten Mal aus dem Mund der verkrüppelten und verhärmten Schneiderin gehört, und am Abend des 30. Januar bekam sie einen magischen Glanz. Die Art dieser ersten Begegnung bestimmte ihren Inhalt: Ich empfand, dass sie nur im Kampf gegen die Standesvorurteile der Schicht verwirklicht werden konnte, aus der ich kam, und dass sie vor allem den Schwachen Schutz und Recht gewähren musste. Was mich an dieses phantastische Wunschbild band, war die Hoffnung, es könnte ein Zustand herbeigeführt werden, in dem die Menschen aller Schichten miteinander leben würden wie Geschwister. Am Abend des 30. Januar nahmen meine Eltern uns Kinder – meinen Zwillingsbruder und mich – mit in das Stadtzentrum. Dort erlebten wir den Fackelzug, mit dem die Nationalsozialisten ihren Sieg feierten. Etwas Unheimliches ist mir von dieser Nacht her gegenwärtig geblieben.

Das Hämmern der Schritte, die düstere Feierlichkeit roter und schwarzer Fahnen, zuckender Widerschein der Fackeln auf den Gesichtern und Lieder, deren Melodien aufpeitschend und sentimental zugleich klangen. Stundenlang marschierten die Kolonnen vorüber, unter ihnen immer wieder Gruppen von Jungen und Mädchen, die kaum älter waren als wir. In ihren Gesichtern und in ihrer Haltung lag ein Ernst, der mich beschämte. Was war ich, die ich nur am Straßenrand stehen und zusehen durfte, mit diesem Kältegefühl im Rücken, das von der Reserviertheit der Eltern ausgestrahlt wurde? Kaum mehr als ein zufälliger Zeuge, ein Kind, das noch Jungmädchenbücher zu Weihnachten geschenkt bekam. Und ich brannte doch darauf, mich in diesen Strom zu werfen, in ihm unterzugehen und mitgetragen zu werden.

[...]

In diesem Alter findet man sein Leben, das aus Schularbeiten, Familienspaziergängen und Geburtstagseinladungen besteht, kümmerlich und beschämend arm an Bedeutung. Niemand traut einem zu, dass man sich für mehr interessiert als für diese Lächerlichkeiten. Niemand sagt: Du wirst für das Wesentliche gebraucht, komm! Man zählt noch nicht mit, wo es um ernste Dinge geht. Aber die Jungen und Mädchen in den Marschkolonnen zählten mit. Sie trugen Fahnen, wie die Erwachsenen, auf denen die Namen ihrer Toten standen.

Irgendwann sprang jemand plötzlich aus der Marschkolonne und schlug auf einen Mann ein, der nur wenige Schritte von uns entfernt gestanden hatte. Vielleicht hatte er eine feindselige Bemerkung gemacht. Ich sah ihn mit blutüberströmtem Gesicht zu Boden fallen, und ich hörte ihn schreien. Eilig zogen uns die Eltern fort aus dem Getümmel, aber sie hatten nicht verhindern können, dass wir den Blutenden sahen.

Sein Bild verfolgte mich tagelang. In dem Grauen, dass es mir einflößte, war eine winzige Zutat von berauschender Lust: „Für die Fahne wollen wir sterben", hatten die Fackelträger gesungen. Es ging um Leben und Tod. Nicht um Kleider oder Essen oder Schulaufsätze, sondern um Tod und Leben. Für wen? Auch für mich? Ich weiß nicht, ob ich mir die Frage damals gestellt habe, aber ich weiß, dass mich ein brennendes Verlangen erfüllte, zu denen zu gehören, für die es um Leben und Tod ging.

Wenn ich den Gründen nachforsche, die es mir verlockend machten, in die Hitler-Jugend einzutreten, so stoße ich auch auf diesen: Ich wollte aus meinem kindlichen, engen Leben heraus und wollte mich an etwas binden, das groß und wesentlich war. Dieses Verlangen teilte ich mit unzähligen Altersgenossen.

aus: Melita Maschmann, Fazit. Mein Weg in die Hitler-Jugend, München 1981, S. 8 f.

M 5 **„Auch Du gehörst dem Führer"**
Propagandaplakat des BDM, 1937

M 6 **„Jugend dient dem Führer"**
Propagandaplakat der HJ, 1935

Aufgaben

1. a) Fasse zusammen, warum die Nationalsozialisten die Jugend für sich gewinnen wollten.
   b) Erläutere, welche Rolle die NS-Jugendorganisationen dabei spielen sollten.
   c) Erkläre, was Hitler damit meinte, dass die Jugend „nicht mehr frei" werden würde.
   → Text, M1
2. Beschreibe ausgehend von dem Zeltlager-Foto und dem Foto von den Hitlerjungen bei der Schießausbildung die Gleichzeitigkeit von Attraktivität und Zwang der NS-Jugendpolitik.
   → M2, M3
3. a) Beschreibe genau den Aufbau der beiden Propagandaplakate.
   b) Erkläre, welches Ziel mit den Plakaten erreicht werden sollte. Mit welchen gestalterischen Mitteln wurde hier gearbeitet, um dieses Ziel zu erreichen?
   c) Die Propagandaplakate wirken aus heutiger Sicht abschreckend oder lächerlich. Für viele damalige Jugendliche waren sie das jedoch nicht. Versuche zu ermitteln, was an den Aussagen für die damalige Jugend attraktiv war.
   → M5, M6

M 1 **Der „Judenboykott" 1933**
SA-Mann am 1. April 1933 vor einem jüdischen Kaufhaus in Berlin

Ausgrenzung und Entrechtung der Juden

Judenfeindliche Aktionen

Der Antisemitismus war nach Hitlers Machtübernahme zentraler Bestandteil der Regierungspolitik. Dabei lassen sich verschiedene Phasen der Entrechtung und Verfolgung unterscheiden.

Am 1. April 1933 organisierte die NSDAP einen „Judenboykott", der sich gegen jüdische Geschäfte, Ärzte und Rechtsanwälte richtete. Es kam zu gewalttätigen Übergriffen, Vandalismus und Diebstahl. Begründet wurde der Boykott als Antwort auf angeblich jüdische Hetze gegen das „neue Deutschland".

Das „Gesetz zur Wiederherstellung des Berufsbeamtentums" vom 7. April 1933 ermöglichte den neuen Machthabern die Entlassung jüdischer Beamter und politischer Gegner aus dem öffentlichen Dienst. Andere Bestimmungen schränkten die Tätigkeit jüdischer Ärzte und Rechtsanwälte ein. Dieser Druck verstärkte sich 1935. Neben Schändungen von Synagogen und Zuzugsverboten erfolgten Boykottkampagnen gegen jüdische Geschäfte und andere Unternehmen, häufig auf Betreiben der „arischen" Konkurrenz.

Die „Nürnberger Gesetze"

Eine neue Stufe der Entrechtung jüdischer Mitbürger bedeuteten die „Nürnberger Gesetze" von 1935. Sie schieden die Bevölkerung in „Reichsbürger deutschen oder artverwandten Blutes", die „alleinige Träger der vollen politischen Rechte" sein sollten, und übrige „Staatsangehörige" und deklassierten Juden zu Bürgern minderen Rechts. Das „Gesetz zum Schutze des deutschen Blutes und der deutschen Ehre" verbot sexuelle Beziehungen zwischen „Juden und Staatsangehörigen deutschen und artverwandten Blutes", ferner auch Eheschließungen. Die rechtliche Diskriminierung zog die gesellschaftliche Isolierung der Juden nach sich.

M 2 **„An den Pranger"**
Anschlag 1936 in Nürnberg

M 3 **Judenhetze in Deutschland**
Spruchband in der pommerschen Kleinstadt Greifenberg, 1935

Verschärfung des Antisemitismus

Nachdem sich das NS-Regime während der Olympischen Spiele 1936 zurückgehalten hatte, verschärfte es den judenfeindlichen Kurs erneut. Es folgten Berufsverbote für jüdische Ärzte und Anwälte, Verbote zum Betrieb von Einzelhandels- und Versandgeschäften sowie das Einfrieren jüdischer Vermögenswerte. Ziel war die Vertreibung der Juden aus Deutschland. Diese Maßnahmen verunsicherten die jüdische Bevölkerung noch mehr, doch hofften die meisten – allen Demütigungen zum Trotz –, in ihrem Vaterland weiterhin leben zu können.

Von den etwa 500 000 deutschen Juden, die Anfang 1933 in Deutschland lebten, hatten bis Ende 1938 nur 150 000 ihre Heimat verlassen. Die Emigration war wegen der Erhebung einer „Reichsfluchtsteuer“ mit nahezu totalem Vermögensverlust verbunden. Doch auch das Ausland war nur zögernd bereit Juden aufzunehmen.

M 4

Jüdischer Exodus aus Deutschland

1933	1934	1935	1936	1937	1938	1939
38000	22000	21000	24500	23500	40000	78000

Verdrängung der deutschen Juden von Arbeitsplätzen

	Selbstständige	Angestellte	Arbeiter	ohne Erwerb	Industrie Handwerk	Handel Verkehr	Dienstleistung
1933	111439	80935	23958	61229	55947	148375	33455
1939	5367	8152	19446	107855	11500	6500	13100

Die Verschleppung polnischer Juden

1938 verwehrte Polen allen Juden polnischer Nationalität, die mehr als fünf Jahre im Ausland gelebt hatten, die Rückkehr. Da das NS-Regime an ihrem Verbleib nicht interessiert war, schob es Ende Oktober 1938 12000 von ihnen an die polnische Grenze ab, wo sie unter menschenunwürdigen Bedingungen interniert wurden.

Unter den vertriebenen Juden befanden sich auch Angehörige von Herschel Grynszpan, der in Paris lebte. Als er vom Schicksal seiner Familie erfuhr, erschoss er einen deutschen Diplomaten.

M 5 **Brennende Synagoge** in Essen, 9./10. November 1938

Die Pogrome vom 9./10. November 1938

Die Nationalsozialisten benutzten das Attentat als Vorwand für reichsweite Pogrome gegen die jüdische Bevölkerung, die unter dem beschönigenden Schlagwort „Reichskristallnacht“ in die Geschichte eingegangen sind.

In der Nacht vom 9. zum 10. November 1938 zerstörten nationalsozialistische Kolonnen etwa 7000 jüdische Geschäfte, setzten Synagogen in Brand und demolierten Wohnungen, Schulen und Betriebe. Im Verlauf des Pogroms wurden zahlreiche Juden misshandelt, 91 fanden den Tod, über 30000 wurden ohne jede Rechtsgrundlage in „Schutzhaft“ genommen, um ihre Auswanderung zu erpressen.

Wer immer noch nicht bereit war, die deutsche Heimat zu verlassen, musste so tiefe Demütigungen und Beschränkungen hinnehmen, dass ein geregeltes Leben nicht länger möglich war. So durften Juden keine Bahnhöfe, Kinos, Badeanstalten oder andere öffentliche Einrichtungen mehr betreten, sogar das Halten von Haustieren wurde ihnen untersagt.

M 6 Die Nürnberger Gesetze

„Gesetz zum Schutze des deutschen Blutes und der deutschen Ehre“ (15.9.1935):

Durchdrungen von der Erkenntnis, dass die Reinheit des deutschen Blutes Voraussetzung für den Fortbestand des deutschen Volkes ist, und beseelt von dem unbeugsamen Willen, die deutsche Nation für alle Zukunft zu sichern, hat der Reichstag einstimmig das folgende Gesetz beschlossen, das hiermit verkündet wird.

§ 1,1. Eheschließung zwischen Juden und Staatsangehörigen deutschen oder artverwandten Blutes sind verboten. Trotzdem geschlossene Ehen sind nichtig, auch wenn sie zur Umgehung dieses Gesetzes im Auslande geschlossen sind [...].

§ 2 Außerehelicher Verkehr zwischen Juden und Staatsangehörigen deutschen oder artverwandten Blutes ist verboten.

§ 3 Juden dürfen weibliche Staatsangehörige deutschen oder artverwandten Blutes unter 45 Jahren nicht in ihrem Haushalt beschäftigen.

§ 4, 1. Juden ist das Hissen der Reichs- und Nationalflagge und das Zeigen der Reichsfarben verboten. 2. Dagegen ist ihnen das Zeigen der jüdischen Farben gestattet [...].

aus: Wolfgang Lautemann, Manfred Schlenke (Hg.), Geschichte in Quellen, Band V, München 1975, S. 332 f.

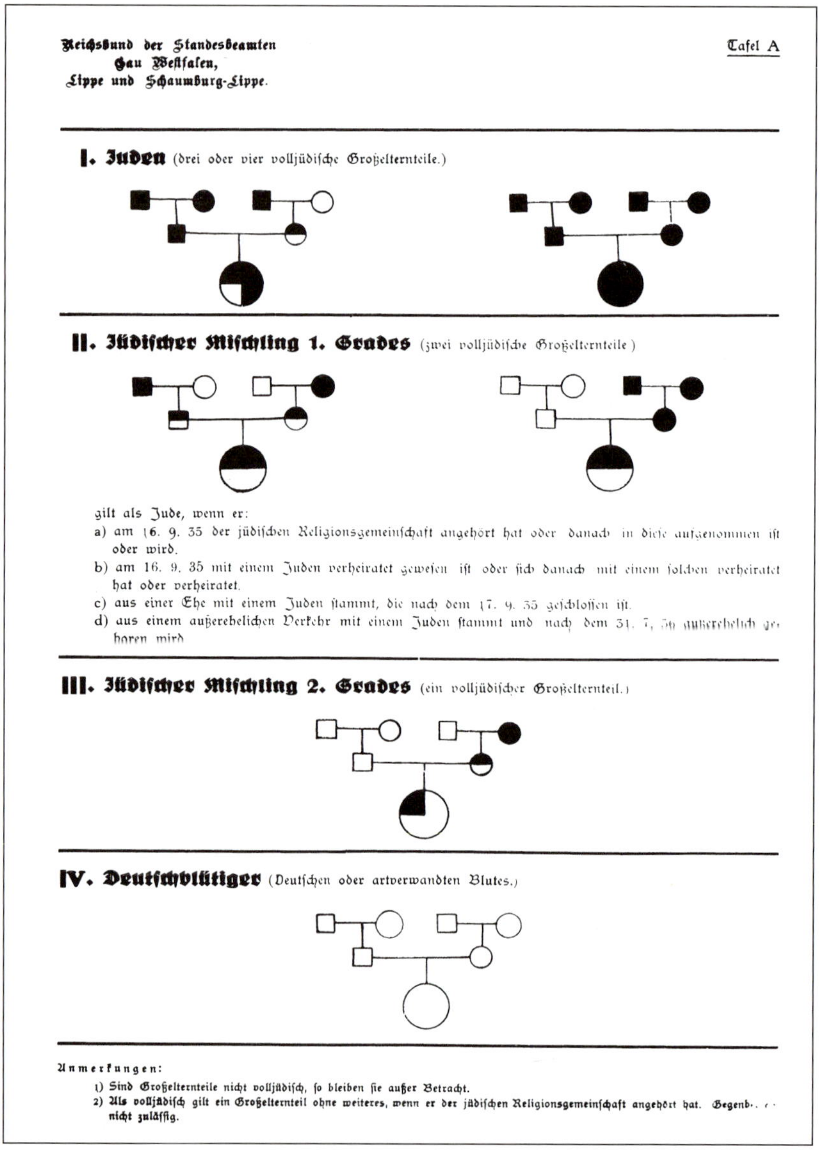

M 7 **Schautafel für Standesbeamte** des Gaues Westfalen, 1935

M 8 **Die Novemberpogrome 1938**

Ein Augenzeuge berichtet über die Ereignisse, die sich während des Judenpogroms in Hamburg am 10. November 1938 zutrugen:

Ein böser, böser Tag. Fr. erfuhr es zuerst bei Grünmann, dass Geschäfte zerstört und geschlossen seien. Wir gingen zur Stadt, besorgten etwas […]. Die Leute unheimlich geschäftig, beschäftigt, Gruppen, Zusammenballungen, Sperrungen, all die großen jüdischen Geschäfte geschlossen, [bei] Robinsohn, Hirschfeld sämtliche Scheiben zertrümmert, ein fortwährendes Scheppern und Klirren von prasselnden Scheiben, an denen die Glaser arbeiteten; nie hörte ich so etwas an Klirren. Schweigende, erstaunte und zustimmende Leute. Eine hässliche Atmosphäre.
„Wenn sie drüben unsere Leute totschießen, dann muss man so handeln", entschied eine ältere Frau. Um 18 Uhr im Rundfunk: Demonstrationen und Aktionen gegen die Juden seien sofort einzustellen. – Die Antwort auf den Mord an Herrn vom Rath werde der Führer auf dem Verordnungswege geben. – Goebbels lässt das sagen.
D. h. unser Schicksal läuft langsam dem Untergang zu. An der Synagoge waren fast alle Scheiben zertrümmert, auch das Innere war wohl zerstört. Die Leute sahen durch die Türöffnungen hinein. Polizei stand im Vorgarten. Unablässig zogen die Menschen vorüber.
Abends brachten Gi. und ich einen kleinen Hund auf unsere Polizeiwache; ein Jude wurde untersucht, in einer Ecke lag auf einem Stuhl ein totenbleicher Mensch. Der kleine Hund beschnupperte den Mann: „Pfui, lass", sagte der Polizeibeamte zu ihm, „das ist ein Jude".

Zit. nach: Döscher, Hans-Jürgen, „Reichskristallnacht", Die Novemberpogrome 1938, Berlin 2000, 3. Auflage, S. 112.

M 9 **Goebbels-Aufruf vom 10.11.1938**

Aufgaben

1. Die Ausgrenzung und Entrechtung der jüdischen Bürger von 1933 bis 1938 vollzog sich in mehreren Etappen. Fasse diese zusammen.
   → Text
2. Welche konkreten Auswirkungen hatten die Regelungen der „Nürnberger Gesetze" für einen jüdischen Religionsanghörigen?
   → M6
3. a) Beschreibe die Schautafel für Standesbeamte von 1935 und erläutere, welche Konsequenzen sich daraus ergeben.
   b) Zeige die Zusammenhänge zwischen den „Nürnberger Gesetzen" und der Schautafel auf.
   → M6, M7
4. a) Erkläre, warum der Begriff „Reichskristallnacht" für die Ereignisse in Deutschland um den 9. November 1938 eine Beschönigung darstellt.
   b) Welche Haltung nimmt der Augenzeuge zur Reichspogromnacht ein?
   c) Welche Reaktionen der Bevölkerung werden sichtbar?
   d) Erläutere, was die Nationalsozialisten mit dem Aufruf vom 10.11.1938 beabsichtigten.
   → Text, M8, M9

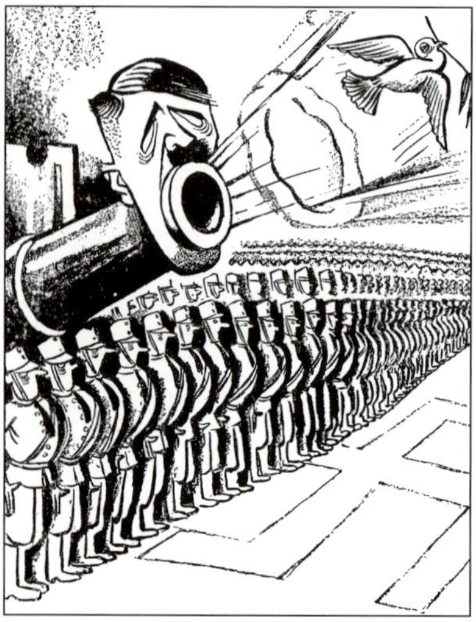

M 1 **Hitlers „Friedensrede“**
US-Karikatur von 1933

Nationalsozialistische Außenpolitik 1933–1938

Kriegsvorbereitung ...

Eine zeitgenössische Karikatur zeigt Hitler als Kanone, aus deren Mündung Friedenstauben fliegen. Sie verdeutlicht, dass Hitlers Außenpolitik der Kriegsvorbereitung diente. Diese Zielsetzung zeigt bereits das Programm der NSDAP von 1920, das ein „Großdeutschland“ sowie die Aufhebung des Vertrags von Versailles verlangt. Punkt 3 des Programms lautet: „Wir fordern Land und Boden zur Ernährung unseres Volkes und Ansiedlung unseres Bevölkerungsüberschusses.“ Hitler konkretisierte diese Forderungen in seinem Buch „Mein Kampf“: Nicht die Rückgabe der verlorenen Kolonien war sein Ziel, sondern „Lebensraum im Osten“ zu gewinnen.

... und Friedensbekundungen

Diese Ziele mochte Hitler nach seiner Machtübernahme nicht mehr öffentlich vertreten, weil Deutschland außenpolitisch isoliert und durch den Versailler Vertrag militärisch geschwächt war. Da das Deutsche Reich 1933 keine starken Bündnispartner an seiner Seite hatte, wären Hitlers Expansionspläne auch auf den Widerstand der übrigen Großmächte gestoßen.

Um seine langfristigen Absichten zu verschleiern, verfolgte Hitler eine Doppelstrategie, die auch der Karikaturist erkannte: In öffentlichen Erklärungen vor dem Reichstag und im Rundfunk warb er für eine „Friedenspolitik“. Insgeheim aber rüstete er auf und strebte Deutschlands Kriegsbereitschaft an.

Revision des Versailler Vertrags

Die ersten außenpolitischen Maßnahmen Hitlers sollten Deutschland aus dem so genannten „Schanddiktat von Versailles“ lösen. Zunächst trat das Deutsche Reich im Oktober 1933 aus dem Völkerbund aus, da er hinderlich für künftige Expansionspläne war. Durch einen Nichtangriffspakt mit Polen und ein Flottenabkommen mit Großbritannien suchte Hitler auf internationalem Parkett die „Friedfertigkeit“ seiner Politik zu demonstrieren.

Die europäischen Regierungen tolerierten diese Politik, nahmen auch die Wiedereinführung der allgemeinen Wehrpflicht am 16. März 1935 und die Besetzung des entmilitarisierten Rheinlands am 7. März 1936 nach schwachem Protest hin. Sie hatten mit anderen Problemen zu kämpfen und hofften, Hitler zu beschwichtigen und von weitergehenden Schritten abhalten zu können.

M 2 **Olympische Spiele 1936**
Den internationalen Gästen präsentierte sich das nationalsozialistische Deutschland als weltoffene, wirtschaftlich aufstrebende Nation.

Propaganda und Kriegsvorbereitung

Vor der Weltöffentlichkeit nutzte Hitler die Olympischen Spiele in Berlin 1936 zur Steigerung seines internationalen Prestiges und erhob sie zum „Fest des Friedens“. Insgeheim arbeitete er darauf hin, die deutsche Wehrmacht und die Schlüsselindustrien der Wirtschaft in vier Jahren kriegsbereit zu machen. Viele Zeitgenossen im In- und Ausland ließen sich von der perfekt inszenierten Propaganda blenden, doch durchschauten kritische Beobachter schon damals die Verschleierungstaktik des nationalsozialistischen Regimes.

M 3 **Außenminister Chamberlain**
Nach seiner Rückkehr von der Münchener Konferenz verkündete er in London „Peace for our time".

Der „Anschluss" Österreichs

Am 13. März 1938 vollzog Hitler nach massivem Druck auf die Wiener Regierung den „Anschluss" Österreichs, d.h. die Vereinigung mit dem Deutschen Reich, und präsentierte die Annexion der Weltöffentlichkeit als „Befreiung" seiner Heimat. Die überschwängliche Begeisterung, mit der die Österreicher die deutschen Truppen begrüßten, ließ alle Warnungen vor weiterer Expansion verstummen.

Ermutigt von diesem Erfolg forderte Hitler im September 1938 in einer öffentlichen Rede von der Tschechoslowakei die Abtretung ihrer westlichen Grenzgebiete. Diese Gebiete, in denen etwa 3,2 Millionen Sudetendeutsche lebten, hatten die Alliierten nach dem Ersten Weltkrieg der ČSR zugeschlagen. Hitler verkündete, dass dies seine letzte territoriale Forderung sei.

Appeasement-Politik

Von Hitlers längst gefasstem Entschluss, die Tschechoslowakei „militärisch zu zerschlagen", ahnte der britische Premierminister Chamberlain nichts, als er sich um eine friedliche Lösung der Sudetenkrise bemühte. Um einen Krieg zu vermeiden, erzwangen Großbritannien, Frankreich, Italien und Deutschland am 29. September 1938 im „Münchener Abkommen" die Abtretung der sudetendeutschen Gebiete. Die Prager Regierung wurde nicht einmal angehört.

Diese Appeasement-Politik, die auf Beschwichtigung und Zeitgewinn setzte, ist bis heute umstritten. War es vertretbar, dass sich die anderen Staaten auf Kosten der Tschechoslowakei auf Verhandlungen mit Hitler einließen, oder hätte eine harte Haltung Schlimmeres verhüten können? Diese Frage ist nach wie vor aktuell.

M 4 **Einmarsch deutscher Truppen ins Sudetenland am 1. Oktober 1938**
Nach dem Ersten Weltkrieg durfte die neu gegründete Tschechoslowakei das Sudetenland in ihr Staatsgebiet eingliedern. Die hier lebende deutsche Volksgruppe – die Sudetendeutschen – fühlte sich jedoch gegenüber den Tschechen wirtschaftlich und politisch benachteiligt. Die Agitation Hitlers fiel daher auf fruchtbaren Boden.

M 5 Schein …

Hitlers erste außenpolitische Erklärung vor dem Reichstag am 17. Mai 1933:

Wenn ich in diesem Augenblick bewusst als deutscher Nationalsozialist spreche, so möchte ich namens der nationalen Regierung und der gesamten nationalen Erhebung bekunden, dass gerade uns und dieses junge Deutschland das tiefste Verständnis beseelt für die gleichen Gefühle und Gesinnungen sowie für die begründeten Lebensansprüche der anderen Völker. Die Generation dieses jungen Deutschlands, die in ihrem bisherigen Leben nur die Not, das Elend und den Jammer des eigenen Volkes kennenlernte, hat zu sehr unter dem Wahnsinn gelitten, als dass sie beabsichtigen könnte, das gleiche anderen zuzufügen. Unser Nationalismus ist ein Prinzip, das uns als Weltanschauung grundsätzlich allgemein verpflichtet. Indem wir in grenzenloser Liebe und Treue an unserem eigenen Volkstum hängen, respektieren wir die nationalen Rechte auch der anderen Völker aus dieser selben Gesinnung heraus und möchten aus tiefinnerstem Herzen mit ihnen in Frieden und Freundschaft leben […].
Wir haben aber keinen sehnlicheren Wunsch als den, beizutragen, dass die Wunden des Krieges und des Versailler Vertrages endgültig geheilt werden, und Deutschland will dabei keinen anderen Weg gehen als den, der durch die Verträge selbst als berechtigt anerkannt wird. Die deutsche Regierung wünscht, sich über alle schwierigen Fragen politischer und wirtschaftlicher Natur mit den anderen Nationen friedlich und vertraglich auseinanderzusetzen. Sie weiß, dass jeder militärische Akt in Europa und auch im Falle seines vollständigen Gelingens, gemessen an seinen Opfern, in keinem Verhältnis steht zum möglichen endgültigen Gewinn.

aus: Wolfgang Lautemann, Manfred Schlenke (Hg.), Geschichte in Quellen, Band V, Weltkriege und Revolutionen 1914–1945, München 1975, S. 348 f.

M 6 … und Wirklichkeit!

In einer Rede vor den Chefredakteuren der Inlandspresse äußerte sich Hitler am 10. November 1938 folgendermaßen:

Die Umstände haben mich gezwungen jahrzehntelang fast nur vom Frieden zu reden. Nur unter der fortgesetzten Betonung des deutschen Friedenswillens und der Friedensabsichten war es mir möglich, dem deutschen Volk Stück für Stück die Freiheit zu erringen und ihm die Rüstung zu geben, die immer wieder für den nächsten Schritt als Voraussetzung nötig war.
Es ist selbstverständlich, dass eine solche jahrzehntelang betriebene Friedenspropaganda auch ihre bedenklichen Seiten hat; denn es kann nur zu leicht dahin führen, dass sich in den Gehirnen vieler Menschen die Auffassung festsetzt, dass das heutige Regime an sich identisch sei mit dem Entschluss und dem Willen, einen Frieden unter allen Umständen zu bewahren.
Es war nunmehr notwendig das deutsche Volk psychologisch allmählich umzustellen und ihm langsam klar zu machen, dass es Dinge gibt, die nicht mit friedlichen Mitteln durchgesetzt werden können, mit den Mitteln der Gewalt durchgesetzt werden müssen.

zit. nach: Vierteljahrshefte für Zeitgeschichte, 2/1985, S. 182.

M 7 „Adolf in the Lookingglass"
Karikatur aus der englischen Zeitung „Punch" von Bernard Partridge, 5. Dezember 1934

M 8 **„Ist dies Sicherheit?"**
NS-Propandaplakat von 1935

Aufgaben

1. a) Fasse den Inhalt der ersten außenpolitischen Erklärung Hitlers von 1933 mit eigenen Worten zusammen.
   b) Belege anhand von Textpassagen, wie Hitler sich als friedliebender Politiker dargestellt hat.
   → M5
   c) Vergleiche die Rede Hitlers vor den Chefredakteuren der Inlandspresse von 1938 mit seiner Erklärung von 1933. Zeige auf, inwiefern „Schein und Wirklichkeit" stark voneinander abwichen.
   → M5, M6
2. Viele Karikaturisten haben den Zusammenhang zwischen Kriegsvorbereitung und Friedensbekundung erkannt. Analysiere die beiden Karikaturen „Hitlers Friedensrede" von 1933 sowie „Adolf in the Lookingglass" von 1934.
   → M1, M7
3. a) Beschreibe das NS-Propagandaplakat von 1935.
   b) Erläutere, was mit dem Plakat erreicht werden sollte. Mit welchen Gestaltungselementen wurde gearbeitet?
   c) Ist das Plakat nach deiner Meinung gelungen? Begründe deine Meinung.
4. a) Erkläre den Begriff Appeasement-Politik.
   b) Ist nach deiner Meinung die Appeasement-Politik sinnvoll gewesen?
   → Text

Die Entfesselung des Zweiten Weltkriegs

Einmarsch in die Tschechoslowakei

Nach Österreichs „Anschluss“ ans Reich und der Annexion des Sudetenlandes 1938 richtete sich Hitlers begehrlicher Blick auf die Tschechoslowakei. Schon am 15. März 1939 marschierte die deutsche Wehrmacht in die so genannte „Resttschechei“ ein. Um diesen Schritt vor der Öffentlichkeit zu rechtfertigen, zwang Hitler den tschechischen Präsidenten Hacha unter Androhung einer Bombardierung Prags zur Abgabe einer Erklärung. Darin legte Hacha „das Schicksal des tschechischen Volkes vertrauensvoll in die Hände des Führers“.

Der tschechische Landesteil wurde als „Protektorat Böhmen und Mähren“ Deutschland einverleibt, die Slowakei ein „Schutzstaat“ des „Großdeutschen Reichs“. Da die Appeasement-Politik der Westmächte offensichtlich gescheitert war, gaben England und Frankreich Garantieerklärungen für Polen und Belgien ab.

Wende in der Außenpolitik

Die Einverleibung tschechischer Gebiete bildete einen Wendepunkt in der deutschen Außenpolitik, da erstmals Land annektiert wurde, das eine nicht-deutsche Bevölkerung bewohnte. Damit wurde sichtbar, dass das Selbstbestimmungsrecht der Deutschen, mit dem Hitler territoriale Veränderungen begründete, nur der Verschleierung seiner wahren Absichten diente. Die Bezeichnung „Protektorat“, d. h. „Schutzgebiet“, werteten westliche Politiker als bewusste Irreführung.

Die „Achse Berlin-Rom“

Nachdem Deutschland und das faschistische Italien 1936 eine „Achse Berlin–Rom“ vereinbart hatten, schlossen sie am 22. Mai 1939 den „Stahlpakt“. Er sah die gegenseitige Unterstützung im Angriffs- und Verteidigungsfall vor. Das sollte England und Frankreich davon abhalten, einer künftigen deutschen Aggression militärisch zu begegnen.

M 1 Einmarsch in Prag
Deutsche Truppen marschieren am 15. März 1939 in Prag ein. Am Straßenrand haben tschechische Polizisten eine Kette gebildet, um Blutvergießen zu vermeiden. Die Bevölkerung drängt sich dahinter: hasserfüllt, weinend oder mit ohnmächtiger Wut.

M 2 Ribbentrop in Moskau
Der deutsche Außenminister unterzeichnet am 23. August 1939 den deutsch-sowjetischen Nichtangriffspakt. Hinten rechts Stalin, links davon (mit Bart) der sowjetische Außenminister Molotow.

Der deutsch-sowjetische Nichtangriffspakt

Um ein Bündnis zwischen der Sowjetunion und den Westmächten zu verhindern, schloss Deutschland mit der UdSSR am 23. August 1939 den deutsch-sowjetischen Nichtangriffspakt. Darin sicherten sich beide Staaten gegenseitige Neutralität im Falle eines kriegerischen Konflikts zu. Wichtiger war ein geheimes Zusatzprotokoll. In ihm verständigten sich die Bündnispartner darauf, ihre Interessengebiete in Osteuropa voneinander abzugrenzen. Deutschland erhielt freie Hand in Westpolen und Litauen, die Sowjetunion in Ostpolen und dem restlichen Baltikum. Damit hatte das Nazi-Regime die Gefahr eines Zweifrontenkriegs gebannt.

Das Auswärtige Amt rechtfertigte den Pakt mit dem ideologischen Todfeind damit, dass Stalin vom Ziel der Weltrevolution abgelassen und bei seinen „Säuberungen“ auch Juden ermordet habe. Stalin hingegen wollte Zeit für die Aufrüstung gewinnen, da er mit einem vernichtenden Krieg zwischen Deutschland und den Westmächten rechnete.

Angriff auf Polen – Der Zweite Weltkrieg beginnt

„Polen hat nun heute Nacht zum ersten Mal auch auf unserem eigenen Territorium durch reguläre Soldaten geschossen. Seit 5.45 Uhr wird jetzt zurückgeschossen.“ Mit diesen Worten begründete Hitler am 1. September 1939 den deutschen Angriff auf Polen. Anlass war der angebliche Überfall polnischer Soldaten auf den Rundfunksender Gleiwitz. Dabei handelte es sich um ein Täuschungsmanöver, da SS-Angehörige – als polnische Kämpfer getarnt – den „Überfall“ durchgeführt haben. Die Aktion sollte der deutschen Führung dazu dienen, den Angriff auf Polen vor der Weltöffentlichkeit als „Verteidigungskrieg“ darzustellen.

M 3

M 4 **Deutsch-sowjetischer Nichtangriffspakt**

a) Vertrag zwischen Deutschland und der UdSSR (auch Hitler-Stalin-Pakt genannt) über die wechselseitigen Beziehungen vom 23.8.1939:

Die deutsche Regierung und die Regierung der Union der SSR [...] sind zu nachstehender Vereinbarung gelangt:

Artikel 1

Die beiden vertragschließenden Teile verpflichten sich, sich jeden Gewaltaktes, jeder aggressiven Handlung und jeden Angriffs gegeneinander, und zwar sowohl einzeln als auch gemeinsam mit anderen Mächten, zu enthalten.

Artikel 2

Falls einer der vertragschließenden Teile Gegenstand kriegerischer Handlungen seitens einer Macht werden sollte, wird der andere vertragschließende Teil in keiner Form diese dritte Macht unterstützen.

[...]

Artikel 4

Keiner der beiden vertragschließenden Teile wird sich an irgendeiner Mächtegruppierung beteiligen, die sich mittelbar oder unmittelbar gegen den anderen Teil richtet.

Artikel 5

Falls Streitigkeiten oder Konflikte zwischen den vertragschließenden Teilen über Fragen dieser oder jener Art entstehen sollten, würden beide Teile diese Streitigkeiten oder Konflikte ausschließlich auf dem Wege freundschaftlichen Meinungsaustausches oder nötigenfalls durch Schlichtungskommissionen bereinigen.

b) Geheimprotokoll über die Abgrenzung der Interessensphären zwischen dem Deutschen Reich und der Sowjetunion vom 23.8.1939:

Aus Anlass der Unterzeichnung des Nichtangriffsvertrages zwischen dem Deutschen Reich und der Union der Sozialistischen Sowjetrepubliken haben die unterzeichneten Bevollmächtigten der beiden Teile in streng vertraulicher Aussprache die Frage der Abgrenzung der beiderseitigen Interessensphäre in Osteuropa erörtert. Diese Aussprache hat zu folgendem Ergebnis geführt:

1. Für den Fall einer territorial-politischen Umgestaltung in den zu den baltischen Staaten (Finnland, Estland, Lettland, Litauen) gehörenden Gebieten bildet die nördliche Grenze Litauens zugleich die Grenze der Interessensphären Deutschlands und der UdSSR. Hierbei wird das Interesse Litauens am Wilnaer Gebiet beiderseits anerkannt.

2. Für den Fall einer territorial-politischen Umgestaltung der zum polnischen Staate gehörenden Gebiete werden die Interessensphären Deutschlands und der UdSSR ungefähr durch die Linie der Flüsse Narew, Weichsel und San abgegrenzt.

Die Frage, ob die beiderseitigen Interessen die Erhaltung eines unabhängigen polnischen Staates erwünscht erscheinen lassen und wie dieser Staat abzugrenzen wäre, kann endgültig erst im Laufe der weiteren politischen Entwicklung geklärt werden. In jedem Falle werden beide Regierungen diese Frage im Wege einer freundschaftlichen Verständigung lösen.

3. Hinsichtlich des Südostens Europas wird von sowjetischer Seite das Interesse an Bessarabien betont. Von deutscher Seite wird das völlige politische Desinteressement an diesen Gebieten erklärt.

4. Dieses Protokoll wird von beiden Seiten streng geheim behandelt werden.

Wolfgang Lautemann und Manfred Schlenke (Hg.), Geschichte in Quellen, Band 4, München 1975, S. 437 ff.

M 5 **„Boa Constrictors"**
Englische Karikatur aus der Zeitschrift „Punch", 1939

M 6 Späte Rechtfertigung

Auszug aus der Rede von Michail Gorbatschow, dem Generalsekretär der KPdSU, zum 70. Jahrestag der Oktoberrevolution 1987:

Man sagt, der Abschluss des Nichtangriffspaktes mit Deutschland sei nicht die beste Entscheidung der Sowjetunion gewesen. Das mag stimmen, wenn man nicht von den harten Realitäten, sondern von gedanklichen Abstraktionen, herausgelöst aus dem zeitlichen Kontext, ausgeht. Unter den damaligen Bedingungen stellte sich die Frage [...]: Es ging um das Sein oder Nichtsein der Unabhängigkeit unseres Landes, um das Sein oder Nichtsein des Sozialismus auf der Erde.
Die UdSSR hatte viel getan, um ein System der kollektiven Sicherheit zu schaffen und ein weltweites Gemetzel zu verhindern. Doch die sowjetischen Initiativen fanden keinen Anklang bei den westlichen Politikern [...], die kaltblütig darauf spekulierten, auf möglichst geschickte Art und Weise den Sozialismus in das Feuer des Krieges hineinzuziehen und zu einer direkten Konfrontation mit dem Faschismus zu drängen.
Bereits auf Grund unserer sozialistischen Abstammung exkommuniziert, konnten wir für den Imperialismus unter keinen Umständen die „Gerechten" sein. Wie ich schon gesagt habe, sind die herrschenden Kreise des Westens in dem Versuch, sich von den Sünden reinzuwaschen, darum bemüht, den Menschen weiszumachen, der sowjetisch-deutsche Nichtangriffspakt vom 23. August 1939 habe den Startschuss für den Überfall der Nazis auf Polen und somit für den Zweiten Weltkrieg gegeben. [...]
Aus den Dokumenten ist bekannt, dass der Überfall Deutschlands auf Polen bereits am 3. April 1939, das heißt lange vor dem sowjetisch-deutschen Pakt, auf spätestens 1. September angesetzt wurde. In London, Paris und Washington wusste man in allen Einzelheiten um die Hintergründe der Vorbereitung eines Polenfeldzugs ebenso wie darum, dass die einzige Barriere, die den Hitlerfaschisten Einhalt zu gebieten vermochte, der Abschluss eines britisch-französisch-sowjetischen Militärbündnisses bis spätestens August 1939 sein konnte.
Auch die Führung unseres Landes war über diese Pläne im Bilde uns suchte daher Großbritannien und Frankreich von der Notwendigkeit kollektiver Maßnahmen zu überzeugen. Sie rief auch die damalige polnische Regierung zur Zusammenarbeit auf, um die Aggression zu vereiteln. Doch die Westmächte hatten anderes im Sinn. Sie wollten die Sowjetunion mit der Zusage eines Bündnisses locken und sie dadurch am Abschluss des uns angebotenen Nichtangriffspakts hindern. Wir sollten keine Gelegenheit erhalten, uns besser gegen den unausbleiblichen Überfall Hitlerdeutschlands auf die UdSSR zu wappnen.

Frankfurter Allgemeine Zeitung vom 4.11.1987, S. 7.

Aufgaben

1. Erläutere, ob der Einmarsch in die Tschechoslowakei 1939 einen Wendepunkt in der deutschen Außenpolitik darstellt oder nicht. Beziehe auch die außenpolitischen Verwicklungen von 1933 bis 1938 mit ein.
   → Text, Teilkapitel: NS-Außenpolitik 1933–1938
2. a) Aus welchen beiden Teilen besteht der Deutsch-sowjetische Nichtangriffspakt? Fasse den Inhalt jeweils zusammen.
   b) Wem nutzte zu diesem Zeitpunkt der Vertrag am meisten? Begründe deine Meinung.
   → Text, M4
3. a) Wo verläuft die Grenze beider Interessengebiete und welche Folgen deuten sich für die betroffenen Staaten an?
   b) Analysiere die Karikatur „Boa Constrictors" von 1939.
   c) Erkundige dich, welche Auswirkungen der Hitler-Stalin-Pakt für den Verlauf der Ostgrenze der Bundesrepublik hat.
   → Text, M3, M4, M5
4. a) Erläutere, mit welchen Argumenten Michail Gorbatschow 1987 das Verhalten der Sowjetunion im Sommer 1939 rechtfertigt. Was fehlt in seiner Argumentation?
   b) Ist Gorbatschows Einschätzung der Situation des Sommers 1939 richtig? Vergleiche auch mit dem Schulbuchtext.
   c) Das „Geheimprotokoll" des Hitler-Stalin-Paktes wurde bis 1989 von der Sowjetunion als nicht existent betrachtet. Suche Gründe dafür.
   → Text, M6

Die „Blitzkriege“ 1939–1941

M 1 Einmarsch in Polen
Deutsche Soldaten, September 1939

Deutsche Anfangserfolge

Die erste Phase des Zweiten Weltkriegs verlief für das nationalsozialistische Deutschland außerordentlich erfolgreich. Zwischen 1939 und 1941 stießen deutsche Truppen rasch nach Osten und Westen vor, ohne größere Verluste zu erleiden. Ermöglicht wurden diese „Blitzkriege“ durch das neuartige Zusammenspiel einer modernen Luftwaffe mit schnellen Panzereinheiten. Hitlers Ansehen erreichte in dieser Phase seinen Höhepunkt.

Die Eroberung Polens

In einer Reihe von Feldzügen gelang es den Nationalsozialisten, große Teile Europas zu erobern. Am Anfang stand im September 1939 der deutsche Überfall auf Polen, dessen schlecht ausgerüstete Armee rasch kapitulierte. Nach der Niederlage besetzte Stalin Ostpolen und ließ die polnische Führungsschicht – Offiziere, Geistliche, Politiker und Adlige – teilweise ermorden, damit sie keinen Widerstand organisieren konnte. Da Großbritannien und Frankreich Polens Souveränität garantiert hatten, erklärten sie Deutschland den Krieg. Es erfolgte jedoch kein Angriff, da beide Staaten nicht kriegsbereit waren.

M 2 Hitler in Compiègne
vor dem Eisenbahnwaggon, in dem am Ende des Ersten Weltkrieges der Waffenstillstand unterzeichnet worden war, 23. Juni 1940

Feldzüge im Norden und Westen

Im April 1940 besetzte die deutsche Wehrmacht Dänemark und Norwegen. Mit der Besetzung Norwegens wollte Hitler die schwedischen Erzlieferungen über Norwegen vor englischem Zugriff schützen. Die Besetzung ermöglichte zudem die Einrichtung von Militärstützpunkten für den Kampf gegen England.

Wenig später, im Mai 1940, begann der Feldzug gegen Frankreich. Der Sieg über die Franzosen sollte England zum Frieden zwingen, um Bewegungsfreiheit für den längst geplanten Krieg gegen die Sowjetunion zu erhalten. Bei ihrem Vorstoß besetzte die Wehrmacht auch die neutralen Benelux-Staaten.

Die Auslöschung des „Schanddiktats von Versailles“ erfolgte durch eine symbolische Handlung: Der Waffenstillstand wurde wie im Ersten Weltkrieg in Compiègne unterzeichnet, und zwar im selben Eisenbahnwaggon. 1940 begannen auch monatelange Luftangriffe auf England. Sie trafen die Rüstungsindustrie, später auch Wohnquartiere. Im bombardierten London und in Coventry starben 65 000 Menschen.

Expansion in Südosteuropa

Der italienische Diktator Benito Mussolini, der am 10. Juni 1940 Frankreich und Großbritannien den Krieg erklärte, wollte das Imperium Romanum erneuern und den Mittelmerraum unter seine Kontrolle bringen. Da Italiens Überfall auf Griechenland am hartnäckigen Widerstand der griechischen Armee scheiterte, bat er Hitler um Hilfe. Der entschloss sich im April 1941 zum Balkanfeldzug, was zur Kapitulation Jugoslawiens und Griechenlands führte.

Da die Engländer in Nordafrika die italienische Armee angriffen, entsandte Hitler das Afrika-Korps unter Erwin Rommel nach Libyen, wo sich deutsche und britische Truppen heftige Kämpfe lieferten.

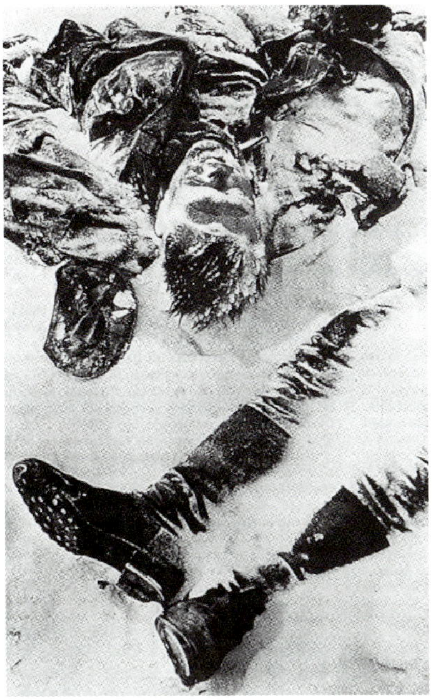

M 3 **Gefallene deutsche Soldaten**
Sowjetunion, Dezember 1941

Der Überfall auf die Sowjetunion

Nach diesen Erfolgen begann Hitler am 22. Juni 1941 den Krieg gegen die Sowjetunion. Damit wollte er nicht nur Deutschlands Versorgung mit kriegswichtigen Rohstoffen sichern, sondern auch die Eroberung von „Lebensraum im Osten“ in die Tat umsetzten. Der Russlandfeldzug – in der Militärplanung „Fall Barbarossa“ genannt – bedeutete einen grundlegenden Einschnitt und führte schließlich zur Kriegswende.

Kollaboration und Résistance in Frankreich

Wie verhielt sich die deutsche Wehrmacht in den besetzten Ländern? Das hing unter anderem vom Verhalten des unterworfenen Landes und der „rassischen“ Zuordnung der Bevölkerung ab.

Der französische Marschall Pétain erklärte sich bereit mit den Deutschen zusammenzuarbeiten und bot einen Waffenstillstand an. So besetzten deutsche Truppen 1940 nur Nordfrankreich und die Atlantikküste, während der Süden mit der Hauptstadt Vichy formell selbstständig blieb – freilich nur bis 1942. Elsass-Lothringen musste sich einer „Germanisierung“ unterziehen; so durfte die Baskenmütze nicht mehr getragen werden. Der Wille zur politischen Zusammenarbeit – zur „collaboration“ – seitens des Vichy-Regimes führte zur Entlassung jüdischer Beamter, zur Verhaftung von Juden und zur französischen Mitwirkung bei ihrer Deportation.

Besonders die Deportation der Juden minderte die Bereitschaft zur Zusammenarbeit, die Teile der französischen Bevölkerung anfangs gezeigt hatten. Immer stärker wuchs daher der Widerstand im Untergrund: die Résistance. Die Widerstandsbewegung trug bei Kriegsende zum Sturz des deutschen Besatzungsregimes bei und bot den Franzosen die moralische Basis für einen Neuanfang nach dem Krieg.

M 4

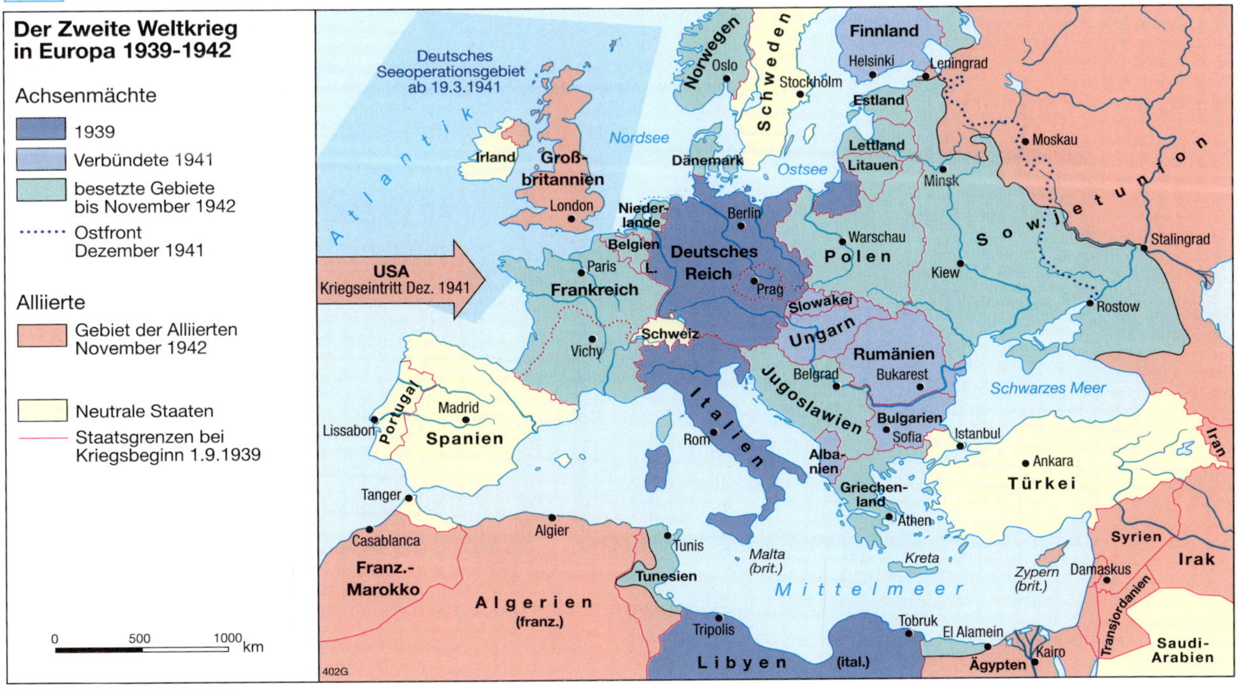

M 5 „A tous les Français"
Aufruf Charles de Gaulles,
18. Juni 1940

A TOUS LES FRANÇAIS

La France a perdu une bataille!
Mais la France n'a pas perdu la guerre!

Des gouvernants de rencontre ont pu capituler, cédant à la panique, oubliant l'honneur, livrant le pays à la servitude. Cependant, rien n'est perdu!

Rien n'est perdu, parce que cette guerre est une guerre mondiale. Dans l'univers libre, des forces immenses n'ont pas encore donné. Un jour, ces forces écraseront l'ennemi. Il faut que la France, ce jour-la, soit présente à la victoire. Alors, elle retrouvera sa liberté et sa grandeur. Tel est mon but, mon seul but!

Voilà pourquoi je convie tous les Francais, où qu'ils se trouvent, à s'unir à moi dans l'action, dans le sacrifice et dans l'espérance.

Notre patrie est en péril de mort.
Luttons tous pour la sauver!

VIVE LA FRANCE !

C. de Gaulle

18 Juin 1940

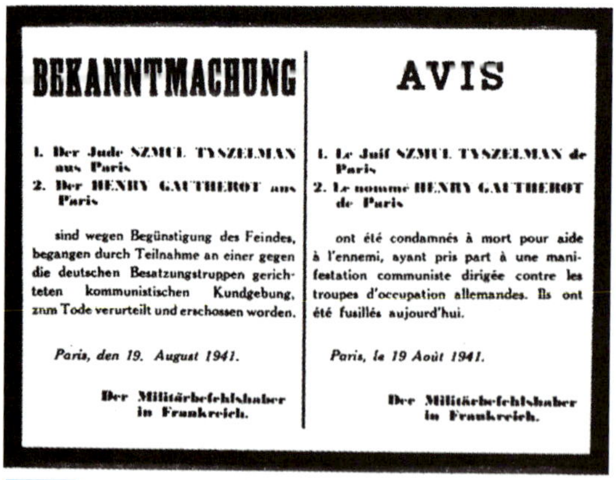

BEKANNTMACHUNG

1. Der Jude SZMUL TYSZELMAN aus Paris
2. Der HENRY GAUTHEROT aus Paris

sind wegen Begünstigung des Feindes, begangen durch Teilnahme an einer gegen die deutschen Besatzungstruppen gerichteten kommunistischen Kundgebung, zum Tode verurteilt und erschossen worden.

Paris, den 19. August 1941.

Der Militärbefehlshaber in Frankreich.

AVIS

1. Le Juif SZMUL TYSZELMAN de Paris
2. Le nommé HENRY GAUTHEROT de Paris

ont été condamnés à mort pour aide à l'ennemi, ayant pris part à une manifestation communiste dirigée contre les troupes d'occupation allemandes. Ils ont été fusillés aujourd'hui.

Paris, le 19 Août 1941.

Der Militärbefehlshaber in Frankreich.

M 6 Bekanntmachung
der deutschen Militärverwaltung aus dem von den deutschen Truppen besetzten Frankreich, 19. August 1941

BEKANNTMACHUNG

1. Der Kapitänleutnant **Henri Louis Honoré COMTE D'ESTIENNES D'ORVES**, französischer Staatsangehöriger, geb. am 5. Juni 1901 in Verrières,
2. der Handelsvertreter **Maurice Charles Émile BARLIER**, französischer Staatsangehöriger, geb. am 9. September 1905 in St. Dié,
3. der Kaufmann **Jan Louis-Guilleaume DOORNIK**, holländischer Staatsangehöriger, geb. am 26 Juni 1905 in Paris,

sind wegen Spionage zum Tode verurteilt und heute erschossen worden.

Paris, den 29. August 1941.

Der Militärbefehlshaber in Frankreich.

AVIS

1. Le lieutenant de vaisseau **Henri Louis Honoré COMTE D'ESTIENNES D'ORVES**, Français, né le 5 juin 1901 à Verrières,
2. l'agent commercial **Maurice Charles Émile BARLIER**, Français, né le 9 septembre 1905 à St-Dié,
3. le commerçant **Jan Louis-Guilleaume DOORNIK**, Hollandais, né le 26 juin 1905 à Paris,

ont été condamnés à mort à cause d'espionnage. Ils ont été fusillés aujourd'hui.

Paris, le 29 Août 1941.

Der Militärbefehlshaber in Frankreich.

M 7 Bekanntmachung
der deutschen Militärverwaltung aus dem von den deutschen Truppen besetzten Frankreich, 29. August 1941

M 8 „Der widrige Wind"

Auszüge der Rede von Marschall Pétain, ausgestrahlt am 12. August 1941:

Franzosen, ich habe Euch schlimme Dinge zu erzählen. In mehreren Regionen Frankreichs fühle ich, wie seit einigen Wochen ein widriger Wind aufkommt. Beunruhigung schleicht sich in die Gemüter: Der Zweifel ergreift Besitz von den Seelen. Die Autorität meiner Regierung wird in Frage gestellt: Die Anordnungen werden oft schlecht ausgeführt. In einer Atmosphäre falscher Gerüchte und Intrigen verlieren die Kräfte der Erneuerung den Mut. Andere, die weder deren Erhabenheit noch deren Uneigennützigkeit besitzen, drängen sich an ihre Stelle. [...] Ein regelrechtes Unbehagen hat das französische Volk ergriffen.
Die Gründe für dieses Unbehagen sind leicht zu verstehen. Auf bittere Stunden folgen immer schwierige Zeiten. Während außerhalb der Grenzen einer Nation, die durch die Niederlage aus dem Kampf ausgeschieden ist – deren Kolonialreich es aber verwundbar macht –, der Krieg weitergeht und jeden Tag neue Kontinente verwüstet, stellt sich jedermann ängstliche Fragen über die Zukunft des Landes. Die einen fühlen sich verraten; andere glauben sich verlassen. Einige fragen sich, was jetzt ihre Pflicht ist; andere verfolgen zunächst ihre eigenen Interessen. Radio London und gewisse französische Zeitungen verstärken die Verzweiflung der Gemüter noch. [...]
Die Kollaboration, die im Oktober 1940 vom Kanzler des Deutschen Reiches angeboten wurde, unter Bedingungen, deren Ritterlichkeit ich zu schätzen weiß, ist ein Werk für die Zukunft, das noch nicht alle seine Früchte tragen konnte. Wir sollten lernen, das schwere Erbe des Misstrauens zu überwinden, das uns von Jahrhunderten der Zwistigkeiten und der Streitereien hinterlassen wurde, um uns auf die weiten Perspektiven einzulassen, die ein wiederversöhnter Kontinent unseren Aktivitäten eröffnen kann. Das ist das Ziel, das wir anstreben. Es ist ein enormes Werk, das von uns ebensoviel Willen wie Geduld erfordert. [...]
Die Verwirrung der Gemüter hat ihren alleinigen Grund nicht im Auf und Ab unserer Außenpolitik. Sie resultiert vor allem aus der Langsamkeit, mit der wir eine neue Ordnung aufbauen – oder besser gesagt: durchzusetzen suchen. Die Nationale Revolution [...] ist noch nicht erreicht [...], weil sich zwischen uns, dem Volk und mir, die wir uns so gut verstehen, die doppelte Trennwand der Anhänger des alten Regimes und der Trusts aufgerichtet hat. Die Agenten des alten Regimes sind zahlreich. Zu ihnen rechne ich ohne Ausnahme auch diejenigen, die ihre persönlichen Interessen über die langfristigen Interessen des Staates gestellt haben – Freimaurer, politische Parteien ohne Anhängerschaft, aber auf Rache sinnend, Beamte, die noch immer einer Ordnung anhängen, in der sie gleichzeitig die Nutznießer und die Herren waren –, aber auch diejenigen, die die Interessen des Vaterlandes denen des Auslandes untergeordnet haben. Viel Zeit wird nötig sein, bis der Widerstand aller Gegner der neuen Ordnung gebrochen ist, aber von nun an müssen wir ihre Machenschaften vereiteln, indem wir ihre Führer vernichten.

Zit. nach: Marc Olivier Baruch, Das Vichy-Regime, Stuttgart 1999, S. 93 ff.

Aufgaben

1. a) Erkläre den Begriff „Blitzkrieg".
   b) Fasse zusammen, wie der Wehrmacht zwischen 1939 und 1941 die schnelle Eroberung Polens, Frankreichs und Europas gelang.
   → Text, M4
2. „Der Krieg hat viele Gesichter." Erläutere anhand der Fotografien diesen Ausspruch.
   → M1–M3
3. a) Übersetze den Aufruf General de Gaulles „A tous les Français" von 1940.
   b) Wie begründet Charles de Gaulles 1940 die Fortsetzung des Krieges?
   → M5
4. a) Was ist Kollaboration?
   b) Wie behandelten die deutschen Besatzer Kollaborateure?
   → M6, M7
5. a) Mit welchen Argumenten ruft Marschall Pétain 1941 zur Zusammenarbeit mit den Deutschen auf?
   b) Was war angesichts der Situation in Frankreich nach 1940 angezeigt: Widerstand oder Kollaboration? Begründe deine Meinung.
   → Text, M8

M 1 **Angriff auf Pearl Harbor**
Japanischer Bombenangriff auf die Pazifikflotte der USA am 7.12.1941

Kriegswende und Kriegsende (1941–1945)

Die Ausweitung zum Weltkrieg

Der Zweite Weltkrieg war zunächst kein globaler Konflikt, sondern ein europäischer Krieg. Erst durch Japans Überfall auf die amerikanische Pazifikflotte in Pearl Harbor und den Kriegseintritt der USA erreichten die militärischen Aktionen globales Ausmaß.

Japans Ziel war die Gründung eines Kolonialreichs, das seine Rohstoffarmut beseitigen und einen Absatzmarkt für seine Waren sichern sollte. Begründet wurde die Expansion jedoch mit der Erklärung, Japan wolle Ostasien vor weißen Kolonialherren schützen und seinen Wohlstand sichern. Die USA und Großbritannien verhängten wegen dieser aggressiven Politik eine Wirtschaftsblockade gegen Japan.

Der Konflikt mit den USA führte Japan und Deutschland zusammen: Japan suchte einen starken Bündnispartner und für Deutschland war die asiatische Großmacht wertvoll, weil sie Militärpotenzial der USA im Pazifik band. So eröffnete Japan mit dem Luftangriff auf den US-Marinestützpunkt Pearl Harbor auf Hawaii am 7. Dezember 1941 den Krieg gegen Amerika. Auch Hitler und Mussolini erklärten den USA den Krieg, der sich nun zum Weltkrieg ausweitete.

M 2

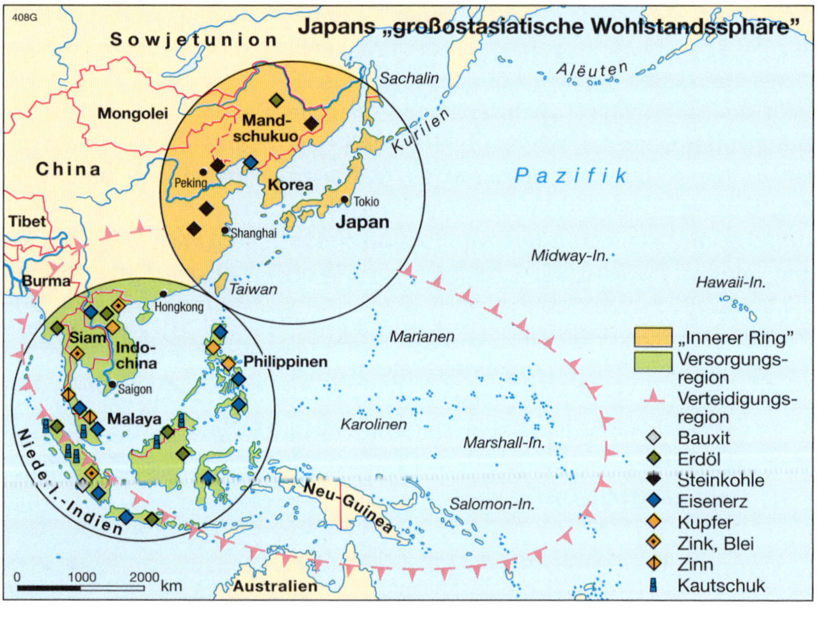

Die Kriegswende

Die neue Militärkonstellation führte zur einer Wende im Zweiten Weltkrieg. Da die deutsche Luftwaffe 1941 die Luftschlacht über England verlor, befand sich Deutschland nach seinem Angriff auf die Sowjetunion in einem Zweifrontenkrieg. Der Vormarsch in der UdSSR blieb schon Ende 1941 wegen des einbrechenden Winters stecken. Die Hoffnung auf einen schnellen Sieg erfüllte sich nicht. So mussten die Soldaten den harten russischen Winter mit mangelhafter Ausrüstung überstehen. Zudem hatte sich die Rote Armee mit frischen Truppen verstärkt und Partisanen bekämpften die deutschen Eroberer.

M 3 Brief an die Heimat
Im Kessel von Stalingrad schreibt ein deutscher Soldat einen Brief.

Die Schlacht um Stalingrad

Ab 1943 war Deutschlands Niederlage absehbar, da die Alliierten die Initiative übernahmen. Sichtbares Zeichen der Wende war die Kapitulation der 6. Armee Ende Januar 1943 in Stalingrad. Etwa 150 000 eingekesselte deutsche Soldaten fielen den Kämpfen und der Kälte zum Opfer. 91 000 gerieten in sowjetische Kriegsgefangenschaft, aus der nur 6 000 Überlebende zurückkehrten. Auf sowjetischer Seite kamen in Stalingrad eine Million Soldaten und Zivilisten ums Leben. Nun eröffnete sich für die Rote Armee die Möglichkeit nach Westen vorzudringen.

Der „totale Krieg“

Der gescheiterte Krieg gegen die Sowjetunion und der Kriegseintritt der USA veranlassten die deutsche Führung, den „totalen Krieg“ zu propagieren. Massenfertigung, Fremdarbeiter und eine stärkere Einbindung von Großkonzernen in die Kriegswirtschaft steigerten die Rüstungsproduktion um ein Vielfaches.

Angesichts der Überlegenheit der Alliierten bewirkte dieser Erfolg jedoch nur eine Verlängerung des Kriegs und eine steigende Zahl von Opfern. Die Bevölkerung verhielt sich gegenüber den neuen Forderungen des nationalsozialistischen Regimes reserviert – hatte man ihr doch stets vorgegaukelt, der Krieg sei rasch zu gewinnen.

Der Rassenvernichtungskrieg

Ziel der Nationalsozialisten war ein „Großgermanisches Reich“ mit neuem „Lebensraum im Osten“. Die angestammte Bevölkerung wollte man nach Sibirien vertreiben und dafür Deutsche ansiedeln. Zurückbleiben sollten lediglich slawische Arbeitssklaven, die der deutschen „Herrenrasse“ zu dienen hatten.

M 4

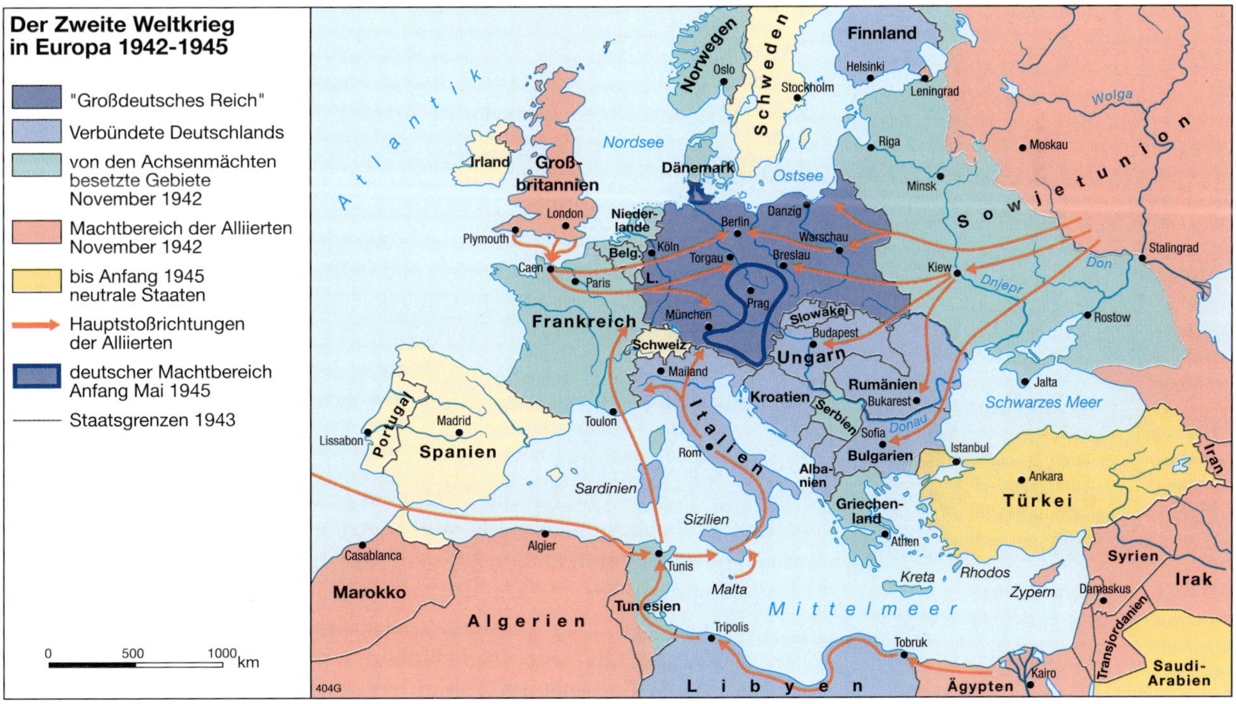

M 5 **Massenexekution 1942**
Ein SS-Mann erschießt einen Zivilisten am Rand eines Massengrabs bei Winitza (Ukraine), Foto von 1942.

Den Auftakt dieser Pläne bildete bereits der Polenfeldzug: Tausende Polen wurden erschossen oder vertrieben, um Platz für Deutsche aus dem Baltikum zu machen. Viele Polen wurden enteignet und ihr Besitz unter den Deutschen verteilt.

Vor allem der Krieg gegen die Sowjetunion war ein ideologischer Vernichtungskrieg, der Hunderttausende kommunistische Funktionäre und Millionen jüdische Sowjetbürger das Leben kostete. Zwangsarbeiter wurden ins Reich verschleppt, Kriegsgefangenen die völkerrechtlich gebotene Behandlung verweigert. Von etwa 5,7 Millionen gefangenen Rotarmisten starben 3,3 Millionen.

Während diese Maßnahmen vor allem Einsatzgruppen der SS und spezielle Polizeieinheiten durchführten, wirkte im Russlandfeldzug auch die Wehrmacht mit. Reguläre Armeeeinheiten waren an der organisatorischen Durchführung der Judenvernichtung sowie an der Erschießung und Deportation von Juden beteiligt.

Kriegsziele der Alliierten und die neue Weltordnung

Angesichts der Kriegswende verständigten sich die Alliierten in mehreren Konferenzen über ihre Kriegsziele und die Zeit danach. Hauptziel war Deutschlands bedingungslose Kapitulation. US-Präsident Roosevelt und der britische Premierminister Churchill forderten, dass Demokratie, nationale Selbstbestimmung und freier Handel die Grundlagen einer friedlichen Nachkriegsordnung sein sollten. Trotz unterschiedlicher Auffassung stimmte Stalin diesen Zielen zu.

Auf der Konferenz von Jalta im Februar 1945 einigten sich die USA, Großbritannien und die Sowjetunion über ihre Interessensphären in Europa, eine Teilung Deutschlands in Besatzungszonen und die Gründung der Vereinten Nationen (UNO). Ergebnis dieser Konferenz war die Teilung der Welt zwischen den Supermächten USA und UdSSR.

M 6 **Eroberung Berlins**
Ein sowjetischer Soldat hisst die Rote Fahne über dem Reichstag am 2. Mai 1945, nachgestellte Szene.

Eine zweite Front – Landung in der Normandie

Am 6. Juni 1944 landeten die Alliierten nach gründlicher Vorbereitung mit einer gewaltigen Streitmacht in der Normandie und eröffneten so eine zweite Front. Die britischen und amerikanischen Verbände stießen rasch nach Süden und Osten vor, befreiten Frankreich und überschritten im Oktober 1944 die deutsche Grenze. Bei ihrem Vormarsch trafen die Soldaten auf erbitterten Widerstand, doch wurden sie vielfach von der kriegsmüden deutschen Bevölkerung begrüßt.

Die Rote Armee, die gleichzeitig im Osten vorrückte, löste hingegen eine gewaltige Fluchtwelle aus. Es kam zu Plünderung, Vergewaltigung und Mord durch sowjetische Soldaten. Der Terror, den die Nazis in Russland entfesselt hatten, schlug nun zurück.

Kriegsende in Europa

Führende Nationalsozialisten flüchteten oder suchten ihre Position gewaltsam zu behaupten. Gerade in den letzten Kriegstagen kam es zu willkürlichen Hinrichtungen von Bürgern, die im Verdacht standen mit dem Feind zu sympathisieren. Am 30. April 1945 beging Hitler in seinem Bunker unter der Berliner Reichskanzlei Selbstmord. Am 7. und 9. Mai 1945 unterzeichneten die Oberbefehlshaber der deutschen Wehrmacht die bedingungslose Kapitulation. Damit war der Krieg in Europa beendet.

M 7 „Totaler Krieg" – Zuhörer beim Hitlergruß während der Rede von Joseph Goebbels im Berliner Sportpalast am 18. Februar 1943

M 8 Der vollbesetzte Berliner Sportpalast während der Rede von Joseph Goebbels, 18. Februar 1943

M 9 „Wollt Ihr den totalen Krieg?"

Rede von Propagandaminister Goebbels im Berliner Sportpalast am 18. Februar 1943. Sie wurde am nächsten Tag im NS-Parteiblatt „Völkischer Beobachter" veröffentlicht:

Ihr also, meine Zuhörer, repräsentiert in diesem Augenblick die Nation. Und an euch möchte ich zehn Fragen richten, die ihr mir mit dem deutschen Volke vor der ganzen Welt, insbesondere vor unseren Feinden, die uns auch an ihrem Rundfunk hören, beantworten sollt: (nur mit Mühe kann sich der Minister für die nun folgenden Fragen Gehör verschaffen ... Mit letzter Anteilnahme und Begeisterung gibt die Masse auf jede einzelne Frage die Antwort. Der Sportpalast hallt wider von einem einzigen Schrei der Zustimmung.)

Die Engländer behaupten, das deutsche Volk habe den Glauben an den Sieg verloren.

Ich frage euch: Glaubt ihr mit dem Führer und mit uns an den endgültigen totalen Sieg des deutschen Volkes?

Ich frage euch: Seid ihr entschlossen, dem Führer in der Erkämpfung des Sieges durch dick und dünn und unter Aufnahme auch der schwersten persönlichen Belastungen zu folgen?

Zweitens: Die Engländer behaupten, das deutsche Volk ist des Kampfes müde.

Ich frage euch: Seid ihr bereit, mit dem Führer als Phalanx der Heimat hinter der kämpfenden Wehrmacht stehend, diesen Kampf mit wilder Entschlossenheit und unbeirrt durch alle Schicksalsfügungen fortzusetzen, bis der Sieg in unseren Händen ist?

[...]

Viertens. Die Engländer behaupten, das deutsche Volk wehrt sich gegen die totalen Kriegsmaßnahmen der Regierung. Es will nicht den totalen Krieg, sondern die Kapitulation (Zurufe: Niemals, niemals, niemals!)

Ich frage euch: Wollt ihr den totalen Krieg? Wollt ihr ihn, wenn nötig, totaler und radikaler, als wir ihn uns heute überhaupt noch vorstellen können?

Fünftens: Die Engländer behaupten, das deutsche Volk hat sein Vertrauen zum Führer verloren.

Ich frage euch: Ist euer Vertrauen zum Führer heute größer, gläubiger und unerschütterlicher denn je? Ist eure Bereitschaft, ihm auf allen seinen Wegen zu folgen und alles zu tun, was nötig ist, um den Krieg zum siegreichen Ende zu führen, eine absolute und uneingeschränkte? (Die Menge erhebt sich wie ein Mann. Die Begeisterung der Masse entlädt sich in eine Kundgebung nicht dagewesenen Ausmaßes. Vieltausendstimmige Sprechchöre brausen durch die Halle: „Führer befiehl, wir folgen", eine nicht abebbende Woge von Heilrufen auf den Führer braust auf ...)

Ich habe euch gefragt; ihr habt mir eure Antwort gegeben. Ihr seid ein Stück Volk, durch euren Mund hat sich damit die Stellungnahme des deutschen Volkes manifestiert [...].

Zit. nach: Gruchmann, Lothar, Totaler Krieg, München 1991, S. 247 ff.

M 10 **Verbrechen der Wehrmacht**

Im Katalog zur „Wehrmachtsausstellung" wird das Bild oben wie folgt kommentiert:

Tarnopol – südöstlich von Lemberg gelegen – wurde im September 1939 zunächst von der Roten Armee besetzt. Die Stadt hatte zu diesem Zeitpunkt etwa 40000 Einwohner, 18000 Personen galten als Juden. Am 2. Juli 1941 marschierte die Panzergruppe I mit der ihr unterstellten SS-Division „Wiking" in Tarnopol ein. Zudem erreichte das Sonderkommando 4b die Stadt.
Unmittelbar nach der deutschen Besetzung fand man die Leichen einiger hundert Ukrainer, die der NKWD kurz vor dem Abzug der Roten Armee ermordet hatte. Unter den Opfern befanden sich auch zehn deutsche Soldaten. Am 4. Juli 1941 setzte ein mehrere Tage andauerndes Pogrom ein. Die für die Morde verantwortlich gemachten Juden der Stadt wurden gezwungen, die NKWD-Opfer zu bergen, wobei die Juden misshandelt, erschlagen und erschossen wurden. Neben einheimischen Zivilisten beteiligten sich auch Angehörige der SS-Division „Wiking" an den Gewalttaten. Zudem bescheinigte die SS der Wehrmacht eine „erfreulich gute Einstellung gegen die Juden". Das Sonderkommando 4b fahndete gezielt nach jüdischen Intellektuellen und erschoss 127 Personen außerhalb der Stadt. Das Pogrom in Tarnopol kostete mindestens 600 Menschen das Leben.

Aus: Verbrechen der Wehrmacht, herausgegen vom Hamburger Institut für Sozialforschung, Hamburg 2002, S. 100.

M 11 **„Vernichtungsaktionen"**

Bericht des Oberwachtmeisters Soennecken, Dolmetscher bei der Heeresgruppe Mitte, vom 24. Oktober 1941 über ein Massaker in Borissow (Weißrussland):

Ich hörte bei meiner Ankunft am Freitag, den 7. Oktober 1941 vom dortigen Leiter der russischen Sicherheitspolizei, Ehof [...], dass in der Nacht von Sonntag auf Montag alle Borissower Juden erschossen werden sollten. [...] Am kommenden Morgen ergab sich folgendes Bild: Man hatte schon um 3 Uhr morgens mit den Erschießungen begonnen. Man hatte zuerst die Männer fortgeholt. Sie wurden in russischen Autos zur Richtstätte gefahren, begleitet von den hierzu abgestellten Männern der Borissower russischen Sicherheitspolizei. [...]
Außerdem wurden, da die Autos nicht ausreichten und die Zeit drängte, fortwährend Züge von Frauen und Kindern die Straße heruntergetrieben, zum Teil mit Eisenstangen. Es standen auch an der Peripherie des Ghettos, also an derselben Straße, Gruppen von Judenweibern und Kindern, auch Säuglinge in den Armen der Mütter, zum Abholen bereit! In der Ebene knatterten den ganzen Tag über die Gewehre, die Frauen und Kinder weinten und schrien, die Autos rasten durch die Straßen um das Ghetto und holten immer neue Opfer heran, und das alles vor den Augen der Zivilbevölkerung und der deutschen Militärpersonen, die des Weges kamen. [...]
Es waren einige Tage vorher von russischen Kriegsgefangenen im Walde einige Riesen-Massengräber in einer Länge von ca. 100 Metern, einer Breite von 5 Metern und einer Tiefe von 3 Metern ausgehoben worden. Die Erschießungen sollen sich nach den Berichten dieser Augenzeugen folgendermaßen zugetragen haben:
Man habe die ersten Delinquenten, so ungefähr 20 Mann, in die Grube springen lassen, nachdem sie ihre Kleidung bis auf die Unterwäsche abgelegt hatten. Dann habe man sie von oben zusammengeschossen! Die Toten bzw. die Halbtoten, die natürlich vollkommen durcheinander gelegen hätten, habe man dann durch die nächsten Opfer in Reihe und Glied legen lassen, um möglichst viel Raum zu gewinnen und habe sodann wie oben fortgefahren.

Aus: H. Kraunick/H.-H. Wilhelm, Die Truppe des Weltanschauungskrieges, Stuttgart 1981, S. 576–577.

M 12 **Behandlung von Kriegsgefangenen**

Aus dem Genfer Abkommen über die Behandlung der Kriegsgefangenen vom 27.6.1929:

Artikel 2
Die Kriegsgefangenen unterstehen der Gewalt der feindlichen Macht, aber nicht der Gewalt der Personen oder Truppenteile, die sie gefangen genommen haben. Sie müssen jederzeit mit Menschlichkeit behandelt und insbesondere gegen Gewalttätigkeiten, Beleidigungen und öffentliche Neugier geschützt werden. Vergeltungsmaßnahmen an ihnen auszuüben ist verboten. [...]

Artikel 4
Der Staat, in dessen Gewalt sich die Kriegsgefangenen befinden (Gewahrsamstaat), ist verpflichtet, für ihren Unterhalt zu sorgen.

Reichsgesetzblatt von 1934, II, S. 227-262, Zitat S. 232–236.

M 13 **„Kommissarbefehl"**

Befehl des Oberkommandos der Wehrmacht vom 6. Juni 1941. Der Befehl durfte nur bis zu den Oberbefehlshabern der Armeen bzw. Luftflottenchefs verteilt werden und musste den Befehlshabern mündlich bekannt gegeben werden:

Im Kampf gegen den Bolschewismus ist mit einem Verhalten des Feindes nach den Grundsätzen der Menschlichkeit oder des Völkerrechts nicht zu rechnen. Insbesondere ist von den politischen Kommissaren aller Art als den eigentlichen Trägern des Widerstandes eine hasserfüllte, grausame und unmenschliche Behandlung unserer Gefangenen zu erwarten.
Die Truppe hat sich bewusst zu sein:
1. In diesem Kampfe ist Schonung und völkerrechtliche Rücksichtnahme diesen Elementen gegenüber falsch. Sie sind eine Gefahr für die eigene Sicherheit und die schnelle Befriedigung der eroberten Gebiete.
2. Die Urheber barbarisch asiatischer Kampfmethoden sind die politischen Kommissare. Gegen diese muss daher sofort und ohne weiteres mit aller Schärfe vorgegangne werden.
Sie sind daher, wenn im Kampf oder bei Widerstand ergriffen, grundsätzlich sofort mit der Waffe zu erledigen [...]. Politische Kommissare als Organe der feindlichen Truppe [...] sind aus den Kriegsgefangenen sofort, d.h. noch auf dem Gefechtsfelde, abzusondern. Dies ist notwendig, um ihnen jede Einflussnahme auf die gefangenen Soldaten zu nehmen. Diese Kommissare werden nicht als Soldaten anerkannt; der für Kriegsgefangene völkerrechtlich geltende Schutz findet auf sie keine Anwendung. Sie sind nach durchgeführter Absonderung zu erledigen.

Zit. nach: H.-A. Jacobsen, Der Zweite Weltkrieg in Chronik und Dokumenten. Darmstadt 1961, S. 571 ff.

Aufgaben

1. Notiere die wichtigsten Stationen des Kriegsverlaufs zwischen 1941 und 1945 in einer Tabelle.
   → Text, M2, M4
2. Aus welchen Gründen kam es zum Krieg zwischen Japan und den USA?
   → Text, M1, M2
3. Erläutere, welche Ereignisse die Kriegswende einläuteten.
   → Text
4. a) Wie ist die Rede von Goebbels aufgebaut? Zergliedere sie in Sinnabschnitte.
   b) Bewerte die Aussage Goebbels „Ihr also, meine Zuhörer, repräsentiert [...] die Nation!"
   c) Welches Ziel verfolgt Goebbels mit dieser Rede? Mit welchen rhetorischen Mitteln arbeitet er?
   d) Für die Rede wurde auch der Sportpalast entsprechend gestaltet. Beschreibe die Gestaltung.
   → M7–M8
5. a) Der Vernichtungskrieg gegen die Sowjetunion ist in zahlreichen Dokumenten belegt. Vergleiche die beiden Massaker in Tarnopol und Borissow. Arbeite Gemeinsamkeiten und Unterschiede heraus. Beachte insbesondere die Rolle einzelner Einheiten.
   b) Die Frage nach möglichen Verbrechen der Wehrmacht ist heftig umstritten. Untersuche die Dokumente hinsichtlich dieser Frage. Was können die Dokumente – Texte und Fotografien – zur Beantwortung dieser Fragestellung leisten, was nicht?
   → M10–M11
6. Vergleiche das Genfer Abkommen und den Kommissarbefehl. Zu welcher Beurteilung des Kommissarbefehls gelangst du dabei?
   → M12–M13

Kriegsalltag in Deutschland

Schein der Normalität

Als 1914 der Erste Weltkrieg ausbrach, gab es in der Bevölkerung begeisterte Zustimmung. Das war zu Beginn des Zweiten Weltkriegs anders, denn viele sahen dem Krieg mit gemischten Gefühlen entgegen. Während der ersten Kriegsjahre änderte sich das Alltagsleben kaum, da militärische Erfolge manches überdeckten. Auch verzichteten die Nazis auf große Belastungen, denn sie fürchteten eine Revolution wie im November 1918. Daher waren die Lebensmittelrationen auf Bezugsschein anfangs recht hoch und auch ein Lohnstopp wurde wieder rückgängig gemacht. Das Regime erhöhte sogar die Renten.

Ermöglicht wurde diese Politik durch brutale Ausbeutung besetzter Länder sowie den Arbeitseinsatz von Kriegsgefangenen und Zwangsarbeitern aus den eroberten Gebieten im Osten. Kriegswichtige Maßnahmen wie die Einschränkung des Arbeitsplatzwechsels hatte man bereits vor Kriegsbeginn getroffen. Mit der Kriegswende Ende 1941 änderte sich das grundlegend.

M 1 Bombardierung der Städte
Familie nach einem Bombenangriff auf Mannheim 1943

Flächenbombardements

1942 begannen Flächenbombardements amerikanischer und britischer Bomberflotten, die Industrieanlagen und Verkehrswege zerstörten. Ferner wurden Wohngebiete gezielt vernichtet, um die Kampfmoral der Zivilbevölkerung zu untergraben. Nach dem Verlust der Lufthoheit konnte die Flugabwehr die deutschen Städte nicht mehr vor anglo-amerikanischen Angriffen schützen. So verloren etwa 600 000 Menschen im Bombenhagel ihr Leben, fast 4 Millionen Häuser wurden zerstört. Die Hoffnung der Alliierten, das deutsche Volk würde Hitler stürzen, erfüllte sich jedoch nicht.

Die Lebensverhältnisse in den Städten verschlechterten sich drastisch. Bei Fliegeralarm flohen die Menschen mit gepackten Koffern in die Luftschutzbunker und mussten dort die Nächte verbringen. Oft gerieten diese Schutzbauten zur tödlichen Falle. Die Ausgebombten verloren ihren Besitz und wurden obdachlos.

M 2 Nach den Luftangriffen
Der Flachsmarkt in Duisburg, 1943

M 3 **Letztes Aufgebot**
Verwundete junge Flakhelfer, die für ihren Einsatz mit dem Kriegsverdienstkreuz ausgezeichnet werden, Foto vom 9.11.1943

„Kinderlandverschickung"

Kinder wurden im Rahmen der „Kinderlandverschickung" (KLV) aus den gefährdeten Städten evakuiert. Weil das auf Widerstand bei manchen Eltern stieß, die ihre Kinder nicht fortgeben wollten, war die KLV stets freiwillig. Wegen der zunehmenden Bombardierung wandte die Regierung bald indirekten Druck an. So wurden Schulen bei gleichzeitiger Aufrechterhaltung der Schulpflicht geschlossen und in KLV-Lager verlegt, sodass die Eltern zustimmen mussten. Insgesamt waren 2,5 Millionen Kinder betroffen.

Untergebracht wurden sie überwiegend in Lagern der HJ und des BDM, kleine Kinder auch in Pflegefamilien. Sie erhielten vormittags Schulunterricht, nachmittags gab es Sport und Schulung bei der HJ. So konnte man alle im Sinn der NS-Ideologie erziehen.

Reaktionen des NS-Regimes

Die immer aussichtslosere militärische Lage führte zu einschneidenden Maßnahmen. So verpflichtete das Regime etwa 900 000 Jugendliche im Alter von 15–16 Jahren als Flakhelfer. Ferner bestand Arbeitspflicht für Männer und Frauen in der Rüstungsindustrie. Da sich Kritik an diesen unpopulären Maßnahmen entzündete, verzichtete das Regime auf eine konsequente Umsetzung der Dienstpflicht und setzte stattdessen verstärkt Zwangsarbeiter ein.

Die hoffnungslose Situation verschärfte den Druck. Unter dem Vorwurf der „Wehrkraftzersetzung" wurden Taten rücksichtslos verfolgt, die den propagierten „Endsieg" zu gefährden schienen. Oft verhängten Sondergerichte für harmlose Delikte die Todesstrafe.

M 4 **Zwangsarbeiterin**
im VW-Werk Wolfsburg bei der Herstellung von Tellerminen, 1943

Auflösung des sozialen Zusammenhalts

Der Krieg führte dazu, dass die Familien auseinandergerissen und soziale Beziehungen zerstört wurden. So war der Vater als Soldat abwesend, während die Mutter arbeiten musste und die Kinder sich in KLV-Lagern aufhielten. Ausgebombte Familien suchten nach einer Unterkunft bei Verwandten oder auf dem Land, Alte und Kranke drängte der Überlebenskampf an den Rand. Auf diese Weise wurde der bisherige gesellschaftliche Zusammenhalt grundlegend erschüttert.

M 5 **„Feuersturm"**

Aus den Erinnerungen von Hermann Ufermann, der die Bombardierungen von Duisburg am 14./15. Oktober 1944 miterlebt hat:

Um Mitternacht wurden wir von einem neuen Angriff aus dem tiefen Schlaf gerissen. Die Bomber waren so überraschend über uns, dass wir keine Zeit mehr fanden, über die Straße in den „Hagemann-Bunker" zu laufen. So verkrochen wir uns im eigenen, ungeschützten Keller. […]

Nach ununterbrochenem Heulen und Beben gingen die Nerven durch. Und Onkel Willi, der zwischen uns untergehakt stand, betete laut, aber ernsthaft ein in den letzten Kriegsjahren hinter der vorgehaltenen Hand lästerndes, auf das Ausrufen des „Totalen Krieges" durch Propagandaminister Göbels [Goebbels] witzelndes Gebet: „Lieber nach Berlin, denn die haben allein ‚Jawohl' geschrien!" […]

Dann war es plötzlich wieder ganz still! Vorsichtig krochen wir hinaus. Der Himmel strahlte glutrot vom Feuerschein, denn überall brannte es lichterloh! Offensichtlich wurden viele Brand- und Phosphorbomben abgeworfen. […]

Wir waren noch nicht ganz zur Besinnung gekommen, da folgte die nächste Bomberwelle. Diesen Angriff ließen wir jedoch im schützenden „Hagemann-Bunker" über uns ergehen. Hier wurden wir vom Luftdruck zwar weitgehend verschont, aber der ganze Betonklotz hob, schüttelte und senkte sich ohne Unterbrechung. Danach erkannten wir unser [Duisburg-]Meiderich nicht mehr wieder! Obwohl es Nacht war, wurde die ganze Szenerie taghell vom Feuerschein erleuchtet. In der Nähe der brennenden Häuser raste ein unheimlicher Feuersturm und die Luft war voller sprühender Funken.

Bomben auf Duisburg, hrsg. vom Kultur- und Stadthistorischen Museum der Stadt Duisburg, Duisburg 2004, S. 64 ff.

M 6 **Flugblatt über Luftschutzmaßnahmen aus Duisburg**

M 7 „Vergleichen – nicht moralisieren"

Der renommierte Historiker Hans-Ulrich Wehler führte ein Gespräch mit Spiegel-Redakteuren über die Bombenkriegsdebatte:

SPIEGEL: Obwohl die Bundesbürger solche Vorgänge ja meist nur noch vom Hörensagen kennen, stoßen neuerdings Veröffentlichungen […] über den Bombenkrieg heiße Debatten an. Wieso eigentlich erst jetzt, 60 Jahre danach?

WEHLER: […] Tabuisiert waren diese Themen vielleicht nicht, aber sie waren mit so vielen Traumata verbunden, dass die Beteiligten erst sehr viel später über die Schreckenstage sprechen konnten.

SPIEGEL: Aber auch Historiker hielten sich zurück.

WEHLER: Es gab eine enorme Scheu, sich dieser Themen anzunehmen. Man mochte nicht zum Verrechnen von Opferzahlen beitragen. Mir scheint, dass die Zeitvorgabe der alten Faustregel, es müsse bei so schrecklichen Ereignissen eine Generation vergehen, nicht genügt hat.

SPIEGEL: Ist nicht die Gefahr der Aufrechnung geblieben?

WEHLER: Ich glaube, sie besteht bei nicht wenigen. Am Stammtisch wird man mit großer Erleichterung sagen: Endlich hören wir nicht immer nur von jüdischen Opfern. Es wird am rechten Rand ein Jauchzen geben. Aber ich glaube nicht, dass das mehrheitsfähig wird, jedenfalls nicht bei den Jüngeren und Mittelalten. Bei der politischen Kultur, die sich hier zu Lande in 50 Jahren stabilisiert hat, halte ich das Ganze noch nicht für ein Problem.

SPIEGEL: Wo sind denn Ihrer Ansicht nach die Grenzen, Flächenbombardements mit anderen Kriegsuntaten zu vergleichen?

WEHLER: Ich bin durchaus nicht dagegen, dass man die Gräuel des Krieges miteinander vergleicht. Es geht aber um die Kriterien. Man muss dann schon die Gräuel der Landtruppen vergleichen oder die Bombardements von Wohnvierteln durch die deutsche Luftwaffe mit denen durch die Engländer. Man hüte sich auch vor moralisierenden Urteilen. Dann bleibt letztlich nur der moralische Vorwurf an den Anderen übrig.

aus: Stephan Burgdorff/Christian Habbe (Hg.), Als Feuer vom Himmel fiel, Darmstadt 2005, S. 43.

M 8

Kriegszerstörungen in deutschen Städten

Wohnungsverluste in den Großstädten der Westzonen		Wohnungsverluste in den Mittelstädten der Westzonen		Wohnungsverluste in Städten der Sowjetischen Besatzungszone	
Köln	70,0 v. H.	Düren	99,2 v. H.	Dresden	60 v. H.
Dortmund	65,8 v. H.	Paderborn	95,6 v. H.	Nordhausen	55 v. H.
Duisburg	64,8 v. H.	Bocholt	89,0 v. H.	Frankfurt/O.	50 v. H.
Kassel	63,9 v. H.	Hanau	88,6 v. H.	Plauen	50 v. H.
Kiel	58,1 v. H.	Gießen	76,5 v. H.	Dessau	40 v. H.
Ludwigshafen	55,0 v. H.	Moers	75,7 v. H.	Rostock	25 v. H.
Hamburg	53,5 v. H.	Siegen	75,3 v. H.	Leipzig	25 v. H.
Bochum	51,9 v. H.	Würzburg	74,1 v. H.	Cottbus	20 v. H.
Braunschweig	51,9 v. H.	Emden	73,9 v. H.	Jena	15 v. H.
Bremen	51,6 v. H.	Pirmasens	70,1 v. H.	Bautzen	15 v. H.

Nach: E. Kläss, Der Luftkrieg über Deutschland, München 1963, S. 273f.

12405E

Aufgaben

1. Beschreibe den Kriegsalltag der Menschen in Deutschland mit eigenen Worten.
   → Text
2. a) Mit welchen Mitteln wurde versucht, sich gegen Bombenangriffe zu schützen?
   b) Wie werden auf dem Flugblatt die Vorbereitungen auf einen Bombenangriff dargestellt?
   → Text, M6
3. a) Fasse den Bericht über die Bombardierung Duisburgs 1944 mit eigenen Worten zusammen.
   b) Vergleiche die Aussagen des Flugblattes mit diesem Bericht. Zu welchem Ergebnis gelangst du dabei?
   → M5, M6
4. a) Erkläre die Überschrift des Interviews mit Hans-Ulrich Wehler „Vergleichen – nicht moralisieren".
   b) Ist nach deiner Meinung ein Bombenkrieg geeignet, Kriege zu gewinnen? Begründe deine Meinung.
   → M7

M 1 Berliner Mahnmal für die während der NS-Zeit ermordeten Juden, Foto von 2005

Die Ermordung der Juden

Ein Denkmal mitten in Berlin

Im Zentrum Berlins findet der Besucher ein großes Feld mit Betonpfeilern, die in Anspielung an antike Grabsteine als „Stelen" bezeichnet werden. Da sie von ganz unterschiedlicher Höhe sind, erwecken sie den Eindruck eines wogenden Feldes. Dieses Denkmal wird auch als Holocaust-Mahnmal bezeichnet und erinnert an die Ermordung der Juden während der Zeit des Nationalsozialismus.

Für den Völkermord an den Juden hat sich der Name „Holocaust" eingebürgert. Dieses griechische Wort für „Brandopfer" erinnert an die Verbrennung der Toten in den Vernichtungslagern der Nationalsozialisten. In Israel und den USA wird oft der hebräische Begriff „Shoah" verwendet, was Unheil oder Katastrophe bedeutet.

Die Schwierigkeit, das Ereignis korrekt zu benennen, zeigt zugleich seine Ungeheuerlichkeit. Das Ausmaß des Verbrechens führte immer wieder zu der Frage: Wie war das möglich? – Doch die Unmenschlichkeit der Taten lässt es nahezu unmöglich erscheinen, eine nachvollziehbare rationale Erklärung zu finden.

Gab es einen Plan für den Massenmord?

Bei der Suche nach Gründen spielt die nationalsozialistische Ideologie eine entscheidende Rolle, denn von Beginn an war die NSDAP eine antisemitische Partei. Diese Judenfeindschaft propagierten Hitler und seine Anhänger schon in der Weimarer Republik und erst recht nach der Machtübernahme. Nach 1933 kam es dann zu Diskriminierung, Entrechtung und Verfolgung.

Mit der Frage, wie die Judenverfolgung in einen Völkermord münden konnte, beschäftigen sich die Historiker noch immer. Umstritten ist besonders die Frage, ob dem Massenmord schon früh ein bewusster Plan zugrunde lag. Für diese Annahme sprechen verschiedene öffentliche Bekundungen Hitlers sowie manche Einträge in den Tagebüchern von Propagandaminister Goebbels.

Dagegen vertreten die meisten Forscher die Auffassung, dass erst die Ausnahmesituation des Zweiten Weltkriegs zu einer schrittweisen Radikalisierung der nationalsozialistischen Politik führte. Dabei entstanden einzelne Stufen des Schreckens: Umsiedlung von Juden und anderen Volksgruppen – Gettoisierung der Juden in abgegrenzten und streng bewachten Stadtvierteln – Ernährungs- und Versorgungskrisen durch militärische Zwänge. So sank die Hemmschwelle zum Töten immer tiefer, bis schließlich sogar Massenmord annehmbar war – zumal er „rassenbiologisch" begründet schien!

Bereits vor Ausbruch des Zweiten Weltkriegs war es zu Morden an Behinderten und Kranken gekommen, wogegen mutige Christen schon damals protestierten. Die Nationalsozialisten bezeichneten dies als Tötung „unwerten Lebens" oder als „Euthanasie", d.h. Sterbehilfe.

M 2 Plakat zum Film „Jud Süß"
Einziges Ziel des NS-Propagandafilms, der 1940 nach einer Novelle von Wilhelm Hauff gedreht wurde, war die Denunziation der Juden.

Der Beginn des Massenmords

Zu ersten Massentötungen kam es bereits während der Feldzüge gegen Polen, Frankreich und die UdSSR zwischen 1939 und 1941. Den militärischen Verbänden folgten so genannte „Einsatzgruppen" der

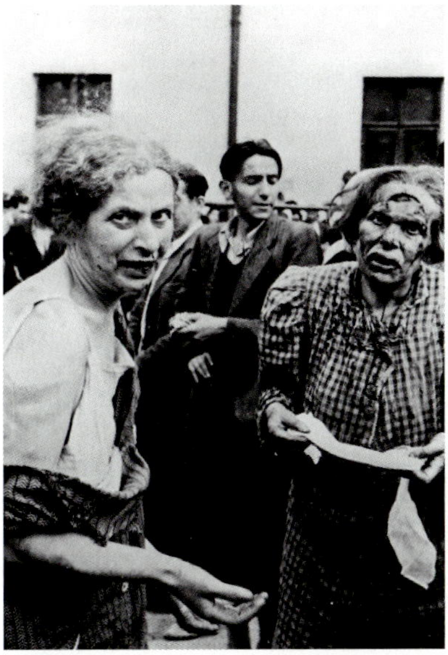

M 3 Misshandelte Jüdinnen in einem Dorf in Südrussland zu Beginn der deutschen Besatzung, 1941

M 4 Massaker unter russischen Juden Massenerschießung jüdischer Bürger unmittelbar nach Einnahme der Stadt Lemberg durch die Wehrmacht am 7. Juli 1941

Sicherheitspolizei und des Sicherheitsdienstes, die über eine Million Juden durch Exekutionen ermordeten, darunter auch Frauen und Kinder. Parallel dazu wurden die antijüdischen Maßnahmen in den besetzten Gebieten verschärft. Diese Radikalisierung entsprang nicht nur Hitlers Rassenwahn, sondern auch einer Hochstimmung nach den militärischen Erfolgen der „Blitzkriege". Der Völkermord an den Juden begann somit schon 1939 nach dem Einmarsch in Polen und weitete sich nach dem Überfall auf die Sowjetunion 1941 schlagartig aus.

Der Übergang zur planmäßigen Ermordung

Im Herbst 1941 geriet der Vormarsch der Wehrmacht vor Moskau ins Stocken, im Dezember 1941 traten die USA in den Krieg ein. Vor dem Hintergrund dieser angespannten Situation erfolgte der Übergang zur systematischen Ermordung der Juden.

Auch wenn kein ausdrücklicher Befehl Hitlers belegt ist, zeigen die Quellen, dass im Spätherbst 1941 im Zusammenspiel verschiedener Personen und Dienststellen die entscheidenden Weichen gestellt wurden. Einerseits drängten Hitler und führende Nationalsozialisten auf eine Beschleunigung der Mordkampagne. Andererseits verstärkten sich Forderungen der Basis, radikale Maßnahmen zu ergreifen. Aber auch ohne ausdrücklichen Befehl kam es immer wieder zu Mordtaten.

Die Wannseekonferenz

Am 20. Januar 1942 trafen sich Spitzenvertreter der Reichsministerien, der NSDAP und der SS zu einer Konferenz im Gästehaus der SS am Berliner Wannsee. Zweck der Wannseekonferenz war die Koordinierung aller Maßnahmen zur Vernichtung des europäischen Judentums unter Federführung der SS. Das Protokoll zeigt, dass die grundsätzliche Entscheidung zur planmäßigen Vernichtung der Juden zu diesem

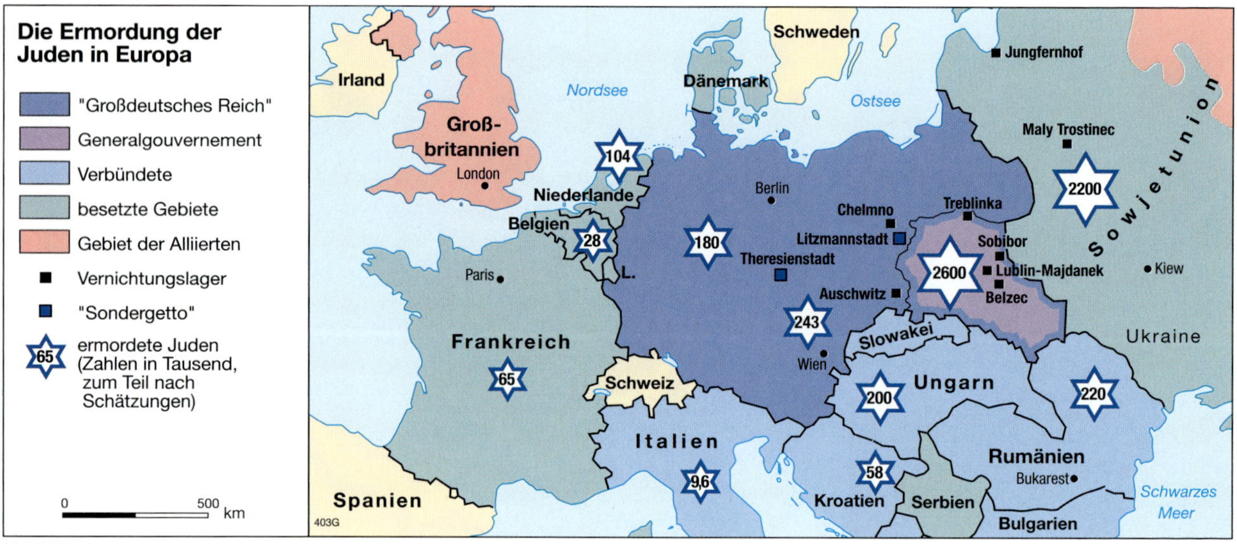

M 5

Zeitpunkt bereits gefallen war. Es enthält noch keinen Hinweis auf die geplante Tötung durch Giftgas, zeigt aber unmissverständlich, dass die beschlossenen Maßnahmen millionenfachen Tod zur Folge haben würden. Keines der beteiligten Ministerien und keine Behörde erhob Einspruch gegen diese Mordpläne.

Der Völkermord

Ab 1942 wurden Juden aus ganz Europa in die Vernichtungslager verschleppt. Man hatte sie fernab in Polen errichtet, um die Untaten geheim zu halten. Bereits auf den Fahrten in den Güterzügen starben Menschen an Unterkühlung oder Erschöpfung.

Nach ihrer Ankunft wurden die Menschen „selektiert“: Wer nicht arbeitsfähig schien, kam in Gaskammern, die man als Duschräume tarnte. Dort wurden die Opfer mit Giftgas getötet, ihre Leichen in eigens erbauten Krematorien verbrannt. Zuvor mussten die Menschen jeden persönlichen Besitz abgeben. Den Toten wurde sogar Zahngold herausgebrochen, Frauenhaar abgeschnitten und gesammelt.

Die arbeitsfähigen Häftlinge mussten unter unmenschlichen Bedingungen arbeiten. Sie starben an Erschöpfung, Unterernährung, Krankheiten und Seuchen, viele auch an sadistischer Quälerei oder medizinischen Experimenten. Schätzungen gehen davon aus, dass zwischen fünf und sechs Millionen Juden umkamen. Hinzu kamen weitere Gruppen, die verfolgt und ermordet wurden.

Grenzen des Verstehens

Zwar wissen wir heute, wie es zum millionenfachen Mord an den Juden kam. Angesichts der Ungeheuerlichkeit des Geschehens bleiben jedoch Grenzen des Verstehens. Es waren ja nicht nur einige fanatische Nationalsozialisten an diesem Verbrechen beteiligt, sondern eine Vielzahl von Personen: vom Dienststellenleiter und seinem Verwaltungsangestellten über den Lokomotivführer bis hin zum KZ-Wächter.

Gedenkstätten und Denkmäler wie das Holocaust-Mahnmal in Berlin sollen die Erinnerung wach halten und die Opfer ehren.

M 6 **„Der letzte Schrei – Am Ende“**
Gemälde des Auschwitz-Häftlings Adolf Frankl

M 7 Die „Endlösung" aus Sicht der Täter

a) Eintragung im Tagebuch von Joseph Goebbels, des Reichsministers für Volksaufklärung und Propaganda, vom 27. März 1942:

Aus dem Generalgouvernement werden jetzt, bei Lublin beginnend, die Juden nach dem Osten abgeschoben. Es wird hier ein ziemlich barbarisches und nicht näher zu beschreibendes Verfahren angewandt, und von den Juden selbst bleibt nicht mehr viel übrig. Im Großen kann man wohl feststellen, dass 60 Prozent davon liquidiert werden müssen, während nur noch 40 Prozent in der Arbeit eingesetzt werden können. Der ehemalige Gauleiter in Wien [Odilo Globocnik], der diese Aktion durchführt, tut das mit ziemlicher Umsicht und auch mit einem Verfahren, das nicht allzu auffällig wirkt.

An den Juden wird ein Strafgericht vollzogen, das zwar barbarisch ist, das sie aber vollauf verdient haben. Die Prophezeiung, die der Führer ihnen für die Herbeiführung eines neuen Weltkriegs mit auf den Weg gegeben hat, beginnt sich in der furchtbarsten Weise zu verwirklichen. Man darf in diesen Dingen keine Sentimentalität obwalten lassen. Die Juden würden, wenn wir uns ihrer nicht erwehren würden, uns vernichten. Es ist ein Kampf um Leben und Tod zwischen der arischen Rasse und dem jüdischen Bazillus.

Keine andere Regierung und kein anderes Regime konnte die Kraft aufbringen, diese Frage generell zu lösen. Auch hier ist der Führer der unentwegte Vorkämpfer und Wortführer einer radikalen Lösung, die nach Lage der Dinge geboten ist und deshalb unausweichlich erscheint. Gottseidank haben wir jetzt während des Krieges eine ganze Reihe von Möglichkeiten, die uns im Frieden verwehrt wären. Die müssen wir ausnützen.

Die in den Städten des Generalgouvernements freiwerdenden Ghettos werden jetzt mit den aus dem Reich abgeschobenen Juden gefüllt, und hier soll sich dann nach einer gewissen Zeit der Prozess erneuern. Das Judentum hat nichts zu lachen, und dass seine Vertreter heute in England und in Amerika den Krieg gegen Deutschland organisieren und propagieren, das müssen seine Vertreter in Europa sehr teuer bezahlen, was wohl auch als berechtigt angesehen werden muss.

Aus: Michaelis, Herbert/Schraepler, Ernst (Hg.), Ursachen und Folgen, Bd. 19, Berlin o. J., S. 470 f.

b) Der „Reichsführer SS" Heinrich Himmler zur „Endlösung" in einer Rede auf der SS-Gruppenführertagung in Posen am 4. Oktober 1943:

Ich will hier vor Ihnen in aller Offenheit auch ein ganz schweres Kapitel erwähnen. Unter uns soll es einmal ganz offen ausgesprochen sein, und trotzdem werden wir in der Öffentlichkeit nie darüber reden. Genau so wenig, wie wir am 30. Juni 1934 gezögert haben, die befohlene Pflicht zu tun und Kameraden, die sich verfehlt hatten, an die Wand zu stellen und zu erschießen, genau so wenig haben wir darüber jemals gesprochen und werden je darüber sprechen. Es war eine, Gottseidank in uns wohnende Selbstverständlichkeit des Taktes, dass wir uns untereinander nie darüber unterhalten haben, nie darüber sprachen. Es hat jeden geschaudert und doch war sich jeder klar darüber, dass er es das nächste Mal wieder tun würde, wenn es befohlen wird und wenn es notwendig ist.

Ich meine jetzt die Judenevakuierung, die Ausrottung des jüdischen Volkes. Es gehört zu den Dingen, die man leicht ausspricht. – „Das jüdische Volk wird ausgerottet", sagt ein jeder Parteigenosse, „ganz klar, steht in unserem Programm, Ausschaltung der Juden, Ausrottung, machen wir." Und dann kommen sie alle an, die braven 80 Millionen Deutschen, und jeder hat seinen anständigen Juden. Es ist ja klar, die anderen sind Schweine, aber dieser eine ist ein prima Jude. Von allen, die so reden, hat keiner zugesehen, keiner hat es durchgestanden. Von Euch werden die meisten wissen, was es heißt, wenn 100 Leichen beisammen liegen, wenn 500 daliegen oder wenn 1 000 daliegen. Dies durchgehalten zu haben, und dabei – abgesehen von Ausnahmen menschlicher Schwächen – anständig geblieben zu sein, das hat uns hart gemacht. Dies ist ein niemals geschriebenes und niemals zu schreibendes Ruhmesblatt unserer Geschichte, denn wir wissen, wie schwer wir uns täten, wenn wir heute noch in jeder Stadt – bei den Bombenangriffen, bei den Lasten und bei den Entbehrungen des Krieges – noch die Juden als Geheimsaboteure, Agitatoren und Hetzer hätten. Wir würden wahrscheinlich jetzt in das Stadium des Jahres 1916/17 gekommen sein, wenn die Juden noch im deutschen Volkskörper säßen.

Zit. nach: Graml, Hermann, Reichskristallnacht, München 1988, S. 262 f.

M 8 **Ankunft von Juden an der Rampe von Auschwitz im Juni 1944**

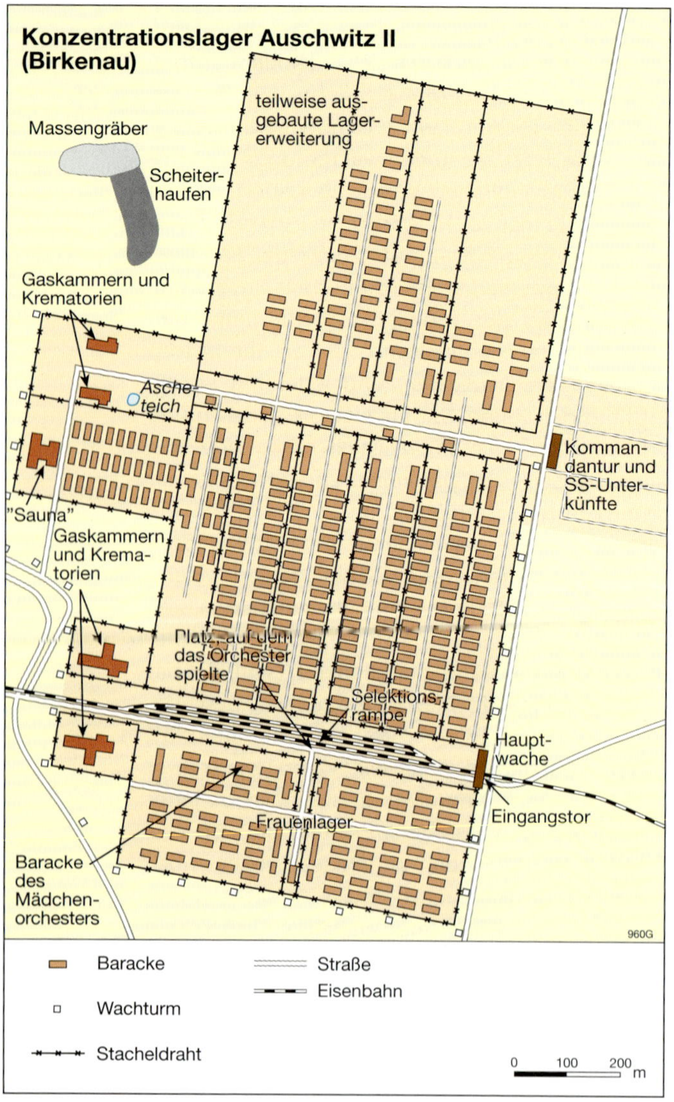

M 9 Bericht aus Auschwitz

Der Auschwitz-Häftling Max Mannheimer berichtet über seine Ankunft im Konzentrationlager Auschwitz 1943:

Osten – Arbeitseinsatz, sagt man. Wir sind alle zusammen: Meine Eltern, meine Frau, zwei Brüder, meine Schwester, Schwägerin. In acht Tagen werde ich dreiundzwanzig. Seit vier Jahren an Straßenbau und Steinbruch gewöhnt. Die letzten Wochen ans Sägewerk. Der Gedanke beruhigt mich. Es wird schon nicht so schlimm sein. Vater meint es auch. Er zahlte pünktlich Steuern. Für König und Kaiser im Ersten Weltkrieg drei Jahre an der Front. Hat sich nie etwas zuschulden kommen lassen.
Transportnummern werden verteilt. Um den Hals gehängt. CU 210, 211, 212, 213, 214, 215, 216, 217. Tausend Frauen, Männer, Kinder. Schleppen sich. Nach Bauschowitz. Personenzug wartet. Werden einzeln aufgerufen. Steigen ein. Zehn im Abteil. Etwas gedrängt. Kann doch nicht so schlimm sein: Personenzug.
Osten – Arbeitseinsatz. Einsatz? Warum nicht einfach Arbeit? Abfahrt. Es ist neun Uhr morgens. Sehen Trümmer. Hören sächsisch. Entdecken Notizen an der Wand des Wagens. Abfahrt Theresienstadt 9.00 Uhr, dann Dresden, Bautzen, Görlitz, Breslau, Brieg. Oppeln Hindenburg. Dann nichts. Tag und Nacht. Auf der Strecke entdecken wir Juden. In Zivilkleidung. Mit Stern. Mit Schaufeln. Werfen Brot aus dem Fenster. Sie stürzen sich darauf. Stoßen sich. Arbeitseinsatz? Werden wir auch so aussehen? Handeln? Stoßen? Nochmals Tag. Und halbe Nacht. Der Zug hält kreischend an. Ein-

tausend Männer, Frauen, Kinder. Die Begleitmannschaft umstellt den Zug. Wir haben im Zug zu bleiben. Nicht mehr lange. Eine Kolonne LKW's kommt. Starke Scheinwerfer erhellen plötzlich die Rampe. SS-Offiziere und Wachtposten stehen da. Wir sind an der Todesrampe von Auschwitz-Birkenau.

Auschwitz-Birkenau, Todesrampe, Mitternacht vom 1. zum 2. Februar 1943.

Alles aussteigen! Alles liegenlassen! Eine Panik. Jeder versucht, so viel wie möglich in die Taschen zu stopfen. Die SS-Leute brüllen: Bewegung! Ein bisschen Dalli! Noch ein Hemd wird angezogen. Noch ein Pullover. Zigaretten. Vielleicht als Tauschobjekt. Männer auf diese Seite, Frauen auf die andere Seite, Frauen mit Kindern auf die LKW's. Männer und Frauen, die schlecht zu Fuß sind, können mit den LKW's mitfahren. Viele melden sich.

Der Rest wird in Fünferreihen aufgestellt. Eine Frau versucht, zu uns herüberzukommen. Sie will vermutlich ihren Mann oder Sohn sprechen. Ein SS-Mann reißt sie mit einem Spazierstock zu Boden. Am Hals. Sie bleibt liegen. Wird weggezerrt. Arbeitseinsatz?

Ein SS-Offizier steht vor uns. Obersturmführer. Wird von einem Posten so angesprochen. Vermutlich Arzt. Ohne weißen Kittel. Ohne Stethoskop. In grüner Uniform. Mit Totenkopf. Einzeln treten wir vor. Seine Stimme ist ruhig. Fast zu ruhig. Fragt nach Alter, Beruf, ob gesund. Lässt sich Hände vorzeigen. Einige Antworten höre ich.

Schlosser – links.
Verwalter – rechts.
Arzt – links. […]
Arbeiter – links.
Schreiner – links.

Dann ist mein Vater an der Reihe. Hilfsarbeiter. Er geht den Weg des Verwalters und Magazineurs. Er ist fünfundfünfzig. Dürfte der Grund sein.

Dann komme ich. Dreiundzwanzig Jahre, gesund, Straßenbauarbeiter. Die Schwielen an den Händen. Wie gut sind die Schwielen. Links.

Mein Bruder Ernst: zwanzig, Installateur – links.

Mein Bruder Edgar: siebzehn. Schuhmacher – links. Versuche meine Mutter, Frau, Schwester, Schwägerin zu entdecken. Es ist unmöglich. Viele Autos sind abgefahren.

Aufstellung in Dreierreihen. Ein SS-Posten fragt nach tschechischen Zigaretten. Ich gebe ihm welche. Er beantwortet meine Fragen. Die Kinder kommen in den Kindergarten. Männer können ihre Frauen sonntags besuchen. Nur sonntags? Das reicht doch! Es muss wohl reichen.

Wir marschieren. Auf einer schmäleren Straße. Wir sehen ein hell erleuchtetes Quadrat. Mitten im Krieg. Keine Verdunkelung. Wachtürme mit MGs. Doppelter Stacheldraht, Scheinwerfer, Baracken. SS-Wachen öffnen ein Tor. Wir marschieren durch. Wir sind in Birkenau.

Vor einer Baracke bleiben wir zehn Minuten stehen. Dann werden wir eingelassen. Aus dem Transport von eintausend Männern, Frauen, Kindern sind es jetzt 155 Männer. Mehrere Häftlinge sitzen an Tischen. Geld und Wertgegenstände sollen abgegeben werden. Auch Verstecktes. Sonst gibt es harte Strafen. Aus meinem Hemdkragen trenne ich ein Stück auf. Zehn-Dollar-Note. Von meinem Schwiegervater. Als Reserve für Notzeiten. Die Namen werden registriert. Ich frage, ob ich die Kennkarte behalten soll. Nein, heißt es. Wir bekämen neue. Wir kommen ins Freie. Dann eine andere Baracke. In einem Raum legen wir unsere Kleider ab. Nur Schuhe und Gürtel behalten wir. Sämtliche Haare werden abgeschnitten. Und abrasiert. Wegen der Läuse. Wir werden mit Cuprex eingesprüht. Kommen in einen sehr warmen Raum. Stufenartig angelegt. Wie eine Sauna. Wir sind nackt und freuen uns über die Wärme. Eigenartig sehen wir aus. Komisch. Glatzen, um den nackten Bauch einen Gürtel und wir haben Schuhe an. Ein Häftling in gestreifter Kleidung kommt herein. Stellt sich vor uns. Wir fragen nach den Frauen, Kindern. „Gehen durch den Kamin"! Wir verstehen ihn nicht. Wir halten ihn für einen Sadisten. Wir fragen nicht mehr.

Max Mannheimer, in: Dachauer Hefte 1, München 1985.

Aufgaben

1. a) Erarbeite aus dem Text, wie Goebbels die Ermordung von Juden rechtfertigt.
   b) Auf welche Weise versucht Himmler mögliche Gewissensbisse der Täter zu verhindern?
   → M7
2. Welche Informationen erhalten die Häftlinge in Auschwitz über ihr Schicksal? Wie reagieren Sie auf das, was Sie erfahren?
   → M8, M9
3. Informiere dich, ob in der damaligen Zeit jüdische Schüler aus deiner Schule dem Holocaust zum Opfer fielen.

Die Leugnung des Holocaust

Der Begriff „Auschwitz-Lüge“

Im Jahr 1973 erschien das Buch „Die Auschwitzlüge“ von Thies Christophersen, der 1944 als SS-Mann in Auschwitz stationiert gewesen war. In seinem „Erlebnisbericht“ behauptete er, dass es im dortigen Konzentrationslager keine Ermordung von Juden gegeben habe.

Der Titel des Buchs wird seither oft für die vielfältigen Bemühungen verwendet, die systematische Ermordung der Juden zu leugnen bzw. zu relativieren. Der Begriff „Auschwitz-Lüge“ ist jedoch nicht nur deshalb problematisch, weil er von Rechtsextremisten verwendet wird, sondern auch, weil er wenig präzise ist. Deshalb erscheint es angemessener, von der „Leugnung des Holocaust“ zu sprechen. Mitunter ist auch von „Geschichtsrevisionismus“ die Rede, also von einer Umdeutung der Geschichte.

Traditionen der Geschichtsverfälschung

Seit dem Ende der nationalsozialistischen Herrschaft gab es immer wieder Versuche, den Judenmord in Frage zu stellen. Dabei wirkten die Auseinandersetzungen nach dem Ersten Weltkrieg fort. Schon damals behaupteten Anhänger der „Dolchstoß-Legende“, das deutsche Heer sei militärisch nicht besiegt, sondern von Kriegsgegnern im eigenen Land von hinten „erdolcht“ worden. Ebenso stellten sie eine mögliche Schuld oder Mitschuld Deutschlands am Ausbruch des Krieges kategorisch in Abrede.

Ähnliche Versuche, die vermeintliche „deutsche Ehre“ zu retten, gab es nach 1945 hinsichtlich des jüdischen Massenmords. Einige Autoren – oft unbelehrbare Nationalsozialisten – stellten die Zahl der Opfer in Frage und bestritten eine bewusste Tötungsabsicht. Vertreter dieser Position finden sich nicht nur in Deutschland, sondern auch in Frankreich, Kanada und den USA. Seit den 70er Jahren änderte sich das insofern, als der Holocaust nun überhaupt geleugnet und dies mit „wissenschaftlichen“ Erkenntnissen begründet wurde.

Widerlegungen der „Auschwitz-Lüge“

Den Versuch, die Morde in Auschwitz naturwissenschaftlich zu widerlegen, lieferte 1988 der „Leuchter-Report“. Damals erhob ein Gericht gegen den in Kanada lebenden Rechtsextremisten Ernst Zündel Anklage. Daraufhin beauftrage dieser den selbst ernannten Experten für Hinrichtungsanlagen, Fred Leuchter, ein Gutachten anzufertigen. Leuchter fand in den Gaskammern nur geringe Mengen von Blausäure und schloss daraus, dass es keine Vergasungen gegeben habe. Im Lauf der Verhandlungen stellte sich nicht nur heraus, dass Leuchter keinen Ingenieurs-Titel hatte, sondern auch, dass die von ihm untersuchten Gebäude jahrzehntelang der Witterung ausgesetzt oder zum Teil erst nach dem Krieg wieder aufgebaut worden waren.

Als die amerikanische Wissenschaftlerin Deborah Lipstadt 1994 in einem Buch die Thesen der Holocaust-Leugner widerlegte, klagte der britische Historiker David Irving und verlangte Schadenersatz. Er verlor jedoch den Prozess, da die Gutachten der Sachverständigen bewiesen, dass Juden in Auschwitz systematisch vergast und danach verbrannt wurden.

M 1 Opfer in Auschwitz
Dieser Anblick bot sich sowjetischen Truppen nach Befreiung des Lagers am 26. Januar 1945.

Auch der Franzose Jean-Claude Pressac, ursprünglich den „Revisionisten" nahe stehend, entdeckte bei seinen Forschungen in Auschwitz viele Belege dafür, dass man die Gaskammern einzig zur massenhaften Tötung von Menschen konstruiert hatte.

Motive der Holocaust-Leugner

Die historische Forschung und die Gerichtsgutachten lassen keinen Zweifel an der systematischen Ermordung der Juden durch die Nationalsozialisten. Der Befund an Ort und Stelle, also in den Vernichtungslagern selbst, sowie eine Fülle von Dokumenten, Bildern und Erlebnisberichten nicht nur von KZ-Häftlingen, sondern auch von Tätern ergeben ein eindeutiges Bild.

Für Rechtsextremisten hingegen ist die Leugnung des Holocaust ein fester Bestandteil ihres Weltbilds. Manche versuchten, auf diese Weise ihr Handeln im „Dritten Reich" zu rechtfertigen. Anderen gelang es, mit ihren Thesen das Interesse der Öffentlichkeit zu wecken und mit der Verbreitung entsprechender Schriften sogar Geld zu verdienen. Wieder andere haben nach wie vor antisemitische Vorurteile und sehen eine jüdische Weltverschwörung. Gemeinsames politisches Ziel ist eine antidemokratische und antiliberale Gesellschaftsordnung.

„Auschwitz-Lüge" als Straftatbestand

Da immer deutlicher wurde, dass die Leugnung des Holocaust weder eine wissenschaftliche Streitfrage noch eine persönliche Ermessensfrage ist, sondern Teil einer internationalen rechtsextremen Gesinnung, wurde die „Auschwitz-Lüge" unter Strafe gestellt. Früher durch das Recht auf freie Meinungsäußerung gedeckt, gilt sie heute als Straftatbestand – seit 1985 als Beleidigung und seit 1994 als Volksverhetzung – und kann gemäß § 130 des Strafgesetzbuches mit bis zu fünf Jahren Freiheitsstrafe geahndet werden. Auch im Internet ist die Verbreitung dieses Gedankenguts seit dem Jahr 2000 verboten.

M 2 Demonstration von Neonazis
Propaganda-Aktion der neonazistischen „Aktionsfront Nationaler Sozialisten" in Hamburg 1978. Die schwarze Kleidung mit Totenkopf-Abzeichen tragenden jungen Männer führen Plakate mit sich, auf denen zu lesen ist: „Ich Esel glaube noch, dass in deutschen KZ's Juden vergast wurden."

M 3 Beweise für die Gaskammern

In ihrem Buch „Betrifft: Leugnen des Holocaust“ setzt sich die amerikanische Historikerin Deborah E. Lipstadt mit der Behauptung auseinander, es habe in Auschwitz keine Gaskammern gegeben. Dazu fasst sie die Ergebnisse des französichen Forschers Pressac zusammen:

Bei einem Aufenthalt in Auschwitz [...] wurde Pressac eine Reihe von Akten vorgelegt, die weit mehr als den „einen einzigen Beweis“ liefern, auf dem die Holocaust-Leugner bestehen. Bei späteren Reisen entdeckte er zusätzliches, unter anderem bis dahin unveröffentlichtes Material. Seit dem Erscheinen seines Buches 1989 hat er in ehemals sowjetischen Archiven weitere Dokumente aufgestöbert, welche den völligen Aberwitz der Unterstellung enthüllen, es gebe keine Unterlagen oder Beweisdokumente zu den Gaskammern. [...] Unter anderem liegen Auftragserteilungen, Materialanfragen, Eintragsformulare für geleistete Arbeitszeit, technische Instruktionen, Rechnungen und Fertigstellungsberichte vor, die samt und sonders unmissverständlich zeigen, dass die Gaskammern zu keinem anderen Zweck gedacht waren, als Menschen darin umzubringen. Die mit der Entwicklung und Installierung der Gaskammern beauftragte Firma hieß „Topf und Söhne“. Das Material setzt sich zu einem überwiegenden Teil aus Arbeitsberichten zusammen, die sie ihren Lieferanten und Zivilangestellten der SS unterbreiteten. In der Regel suchten sie den Anschein zu erwecken, als bauten sie Leichenhäuser, dabei unterliefen ihnen jedoch genügend Schnitzer, sodass Konstruktion und Einbau der Todesfallen ausführlich dokumentiert sind.

- Eine Bestandsaufnahme der Apparaturen u. ä., die in Krematorium III installiert waren, registrierte den notwendigen Einbau einer Gastür und von vierzehn Duschen. Diese Gegenstände passen überhaupt nicht zusammen. Eine gasdichte Tür war nur in einer Gaskammer zu gebrauchen. Wozu hätte man in einem Duschraum eine gasdichte Tür benötigt?
- Mit diesem simplen Beweis, dass es sich nicht um einen Duschraum handelte, gab Pressac sich trotzdem noch nicht zufrieden, sondern errechnete die Fläche, die ein einzelner Duschkopf abdeckt. Als Richtschnur benutzte er die echten Duschvorrichtungen im Ankunftsgebäude. Nach seinen Berech-

M 4 Gaskammer in Auschwitz, Foto von 1995

M 5 Verbrennungsöfen im Krematorium in Auschwitz, Foto von 1945

M 6 **Schuhe in Auschwitz vergaster Menschen,** Foto von 1945

nungen hätte Krematorium II bei einer Größe von 210 Quadratmetern mindestens 115 Duschköpfe aufweisen müssen, keine vierzehn.

- Auf den Inventurzeichnungen sind die Wasserleitungen nicht an die Duschen angeschlossen, was der Fall gewesen wäre, hätte es sich um authentische Duschen gehandelt. [...]
- Pressac fand ein Stundenabrechnungsblatt, auf dem ein Zivilarbeiter einen bestimmten Raum im Westflügel von Krematorium IV mit „Gaskammer" bezeichnet hatte. [...]

Am 13. Februar 1943 orderte die Zentralbauleitung von Auschwitz zwölf gasdichte Türen für die Krematorien IV und V. Den Akten im Auschwitz-Museum gemäß war die Produktion der Türen am 25. Februar beendet. Dem Arbeitsbericht der zivilen Zulieferfirma lässt sich entnehmen, dass am 28. Februar gasdichte Fenster angebracht und eingepasst wurden. Ein Report derselben Firma über die Arbeit an Krematorium IV vom 2. März 1943 enthält den Eintrag „Fußboden betonieren in Gaskammer" [sic!]. Alle Informationen – also Auftragserteilung und Stundenabrechnungsblätter – zusammen betrachtet ergeben, dass am 2. März 1943 die Zivilarbeiter einer deutschen Firma einen Raum in Krematorium IV offiziell zur „Gaskammer" erklärten. Dieses muss ihnen vollkommen einleuchtend erschienen sein, weil sie zwei Tage zuvor in demselben Raum „gasdichte Fenster" eingesetzt hatten.

- Am 26. Februar 1943 ersuchte die Bauleitung eine der am Bau der Gaskammern beteiligten Firmen telegraphisch um die sofortige Zusendung von „zehn Gasprüfern". Mittels dieser sollte die Leistungsfähigkeit des Ventilationssystems in der Gaskammer überprüft werden. [...]
- Ein vom 31. März 1943 datierter und von SS-Sturmbannführer Bischoff unterzeichneter Brief bezog sich unter anderem auf einen am 6. März erteilten Auftrag bezüglich einer „gasdichten Tür" für Krematorium II. Sie sollte mit einer Gummiabdichtung sowie einem Guckloch ausgestattet werden. Wofür benötigte man in einer Leichen- oder Desinfektionskammer ein Guckloch? Sicherlich nicht, um Leichen oder Läuse zu beobachten. Auch die Lieferbestellungen für Krematorium III enthalten Angaben über gasdichte Türen, Eisengitter und Dichtungen für hermetisch schließende Türen.

Deborah E. Lipstadt, Betrifft: Leugnen des Holocaust, Zürich 1994, S. 272–275.

Aufgaben

1. Welchen Zweck verfolgen die Leugner des Holocausts?
   → Text
2. Fasse die Argumente zusammen, die gegen die Leugner des Holocausts sprechen.
   → M3–M6
3. Bis in jüngere Zeit wurde die Verbreitung der Holocaustlüge strafrechtlich nicht verfolgt. Diskutiere, ob man die Verbreitung der Holocaustlüge nicht schon früher hätte bestrafen sollen.

Widerstand gegen den Nationalsozialismus

Was ist Widerstand?

Widerstand gegen die nationalsozialistische Herrschaft gab es vom Beginn des Terrorregimes 1933 bis zu seinem Untergang 1945. Aber was ist Widerstand? Zählen dazu nur die Attentate auf Hitler oder auch die Weigerung, zur HJ zu gehen? Handelte es sich um Widerstand, wenn man jüdische Nachbarn auf der Straße grüßte?

Die meisten Historiker unterscheiden verschiedene Formen des Widerstands: den bewussten politischen Kampf gegen das nationalsozialistische Regime, die Verweigerung im täglichen Leben gegenüber den Erwartungen der Nationalsozialisten und die innere geistige Abgrenzung von der NS-Ideologie.

Dabei zeigt sich, dass es ganz unterschiedliche Verhaltensweisen gab, die das Regime als Angriff oder Verweigerung wertete. Die Vielfalt der Erscheinungsformen, Methoden, Motive und Zielsetzungen macht es schwer, Widerstand angemessen zu erfassen.

Bedingungen des Widerstands

Erschwert – wenn nicht lebensbedrohlich – wurde Widerstand im totalitären System dadurch, dass das NS-Regime von Anfang an mit Zwang und Terror gegen seine Gegner vorging. Zudem ließ sich die Mehrheit der Deutschen durch Hitlers vermeintliche Erfolge in den ersten Jahren blenden. Widerstand war also stets mit einem erheblichen persönlichen Risiko verbunden.

Auf der anderen Seite ist festzustellen, dass Einzelne und Gruppen immer wieder diese Gefahr auf sich nahmen. Sie wollten ihrer Überzeugung treu bleiben und einen Beitrag zum Sturz des nationalsozialistischen Regimes und zur Beendigung des Krieges leisten.

Früher Widerstand aus der Arbeiterbewegung

Kommunisten und Sozialdemokraten waren Opfer der ersten Stunde. Gleich nach dem Reichstagsbrand im Februar 1933 wurden zahlreiche Mitglieder der KPD und SPD verhaftet, in Konzentrationslager verschleppt, misshandelt oder ermordet. Nur mühsam gelang es den verbleibenden Mitgliedern, ihren politisch motivierten Widerstand in kleinen konspirativen Gruppen zu organisieren.

Der Weg ins Exil verlagerte einen Großteil der Aktivitäten ins zunächst noch freie Ausland. Größere Aktionen waren unter diesen Bedingungen nicht möglich, aber es konnte ein Netzwerk Gleichgesinnter entstehen, das Informationsaustausch und Hilfeleistungen für Verfolgte ermöglichte. So wurden z. B. Familienangehörige von Inhaftierten oder Ermordeten unterstützt.

M 1 Bischof Graf von Galen
Der Bischof von Münster kritisierte in seinen Predigten offen die „Euthanasie", Foto um 1945/46.

Widerstand der Kirchen

Die katholische Kirche missbilligte die NS-Ideologie, denn es gab zahlreiche Aussagen, die nicht mit der christlichen Glaubenslehre in Einklang standen. Trotz des Konkordats, das Hitler 1933 mit dem Vatikan schloss, lehnten viele Katholiken die nationalsozialistische Weltanschauung ab. Die Ablehnung äußerte sich in individueller Verweigerungshaltung gegenüber den Einrichtungen der Partei und des

M 2 **Dietrich Bonhoeffer**
Sondermarke der Deutschen Post

M 3 **Claus von Stauffenberg**
(auf dem Foto ganz links) im Führerhauptquartier Wolfsschanze

M 4 **Die Geschwister Scholl**
Auf dem Münchener Bahnhof verabschiedet sich Sophie Scholl von ihrem Bruder Hans (zweiter von links), der an die Ostfront einberufen wurde.

Staates. Dazu zählte zum Beispiel die Weigerung, in die NSDAP, die HJ oder den BdM einzutreten.

Schwieriger war die Situation der evangelischen Kirche. Hier gab es zwei Strömungen. Während die „Deutschen Christen" eng mit den Nationalsozialisten zusammenarbeiteten, vereinigten sich oppositionelle Geistliche im Pfarrernotbund. Aus ihm ging die „Bekennende Kirche" hervor, die den christlichen Glauben höher stellte als den Gehorsam gegenüber Hitler. Zu ihr zählte auch der Theologe Dietrich Bonhoeffer, der Pläne zum Sturz Hitlers unterstützte und dafür 1945 im KZ Flossenbürg hingerichtet wurde.

Als das nationalsozialistische Regime damit begann, Behinderte und Kranke als „lebensunwert" zu ermorden, weckte dies den Widerstand vieler Geistlicher. Beispielhaft war hier der Bischof von Münster, Clemens August Graf von Galen, der sich energisch von der Kanzel gegen das „Euthanasie"-Programm der Nationalsozialisten wandte. Das war auch für den Klerus nicht ungefährlich, zumal die Gestapo vor Verhaftung und Mord nicht zurückschreckte.

Der 20. Juli 1944

Hitlers politische Erfolge bis zur Kriegswende 1942 erschwerten alle Aktivitäten, die sich gegen das Regime richteten. Widerstand gab es fast nur noch in Form regimekritischer Witze oder im Abhören „feindlicher Sender", was bei einer Denunziation Gerichtsverfahren und harte Strafen nach sich zog.

Als sich die militärische Niederlage abzeichnete, versuchte eine Gruppe von Verschwörern Hitler zu töten und die Macht zu übernehmen. Am 20. Juli 1944 deponierte Oberst Graf Stauffenberg während einer Lagebesprechung im Führerhauptquartier, der Wolfsschanze in Ostpreußen, eine Bombe. Die Explosion verletzte Hitler nur leicht, da er zwischenzeitlich seine Position verändert hatte. Den politischen Umsturz, der zeitgleich in Berlin erfolgen sollte, schlug noch am selben Tag die Gestapo nieder. Stauffenberg und vier Verschwörer wurden noch um Mitternacht in Berlin hingerichtet, eine anschließende Verhaftungswelle forderte hunderte weitere Opfer.

Widerstand von Jugendlichen

Auch Jugendliche leisteten Widerstand, wie zum Beispiel die „Weiße Rose", eine Gruppe von Studenten an der Universität München unter Führung der Geschwister Scholl. Sie verteilten Flugblätter gegen eine Fortsetzung des sinnlosen Kriegs und suchten ihre Kommilitonen zum Widerstand zu bewegen. Am 18. Februar 1943 wurden sie in der Universität beobachtet und verhaftet. Wenig später richtete man die Geschwister Scholl und drei weitere Mitglieder der „Weißen Rose" hin.

Auch andere Jugendliche distanzierten sich vom System oder leisteten aktiven Widerstand. Die „Swing-Jugend" Hamburgs aus gutbürgerlichen Kreisen hörte den offiziell verbotenen Jazz und wurde zur Umerziehung und Abschreckung in ein Jugend-Konzentrationslager gebracht. Die Edelweiß-Piraten und andere Gruppen im Rhein-Ruhr-Gebiet führten einen regelrechten Kampf gegen SA und Polizei. Sie betrieben Sabotage und schreckten auch vor Gewalt nicht zurück. Viele von ihnen wurden ohne Gerichtsurteil umgebracht.

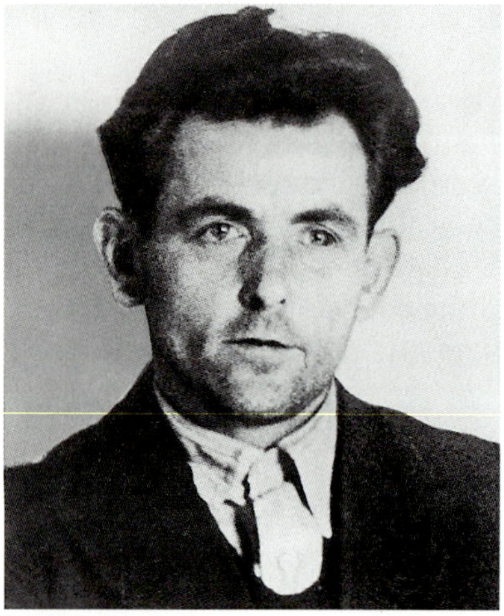

M 5 Georg Elser (1903–1945)
Er verübte am 8. November 1939 im Münchner Bürgerbräukeller ein Bombenattentat auf Hitler. Elser wurde am 9. April 1945 im KZ Dachau erschossen.

Einzelne Widerstandskämpfer

Manche kämpften allein gegen das NS-Regime. Ein bekanntes Beispiel ist der Schreiner Georg Elser aus Württemberg, der durch Hitlers Beseitigung einen Krieg verhindern wollte.

Jedes Jahr feierten die Nationalsozialisten im Münchner Bürgerbräukeller den Jahrestag des Hitlerputsches. Wochenlang ließ sich Elser in der Wirtschaft einsperren, um heimlich in einer ausgehöhlten Säule einen Sprengsatz anzubringen. Die Bombe explodierte zwar wie geplant, doch hatte Hitler die Versammlung vorzeitig verlassen, sodass er dem Attentat entkam. Elser wurde auf der Flucht in die Schweiz verhaftet und im KZ Dachau kurz vor Kriegsende ermordet.

Die Deserteure

Je aussichtsloser der Krieg wurde, desto mehr Soldaten entzogen sich dem Wehrdienst. Desertion wurde streng betraft und das Regime richtete Tausende Kriegsdienstverweigerer hin, da sie das Gesetz und ihren Treueeid gegenüber Hitler gebrochen hatten. Allerdings blieb ihr „Nein“ zum Krieg bis heute in der Bevölkerung umstritten. Immerhin besaßen sie den Mut, sich dem Wahnsinn des Kriegs zu verweigern, der insbesondere in den letzten Jahren unzählige Menschenopfer forderte.

Widerstand in den besetzten Gebieten

Trotz manch mutiger Aktion fand der deutsche Widerstand gegen Hitler kaum Rückhalt bei der Bevölkerung. Anders sah das in den besetzten Gebieten aus, sei es in Frankreich, Polen, der Sowjetunion oder auf dem Balkan. Die Partisanen zogen sich in unzugängliche Gebiete zurück und sprengten Eisenbahnlinien, Brücken und Waffenlager. Die Bevölkerung unterstützte diesen Patriotismus, während sie Kollaboration mit den Deutschen als Verrat verurteilte.

Die deutsche Besatzungsmacht ging rücksichtslos gegen jede Form von Sabotage und Widerstand vor, sodass der Partisanenkrieg auf beiden Seiten mit schonungsloser Grausamkeit geführt wurde.

M 6 Sowjetische Partisanen in unwegsamem Gelände

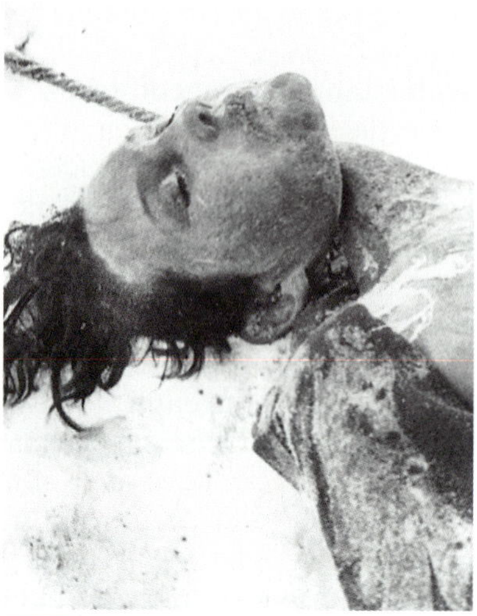

M 7 Eine russische Partisanin wurde am 29.11.1941 hingerichtet

M 8 „Erschlage den faschistischen Unhold“, sowjetisches Plakat

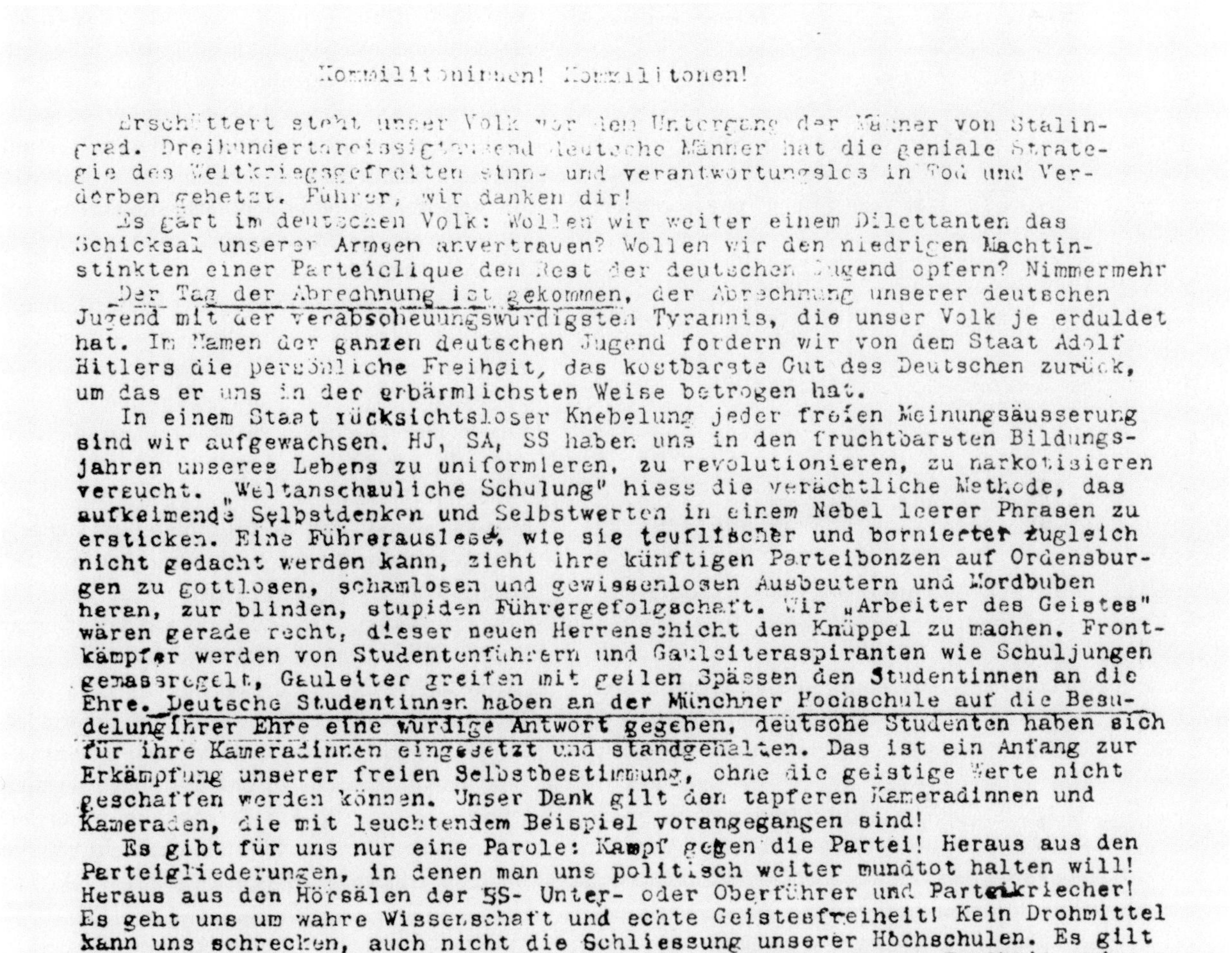

Kommilitoninnen! Kommilitonen!

Erschüttert steht unser Volk vor dem Untergang der Männer von Stalingrad. Dreihundertdreissigtausend deutsche Männer hat die geniale Strategie des Weltkriegsgefreiten sinn- und verantwortungslos in Tod und Verderben gehetzt. Führer, wir danken dir!

Es gärt im deutschen Volk: Wollen wir weiter einem Dilettanten das Schicksal unserer Armeen anvertrauen? Wollen wir den niedrigen Machtinstinkten einer Parteiclique den Rest der deutschen Jugend opfern? Nimmermehr

Der Tag der Abrechnung ist gekommen, der Abrechnung unserer deutschen Jugend mit der verabscheuungswürdigsten Tyrannis, die unser Volk je erduldet hat. Im Namen der ganzen deutschen Jugend fordern wir von dem Staat Adolf Hitlers die persönliche Freiheit, das kostbarste Gut des Deutschen zurück, um das er uns in der erbärmlichsten Weise betrogen hat.

In einem Staat rücksichtsloser Knebelung jeder freien Meinungsäusserung sind wir aufgewachsen. HJ, SA, SS haben uns in den fruchtbarsten Bildungsjahren unseres Lebens zu uniformieren, zu revolutionieren, zu narkotisieren versucht. „Weltanschauliche Schulung" hiess die verächtliche Methode, das aufkeimende Selbstdenken und Selbstwerten in einem Nebel leerer Phrasen zu ersticken. Eine Führerauslese, wie sie teuflischer und bornierter zugleich nicht gedacht werden kann, zieht ihre künftigen Parteibonzen auf Ordensburgen zu gottlosen, schamlosen und gewissenlosen Ausbeutern und Mordbuben heran, zur blinden, stupiden Führergefolgschaft. Wir „Arbeiter des Geistes" wären gerade recht, dieser neuen Herrenschicht den Knüppel zu machen. Frontkämpfer werden von Studentenführern und Gauleiteraspiranten wie Schuljungen gemassregelt, Gauleiter greifen mit geilen Spässen den Studentinnen an die Ehre. Deutsche Studentinnen haben an der Münchner Hochschule auf die Besudelung ihrer Ehre eine würdige Antwort gegeben, deutsche Studenten haben sich für ihre Kameradinnen eingesetzt und standgehalten. Das ist ein Anfang zur Erkämpfung unserer freien Selbstbestimmung, ohne die geistige Werte nicht geschaffen werden können. Unser Dank gilt den tapferen Kameradinnen und Kameraden, die mit leuchtendem Beispiel vorangegangen sind!

Es gibt für uns nur eine Parole: Kampf gegen die Partei! Heraus aus den Parteigliederungen, in denen man uns politisch weiter mundtot halten will! Heraus aus den Hörsälen der SS- Unter- oder Oberführer und Parteikriecher! Es geht uns um wahre Wissenschaft und echte Geistesfreiheit! Kein Drohmittel kann uns schrecken, auch nicht die Schliessung unserer Hochschulen. Es gilt den Kampf jedes einzelnen von uns um unsere Zukunft, unsere Freiheit und Ehre in einem seiner sittlichen Verantwortung bewussten Staatswesen.

Freiheit und Ehre! Zehn lange Jahre haben Hitler und seine Genossen die beiden herrlichen deutsche Worte bis zum Ekel ausgequetscht, abgedroschen, verdreht, wie es nur Dilettanten vermögen, die die höchsten Werte einer Nation vor die Säue werfen. Was ihnen Freiheit und Ehre gilt, haben sie in zehn Jahren der Zerstörung aller materiellen und geistigen Freiheit, aller sittlichen Substanz im deutschen Volk genugsam gezeigt. Auch dem dümmsten Deutschen hat das furchtbare Blutbad die Augen geöffnet, das sie im Namen von Freiheit und Ehre der deutschen Nation in ganz Europa angerichtet haben und täglich neu anrichten. Der deutsche Name bleibt für immer geschändet, wenn nicht die deutsche Jugend endlich aufsteht, rächt und sühnt zugleich, seine Peiniger zerschmettert und ein neues, geistiges Europa aufrichtet.

Studentinnen! Studenten! Auf uns sieht das sieht das deutsche Volk! Von uns erwartet es, wie 1813 die Brechung des Napoleonischen, so 1943 die Brechung des nationalsozialistischen Terrors aus der Macht des Geistes.

Beresina und Stalingrad flammen im Osten auf, die Toten von Stalingrad beschwören uns!

„Frisch auf, mein Volk, die Flammenzeichen rauchen!"

Unser Volk steht im Aufbruch gegen die Verknechtung Europas durch den
43 Nationalsozialismus, im neuen gläubigen Durchbruch von Freiheit und Ehre!

M 9 **Flugblatt der „Weißen Rose"**

Faksimile des letzten Flugblattes vom Februar 1943

M 10

Rekonstruktion der Lagebesprechung im Führerhauptquartier am 20. Juli 1944 um 12.40 Uhr, kurz vor der Detonation der Sprengladung.

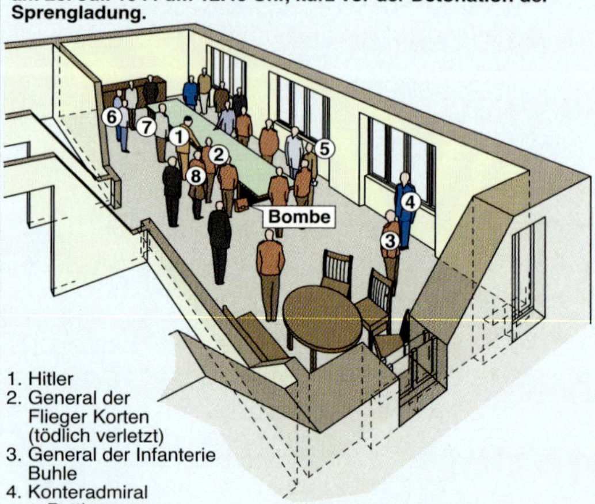

1. Hitler
2. General der Flieger Korten (tödlich verletzt)
3. General der Infanterie Buhle
4. Konteradmiral v. Puttkamer
5. Dr. Berger, Stenograph (tödlich verletzt)
6. Generaloberst Jodl
7. Generalfeldmarschall Keitel
8. Oberst i.G. Graf Stauffenberg

M 11 Attentat auf Hitler – eine Chronik

20. Juli 1944:

10.00 Uhr: „Führerhauptquartier Wolfsschanze": Gegen 10.15 Uhr treffen Oberst Claus Schenk Graf von Stauffenberg und Oberleutnant Werner von Haeften ein.

12.30 Uhr: „Führerhauptquartier Wolfschanze": Stauffenberg und Haeften begeben sich unter dem Vorwand, sich für die Lagebesprechung bei Hitler frischmachen und das Hemd wechseln zu wollen, in das Schlafzimmer eines Adjutanten. Hier aktiviert Stauffenberg, dem infolge einer Kriegsverletzung ein Auge, die rechte Hand und an der linken Hand zwei Finger fehlen, den Zeitzünder der Sprengladung. Nach dem Scharfmachen der ersten Ladung und deren Unterbringung in Stauffenbergs Aktentasche werden sie gestört. Die zweite Sprengladung verbleibt in Haeftens Aktentasche.

Stauffenberg geht zu Fuß zur Lagerbaracke, wo die „Führerlagebesprechung" soeben begonnen hat. Keitel stellt Stauffenberg Hitler vor. Stauffenberg stellt die Tasche mit dem Sprengstoff in die Nähe Hitlers und verlässt dann unter dem Vorwand, telefonieren zu müssen, den Raum.

12.42 Uhr: „Führerhauptquartier Wolfsschanze": Detonation der deponierten Sprengladung. Von den 24 Personen in der Lagerbaracke erleiden vier tödliche Verletzungen, fast alle anderen werden mehr oder weniger schwer verletzt. Hitler überlebt das Attentat mit leichten Verletzungen. Aus 200 m Entfernung beobachtet Stauffenberg die Explosion. Unter einem Vorwand verlassen sie das Gelände und fliegen um 13.15 Uhr mit einem bereitgestellten Flugzeug nach Berlin.

Zwischen 14.45 Uhr und 15.15 Uhr: Berlin: Stauffenberg und Haeften landen in Berlin. Haeften gibt telefonisch die Nachricht vom Tode Hitlers an die Verschwörer in der Bendlerstraße durch.

16.30 Uhr: Berlin: Stauffenberg und Haeften treffen in der Bendlerstraße ein.

17.00 Uhr: „Führerhauptquartier Wolfsschanze": Himmler ruft das Reichssicherheitshauptamt in Berlin an und befiehlt, Stauffenberg festnehmen zu lassen. Durch das „Führerhauptquartier werden Meldungen im Rundfunk veranlasst, die vom Attentat berichten und darauf hinweisen, dass Hitler lebt.

General Kortzfleisch, Kommandierender General des Wehrkreises Berlin, erscheint in der Bendlerstraße. Als er sich weigert, den neuen Befehlen Folge zu leisten, wird er von dem in das Attentat eingeweihten General Beck festgenommen.

19.00 Uhr: General Beck telefoniert mit dem Oberkommandierenden West, Generalfeldmarschall Kluge in Paris. Dieser fordert zuerst Gewissheit über den Tod Hitlers zu erhalten, bevor er zum Handeln bereit sei. Auf Becks Frage, ob er auf jeden Fall zu handeln bereit wäre, weicht Kluge aus und erklärt, er müsse sich erst ein Bild von den Vorgängen verschaffen, bevor er derartige schwerwiegende Schritte unternehme.

20.00 Uhr: Paris: Der eingeweihte General Stülpnagel versucht vergeblich, Kluge zum Handeln mitzureißen, mit dem Ziel einer Einstellung des Kampfes im Westen und einer Verbindungsaufnahme mit den Alliierten. Kluge betont immer wieder, dass er bereit gewesen sei, mitzumachen, „wenn Hitler tot" gewesen wäre.

Gegen 23.15 Uhr: Berlin: Eine Kompanie des Wachbataillons „Großdeutschland" besetzt den Bendlerblock.

21. Juli 1944:

00.15 Uhr bis 00.30 Uhr: Berlin: Im Hof des Bendlerblocks werden General Olbricht, von Haeften, Oberst Mertz von Quirnheim und Stauffenberg durch ein Sonderkommando exekutiert. Staufenberg stirbt mit dem Ruf: „Es lebe das heilige Deutschland!"

Aus: Peter Steinbach und Johannes Tuchel (Hg.), Widerstand gegen den Nationalsozialismus, Bonn 1994, S. 365 ff. (gekürzt).

M 12 Formen des Widerstands

Der Historiker Wilfried Breyvogel schreibt über der Widerstand im Nationalsozialismus:

Die frühe Geschichtsschreibung zum Widerstand im Nationalsozialismus ging von einem sehr engen Widerstandsbegriff aus, der mit dem Bild des Nationalsozialismus in der Totalitarismustheorie korrespondierte: ein monolithischer Herrschaftsapparat, der die gesamte Gesellschaft von oben durchdrang und im Kegelbild der Parteiorganisation seinen deutlichsten Ausdruck fand. Daraus folgte eine Totalerfassung, welche die Möglichkeit des Widerstands minimalisierte und die Heroisierung Einzelner als Märtyrer und Helden zur Folge hatte. Es entstand der Widerstandsdreiklang: Bischof von Galen, Weiße Rose und 20. Juli 1944.

Dagegen ist das Spektrum der Begriffe, das die Alltagsforschung entwickelt hat, weiter gefasst und differenzierter: Resistenz, Dissidenz, Nonkonformität, Protest, Widerstand und Konspiration.

Resistenz meint die aus sozialen Lebensbedingungen, Milieus, Glaubenshaltungen entstehende Reserve, Zurückhaltung, Nichtbegeisterung Einzelner und Gruppen.

Dissidenz und Nonkonformität steht für die Behauptung und Verwirklichung eines eigenen sozialen Raumes, für Handlungen, die über die mentale Reserve hinausgehen und sich z. B. in der Pflege von Kontakten und der Aufrechterhaltung alter Beziehungsnetze ausdrücken können.

Protest meint mit den früheren Definitionen übereinstimmend den verbal geäußerten Widerspruch, das im Zwischenfeld von privat und öffentlich geäußerte Wort, den Zwischenruf, die Verständigung suchende Seitabbemerkung, das Gespräch als Versicherung einer gemeinsamen Option.

Widerstand kennzeichnet die Widerstandshandlung im engen Sinne als geplante Aktion gegen Einrichtungen und persönliche Repräsentanten des Regimes mit dem Ziel seiner/ihrer Beseitigung unter der Bedingung des Risikos für das eigene Leben.

Dieser Begriff von Widerstand verbindet sich notwendig mit dem Begriff der Konspiration als einer verdeckten Maßnahme.

Wilfried Breyvogel, Jugendwiderstand im Nationalsozialismus. Ein Überblick, in: Ringshausen, Gerhard (Hg.), Perspektiven des Widerstands. Der Widerstand im „Dritten Reich“ und seine didaktische Erschließung, Obererlenbach 1994, S. 52 f.

Aufgaben

1. Welche Formen des Widerstands werden im Text unterschieden?
   → Text
2. a) Erarbeite mit Hilfe des Flugblattes die Ziele der Weißen Rose.
   b) Versuche an Hand des Aussehens der Quelle zu erschließen, vor welchen Schwierigkeiten die Verfasser des Flugblatts standen, es überhaupt anzufertigen.
   → Text, M9
3. a) Arbeite mit der Chronik vom 20. Juli 1944. Warum scheiterte das Bombenattentat am 20. Juli 1944?
   b) Was geschah nach der Explosion im Führerhauptquartier? Fasse kurz zusammen und benenne die einzelnen Schauplätze und Akteure.
   c) Erläutere, warum die Männer um Claus Graf Schenk von Stauffenberg sich nicht haben durchsetzen können. Untersuche insbesondere das Verhalten der beteiligten Akteure.
   → M10, M11
4. Ab wann kann von Widerstand im Sinne der Definition des Historikers Wilfried Breyvogel gesprochen werden? Teilst du seine Meinung?
   → M12

Das Ende des Zweiten Weltkriegs

Kriegsende in Europa und Asien

Am 8. und 9. Mai 1945 endete der Zweite Weltkrieg in Europa. Die Oberbefehlshaber der deutschen Wehrmacht unterzeichneten zunächst im Hauptquartier der Westalliierten im französischen Reims und danach im sowjetischen Hauptquartier in Berlin-Karlshorst die „bedingungslose Kapitulation". Damit hatte die Anti-Hitler-Koalition ihr wichtigstes Ziel erreicht: die nationalsozialistische Diktatur war besiegt und die Alliierten übernahmen nun die Regierungsgewalt im kriegszerstörten Deutschland.

In Ostasien setzten die USA erstmals die Atombombe ein und bewirkten ein abruptes Kriegsende. Diese Waffe von unvorstellbarer Zerstörungskraft vernichtete am 6. August 1945 die japanische Stadt Hiroshima und tötete etwa 70 000 Menschen sofort. Bis heute hat sich diese Zahl durch Spätfolgen der atomaren Verstrahlung auf 240 000 erhöht. Wenig später erlitt die Stadt Nagasaki das gleiche Schicksal. Schon am 2. September 1945 unterzeichnete Japan auf dem amerikanischen Schlachtschiff „Missouri" die bedingungslose Kapitulation.

M 1 Atompilz über Hiroshima
Der US-Bomber „Enola Gay" wirft um 8:15 Uhr Ortszeit die Atombombe ab. Sie explodiert in 570 m Höhe und kostet 240 000 Menschen das Leben, 6. August 1945.

M 2

Die Toten des 2. Weltkriegs (in Mio.)

	Soldaten	Zivilbevölkerung
Deutschland	4,750	0,500
Sowjetunion	13,600	7,000
USA	0,259	
Großbritannien	0,324	0,062
Frankreich	0,340	0,470
Polen	0,320	5,700
Italien	0,330	
Rumänien	0,378	
Ungarn	0,140	0,280
Jugoslawien	0,410	1,280
Griechenland	0,020	0,140
Niederlande	0,012	0,198
Japan	1,200	0,600
China	mind. 20,0	
Gesamtverluste:	ca. 55 Mio. Tote	

12404E

Die Bilanz des Krieges

Der Zweite Weltkrieg hinterließ ein bis dahin unbekanntes Maß an Verwüstung, Tod und Leid. Der Bombenhagel hatte die Städte zerstört, unzählige Menschen waren obdachlos, Millionen flüchteten vor der Sowjetarmee aus ihrer ostdeutschen Heimat in den Westen. Die Nahrungsversorgung brach allenthalben zusammen und es drohte eine Hungersnot. Neben Millionen Soldaten hatte der Krieg auch Hunderttausende Zivilisten getötet. Hinzu kam das unvorstellbare Verbrechen des bestialischen Völkermords an den europäischen Juden.

Das Kriegsende als epochale Wende

Das Ende des Zweiten Weltkriegs bedeutete in mehrfacher Hinsicht einen tiefen Einschnitt. So stiegen die USA und die Sowjetunion zu Supermächten auf. Wegen ihrer gegensätzlichen politischen Systeme – liberale Demokratie einerseits und sozialistische Diktatur andererseits – entwickelte sich in der Folgezeit ein weltumspannender Konflikt, der „Kalte Krieg", der immer wieder regionale Krisen und die Gefahr neuer Kriege heraufbeschwor.

Mit der Atombombe begann eine neue Epoche in der Waffenentwicklung und in den Beziehungen zwischen den großen Mächten. Nachdem auch die Sowjetunion und andere Staaten über die „Bombe" verfügten, bestand die Gefahr einer kriegerischen Auseinandersetzung, die die gesamte Erde zerstören würde.

Demgegenüber verlor Europa an weltpolitischer Bedeutung. Einstige Großmächte wie Frankreich, Großbritannien oder Deutschland konnten mit den neuen Supermächten nicht mehr konkurrieren. Der Machtzerfall beschleunigte sich dadurch, dass die Kolonien in Afrika und Asien ihre Unabhängigkeit erklärten. Dieser Prozess der Entkolonisierung, der nach 1945 begann, traf besonders Frankreich und Großbritannien.

M 3 Flagge der UN

Die Gründung der UNO

Sichtbarer Ausdruck eines Umdenkens der Politiker war die Gründung der „Vereinten Nationen" im Jahr 1945. Nach dem Scheitern des Völkerbunds wollte man ein Gremium schaffen, das den Frieden und die Sicherheit der Völker garantieren und Konflikte entschärfen sollte. Erste Grundsätze einer solchen Friedensordnung hatten US-Präsident Roosevelt und der britische Premierminister Churchill bereits 1941 in ihrer „Atlantik-Charta" verkündet. Am 26. Juni 1945 unterzeichneten schließlich 51 Staaten in San Francisco die Charta der „Vereinten Nationen" (United Nations Organization, UNO).

„Niederlage" oder „Befreiung"?

Empfanden andere Länder das Kriegsende als Sieg oder Befreiung, so war die Situation in Deutschland zwiespältig.

Einerseits endete der blutige Krieg, der Tod und Verderben über die Menschen gebracht hatte. Konzentrationslager öffneten sich und die schwer gezeichneten Häftlinge erlangten endlich die Freiheit. Die NS-Bonzen waren entmachtet, geflohen oder inhaftiert. Andere begingen Selbstmord wie Hitler in seinem Berliner Führerbunker. Kurz: Der Krieg war beendet, die NS-Diktatur vernichtet.

Andererseits hatte Deutschland eine vernichtende Niederlage erlitten, unglaubliche Zerstörungen und über 5 Millionen Tote zu beklagen. Ausländische Mächte übernahmen die Herrschaft und brachten das Ende eines souveränen Deutschlands. Auch die vom Nationalsozialismus getäuschten Menschen, die an die Versprechungen des Regimes geglaubt hatten, waren verbittert und empfanden das Ende nicht immer als „Befreiung".

Ob der 8. Mai 1945 also ein „Tag der Niederlage" oder ein „Tag der Befreiung" ist, ob er zu Freude, Trauer oder zum Gedenken Anlass gibt, wurde bei Kriegsende sehr verschieden beantwortet.

M 4 **Eine Bildergeschichte über Hiroshima**
von den japanischen Künstlern Iri und Toshi Maruki

a) „Lichtblitz und Strahlung“

b) „Hitze- und Druckwelle“

c) „Feuer“

d) „Flucht“

M 5 **Die Frage „Warum?“**

Der Historiker Florian Coulmas schreibt in seinem Buch über Hiroshima:

Eine unverzerrte Antwort auf die Frage zu geben, weshalb Hiroshima und Nagasaki vernichtet wurden, bleibt schwierig. Nur der Versuch einer relativen Gewichtung der vielen verschiedenen Faktoren, die zusammenkamen, ist sinnvoll. Während militärische Gründe kaum ins Gewicht fielen, war das politische Motiv, gegenüber der sowjetischen Führung amerikanische Stärke zu zeigen, von großer Bedeutung. Hinzu kamen der Druck, die gewaltigen Kosten des Unternehmens zu rechtfertigen und die Bereitschaft zur Dehumanisierung der anderen Rasse. Japans Versäumnis, den auch ohne die Atombomben bereits verlorenen Krieg zu beenden, machte es möglich, dass die Katastrophe über Hiroshima und Nagasaki hereinbrach.

aus: Coulmas, Florian, Hiroshima – Geschichte und Nachgeschichte, München 2005, S. 19.

M 6 **Vierzig Jahre danach**

Rede von Bundespräsident Richard von Weizsäcker am 8. Mai 1985 im Deutschen Bundestag anlässlich des 40. Jahrestages der Beendigung des Krieges:

Viele Völker gedenken heute des Tages, an dem der Zweite Weltkrieg in Europa zu Ende ging. Seinem Schicksal gemäß hat jedes Volk dabei seine eigenen Gefühle. Sieg oder Niederlage, Befreiung von Unrecht und Fremdherrschaft oder Übergang zu neuer Abhängigkeit, Teilung, neue Bündnisse, gewaltige Machtverschiebungen – der 8. Mai 1945 ist ein Datum von entscheidender historischer Bedeutung in Europa. […]

Der 8. Mai ist für uns vor allem ein Tag der Erinnerung an das, was Menschen erleiden mussten. Er ist zugleich ein Tag des Nachdenkens über den Gang unserer Geschichte. Je ehrlicher wir ihn begehen, desto freier sind wir, uns seinen Folgen verantwortlich zu stellen.

Der 8. Mai ist für uns Deutsche kein Tag zum Feiern. Die Menschen, die ihn bewusst erlebt haben, denken an ganz persönliche und damit ganz unterschiedliche Erfahrungen zurück. Der eine kehrte heim, der andere wurde heimatlos. Dieser wurde befreit, für jenen begann die Gefangenschaft. Viele waren einfach nur dafür dankbar, dass Bombennächte und Angst vorüber und sie mit dem Leben davongekommen waren. Andere empfanden Schmerz über die vollständige Niederlage des eigenen Vaterlandes. Verbittert standen Deutsche vor zerrissenen Illusionen, dankbar andere Deutsche für den geschenkten neuen Anfang.

Politische Reden 1945–1990, hrsg. von Marie-Luise Recher, Frankfurt/M. 1999, S. 747 f.

M 7 **Zeichnung von F. Behrendt,** Frankfurter Allgemeine Zeitung, 1985

Aufgaben

1. Wann endete der Zweite Weltkrieg? Warum ist es schwierig, ein bestimmtes Datum anzugeben?
   → Text
2. a) Beschreibe anhand der Bilder die Wirkung einer Atombombe.
   b) Worin unterschied sich die Atombombe von den bisher eingesetzten Waffen?
   → Text, M1, M4
3. Welche Antwort gibt Florian Coulmas auf die Frage nach den Gründen für den Abwurf?
   → M5
4. a) Fasse zusammen, welche Bedeutung Richard von Weizsäcker dem 8. Mai zuspricht.
   b) Stimmst du seiner Einschätzung zu?
   → M6
5. Fasse die Aussage der Karikatur mit eigenen Worten zusammen.
   → M7

Weltwirtschaftskrise
——————>>>

„Machtergreifung" der Nationalsozialisten
——————>>>

„Nürnberger Gesetze"

1926 | 1928 | 1930 | 1932 | 1934

Grundwissen: Zeit

1917 Russische Revolution
1918 Novemberrevolution
1923 Hitlerputsch
1929 Weltwirtschaftskrise

30.1.1933 Hitler Reichskanzler
1933 „Ermächtigungsgesetz"
9.11.1938 Novemberpogrom
1.9.1939 Beginn des Zweiten Weltkriegs
20. Juli 1944 Attentat auf Hitler
8./9.5. 1945 bedingungslose Kapitulation Deutschlands

1949 Gründung der beiden deutschen Staaten
23.5. 1949 Grundgesetz

1945 Gründung der UNO
1962 Kuba-Krise
ab 1985 Reformpolitik in der UdSSR
1989 Umbruch im Ostblock

17.6. 1953 Aufstand in der DDR
1961 Mauerbau
1972 Grundlagenvertrag
9.11.1989 Öffnung der Grenze
3.10.1990 „Tag der Deutschen Einheit"

Grundwissen: Begriffe

Vertrag von Versailles
Weimarer Verfassung
Inflation

„Machtergreifung"
Nationalsozialismus
Antisemitismus
„Drittes Reich"
„Gleichschaltung"
„Nürnberger Gesetze"
Systematische Vernichtung der europäischen Juden
Holocaust, Shoa
Konzentrations- und Vernichtungslager
Widerstand

Konferenz von Potsdam
Flucht und Vertreibung
Besatzungszonen
Entnazifizierung
Währungsreform

Kalter Krieg
NATO, Warschauer Pakt
Europäische Einigung
Vietnamkrieg
Glasnost, Perestroijka

Ostverträge
Entspannungspolitik
68er-Bewegung

Grundwissen: Methoden

Umgang mit Geschichtskarten
Umgang mit Statistiken
Umgang mit Spielfilmen

Umgang mit Fotografien

Umgang mit Berichten von Zeitzeugen

Umgang mit schriftlichen Quellen
Umgang mit dem Internet

.38
…chner Abkommen“

Novemberpogrome

Überfall auf Polen >>>

Angriff auf die Sowjetunion >>>

Bombenkrieg

Zweiter Weltkrieg

Attentat auf Hitler
20.07.44

8./9.05.45
Kriegsende

1938 | 1940 | 1942 | 1944 | 1946

Zusammenfassung

Am 30. Januar 1933 übernahmen die Nationalsozialisten unter Adolf Hitler die Macht in Deutschland. In kurzer Zeit errichteten sie eine Diktatur, die nach dem „Führerprinzip“ aufgebaut war. Etappen auf diesem Weg waren das „Ermächtigungsgesetz“, das Hitler die Macht übertrug, sowie die „Gleichschaltung“. Sie führte zur Auflösung der Parteien und Gewerkschaften sowie zur Beseitigung der Länderparlamente. Presse und Kultur unterlagen einer staatlichen Zensur und dienten der nationalsozialistischen Propaganda.

Die Sicherung der Macht besorgte ein brutales Polizei- und Überwachungssystem, das sich des Terrors bediente und von der SA und SS – den Kampforganisationen der NSDAP – unterstützt wurde. Politische Gegner inhaftierte das Regime in Konzentrationslagern (KZ), die der Einschüchterung und Ermordung der Inhaftierten dienten.

Rassismus und Antisemitismus zählten zur Ideologie des Nationalsozialismus. Sie führten zur Ausgrenzung der Juden aus dem politischen, wirtschaftlichen und gesellschaftlichen Leben, was die Nürnberger Gesetze 1935 besiegelten. Ein erster Höhepunkt der Judenverfolgung war die Pogromnacht vom 9./10. November 1938.

Außenpolitische Ziele des Nationalsozialismus waren die Revision des Versailler Vertrags, die Schaffung eines „Großdeutschen Reichs“ und die Eroberung neuer Gebiete in Osteuropa. Um der Gefahr eines Zweifrontenkriegs zu begegnen, schloss Hitler mit Stalin 1939 den deutsch-sowjetischen Nichtangriffspakt.

Am 1. September 1939 entfesselte Hitler mit dem Überfall auf Polen den Zweiten Weltkrieg. Bis 1940 eroberten deutsche Truppen weite Gebiete vom Nordkap bis zur Atlantikküste und marschierten 1941 in die Sowjetunion ein, wo ein Vernichtungskrieg geführt wurde. In den eroberten Ostgebieten errichteten die Nationalsozialisten Vernichtungslager und ermordeten etwa 6 Millionen Juden aus allen Teilen des besetzten Europas.

Der japanische Überfall auf Pearl Harbor führte 1941 zum Kriegseintritt der USA. Von nun an zwangen die Alliierten die Achsenmächte an allen Fronten zum Rückzug und stießen nach ihrer Landung in der Normandie im Juni 1944 auf das Reichsgebiet vor. Ein Umsturzversuch, den eine Gruppe von deutschen Offizieren am 20. Juli 1944 unternahm, scheiterte. Am 8. und 9. Mai 1945 erfolgte Deutschlands bedingungslose Kapitulation. Nach den Atombombenabwürfen auf Hiroshima und Nagasaki kapitulierte am 2. September 1945 auch Japan.

3. Ost-West-Konflikt und doppelte deutsche Staatsgründung

Luftbrückendenkmal
in Berlin-Tempelhof

Potsdamer Konferenz, 1945

Flüchtlinge bei Danzig, 1945

Plakat zum Marschallplan

Plakat der SED, 1946

Flagge der Bundesrepublik

Flagge der DDR

Kriegsende in Deutschland

Die „Stunde Null“

Das Kriegsende bedeutete einen so tiefen Einschnitt, dass man in Deutschland von der „Stunde Null“ sprach. Darin mischte sich Erleichterung über das Ende des Kriegs mit dem Wunsch nach einem völligen Neuanfang. Im Vordergrund stand jedoch die Sorge ums Überleben. Der Bombenkrieg hatte in Deutschland eine Trümmerlandschaft hinterlassen, doch herrschte auch in anderen Staaten Europas Not. Besonders in Osteuropa und in der Sowjetunion waren weite Landstriche durch die Feldzüge der Wehrmacht verwüstet.

M 1 Notunterkunft in Berlin 1948
In Trümmern, Verschlägen und Erdlöchern hausten viele Menschen unmittelbar nach Kriegsende.

Allgemeine Not in Deutschland

Als großes Problem erwies sich die Wohnungsnot. Da der Bombenhagel viele Städte zerstört hatte, fehlten Unterkünfte. Viele Menschen hausten in Ruinen oder lebten in beengten Notunterkünften. Bevor man an einen Wiederaufbau denken konnte, mussten die Trümmer beseitigt werden. Da viele Männer gefallen oder in Kriegsgefangenschaft waren, räumten Alte, Jugendliche und Frauen die Schuttberge weg. „Trümmerfrauen“ vollbrachten damals Deutschlands erste Aufbauleistung.

Der Luftkrieg hatte nicht nur Wohnviertel zerstört, sondern auch Eisenbahnen, Straßen, Fabriken sowie die Wasser- und Energieversorgung. Vieles konnte nur notdürftig repariert werden, sodass zunächst Mangel und Chaos herrschten.

Ein weiteres brennendes Problem war der Hunger. Die Versorgung mit dem Allernötigsten gestaltete sich in unmittelbarer Nachkriegszeit äußerst schwierig. Lebensmittel wurden streng rationiert und waren nur mit Lebensmittelmarken erhältlich. Deshalb unternahmen die Menschen „Hamsterfahrten“ aufs Land, wo sie beim Bauern Wertsachen gegen Lebensmittel eintauschten.

Trotz Verbots und strenger Kontrolle entstanden Schwarzmärkte, auf denen man schwer erhältliche Waren kaufen konnte. Zigaretten dienten dabei oft als Tauschwährung.

M 2 Zerstörtes Hamburg
Foto von 1945

M 3 Schulspeisung in Hamburg
Die Schulen teilten kostenlose Mahlzeiten aus, da die Kinder an Unterernährung litten, 1946.

M 4 Trümmerfrauen in Berlin
Trotz ungewisser Zukunft, ihre Männer gefallen oder vermisst, vollbrachten die Trümmerfrauen Deutschlands erste Aufbauleistung.

Darüber hinaus fehlte es an allem: Uniformen oder Gardinen wurden zu ziviler Kleidung umgenäht; aus Helmen wurden Kochtöpfe und Siebe; Malzkaffee, Kunsthonig, Rübensirup und andere Stoffe ersetzten Nahrungs- und Genussmittel. Erst allmählich konnte wieder eine ausreichende Versorgung gesichert werden.

Hilfsprogramme des Auslands

Das bekannteste Hilfsprogramm der Nachkriegszeit waren CARE-Pakete. Eine Privatorganisation versorgte Deutsche mit Lebensmittelsendungen aus den USA, die nicht nur die schlimmste Not linderten, sondern neue Waren nach Deutschland brachten. Zudem erschienen die Amerikaner vielen Deutschen nun als mildtätige Helfer. Später trugen großzügige Finanzhilfen zur Ankurbelung der Wirtschaft bei.

Die Suche nach neuen Werten

Krieg und Diktatur hatten Tod und Zerstörung in unvorstellbarem Ausmaß bewirkt und bei vielen Menschen den Sinn des Lebens in Frage gestellt. Viele suchten ihre oft traumatischen Erfahrungen zu bewältigen und eine neue Orientierung zu finden. Literatur und Kunst stießen deshalb auf großes Interesse. Bücher einst „entarteter" Autoren fanden reißenden Absatz, Theater spielten Stücke ausländischer und früher verfemter Autoren, die das Publikum begierig aufnahm. Nachdem die Deutschen zwölf Jahre von der Welt abgeschnitten waren, weckte alles große Neugier. Gefüllt waren vor allem die Kirchen, in denen Menschen Beistand und Hilfe suchten.

Kontinuität und Neuanfang

Ob es wirklich eine „Stunde Null" gab, ist bis heute umstritten. Einerseits endete für Millionen Menschen das „alte" Leben und sie mussten einen Neuanfang wagen. Andererseits übernahmen Politik und Gesellschaft Bewährtes aus der Weimarer Republik, sodass man hier von einer gewissen Kontinuität sprechen kann.

M 5 Erlebnisberichte aus der Nachkriegszeit

a) 1956 erinnerte sich eine Schülerin an ihre Erlebnisse in der Nachkriegszeit:

Dann kam der Umbruch. Ich entsinne mich noch genau, als wir von dem Einzug der Amerikaner hörten. Wir kamen von einem Spaziergang zurück. Mein Vater stürzte uns entgegen und sagte, dass es soweit wäre, die Amerikaner ständen vor der Tür.

Es war schrecklich für meine Eltern, denn meine beiden ältesten Brüder waren noch in einem Internat in Thüringen. Wie sollten sie in dieser Unordnung zu uns finden? Sie waren völlig auf sich selbst angewiesen, wir konnten nichts für sie tun. Nach vier Tagen kamen sie dann endlich, und damit war die erste Sorge vorbei. [...]

Im September zogen wir wieder in unser Haus. Am 29. Oktober, nachts um 11.00 Uhr, kamen unsere Verwandten als Flüchtlinge aus Sachsen. Das letzte Mal hatte ich sie als Gutsbesitzer gesehen, stolz auf ihr kleines Reich, und nun kamen sie blass und abgehärmt von der langen Flucht und suchten, ähnlich wie wir damals bei ihnen, aber unter noch viel ernsteren Umständen, Schutz in unserem Haus. Es kamen immer mehr Flüchtlinge, wir schliefen schon auf Matratzen, und immer noch suchten sie ein Obdach. Manchmal saßen 25 Personen an unserem Esstisch.

Dazu kam der Hunger. Meine Mutter wusste nicht mehr, wie sie die vielen Menschen sättigen sollte, Die Brotscheiben wurden auf einer Briefwaage abgewogen, und jeder bekam eine Kelle Steckrübensuppe. Einmal im Monat wurde uns aus Amerika ein riesiges Carepaket geschickt; es war ein allgemeines Fest, wenn meine Mutter dieses öffnete. Einen Tag lang wurde dann gefeiert, es gab Kakao und Butter!

Die wirkliche Not dieser Zeit empfand ich als Kind kaum. Dass das Brot so genau abgewogen wurde, fand ich lustig, und der Hunger störte mich wenig. Ich war froh über die vielen Kinder, die jetzt wieder da waren, und unser Tag bestand aus wunderbaren Spielen. Es ist seltsam, aber ich entsinne mich nicht, dass wir jemals wieder Krieg gespielt haben, ich wusste jetzt, wie ernst er ist, und spürte wohl auch, dass man damit nicht spielen darf. [...]

Aber abends, wenn wir alle um den Tisch saßen und den Gesprächen der Erwachsenen lauschten, kroch ein leiser Schauer meinen Rücken empor. Ich hörte von den Russen, von ihren Grausamkeiten und sah die ernsten Gesichter meiner Eltern. Dann begriff ich doch, dass es um unser Deutschland und um uns ernst stand.

Alexander von Plato, Almut Lehr, Ein unglaublicher Frühling. Erfahrene Geschichte im Nachkriegsdeutschland 1945–1948, Bonn 1997, S. 250

b) Der 1931 geborene Klaus Gerber musste sich, gerade 14 Jahre alt, auf eigene Faust ins Ruhrgebiet nach Essen durchschlagen:

Zum Schluss waren wir in einem ehemaligen Kloster, einem alten Schloss, in Mährisch-Ostrau. Zu diesem Zeitpunkt war die Kinderlandverschickung schon ganz nationalsozialistisch aufgezogen. Aber da kamen uns als Schüler erste Zweifel. Wir hatten erste Kontakte mit den Flüchtlingen aus dem Osten. [...]

Wir durften nur unsere persönliche Habe mitnehmen, nur den Rucksack. [...] Für mich bedeutsam war dann, dass wir in Zwiesel von den Amerikanern in einem Gemeindesaal festgesetzt wurden. In der Zeit kamen dann die Meldungen davon, dass Konzentrationslager befreit wurden, und die Vorgänge wurden öffentlich. Das war Ende Mai, Anfang Juni. Bei uns herrschte eine große Enttäuschung über das, was wir geglaubt hatten, denn der Nationalsozialismus war uns ja als einzig mögliche Herrschaftsform erschienen. Es kam uns langsam ins Bewusstsein, das stimmte nicht! Es war ein Schock; Alles war ganz anders, nichts war hehr und rein, sondern es war ein verbrecherisches System. [...]

Von Zwiesel aus ging es dann nach Niederbayern in die Nähe von Landshut. Es hieß dann, man müsse sich allein durchschlagen. Zunächst von Bayern mit dem Zug bis Gießen, da hat der Zug angehalten, denn im Ruhrgebiet war Zuzugssperre. Einzelne blieben dann bei Bauern, andere sind abgehauen. Ich hatte Nachricht, zuletzt von Anfang 1945, dass meine Mutter bei Bekannten war, ich hatte auch die Adresse. Ich habe Leuten, die abgehauen sind, meine Adresse mitgegeben. Schließlich bin ich dann auch auf einem leeren Kohlenzug nach Essen gefahren, wurde mehrfach von englischen Truppen vom Zug geholt, habe eine Woche bis Essen gebraucht. Da ich aber schon jahrelang im Lager war, war ich ziemlich selbstständig zu dieser Zeit, obwohl ich erst 14 Jahre alt war.

Alexander von Plato, Almut Lehr, Ein unglaublicher Frühling. Erfahrene Geschichte im Nachkriegsdeutschland 1945–1948, Bonn 1997, S. 209 f.

M 6 Ernährungslage

Der Historiker Christoph Kleßmann beschreibt die Ernährungslage in den Jahren nach dem Krieg:

Zerstörung, Hunger und Schwarzmarkt bilden die mit der frühen Nachkriegszeit assoziativ am engsten verbundenen Vorstellungen. Die zeitgenössischen Quellen belegen, dass dies nicht nur die in der späteren Erinnerung dominanten Momente sind, sondern dass sich darin am unmittelbarsten die tatsächlichen Erfahrungen nach dem militärischen und politischen Zusammenbruch spiegelten. [...] Innerhalb Europas lag Deutschland am Ende der Kalorienskala, so wenig in vielen Ländern auch die für einen nicht schwer Arbeitenden notwendige Menge von mindestens 2000 Kalorien erreicht wurde. Hinsichtlich der amtlich festgesetzten Zahl rangierte unter den deutschen Besatzungszonen die amerikanische Mitte 1946 mit 1330 Kalorien an der Spitze, gefolgt von der russischen mit 1083 und der britischen mit 1050. Den niedrigsten Satz hatte die französische mit rund 900. Praktisch bedeutete die Kalorienzahl der britischen Zone nicht viel mehr als 2 Scheiben Brot mit etwas Margarine, einen Löffel voll Milchsuppe und 2 kleine Kartoffeln, wie der „Manchester Guardian" feststellte. Die zunächst festgesetzte Tabelle von 1550 Kalorien (für „Normalverbraucher" 1945) umfasste 400 g Kartoffeln, 350 g Brot, 7 g Fett, 35 g Fleisch, 43 g Eiweiß, 18 g Zucker, 4 g Käse. „Die Ernährungslage ist in der französischen Besatzungszone schon jetzt nahe dem Hunger, weil die Franzosen ähnlich wie die Russen nicht nur vom Lande leben, sondern auch die Viehbestände und die geernteten Lebensmittel entweder nach Frankreich abtreiben oder plündern", – dies war der Eindruck des päpstlichen Abgesandten Zeiger von einer Informationsreise im September 1945.

Christoph Kleßmann, Die doppelte Staatsgründung. Deutsche Geschichte 1945–1955, 4. Aufl., Bonn 1986, S. 46–48.

M 7 Berechtigungsschein zum Bezug von Fleisch
Lebensmittelkarte der amerikanischen Besatzungszone, München 1947

Aufgaben

1. Stelle zum Beispiel in einem Schaubild zusammen, wodurch die Situation bei Kriegsende gekennzeichnet war.
   → Text
2. Ist es deiner Meinung nach berechtigt, von einer „Stunde Null" zu sprechen?
   → Text
3. a) Fasse die Erlebnisberichte der beiden Jugendlichen mit eigenen Worten zusammen.
   b) Wodurch wird die Erinnerung vor allem geprägt?
   c) Nenne Gemeinsamkeiten und Unterschiede in den Erfahrungen der beiden Jugendlichen.
   → M5
4. a) Erläutere, um welche Quellenart es sich bei diesen Berichten handelt.
   b) Welche Informationen lassen sich aus diesen Texten gewinnen, die in keinen anderen Quellen enthalten sind?
   c) Die beiden Erlebnisberichte beruhen auf den Erinnerungen. Worin liegen die Schwierigkeiten, wenn man diese Texte auswertet?
   → M5
5. a) Schätze die Ernährungslage nach Kriegende ein. Informiere dich über den aktuellen Kalorienbedarf.
   b) Stelle eine Tagesration zusammen und esse sie auf. Vergleiche sie mit deinen Ernährungsgewohnheiten.
   → M6, M7

M 3 „Was bedeutet Deutschland jetzt?“

Aus dem Protokoll der Potsdamer Konferenz, die vom 17. Juli bis zum 2. August 1945 stattand:

Churchill: Ich möchte nur eine Frage stellen. Ich bemerke, dass hier das Wort „Deutschland“ gebraucht wird. Was bedeutet „Deutschland“ jetzt? Kann man es in dem Sinne verstehen wie vor dem Kriege?

Truman: Wie fasst die sowjetische Delegation diese Frage auf?

Stalin: Deutschland ist das, was es nach dem Kriege wurde. Ein anderes Deutschland gibt es jetzt nicht. So verstehe ich diese Frage.

Truman: Kann man von Deutschland sprechen, wie es 1937, vor dem Kriege war?

Stalin: So wie es 1945 ist.

Truman: Es hat 1945 alles eingebüßt. Deutschland existiert jetzt faktisch nicht.

Stalin: Deutschland ist, wie man bei uns sagt, ein geografischer Begriff. Wollen wir es vorläufig so auffassen! Man darf nicht von den Ergebnissen des Krieges abstrahieren.

Truman: Ja, aber es muss doch irgendeine Definition des Begriffes „Deutschland“ erfolgen. Ich meine, das Deutschland von 1886 oder 1937 ist nicht dasselbe wie das Deutschland von heute, 1945.

Stalin: Es hat sich infolge des Krieges verändert, und so fassen wir es auf.

Truman: Ich bin damit völlig einverstanden, aber es muss trotzdem eine gewisse Definition des Begriffes „Deutschland“ erfolgen.

Stalin: Denkt man beispielsweise daran, im Sudetengebiet der Tschechoslowakei die deutsche Verwaltung wiedereinzusetzen? Das ist das Gebiet, aus dem die Deutschen die Tschechen vertrieben haben.

Truman: Vielleicht werden wir trotzdem von Deutschland, wie es vor dem Kriege, im Jahre 1937, war, sprechen?

Stalin: Formal kann man es so verstehen, in Wirklichkeit ist es nicht so. Wenn in Königsberg eine deutsche Verwaltung auftauchen wird, werden wir sie fortjagen, ganz gewiss fortjagen.

Truman: Auf der Krim-Konferenz wurde vereinbart, dass die Territorialfragen auf der Friedenskonferenz entschieden werden müssen. Wie definieren wir nun den Begriff „Deutschland“?

Stalin: Lassen Sie uns die Westgrenzen Polens festlegen, und dann wird die deutsche Frage klarer werden. Es ist für mich sehr schwierig auszudrücken, was jetzt unter Deutschland zu verstehen ist. Das ist ein Land, das keine Regierung, das keine fixierten Grenzen hat, weil die Grenzen nicht von unseren Truppen festgelegt werden. Deutschland hat überhaupt keine Truppen, Grenztruppen eingeschlossen, es ist in Besatzungszonen zerteilt. Und nun definieren Sie, was Deutschland ist! Es ist ein zerschlagenes Land.

Quelle: Teheran, Jalta, Potsdam. Die sowjetischen Protokolle von den Kriegskonferenzen der „Großen Drei“, hrsg. von Alexander Fischer, Köln l973, S. 214 f.

M 4 „Das einzige Geschenk“

Anonyme Karikatur aus der Zeitschrift „Der Ruf“, Ende 1946

M 5 Wahlplakat der SPD
Zur Kommunalwahl in Nordrhein-Westfalen am 13.6.1946

M 6 Wahlplakat der CDU
Zur Kommunalwahl in Nordrhein-Westfalen am 13.6.1946

Aufgaben

1. a) Welche Rolle spielten die Alliierten in der unmittelbaren Nachkriegszeit?
   b) Welche Bedeutung hatte die Potsdamer Konferenz für die weitere Entwicklung?
   c) Nenne die einzelnen Schritte, die es den Deutschen ermöglichten, sich wieder an politischen Entscheidungen zu beteiligen.
   → Text, M1, M2
2. a) Welche Einstellung gegenüber Deutschland kommt in der Unterredung zwischen Truman und Stalin zum Ausdruck?
   b) Welche Interessen verfolgen die beiden Politiker?
   → M3
3. a) Erschließe die Aussage der Karikatur, indem du die einzelnen Elemente erläuterst.
   → M4
   b) Vergleich die Aussage der Karikatur mit den Einschätzungen von Truman und Stalin.
   → M3, M4
4. a) Welche politischen Ziele kommen auf den beiden Plakaten zum Ausdruck?
   b) Vergleiche die Gestaltung der beiden Plakate.
   c) Worin unterscheiden sich heutige Wahlplakate von den damaligen?
   → M5, M6

M 1 **„Kindersuchaktion"**
Plakate in Stuttgart, um 1946

M 2 **Flüchtlinge in Pommern**
Hunderttausende suchten so der russischen Armee zu entkommen, Foto vom 18. Februar 1945.

Die „Zusammenbruchsgesellschaft"

„Verlorene Kinder"
„Eltern suchen ihre verlorenen Kinder" – „Verlorene Kinder suchen ihre Eltern". Hier ging die Initiative von der Jugendzeitschrift „Pinguin" aus, die mit Hilfe von Plakaten getrennte Familienangehörige zusammenführen wollte. Nach Kriegsende unternahmen das Rote Kreuz, Zeitschriften und Rundfunksender immer wieder solche Suchaktionen. Das zeigt, dass sich die zwischenmenschlichen Beziehungen und sozialen Verhältnisse während des Krieges und in unmittelbarer Nachkriegszeit grundlegend wandelten. Man bezeichnet diesen Sachverhalt mit dem Begriff „Zusammenbruchsgesellschaft".

Zerstörte Familien
Der Krieg riss die Familien auseinander. Kinder und Jugendliche wurden wegen des Bombenhagels evakuiert und in Lagern der „Kinderlandverschickung" (KLV) untergebracht. Die Männer dienten als Soldaten fern der Heimat, Millionen fielen oder galten als vermisst. Frauen und Kinder mussten die zerstörten Häuser verlassen und auf dem Land oder anderswo Zuflucht suchen.

In solchen Notunterkünften entstanden ganz neue soziale Konstellationen. Die chaotischen Verhältnisse bei Kriegsende erschwerten das Aufspüren vermisster Angehöriger. Doch selbst wenn alle zusammenfanden, blieb ein harmonisches Familienleben problematisch, da Kriegserlebnisse und Kriegsgefangenschaft den Männern die Rückkehr ins normale Leben erschwerten.

Die Ehefrauen hatten ihr Leben inzwischen selbst gemeistert, den vermissten Mann oft für tot erklärt oder eine neue Beziehung angeknüpft. Kinder und Jugendliche waren ganz auf sich gestellt. Sie mussten helfen Nahrungsmittel heranzuschaffen und hatten – bis die Schulen wieder öffneten – viel Freiraum. Das traditionelle Gefüge der Generationen geriet dadurch aus den Fugen.

Flucht und Vertreibung
Als die Rote Armee im Herbst 1944 die deutsche Grenze überschritt, trieb die Angst vor Racheakten über eine Million Menschen zur Flucht nach Westen. Der Terror, den das nationalsozialistische Deutschland entfesselt hatte, schlug zurück, und entlud sich oft in Plünderung, Vergewaltigung und Mord durch sowjetische Soldaten.

Der Beschluss der Alliierten, die deutschen Ostgebiete jenseits von Oder und Neiße polnischer Verwaltung zu unterstellen, löste erneut einen gewaltigen Strom von Vertriebenen aus. Auch im Sudetenland und anderen osteuropäischen Gebieten musste die deutsche Bevölkerung ihre Wohnsitze verlassen.

Auf Grund des „Potsdamer Abkommens" wurden bis 1950 etwa 12 Millionen Menschen gewaltsam vertrieben. Ohne Hab und Gut, nur das Notwendigste auf Karren und Pferdewagen verladen, mussten sich die Menschen wochenlang nach Westen durchschlagen, bis sie Platz in einer Notunterkunft oder einem Lager fanden. Kälte, Hunger und Strapazen setzten besonders den Alten und Kranken zu, sodass Hunderttausende diese Flucht nicht überlebten.

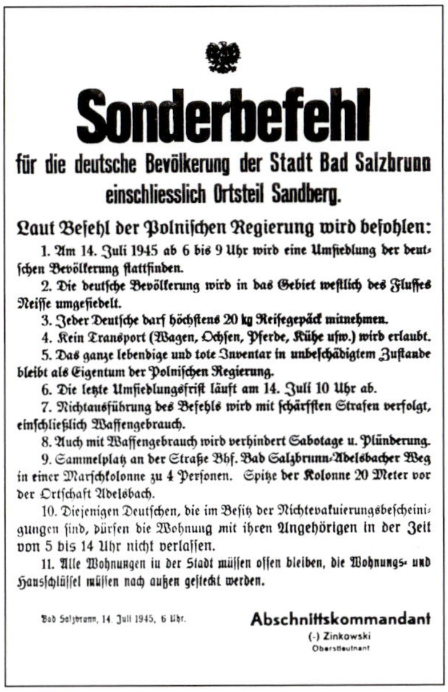

Sonderbefehl

für die deutsche Bevölkerung der Stadt Bad Salzbrunn einschliesslich Ortsteil Sandberg.

Laut Befehl der Polnischen Regierung wird befohlen:

1. Am 14. Juli 1945 ab 6 bis 9 Uhr wird eine Umsiedlung der deutschen Bevölkerung stattfinden.
2. Die deutsche Bevölkerung wird in das Gebiet westlich des Flusses Neisse umgesiedelt.
3. Jeder Deutsche darf höchstens 20 kg Reisegepäck mitnehmen.
4. Kein Transport (Wagen, Ochsen, Pferde, Kühe usw.) wird erlaubt.
5. Das ganze lebendige und tote Inventar in unbeschädigtem Zustande bleibt als Eigentum der Polnischen Regierung.
6. Die letzte Umsiedlungsfrist läuft am 14. Juli 10 Uhr ab.
7. Nichtausführung des Befehls wird mit schärfsten Strafen verfolgt, einschließlich Waffengebrauch.
8. Auch mit Waffengebrauch wird verhindert Sabotage u. Plünderung.
9. Sammelplatz an der Straße Bhf. Bad Salzbrunn-Adelsbacher Weg in einer Marschkolonne zu 4 Personen. Spitze der Kolonne 20 Meter vor der Ortschaft Adelsbach.
10. Diejenigen Deutschen, die im Besitz der Nichtevakuierungsbescheinigungen sind, dürfen die Wohnung mit ihren Angehörigen in der Zeit von 5 bis 14 Uhr nicht verlassen.
11. Alle Wohnungen in der Stadt müssen offen bleiben, die Wohnungs- und Hausschlüssel müssen nach außen gesteckt werden.

Bad Salzbrunn, 14. Juli 1945, 6 Uhr.

Abschnittskommandant
(-) Zinkowski
Oberstleutnant

M 3 **Polnischer Ausweisungsbefehl**

M 4 **Flucht vor der herannahenden Roten Armee**
Flüchtlingstreck bei Danzig im Februar 1945

M 5 **„Treibeis"**
Karikatur von 1946

Eine neue Heimat

Die Ansiedlung der Flüchtlinge und Vertriebenen veränderte die soziale Zusammensetzung der Bevölkerung grundlegend: Protestanten siedelten sich in katholischen Gebieten an – und umgekehrt; Sitten und Gebräuche von Alteingesessenen und Neuankömmlingen stießen aufeinander. Nach anfänglichen Konflikten kam es aber meist zu einer schnellen Integration der Flüchtlinge.

Bei Kriegsende befanden sich 8–10 Millionen „displaced persons" in Deutschland. Das waren Ausländer, die aus Kriegsgründen nicht nach Hause zurückkehren konnten: ehemalige KZ-Häftlinge, Kriegsgefangene, Zwangsarbeiter und Flüchtlinge. Viele konnten oder wollten nicht zurück und suchten sich in Deutschland eine neue Heimat.

Gesellschaftliche Veränderungen

Die Bevölkerungsverschiebungen führten zu einem grundlegenden Wandel der Gesellschaftsstruktur. Wegen der vielen Kriegstoten änderte sich zunächst der Altersaufbau. Während Männer, vor allem im Alter von 20 bis 40 Jahren, fehlten, waren Frauen in der Überzahl. Die alten Führungsschichten – Großbürgertum und Adel – hatten an Einfluss verloren. Sie waren, wenn sie mit den Nationalsozialisten zusammengearbeitet hatten, kompromittiert und oft ebenso besitzlos wie andere Gesellschaftsgruppen.

Ferner schritt die Mischung der Konfessionen voran. Auch die Trennung von Stadt und Land wurde schwächer. Regionale Sitten und Gebräuche veränderten sich. Angesichts der Not wandelten sich moralische Vorstellungen: Diebstahl aus Not galt nicht als verwerflich; das Zusammenleben ohne Trauschein erschien zeitweise hinnehmbar.

Diese neue „Zusammenbruchsgesellschaft" bildete die Grundlage für eine neue gesellschaftliche Ordnung in Deutschland.

Stammbevölkerung und Flüchtlingsstrom (Stand: April 1947)

Zone	Britische	Amerikanische	Französische	Sowjetische
Bevölkerung 1939 (in Mio.)				
	19,8	14,2	6,1	19,5
Zuwanderung (in 1000) aus:				
Ostgebieten	2926	802	30	2762
Ausland	267	2102	20	1187
Westzonen	102	218	50	109
SBZ	626	260	15	–
Zuwanderung (in 1000)				
	3921	3382	115	4058
Abwanderung (in 1000)				
	251	132	96	901
Wanderungssaldo (in Mio.)				
	3,67	3,25	0,02	3,16

12445E

Nach: Christoph Kleßmann, Die doppelte Staatsgründung, Bonn 1986, S. 355.

M 6

M 7

Anteil der Entwurzelten an der Gesamtbevölkerung (nach Ländern)

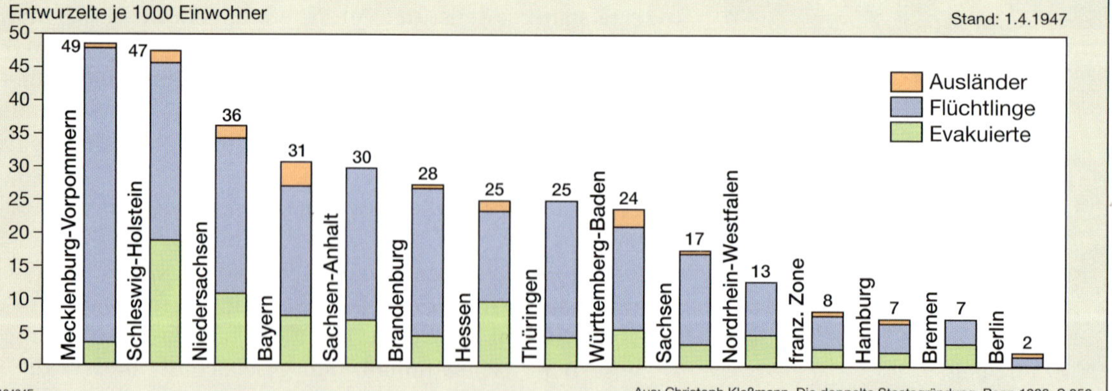

12434E

Aus: Christoph Kleßmann, Die doppelte Staatsgründung, Bonn 1986, S.356

M 8

M 9 Die Situation der Frauen

a) Frauen wendeten sich an die Frauenzeitschrift „Constanze" und baten um Rat bei Lebensproblemen. Hier ein Auszug aus Heft 1 von 1948:

Frau B. schreibt: Können Sie gerecht sein? Auch gegen eine Frau? Dann möchte ich Ihnen mal eine Frage vorlegen: Nach fast fünf Jahren ist mein Mann aus der Gefangenschaft zurückgekommen. Die ersten drei, vier Wochen waren wir sehr glücklich. Aber nun gibt es einen Streit nach dem anderen. Grund: Er kommandiert herum und ist mit allem unzufrieden. Ich hätte mich so verändert, sagt er, und ich wäre gar keine richtige Frau mehr. Als wir heirateten, war ich 23. Jetzt bin ich 31. Von den acht Jahren war ich sechs Jahre allein und musste zusehen, wie ich durchkam. Jetzt müsste er mir doch eigentlich eine Hilfe sein. Aber er verlangt, dass ich den ganzen Haushalt (wir haben zwei niedliche Kinder) besorgen soll, und er sitzt in der Ecke, liest Zeitung, schimpft und kommandiert. Haben die Männer denn noch nicht genug bekommen vom Kommandieren? Er meint, er hat ein gemütliches Heim zu fordern. Ich finde aber, er hat gar nichts zu fordern. Wie soll das wieder in Ordnung kommen? Wer ist schuld?

aus der Zeitschrift „Constanze", Heft 1/1948, S. 19.

b) Aus Heft 5 von 1948

Frage: 1944 habe ich geheiratet, habe aber meinen Mann seit der Hochzeit nicht mehr gesehen. Er kam in russische Gefangenschaft, und die erste Nachricht erhielt ich 1946 von ihm. Obwohl er dann m. E. regelmäßig hätte schreiben können, kamen nur kurze, unpersönliche Karten von ihm. Ich habe ihn ursprünglich geliebt, aber sein Verhalten und die lange Wartezeit haben mich müde gemacht.
Nun kenne ich seit kurzem einen Mann, den ich heiraten möchte. Gibt es Fernscheidungen, wenn mein Mann damit einverstanden wäre?
(Frau J., Köln)

Antwort: Nein, es gibt keine Fernscheidungen. Ihre Ehe kann ohne die Anwesenheit Ihres Mannes nur dann geschieden werden, wenn er einen Rechtsanwalt mit seiner Vertretung beauftragt, das heißt, ihm eine schriftliche Erklärung abgibt, nach der er mit der Scheidung einverstanden ist. Falls Ihr Mann sich nicht entsprechend äußert, müssen Sie sich gedulden, bis er entweder zurückkommt oder nach vorschriftsmäßigem Zeitablauf für tot erklärt werden kann.

aus der Zeitschrift „Constanze", Heft 5/1948, S. 17.

Aufgaben

1. a) Erläutere den Begriff „Zusammenbruchsgesellschaft".
   b) Welche Auswirkungen hatte die Situation nach Kriegende auf die Familien?
   → Text, M1
2. a) Bestimme die einzelnen Phasen, in denen es zu Flucht und Vertreibung kam.
   b) Erstelle eine Übersicht über die Herkunfts- und die Zielgebiete der Flüchtlinge und Vertriebenen.
   → M7
3. War die Vertreibung der Deutschen deiner Meinung nach Unrecht? Beziehe bei der Beantwortung unterschiedliche Perspektiven mit ein.
   → Text
4. Werte die Statistiken aus. Fasse die wichtigsten Informationen knapp zusammen.
   → M6, M8
5. a) Welche Probleme bewegten die Frauen in der unmittelbaren Nachkriegszeit?
   b) Sind diese Probleme deiner Meinung nach heute noch aktuell?
   c) Beantworte den Brief von Frau B.
   → M9

M 1 Eine Volksschullehrerin auf dem Lande

Anneliese Klein, 1926 in Lüchow (Landkreis Lüchow-Dannenberg) geboren, besuchte nach der Schule von 1942 bis 1945 das dreijährige Lehrerseminar in Lüneburg und bekam ihre erste Anstellung als Lehrerin 1946 an der Volksschule in Lüchow. Anneliese Klein heiratete, bekam Kinder und legte 1972 nach einem weiteren Studium in Lüneburg die Realschullehrerprüfung ab. Danach arbeitete sie bis zu ihrer Pensionierung an der Realschule in Clenze (Lüchow):

Anneliese Klein:
Ich war Junglehrerin in Lüchow. Dort hatte ich 1946 in zwei Klassen 129 Kinder zu unterrichten [...] und musste an fast jedem Tag viele Fibelseiten schreiben; es gab ja keine Fibeln zu kaufen. Ich habe sie ganz und gar mit der Hand geschrieben. Zwei Kinder hatten immer eine Fibel. 60 Kinder waren in der Schulanfängerklasse, und alle wollten unheimlich viel lernen. Es waren viele Flüchtlingskinder dabei; manche hatten ein ganzes Jahr lang nicht zur Schule gehen können.

Interviewerin:
Und wie haben Sie das mit den Fibeln gemacht? Also, gab es ein Buch oder ein richtiges Heft, oder waren es lose Blätter?

Anneliese Klein:
Also, wir hatten einen schwarzhandelnden Vater, der konnte uns viel besorgen. Er hat uns erst mal 30 Hefte besorgt, solche aus dem dunklen Papier mit Holzstückchen drin. Nun durfte man aus den alten Fibeln mit den Fähnlein- und den Nazigeschichten keine Texte benutzen. Die Kinder sollten aber lesen lernen. Da suchte man und suchte man, und schließlich fand man eine Fibel von 1927, die war ja noch nicht verseucht durch NS-Themen. Schön, dann fingen wir damit an. Ja, aber wie kriegten wir das hin? Nichts konnte man hektographieren, nichts fotokopieren, ach, wir gaben den Eltern mal diese kostbaren Hefte mit. Es waren 30 Hefte vorhanden und 60 Kinder, und dann taten sich immer zwei zu einer Lesegruppe zusammen. Denen wurde das Heft mitgegeben, und die erste Seite habe ich liniert: Doppellinie, einfache Linie, etwas größeren Abstand, nächste Linie, Doppellinie. „So müsst ihr das Heft nun durchlinieren." [...] Und dann habe ich angefangen: Mit „o", glaube ich, ging es los, dann das „m", dann ein „a". Nun musste ich eine Figur malen. Also 30 mal, oft schrieb und zeichnete ich bis nachts um eins oder zwei.

Ich hatte ein Zimmer für mich allein im Hause meiner Eltern, hatte aber meistens steife Finger beim Arbeiten, weil ich nicht heizen konnte.
Wenn meine Eltern ins Bett gegangen waren, konnte ich in die Küche gehen. Am Küchentisch konnte ich mich ausbreiten. Am nächsten Morgen kam ich in die Schule und hatte wenigstens 30 neue Seiten, zwei Kinder konnten immer in eine „Fibel" gucken. „Das Papier dürft ihr anmalen, wenn ihr wollt."
„Ach, wir haben ja keine Buntstifte!" Da kam wieder dieser Schwarzhändler, und der hat uns zu kleinen Kreiden verholfen, und dann haben die Kinder die Bilder angemalt. „Wollt ihr noch etwas dazu malen?" – „Einen Puppenwagen!" – „Ja, das dürft ihr machen, den dürft ihr euch selber ausdenken."
So bin ich von einer Seite zur anderen vorangegangen. Die konnten lesen nachher! Das Heft war noch gut erhalten am Schluss. Sie sind ganz sorgsam damit umgegangen. Wenn sie nun schrieben, schrieben sie meistens auf Zeitungsrändern, weil sie ja keine Hefte hatten.

Interviewerin:
Also zum Üben?

Anneliese Klein:
Ja, ja, sie mussten ja auch Schularbeiten machen. Wie kommen wir nun an Bleistifte? Jedes Kind hat von Dirks Vater einen Bleistift gekriegt. Ja, es war ein toller Vater! [...]

Interviewerin:
Ich meine, wenn man Lesen und Schreiben unterrichtet, im ersten Schuljahr, kann man ja noch nicht viel „Gesinnung" an die Schüler weitergeben. Wurde von den Engländern darauf geachtet, was unterrichtet wurde, und wie machten sie das? Wie kontrollierten sie das?

Anneliese Klein:
Eine Kontrolle der Engländer habe ich nicht erlebt, die wurde dann wohl auch den Schulräten übertragen. Wir hatten unheimlich genaue Lehrpläne, nach Stunden aufgefächerte Stoffpläne, die von den Engländern überprüft worden waren. Diese Pläne habe ich nicht mehr, die habe ich nicht aufgehoben. Neulich geriet mir noch mal so eine Urkunde in die Hände, vom englischen Stadtkommandanten, da ging es auch zum Teil um pädagogische Inhalte.

1986 wurde die Lehrerin Anneliese Klein von einer Historikerin interviewt. Diese bereitete eine Ausstellung über Flüchtlinge nach dem Zweiten Weltkrieg vor. Der Text des hier abgedruckten Interviews findet sich im Ausstellungskatalog: Fremde. Flüchtlinge im Landkreis Lüchow-Dannenberg 1945–1950, Wustrow 1991, S. 123 ff.

Umgang mit Zeitzeugenbefragungen

M 2 **Ehemalige Volksschule Lüchow**
In diesem Gebäude fand der Unterricht 1945 statt, Foto von 2006.

Quellen sind die Grundlage für das, was wir über Vergangenheit wissen. Neben der schriftlichen, bildlichen und gegenständlichen Überlieferung spielt die mündliche eine besondere Rolle. Im Alltag ist sie selbstverständlich, auch wenn uns das nicht immer bewusst ist, z.B. wenn Großeltern ihren Enkeln von früher erzählen, als sie selbst noch jung waren. Allerdings reißt die mündliche Überlieferung mit dem Tod eines Zeitzeugen ab: Das Wissen um Ereignisse schwindet mit der aussterbenden Generation.

Um das zu verhindern bemühen sich Historiker, Menschen nach ihren Erlebnissen und Erfahrungen zu befragen. Solche Zeitzeugen sind in der Lage viele Dinge mitzuteilen, die in anderen Quellen nicht enthalten sind. Politiker können zum Beispiel darüber Auskunft geben, wie eine bestimmte Entscheidung zu Stande gekommen ist. Vielleicht war ein Telefongespräch, über das es keine Aufzeichnungen gibt, entscheidend. Wie Menschen bestimmte historische Ereignisse, zum Beispiel das Kriegsende, erlebt haben, ist oft nur durch eine gezielte Befragung zu erfahren.

Dabei ist zu bedenken, dass es sich um die Meinungen Einzelner handelt, die nicht unbedingt allgemein gültig sind. Auch die Tücken der Erinnerung sind nicht zu unterschätzen. Vor allem wenn das Ereignis schon länger zurückliegt, kann es sein, dass manches vergessen wurde, manches sich mit Erzählungen anderer Menschen vermischt hat und manches im Nachhinein vielleicht besonders dramatisch oder verklärt dargestellt wird.

Um das mündlich Erfragte zu bewahren, muss man es schriftlich festhalten. Dabei geht allerdings etwas Wichtiges verloren, nämlich die Art und Weise, wie ein Zeitzeuge etwas erzählt: Ob er seine Mitteilung stockend macht und immer wieder Pausen einlegt, welche Gesten er verwendet und wie sein Gesichtsausdruck ist, ob er gerührt, traurig, ärgerlich oder fröhlich ist. Das alles lässt sich am niedergeschriebenen Text nicht mehr erkennen, sodass solche Aussagen immer genau untersucht werden müssen.

Fragen an Zeitzeugenprotokolle

1. Herkunft des Protokolls
a) Wer ist der Interviewer?
b) Wer ist die Interviewte?
c) Wann wurde das Gespräch geführt?

2. Ablauf des Gesprächs
a) Welche Phasen lassen sich im Protokoll feststellen?
b) An welchen Stellen greift der Interviewer ein?
c) Lassen sich Gefühlsregungen erkennen? Welche?
d) Gibt es Abweichungen vom Thema? An welchen Stellen?

3. Inhalt des Gesprächs
a) Was ist das Thema des Gesprächs?
b) Welche Informationen lassen sich entnehmen?

4. Ergiebigkeit der Aussagen
a) Gibt es Hinweise, dass etwas verschwiegen oder geschönt wird?
b) Wie groß ist der zeitliche Abstand zwischen dem besprochenen Sachverhalt und dem Gespräch?
c) Sind die Erinnerungen nachvollziehbar?
d) Wie ließe sich überprüfen, ob die Aussagen gültig sind?
e) Wie ist die Ergiebigkeit der Aussagen insgesamt einzuschätzen?

M 1 „Entnazifizierung"
Berlin, April 1945

Die „Entnazifizierung"

Streit um die „Vergangenheitsbewältigung"
Ob die Auseinandersetzung mit dem Nationalsozialismus erfolgreich und ausreichend war, ist bis heute umstritten. Viele Nationalsozialisten seien gar nicht oder zu milde bestraft, Verbrechen zu wenig betrauert worden, die politischen Konsequenzen seien halbherzig gewesen – so die eine Meinung. Angesichts der Monstrosität der Verbrechen des Regimes und der Verstrickung großer Teile der Bevölkerung sei es bemerkenswert, wie schnell und erfolgreich sich die Bundesrepublik zu einer funktionierenden Demokratie entwickelt habe – so die andere Meinung. Unabhängig davon, welche Position vertreten wird, ist festzustellen, dass nach Kriegsende auch die Auseinandersetzung mit dem Nationalsozialismus begann.

Ein internationaler Prozess
Im Schwurgerichtssaal 600 des Nürnberger Gerichtsgebäudes, der noch heute zu besichtigen ist, begann am 20. November 1945 ein Prozess von weltgeschichtlicher Bedeutung. Auf der Anklagebank saßen 22 führende Nationalsozialisten, um sich für ihre Taten während der nationalsozialistischen Diktatur zu verantworten. Ranghöchster unter ihnen war Hermann Göring, nachdem sich Hitler und Goebbels durch Selbstmord der Verfolgung entzogen hatten. Ferner wurden NS- Organisationen wie die SS und SA sowie die Reichsregierung und der Generalstab als verbrecherisch eingestuft.

Schon während des Kriegs hatten die Siegermächte beschlossen, die Verantwortlichen vor ein Gericht zu stellen und sie für die verübten Kriegsverbrechen zu bestrafen. Zu diesem Zweck richteten sie gemeinsam ein Internationales Militärtribunal ein und fanden in Nürnberg, wo das Gerichtsgebäude unmittelbar an ein Gefängnis anschloss, passende Räumlichkeiten. Da in Nürnberg während des „Dritten Reichs" die Reichsparteitage stattfanden, hatte die Wahl des Ortes zusätzlich symbolische Bedeutung.

M 2 Nazi-Täter vor Gericht
Nürnberg 1945

M 3 „Schuldig!"
Plakat zum Nürnberger Prozess

Anklage und Urteile
Die Alliierten einigten sich auf vier Anklagepunkte:
- Verschwörung gegen den Frieden,
- Verbrechen gegen den Frieden,
- Kriegsverbrechen,
- Verbrechen gegen die Menschlichkeit/Menschheit.

Das aufwändige Verfahren dauerte fast ein Jahr, erforderte 218 Sitzungen, erbrachte mehr als 16 000 Seiten Protokolle; es wurden 5 000 Beweisdokumente vorgelegt und 240 Zeugen verhört. Da alle Siegermächte einen Ankläger stellten, musste das Verfahren simultan in verschiedene Sprachen übersetzt werden. Kritiker bemängelten, dass Sieger über Besiegte zu Gericht saßen und man die Rechtsgrundlage erst nach der Tat geschaffen hatte. – Am 1. Oktober 1946 wurden die Urteile verkündet: Zwölf Angeklagte verurteilte das Gericht zum Tode, gegen sieben Angeklagte verhängte es Haftstrafen zwischen zehn Jahren und lebenslänglich, drei Männer sprach es frei.

Spruchkammerverfahren
Besonders die Amerikaner unternahmen beträchtliche Anstrengungen, die Bevölkerung zu „entnazifizieren" und umzuerziehen. Alle Deutschen mussten in mehrseitigen Fragebogen Auskunft über ihren persönlichen, beruflichen und politischen Werdegang geben. Auf dieser Grundlage wurde dann das Spruchkammerverfahren durchgeführt. Dafür gab es fünf Kategorien: Hauptschuldige, Belastete, Minderbelastete, Mitläufer und Entlastete. Die Strafen konnten von Haftstrafen über Geldstrafen bis zu Berufsverboten reichen.

Die Verfahren waren umstritten, da die gesamte deutsche Bevölkerung unter Schuldverdacht stand und da wegen der Fülle von Spruchkammerurteilen Zweifel an der Sorgfalt geäußert wurden. Entlastende Aussagen, damals als „Persilscheine" bezeichnet, ließen sich nur schwer überprüfen. Ab 1947 gaben die Alliierten den Versuch einer systematischen Bestrafung auf. Angesichts wachsender Spannungen zwischen den USA und der Sowjetunion galt Deutschland als künftiger Verbündeter, den man nicht unnötig brüskieren wollte.

„Reeducation" und „Schuldfrage"
Neben die Bestrafung trat die „Reeducation": die Deutschen sollten zu Demokraten „umerzogen" werden.

Erstmals sahen entsetzte Menschen Filme über Konzentrationslager, zu Skeletten abgemagerte Häftlinge, Berge nackter Toter. Die abschreckende Wirkung dieser Gräueltaten, Hoffnung auf eine bessere Zukunft an der Seite Amerikas und faszinierende kulturelle Angebote sollten die Deutschen für die Demokratie gewinnen. Amerika-Häuser vermittelten entsprechende Werte. Diese Maßnahmen bewirkten, dass der Einfluss der USA in Westdeutschland ständig wuchs.

Zugleich entwickelte sich eine intensive Debatte über die Schuld der Deutschen: Wie weit war jeder Einzelne verantwortlich für die Entstehung des Nationalsozialismus? Wer hatte bei Verfolgung und Mord weggesehen und sich schuldig gemacht? Warum waren die Deutschen Hitler und seinen Schergen blindlings gefolgt? – Diese Fragen werden bis heute gestellt und sind noch immer nicht restlos geklärt.

M 4 **Ein umstrittener Prozess**

Der Historiker Peter Reichel schildert die Diskussion über den Nürnberger Prozess:

So unausweichlich der Nürnberger Hauptprozess auch angesichts der Erfahrungen nach dem Ersten Weltkrieg erschien, so wenig die Berechtigung eines Sühneverlangens und einer Bestrafung bezweifelt wurden, Vorbehalte gegen das Verfahren gab es von Anfang an. Groß waren die Bedenken hinsichtlich der Legalität des Prozesses. Der Haupteinwand zielte auf das Rückwirkungsverbot. Der Gerichtshof konnte sich allerdings […] auf das Völkerrecht vor dem Zweiten Weltkrieg berufen, und die Verbrechen gegen die Menschlichkeit wurden nach dem Recht aller Rechtsstaaten als Straftaten angesehen.

Vorbehalte richteten sich auch gegen die Zusammensetzung des Gerichts, dem nur Deutschlands Kriegsgegner, aber keine neutralen Staaten angehörten. Nicht nur die Angeklagten, auch deutsche Juristen sprachen vom „Besatzungsgericht". Der Vorwurf wurde dadurch bestärkt, dass die Kriegsverbrechen der Alliierten nicht Gegenstand des Verfahrens waren.

Nachdem der Prozess zunächst ganz im Zeichen der Anklage gestanden hatte, wurde er im März 1946, als „Deutsche – Angeklagte, Verteidiger, Entlastungszeugen – weithin unter sich" waren, offenbar nicht mehr nur oder überwiegend als „Siegerjustiz", sondern nun auch als ein deutsches Gericht wahrgenommen.

Später hat man das Tribunal insgesamt, in seiner nationalen wie internationalen Bedeutung, auch von Seiten deutscher Juristen und Historiker positiv beurteilt. Angesichts der ungeheuerlichen Verbrechen, die das Nürnberger Tribunal aufgedeckt hat, verblassten die juristischen Einwände gegenüber der Einsicht, „dass hier Recht geschehen ist". […] Wohl nur wenige fanden ein so positives, treffendes Urteil wie Robert W. Kempner. Göring hatte den damaligen Justitiar der Polizei im Preußischen Innenministerium 1933 aus dem Amt gejagt. Nun war er als stellvertretender amerikanischer Chefankläger nach Deutschland zurückgekehrt. Das Nürnberger Tribunal nannte er „die größte politologische und historische Forschungsstätte". Denn noch nie zuvor sei ein Staat „so systematisch durchforscht" worden. Tatsächlich gilt der Prozess längst nicht nur als juristische Großtat, sondern auch als eine historiografische Aufklärung von bleibendem Wert. Alfred Döblin, der den Prozess als französischer Kulturoffizier beobachtete, sprach vom „Nürnberger Lehrprozess".

Die Protokolle allein der 218 Sitzungen des Hauptverfahrens füllen mehr als 16 000 Seiten. Anklage und Verteidigung legten zusammen 5 000 Beweisdokumente vor, 240 Zeugen wurden gehört. Zeitungen und Wochenschauen berichteten kontinuierlich und ausführlich. Von erheblicher Bedeutung waren auch die Berichte und Kommentare der Rundfunksender, die sich teilweise mehrmals am Tage aus dem Studio Nürnberg meldeten. Sie haben sich im Vorfeld des Prozesses bemüht, bestimmte Hörerfragen zu beantworten, und so zur Information über die Kriegsverbrecher, die Schuldfrage und einzelne Konzentrationslager beizutragen. Zumindest in den ersten Monaten war das öffentliche Interesse in Deutschland groß.

Peter Reichel, Vergangenheitsbewältigung in Deutschland. Die Auseinandersetzung mit der NS-Diktatur von 1945 bis heute, München 2001, S. 45 f.

M 5 **„Justitia"**
Karikatur zum Nürnberger Prozess

M 6

M 7 **Die „Schuldfrage“**

In einer viel beachteten Vorlesungsreihe setzte sich der Philosoph Karl Jaspers mit der „Schuldfrage“ auseinander:

Jener Satz: „Das ist eure Schuld“ kann bedeuten: Ihr haftet für die Taten des Regimes, das ihr geduldet habt – hier handelt es sich um unsere politische Schuld. Es ist eure Schuld, dass ihr darüber hinaus dies Regime unterstützt und mitgemacht habt – darin liegt unsere moralische Schuld. Es ist eure Schuld, dass ihr untätig dabei standet, wenn die Verbrechen getan wurden – da deutet sich eine metaphysische Schuld an. Diese drei Sätze halte ich für wahr. […]
Weiter kann „Das ist eure Schuld“ bedeuten: Ihr seid Teilnehmer an jenen Verbrechen, daher selbst Verbrecher. Das ist für die überwiegende Mehrzahl der Deutschen offenbar falsch.

Karl Jaspers, Die Schuldfrage, in: ders, Erneuerung der Universität. Reden und Schriften 1945/46, Heidelberg 1985, S. 113–214, S. 151.

Aufgaben

1. Stelle die einzelnen Maßnahmen zusammen, die ergriffen wurden, um den Nationalsozialismus zu überwinden.
   → Text
2. a) Welche Kritik wurde am Nürnberger Prozess geäußert? Nenne die einzelnen Punkte.
   b) Sind diese Einwände deiner Meinung nach berechtigt?
   c) Erläutere die Einschätzung von Peter Reichel.
   → Text, M4
3. a) Erschließe die Aussage der Karikatur, indem du die einzelnen Elemente erläuterst.
   b) Vergleiche diese Aussage mit der Einschätzung des Historikers Peter Reichel.
   → M4, M5
4. a) Wer soll mit dem Plakat angesprochen werden?
   b) Was sollte mit dem Plakat erreicht werden?
   c) Erläutere, welche Aspekte von Schuld Karl Jaspers unterscheidet und welche er für zutreffend erachtet.
   d) Stimmst du seiner Meinung zu? Begründe deine Meinung.
   → M6, M7
5. Ist die Schuldfrage deiner Meinung nach heute noch von Bedeutung? Beziehe in deine Überlegungen auch verwandte Begriffe wie „Verantwortung“ mit ein.

M 1 **„Begegnung in Torgau"**
Am 25. April 1945 treffen amerikanische und sowjetische Soldaten in Torgau an der Elbe aufeinander, Foto von 1945.

Die Sowjetische Besatzungszone 1945–1949

Die Besatzungsmächte

Am 8. Mai 1945 standen sich die sowjetischen und anglo-amerikanischen Truppen entlang einer Linie gegenüber, die von Wismar entlang Elbe und Zwickauer Mulde zur tschechoslowakischen Grenze verlief. In der ersten Juliwoche des Jahres 1945 zogen sich die amerikanischen und britischen Streitkräfte auf die bereits vor Kriegsende vereinbarten Demarkationslinien zurück. Die Hauptstadt Berlin teilten die Siegermächte in vier Sektoren auf. So entstanden jene Grenzlinien, die Deutschland fast ein halbes Jahrhundert teilten.

Die antifaschistisch-demokratische Ordnung

Noch während in Berlin die letzte Schlacht tobte, stellte die Sowjetunion in Moskau Gruppen kommunistischer Emigranten zusammen, die gleich nach Kriegsende mit dem Aufbau einer „antifaschistisch-demokratischen Ordnung" beginnen sollten. An der Spitze der bekanntesten Gruppe, die am östlichen Stadtrand Berlins abgesetzt wurde, stand Walter Ulbricht.

Ulbricht war bereits vor 1933 Reichstagsabgeordneter der KPD. Nach Hitlers Machtantritt emigrierte er zunächst nach Frankreich, dann in die UdSSR. Jetzt kehrte er im Gefolge der Roten Armee nach Deutschland zurück, um im Auftrag Moskaus eine neue Ordnung in der Sowjetischen Besatzungszone (SBZ) zu errichten.

Vordergründig sollte der Aufbau von einem breiten Bündnis aller antifaschistischen Kräfte getragen werden. Doch nahmen die Kommunisten alle Schlüsselstellungen ein. Ulbrichts wahre Absichten zeigt folgender Satz, den Wolfgang Leonhard, ein Mitglied der Gruppe, überlieferte: „Es ist doch ganz klar: es muss demokratisch aussehen, aber wir müssen alles in der Hand haben."

Parteien entstehen

Als erste Partei der Sowjetzone trat die KPD am 11. Juni 1945 mit einem Aufruf an die Öffentlichkeit. Der Inhalt war überraschend, denn die KPD erklärte keineswegs den Sozialismus zum Ziel ihrer Politik, sondern die „bürgerlich-parlamentarische Republik mit allen demokratischen Rechten und Freiheiten für das Volk". Durch eine Bodenreform und die Enteignung der Schlüsselindustrien sollte die bürgerlich-demokratische Revolution von 1848 vollendet werden.

Die SPD trat am 15. Juni 1945 ebenfalls mit einem Aufruf an die deutsche Öffentlichkeit. Sie forderte „Demokratie in Staat und Gesellschaft, Sozialismus in der Wirtschaft und Gesellschaft".

Außer den beiden traditionellen Arbeiterparteien entstanden in der SBZ die „Liberal-Demokratische Partei Deutschlands" (LDPD) und die „Christlich-Demokratische Union" (CDU); nach 1948 kamen die „Demokratische Bauernpartei" (DBD) und die „National-Demokratische Partei" (NDPD) hinzu. Anfangs gab es für diese Parteien noch Spielräume gegenüber den immer mächtiger werdenden Kommunisten. Dann wurden einige ihrer führenden Mitglieder verhaftet oder zur Flucht in den Westen gezwungen. Die Parteien gerieten in Abhängigkeit von der SED, aus der sie sich bis 1989 nicht mehr lösen konnten.

„Junkerland in Bauernhand" – Die Bodenreform

Am 2. September 1945 verkündete der KPD-Vorsitzende Wilhelm Pieck eine demokratische Bodenreform. Unter der Losung „Junkerland in Bauernhand" enteigneten die Kommunisten entschädigungslos jeden Grundbesitz über 100 Hektar „einschließlich des Herrenhofes, der Wälder, Gärten, Wiesen, Weiden, Seen und Sümpfe mit allem darauf befindlichem landwirtschaftlichem Vermögen".

Die Flächen wurden an kleinbäuerliche Wirtschaften, landlose Bauern und Umsiedler verteilt. Maximal erhielt jeder Haushalt 10 Hektar. Das verteilte Land hatte nur begrenzt den Rechtsstatus echten Grundbesitzes. Es durfte weder verkauft noch verpachtet, verpfändet oder geteilt werden. Die enteigneten Grundbesitzer wurden von Haus und Hof vertrieben, oft verhaftet und in sowjetische Internierungslager verschleppt, anderen gelang die Flucht in den Westen.

In kürzester Zeit hatte sich auf dem Land eine radikale soziale Umwälzung vollzogen, die zur Vernichtung des preußischen Junkertums führte. Eine neue kleinbäuerliche Schicht war entstanden, die den Großteil des Bodens bewirtschaftete. Durch die Bodenreform entstanden so 210 000 Neubauernstellen, die enteignete Fläche betrug 3,3 Millionen Hektar. Auch Umsiedler aus den Ostgebieten hatten eine neue Lebensgrundlage erhalten.

Wirtschaftlich war die Bodenreform ein Fehlschlag. Mit 10 Hektar Betriebsgröße entsprachen die neuen Kleinwirtschaften längst nicht mehr den Erfordernissen einer modernen Landwirtschaft. Viele Neubauern waren ohne landwirtschaftliche Erfahrung. Bis Ende 1949 wurden rund 30 000 Neubauernstellen wieder aufgegeben.

Die kleinbäuerliche Wirtschaft hatte auch im Sozialismus keine Zukunft. Schon 1952 wurde die Bildung großflächiger „Landwirtschaftlicher Produktionsgenossenschaften" (LPG) propagiert und nach einigen Übergangsschwierigkeiten 1961 endgültig durchgesetzt. Das Land wurde – oft zwangsweise – in die LPG eingebracht, von den Bauern einheitlich bestellt und gemeinsam bewirtschaftet.

M 2 Bodenreform 1945
Das Bild zeigt die Zuteilung von Landparzellen des ehemaligen Rittergutes Helfensberg (bei Dresden) an Industriearbeiter, Herbst 1945.

CDU
Christlich-Demokratische Union

DBD
Demokratische Bauernpartei Deutschlands

NDPD
National-Demokratische Partei Deutschlands

LDPD
Liberal-Demokratische Partei Deutschlands

M 3

Die Zwangsvereinigung von KPD und SPD

Trotz aller Bemühungen wurde die KPD ihren Ruf als „Russenpartei" nicht los, da die Menschen sie für Übergriffe der Sowjetsoldaten verantwortlich machten. Die SPD dagegen erreichte im Laufe des Jahres 1945 wieder ihre alte Mitgliederstärke vor 1933 und überflügelte die KPD bei weitem. Mit einigem Recht begannen die sowjetischen Besatzungsbehörden und die deutschen Kommunisten die geplanten freien Wahlen zu fürchten.

Die KPD stellte nun die Weichen in Richtung Einheitspartei. In den faschistischen Konzentrationslagern hätten sich – so die Behauptung der KPD – Kommunisten und Sozialdemokraten geschworen, die Spaltung der Arbeiterbewegung zu überwinden. Nun wollten sie eine gemeinsame Partei gründen. Das Misstrauen der SPD war groß. Zwar gab es Befürworter des Zusammenschlusses, doch konnte von freiwilliger Vereinigung keine Rede sein. Der SPD-Vorsitzende im Westen, Kurt Schumacher, schrieb 1945, die Sozialdemokratie habe keinerlei Veranlassung, für die KPD den „Blutspender" abzugeben.

Die Sowjets gingen mit drastischen Mitteln gegen SPD-Mitglieder vor, die sich gegen die Zwangsvereinigung wehrten. Eine Urabstimmung in den drei Westsektoren Berlins zeigte die wahre Stimmungslage in der SPD: 82 % sprachen sich gegen eine Vereinigung aus.

Am 21. April 1946 reichten sich der Kommunist Wilhelm Pieck und der Sozialdemokrat Otto Grotewohl im Berliner Admiralspalast symbolisch die Hände. Dieser „Händedruck" vor der roten Fahne der Arbeiterbewegung war von nun an das Zeichen der „Sozialistischen Einheitspartei Deutschlands" (SED). Doch schon 1948 begann in der SED der Kampf gegen den „Sozialdemokratismus". Andererseits versuchte die SPD über ihr Ostbüro in der Sowjetzone den Widerstand zu organisieren. Viele Sozialdemokraten wurden damals in die Sowjetunion verschleppt oder zu hohen Zuchthausstrafen verurteilt.

M 4 **Der „historische Händedruck"** von Wilhelm Pieck und Otto Grotewohl auf dem Vereinigungsparteitag von SPD und KPD 1946. Er wurde zum Parteisymbol der neuen SED.

M 5 Ulbricht im Urteil von Zeitgenossen

a) Wolfgang Leonhard, ein Mitglied der Gruppe Ulbricht, beschreibt 1955 in seinem Buch „Die Revolution entlässt ihre Kinder" Ulbricht folgendermaßen:

Ulbricht erklärte uns: „Die Bezirksverwaltungen müssen politisch richtig zusammengestellt werden. Kommunisten als Bügermeister können wir nicht brauchen, höchstens im Wedding oder in Friedrichshain [a.d.R. ausgeprägte Arbeiterbezirke]. Die Bürgermeister sollen in den Arbeiterbezirken in der Regel Sozialdemokraten sein. In den bürgerlichen Vierteln – Zehlendorf, Wilmersdorf, Charlottenburg usw. – müssen wir an die Spitze einen bürgerlichen Mann stellen, der früher dem Zentrum, der Demokratischen oder Deutschen Volkspartei angehört hat. Am besten, wenn er ein Doktor ist; er muss aber gleichzeitig auch Antifaschist sein und ein Mann, mit dem wir gut zusammenarbeiten können. [...]
Und nun zu unseren Genossen. Der erste stellvertretende Bürgermeister, der Dezernent für Personalfragen und der Dezernent für Volksbildung – das müssen unsere Leute sein. Dann müsst ihr noch einen ganz zuverlässigen Genossen in jedem Bezirk ausfindig machen, den wir für den Aufbau der Polizei brauchen." [...]
„Und der Beirat für Kirchenfragen?"
„Da müsst ihr eben antifaschistische Geistliche finden. Mit denen muss man gut zusammenarbeiten; das ist jetzt sehr wichtig." [...]
Über Ulbrichts Direktiven wurde noch hin und her diskutiert; vor allem über die Frage, wie man plötzlich soviel Bürgerliche und auch noch Geistliche finden sollte. Aber etwa nach einer halben Stunde brach Ulbricht die Diskussion ab. Im klassischen Sächsisch gab er uns die letzte abschließende Direktive: „Es ist doch ganz klar: Es muss demokratisch aussehen, aber wir müssen alles in der Hand haben."
Nun war wirklich alles klar.

Wolfgang Leonhard, Die Revolution entlässt ihre Kinder, Köln 1955, S. 438 ff.

b) Der Schriftsteller und Kulturminister der DDR, Johannes R. Becher, schrieb in seinem Buch „Walter Ulbricht. Ein deutscher Arbeitersohn" 1958:

Die Arbeiterklasse, wir, das deutsche Volk, sehen in Walter Ulbricht den deutschen Arbeitersohn, der sich, getragen von der Kraft der Arbeiterklasse und ihrer revolutionären Partei, Schritt für Schritt emporgearbeitet hat und zu dem geworden ist, was er heute ist, zu einem Führer der Arbeiterklasse, zu einem Staatsmann der Deutschen Demokratischen Republik. Walter Ulbricht ist eine vielseitige Persönlichkeit, ein universeller Typ des politischen Führers. Er besitzt deswegen solch ein tiefes und allseitiges Wissen, weil er zeit seines Lebens sich dessen bewusst war, dass er noch immer nicht genug weiß, und weil er keine Gelegenheit ungenützt ließ, sein Wissen zu ergänzen und zu vertiefen. Unermüdlich lernt er von der Sowjetunion, von der Arbeiterklasse und von allen fortschrittlichen Kräften im deutschen Volk, mit größter Aufmerksamkeit verfolgt er alle Vorschläge, jede Initiative der werktätigen Massen. Walter Ulbricht ist deswegen solch ein ausgezeichneter Organisator, weil er gewissenhaft und wissenschaftlich die Ereignisse analysiert und untersucht, worauf es zunächst, vor allem anderen, ankommt und was am allerdringlichsten not tut. [...]
Die deusche Arbeiterklasse zählt ihn zu ihren Besten. Die Partei der Arbeiterklasse, das schöpferische Kollektiv des Politbüros sind stolz auf ihn.
Die Deutsche Demokratische Republik erblickt in ihm ein Vorbild an Fleiß, Energie, Arbeitskraft – als menschlichen Inbegriff unschätzbarer Errungenschaft.
Das Aufbauwerk des Sozialismus grüßt dich als einen seiner hervorragendsten Erbauer. Und wir alle, die wir die Heimat lieben, und wir alle, die wir den Frieden lieben, lieben dich, Walter Ulbricht, den deutschen Arbeitersohn.

Johannes R. Becher, Walter Ulbricht. Ein deutscher Arbeitersohn, Berlin, 10. Auflage 1967 (1. Auflage 1958), S. 218f. und 224.

M 6 Walter Ulbricht, Fotografie von 1945

M 7 Gründung der SED

a) Am 21. April 1946 erfolgte die Vereinigung der beiden Arbeiterparteien SPD und KPD zur SED. War es ein freiwilliger Zusammenschluss oder aber eine Zwangsfusion unter dem Druck der sowjetischen Besatzungsmacht? Darüber bestehen bis heute heftige Kontroversen. Im Folgenden sind in chronologischer Reihenfolgen Quellen zum Thema zusammengestellt. Der Vorsitzende der West-SPD, Kurt Schumacher, äußerte sich im Beisein von Otto Grotewohl auf einer Konferenz von Sozialdemokraten aus allen Besatzungszonen in Wennigsen bei Hannover am 5. Oktober 1945:

Wir deutschen Sozialdemokraten sind nicht britisch und nicht russisch, nicht amerikanisch und nicht französisch. Wir sind die Vertreter des deutschen arbeitenden Volkes und damit der deutschen Nation. [...]

Im Sinne der deutschen Politik ist die Kommunistische Partei überflüssig. [...]

Nachdem ihre Hoffnung, sich als führende Arbeiterpartei etablieren und zur einzigen Arbeiterpartei entwickeln zu können, von den Tatsachen so völlig unmöglich gemacht wird, muss sie nach dem großen Blutspender suchen. Das Rezept ist die Einheitspartei, die einen Versuch darstellt, der Sozialdemokratischen Partei eine kommunistische Führung aufzuzwingen.

Heinrich G. Ritzel, Kurt Schumacher, Reinbek 1972, S. 48.

b) Am 20. und 21. Dezember 1945 fand in Berlin eine gemeinsame Konferenz des Zentralausschusses der SPD und des Zentralkomitees der KPD mit Vertretern der beiden Parteien aus den Bezirken der SBZ statt, die folgende Entschließung verabschiedete:

Es wird lebhaft begrüßt, dass die Wiedergeburt der politischen Freiheit in Deutschland nach dem Zusammenbruch des Hitlerregimes nicht unter dem verhängnisvollen Zeichen einer neuen Spaltung des schaffenden Volkes stand, sondern im hoffnungsfreudigen Zeichen der Zusammenarbeit zwischen den beiden Arbeiterparteien [...].

Die während des ersten Weltkrieges offen zutage getretene Spaltung ist in den seither vergangenen drei Jahrzehnten zum größten Verhängnis für die Arbeiterbewegung geworden. Die Spaltung im antifaschistischen Lager hat den Machtantritt des Faschismus ermöglicht. Getrennt wurden die verschiedenen Flügel der Arbeiterbewegung geschlagen; und gespalten ging sie in die Illegalität. Alle Opfer des Hitlerterrors und alle Leiden und Schrecken des Hitlerkrieges wären umsonst gewesen, wenn nicht die Lehren aus der Vergangenheit gezogen und die Aktionseinheit aller antifaschistisch-demokratischen Kräfte hergestellt worden wäre. Eine Fortdauer der Spaltung hätte unvermeidlich zur Folge gehabt, dass sich die passiven Kräfte des schaffenden Volkes in gegenseitigem Hader erschöpften, statt auf die rasche Überwindung der Not, des Hungers und des Chaos gerichtet zu sein. [...]

Gert Gruner und Manfred Wilke (Hg.), Sozialdemokraten im Kampf um die Freiheit, Die Auseinandersetzungen zwischen SPD und KPD in Berlin 1945/46, S. 193 ff.

c) Der Sozialdemokrat Dieter Rieke beschreibt in seiner Autobiografie von 1999 einen Vorfall im Februar 1946. Dieter Rieke wurde 1948 vom sowjetischen Geheimdienst verhaftet, zu 25 Jahren Zwangsarbeit verurteilt und 1956 entlassen:

An einem grauen Februartag saß ich zu Hause gerade beim Mittagessen, als ein Mann der Kriminalpolizei an unserer Haustür klingelte und mich aufforderte, zu einem Gespräch bei der Militärverwaltung mitzukommen. Wir gingen zu Fuß zu einem Gebäude [...]. An der Wache wurde ich abgeliefert und zu einem Offizier im ersten Stock gebracht, der mich nicht sonderlich freundlich empfing und mich anwies, auf einem Stuhl mitten im Zimmer Platz zu nehmen.

Er begann in erstaunlich gutem Deutsch mit einem ausführlichen Verhör zu meiner Person, wobei ich spürte, dass der Major mit einem grünen Band an der Schirmmütze, also von der sowjetischen Geheimpolizei, über mich gut Bescheid wusste. Eher beiläufig fragte er mich zu meinen Bedenken in Sachen Einheitskampagne. Ich dachte, dass es jetzt für mich um Kopf und Kragen gehe, und versuchte, ihn mit den mir bekannten „Einheitsparolen" über Zweifel hinwegzutäuschen. [...]

Am späten Nachmittag ließ er mich gehen. Ich hatte mich anfangs schon als Gefangener in den Kellern des NKWD/MWD [der sowjetischen Geheimpolizei] gesehen.

Benommen und dann doch etwas erleichtert ging ich nach Hause. Meine Frau empfing mich ganz aufgeregt; sie hatte schon meine Eltern alarmiert. Ich durfte ihr aber nichts über die Vernehmung erzählen und sagte nur, dass es um dienstliche Belange gegangen sei. Das Gespräch mit dem Major steckte mir noch lange in den Knochen, und zum erstenmal stellte ich fest, dass ich in einer schwierigen Situation meine tatsächliche Meinung verleugnen konnte. Ich fing an, mit doppeltem Boden zu denken und zu reden. Das hatte das kommunistische Regime leider schon geschafft.

Dieter Rieke, Geliebtes Leben. Erlebtes und Ertragenes zwischen den Mahlsteinen jüngster deutscher Geschichte, Berlin 1999, S. 81 f.

d) Aus einem Schreiben des Kreisvorstandes der SPD Osthavelland an den Zentralausschuss der SPD vom 25. März 1946:

Wir geben zu, dass auch wir und einzelne Ortsgruppen unseres Kreises im Anfangsstadium der Einheitsbestrebungen Misstrauen und Schwierigkeiten zu überwinden hatten, die sich aber bei näherer Betrachtung der Gründe für dieses Misstrauen in der Regel als persönliche und recht oft kleinliche Dinge herausstellten, welche nach offenherziger Aussprache in allen Fällen beseitigt werden konnten. Nach den bisher gemachten Erfahrungen mit unseren Freunden der KPD können wir mit Fug und Recht behaupten, dass auch sie mit anständigen und ehrlichen Absichten in diese Vereinigung gehen in der Erkenntnis, dass nur eine starke und geeinte Arbeiterschaft die Aufgabe erfüllen kann, die in der heutigen Zeit des Wiederaufbaus gefordert werden muss.
[...]
Die Mitglieder des Kreises Osthavelland fordern den sofortigen Zusammenschluss der beiden Arbeiterparteien und werden in der heute Nachmittag stattfindenden gemeinsamen Delegiertentagung den Zusammenschluss für den Kreis Osthavelland beschließen, um damit den Berliner Zweiflern den Beweis zu erbringen, dass sie mit ihrer irreführenden Meinung allein dastehen.

Andreas Malycha, Auf dem Weg zur SED, Die Sozialdemokratie und die Bildung einer Einheitspartei in den Ländern der SBZ, S. 416.

M 8 „Wählt SED"
Plakat der SED, nach 1946

Aufgaben

1. a) Stelle die grundlegenden Ziele der sowjetischen Besatzungsmacht dar.
   b) Vergleiche mit der Zielsetzung der Amerikaner.
   → Text
2. a) Was bedeutet die Parole „Junkerland in Bauernhand"?
   b) Beurteile den Erfolg der Bodenreform. Berücksichtige dabei politische, wirtschaftliche und gesellschaftliche Aspekte.
   → Text
3. a) Wie beurteilen die beiden Autoren – Wolfgang Leonhard und Johannes R. Becher – Walter Ulbricht und sein Handeln?
   b) Erkundige dich über die beiden Autoren. Versuche dann, ihre Einstellungen gegenüber Ulbricht zu erklären.
   → M5
4. a) Fasse die jeweilige Einstellung gegenüber der geplanten Vereinigung von KPD und SPD zur SED, wie sie in den einzelnen Texten zum Ausdruck kommt, knapp zusammen.
   b) Stelle zusammen, von wem die einzelnen Stellungnahmen stammen und um welche Art von Text es sich handelt.
   c) Ist es deiner Meinung nach berechtigt, von einer „Zwangsvereinigung" zu sprechen?
   → M7
5. a) Erläutere die einzelnen Elemente des Plakats. Informiere dich über die dargestellten Personen.
   b) Bestimme die die Aussage und den Zweck des Plakats.
   → M4, M8

Der Zerfall der Anti-Hitler-Koalition

Ein Symbol der Einigkeit?

Das Foto ist bekannt: Der britische Premierminister Winston Churchill, der amerikanische Präsident Harry S. Truman und der sowjetische Generalsekretär Josef Stalin, die Führer der drei Alliierten, reichen sich auf der Potsdamer Konferenz die Hände: ein Symbol der Einigkeit. Solche Handlungen dienen oft dazu, ein politisches Ziel sichtbar zu machen. Der politischen Wirklichkeit entsprechen die Gesten oft nicht.

M 1 Die „großen Drei"
Churchill, Truman und Stalin während einer Verhandlungspause auf der Potsdamer Konferenz, die vom 17. Juli bis zum 2. August 1945 auf Schloss Cecilienhof stattfand.

Die Expansion der Sowjetunion in Europa

Tatsächlich war die demonstrierte Übereinstimmung im August 1945 nicht mehr vorhanden. Woran lag das?

Einerseits bildete die Waffenbrüderschaft gegen Hitlerdeutschland eine Zweckgemeinschaft, die nur Bestand hatte, bis der gemeinsame Gegner niedergerungen war. Denn die USA und UdSSR verkörperten zwei ganz unterschiedliche politische und wirtschaftliche Systeme. Während die USA der Demokratie und dem wirtschaftlichen Liberalismus verpflichtet waren, verwirklichte die Sowjetunion den Sozialismus, was ihr ohne Planwirtschaft undenkbar schien.

Andererseits glaubte Stalin, dass er berechtigt sei, Osteuropa nach seinen Vorstellungen zu gestalten, denn die Sowjetunion hatte die Hauptlast des Krieges getragen und gewaltige Bevölkerungsverluste und Kriegszerstörungen erlitten. Erst im Juni 1944 war es den Westalliierten gelungen, eine zweite Front gegen Hitler aufzubauen, um die UdSSR militärisch zu entlasten.

Die traumatischen Erfahrungen des Kriegs verstärkten das Sicherheitsbedürfnis der Sowjetunion. Sie errichtete an ihrer Westgrenze einen Gürtel von „Volksdemokratien", in denen von Moskau abhängige Marionettenregierungen herrschten. Dies wiederum betrachteten die Vereinigten Staaten als ungehemmte kommunistische Expansion.

Eine Vertrauensbasis war unter diesen Voraussetzungen nicht mehr gegeben. So entwickelte sich bald ein „Kalter Krieg“, den die beiden Supermächte mit wirtschaftlichem Druck, ideologischer Propaganda und Drohungen austrugen. Militärbündnisse und atomare Aufrüstung führten zu gefährlichen Spannungen, die mehrfach in eine bewaffnete Auseinandersetzung – einen „heißen Krieg“ – umzuschlagen drohten.

M 2

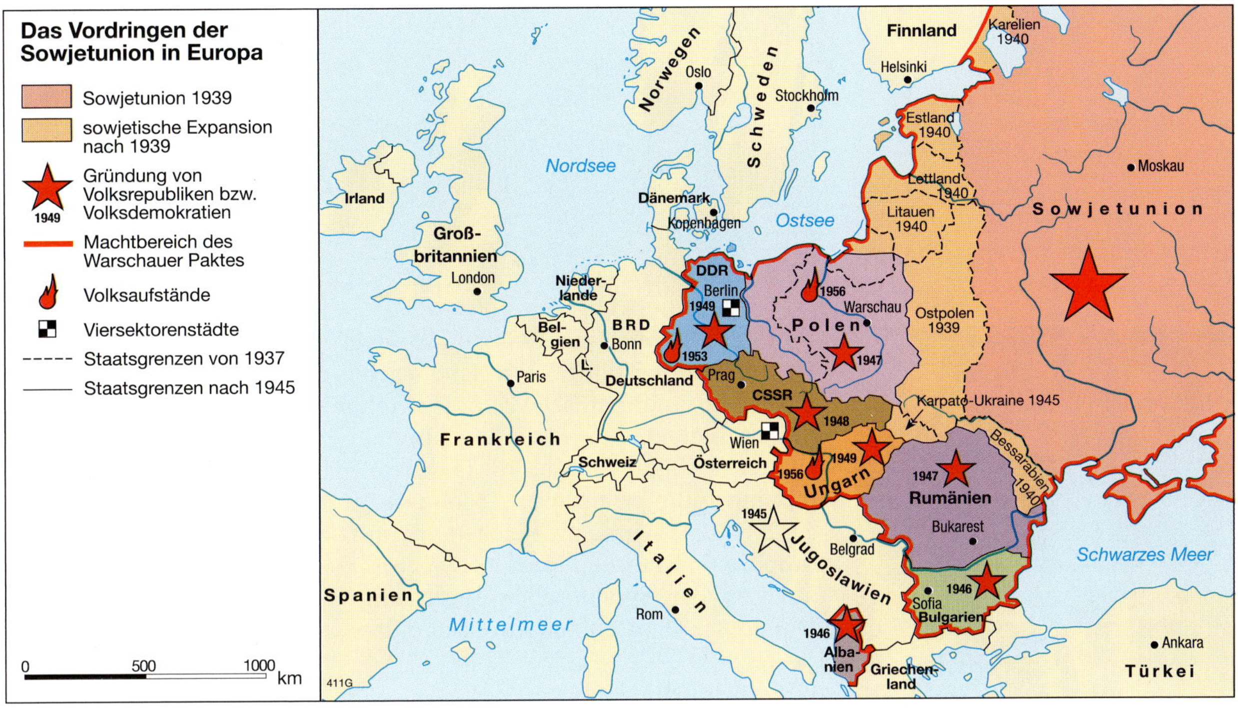

Das Vordringen der Sowjetunion in Europa

Truman-Doktrin und Marshallplan

Anlass für Konflikte boten auch die wirtschaftlichen Ziele der Alliierten in Deutschland. So betrieb die Sowjetunion in ihrer Zone eine radikale Reparationspolitik, um Kriegszerstörungen im eigenen Land abzumildern. Man demontierte Maschinen, Bahngleise und ganze Fabriken und transportierte sie in die UdSSR. In den Westzonen stellten die Alliierten die Demontagen nach 1946 teilweise und ab 1951 gänzlich ein. Sie wollten dadurch Deutschlands wirtschaftlichen Zusammenbruch verhindern und der bedrohlichen Ausdehnung des sowjetischen Einflusses begegnen.

Unter dem Eindruck der sowjetischen Expansion hielt US-Präsident Truman am 12. März 1947 eine Grundsatzrede vor dem Kongress. Er kündigte an, dass die USA künftig alle freien Völker bei ihrem Kampf gegen Unterdrückung unterstützen würden. Diese Eindämmungspolitik (Containment) sollte von einer massiven Militär- und Wirtschaftshilfe begleitet sein. Dem Konzept folgte der amerikanische Außenminister George Marshall, als er ein „Europäisches Wiederaufbauprogramm“ entwickelte, das die USA 1947 als Wirtschaftshilfe für das kriegszerstörte Europa einleiteten. Es umfasste Rohstoffe, Maschinen, Nahrungsmittel und Kredite, bildete die Grundlage eines Neuanfangs und ging als „Marshallplan“ in die Geschichte ein.

M 3

M 4 Berliner Luftbrücke
Kinder beobachten den Landeanflug eines amerikanischen Transportflugzeugs. Da die Piloten oft Süßigkeiten für Kinder abwarfen, wurden die Maschinen liebevoll „Rosinenbomber“ genannt.

M 5 Gefüllte Schaufenster zum Stichtag der Währungsreform

M 6 Plakat zur NATO, 1952

Von der „Bizone“ zur Währungsreform

Um ein leistungsfähiges Wirtschaftsgebiet zu schaffen, wurden die britische und amerikanische Zone im Januar 1947 zur „Bizone“ vereinigt. Später folgte die französische Zone.

Ferner war eine Neuordnung des Währungssystems erforderlich, da eine Inflation drohte. So kam es zu einer Währungsreform: Am 21. Juni 1948 wurde die Reichsmark im Verhältnis 10:1 abgewertet und durch die „Deutsche Mark“ (DM) ersetzt. Am 23. Juni 1948 erfolgte auch in der Sowjetischen Besatzungszone eine Währungsreform. Damit war Deutschland politisch und wirtschaftlich gespalten.

Die Berlin-Blockade

Als die Alliierten auch in den Berliner Westsektoren die D-Mark einführten, kam es zum Konflikt. Die Sowjetunion demonstrierte ihre Macht und sperrte am 24. Juni 1948 alle Straßen, Eisenbahnlinien und Wasserwege von Westdeutschland nach Westberlin. Damit war die Stadt auch von Stromlieferungen aus dem Osten und der Versorgung mit frischen Nahrungsmitteln abgeschnitten.

Auf diese Kampfansage reagierten Amerikaner und Briten mit einer Luftbrücke, denn die Benutzung der Luftkorridore war vertraglich abgesichert. Die Flugzeuge starteten im Minutentakt und transportierten während der elfmonatigen Blockade 1,5 Millionen Tonnen Lebensmittel, Baumaterialien und Kohle in die bedrängte Stadt. Am 12. Mai 1949 gaben die Sowjets die Blockade auf. Ihr Erpressungsversuch hatte sich als politischer Fehlschlag erwiesen.

Die Gründung der NATO

Die Spaltung Deutschlands und der Welt hatte sich vertieft und die Vereinigten Staaten darin bestärkt, weitere Expansionsversuche abzuwehren. Das führte am 4. April 1949 zur Gründung des nordatlantischen Verteidigungsbündnisses der NATO (North Atlantic Treaty Organization). In diesem Beistandspakt schlossen sich zehn westeuropäische Staaten sowie die USA und Kanada zusammen, um sich vor einem sowjetischen Angriff zu schützen.

M 7 Die „Truman-Doktrin"

Das Programm wurde in einer Rede von Präsident Truman am 12. März 1947 vor beiden Häusern des US-Kongresses entwickelt:

In jüngster Zeit wurden den Völkern einer Anzahl von Staaten gegen ihren Willen totalitäre Regierungsformen aufgezwungen. Die Regierung der Vereinigten Staaten hat immer wieder gegen den Zwang und die Einschüchterung in Polen, Rumänien und Bulgarien protestiert, die eine Verletzung der Vereinbarungen von Jalta darstellen. Ich muss auch erwähnen, dass in einer Anzahl von anderen Ländern ähnliche Entwicklungen vor sich gehen.

Zum gegenwärtigen Zeitpunkt der Weltgeschichte muss fast jede Nation zwischen alternativen Lebensformen wählen. Nur zu oft ist diese Wahl nicht frei. Die eine Lebensform gründet sich auf den Willen der Mehrheit und ist gekennzeichnet durch freie Institutionen, repräsentative Regierungsform, freie Wahlen, Garantien für die persönliche Freiheit, Rede- und Religionsfreiheit und Freiheit von politischer Unterdrückung.

Die andere Lebensform gründet sich auf den Willen einer Minderheit, den diese der Mehrheit gewaltsam aufzwingt. Sie stürzt sich auf Terror und Unterdrückung, auf die Zensur von Presse und Rundfunk, auf manipulierte Wahlen und auf den Entzug der persönlichen Freiheiten.

Ich glaube, es muss die Politik der Vereinigten Staaten sein, freien Völkern beizustehen, die sich der angestrebten Unterwerfung durch bewaffnete Minderheiten oder durch äußeren Druck widersetzen. Ich glaube, wir müssen allen freien Völkern helfen, damit sie ihre Geschicke auf ihre eigene Weise selbst bestimmen können. Unter einem solchen Beistand verstehe ich vor allem wirtschaftliche und finanzielle Hilfe, die die Grundlage für wirtschaftliche Stabilität und geordnete politische Verhältnisse bildet.

Geschichte in Quellen, Die Welt seit 1945, hrsg. von Wolfgang Lautemann und Manfred Schlenke, München 1980, S. 576 f.

M 8 „Zwei-Lager-Theorie"

Auf einer Konferenz der wichtigsten kommunistischen Parteien im September 1947 in Polen hielt der Sekretär des ZK der KPdSU, A. Schdanow, eine Rede zur internationalen Lage:

Während der Krieg im Gange war, marschierten die Alliierten im Kampfe gegen Deutschland und Japan zusammen und bildeten ein einziges Lager. Nichtsdestoweniger bestanden sogar während des Krieges im alliierten Lager im Hinblick auf die Definition sowohl der Kriegsziele als auch der Aufgaben der Nachkriegsorganisation der Welt Meinungsverschiedenheiten. Die Sowjetunion und die demokratischen Länder sahen ihre hauptsächlichen Kriegsziele in der Wiederherstellung und Konsolidierung der demokratischen Ordnung in Europa, in der Beseitigung des Faschismus und der Verhinderung der Möglichkeit einer neuen Aggression seitens Deutschlands und in der Herstellung einer allseitigen, dauerhaften Zusammenarbeit unter den Nationen Europas. Die vereinigten Staaten von Amerika – und Großbritannien im Einvernehmen mit ihnen – stellten sich ein anderes Kriegsziel: Sie wollten die Konkurrenten auf den Märkten – Deutschland und Japan – loswerden und ihre eigene Überlegenheit sichern. Dieser Unterschied in der Definition der Kriegsziele und der Aufgaben der Nachkriegsregelung begann in der Nachkriegsperiode deutlich zu werden. Zwei entgegengesetzte Kurse der Politik nahmen Gestalt an: Auf der einen Seite strebte die Politik der UdSSR und der demokratischen Länder nach der Überwindung des Imperialismus und der Konsolidierung der Demokratie. Auf der anderen Seite strebte die Politik der Vereinigten Staaten und Großbritanniens nach der Stärkung des Imperialismus und der Abwürgung der Demokratie. Angesichts der Tatsache, dass die UdSSR und die Länder der neuen Demokratie die Verwirklichung der imperialistischen Pläne für den Kampf um die Weltvormachtstellung und um die Vernichtung der demokratischen Bewegungen verhinderten, wurde eine Kampagne gegen die UdSSR und die Länder der Demokratie proklamiert und von den eifrigsten imperialistischen Politikern in den USA und Großbritannien durch Drohungen verschärft.

So sind zwei Lager entstanden: das imperialistische, antidemokratische Lager, dessen Hauptziel darin besteht, die Weltvormachtstellung des amerikanischen Imperialismus zu erreichen und die Demokratie zu zerstören, und das antiimperialistische, demokratische Lager, dessen Hauptziel es ist, den Imperialismus zu überwinden, die Demokratie zu konsolidieren und die Überreste des Faschismus zu beseitigen.

Geschichte in Quellen, Die Welt seit 1945, hrsg. von Wolfgang Lautemann und Manfred Schlenke, München 1980, S. 460 f.

M 9 **Der „Marshallplan“**

Der amerikanische Staatssekretär Marshall gab mit dieser Rede vom 5. Juni 1947 in der Harvard-Unversität den Anstoß zur Entwicklung des ERP (European Recovery Program), des so genannten Marshall-Planes:

Unsere Politik ist nicht gegen irgendein Land oder eine Doktrin, sondern gegen Hunger, Armut, Verzweiflung und Chaos gerichtet. Ihr Zweck soll es sein, die Weltwirtschaft wiederherzustellen, um das Entstehen politischer und sozialer Verhältnisse zu ermöglichen, unter welchen freie Institutionen existieren können. Eine solche Hilfe darf nach meiner Überzeugung nicht in kleinen Portionen erfolgen, so wie sich die Krise entwickelt. Eine Hilfe, die die Regierung gewähren soll, müsste eine wirkliche Kur und nicht ein Vorbeugungsmittel darstellen. Jede Regierung, die willens ist, bei der Aufgabe des Wiederaufbaues mitzuwirken, wird, dessen bin ich sicher, seitens der Regierung der Vereinigten Staaten volle Unterstützung erfahren. Eine Regierung, welche den Wiederaufbau anderer Länder zu verhindern sucht, kann keine Hilfe von uns erwarten. Regierungen, politische Parteien oder Gruppen, welche bestrebt sind, das menschliche Elend zu verewigen, um daraus politisch oder in anderer Weise zu profitieren, werden auf den Widerstand der Vereinigten Staaten stoßen.

Geschichte in Quellen, Die Welt seit 1945, hrsg. von Wolfgang Lautemann und Manfred Schlenke, München 1980, S. 370 f.

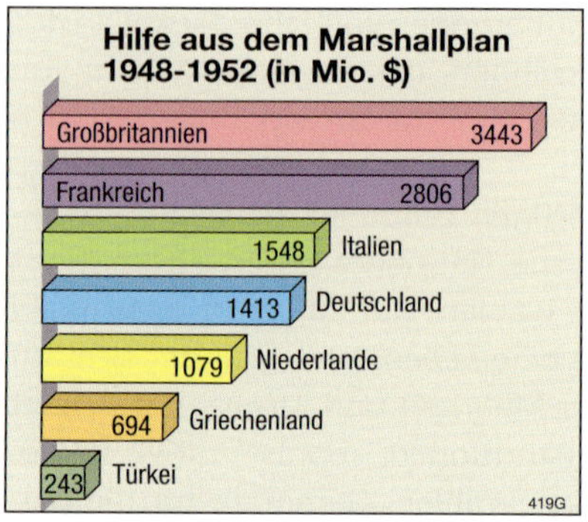

M 10

M 11 **„Freie Bahn dem Marshallplan“**
Westdeutsches Plakat

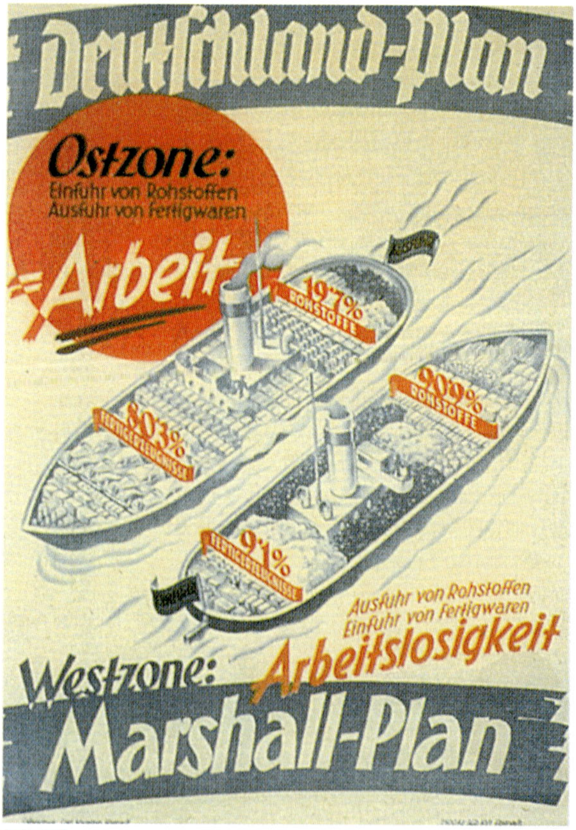

M 12 **„Ostzone = Arbeit – Westzone: Marshall-Plan“**
Ostdeutschen Plakat

M 13 „Erlösung vom Albdruck“

Im Leitartikel der „Süddeutschen Zeitung“ vom 12. Mai 1949 bewertete Gerhard Kreyssig die Beendigung der Berlin-Blockade:

Der Eiserne Vorhang ist hochgegangen, die Falltüren der blockierten Freiheitsfestung Berlin sind heruntergelassen. Hinter der großen Sensation für die Welt und für Deutschland, dass normale Transportwege nach Berlin und dem Osten wieder ihrer normalen Verwendung zugeführt worden sind, steht die gewichtige Tatsache, dass die politische und wirtschaftliche Kraftprobe zwischen zwei Welten mit zwei Weltanschauungen auf dem großen Schachbrett der internationalen Politik zunächst einmal zu einem Remis geführt hat. Die Deutschen im Westen sind erleichtert von vielen Sorgen und der Bürde, Millionen für ein unsinniges Unternehmen zahlen zu müssen, an dem sie nur passiv beteiligt waren. Die Berliner erleben die Sternennnacht des Triumphs ihrer Entsagungen und ihres Muts […].

Das große Ereignis wirkt wie die Erlösung von einem Albdruck. Das darf uns allerdings nicht dazu verleiten, in der Freude und Entspannung der Nerven die Tatsache zu vergessen, dass mit der Wiederaufhebung der Blockade Berlins zunächst nicht mehr erfolgte als die Korrektur einer politischen Aktion. Sie bedeutet zunächst lediglich die Wiederherstellung eines an sich unbefriedigenden Zustandes. Wir werden uns gerade heute der Tatsache besonders bewusst sein müssen, dass es von der Blockade Berlins über das wiederhergestellte „normale“ Dasein der isolierten Insel Berlin bis zur Freiheit und Einheit Deutschland noch ein sehr weiter Weg ist.

„Süddeutsche Zeitung“ vom 12. Mai 1949.

M 14 „Gefährliche Passage“
Amerikanische Karikatur von 1948, in Deutschland abgedruckt im „SPIEGEL“ vom 18.9.1948

Aufgaben

1. a) Nenne wichtige Stationen beim Zerfall der Anti-Hitler-Koalition.
   b) Welche Gründe waren dafür ausschlaggebend?
   → Text
2. a) Vergleiche die beiden Redeauszüge von Truman und Schdanow.
   b) Begründe, inwieweit du den Rednern zustimmst oder ihre Äußerungen ablehnst.
   → M7, M8
3. Stelle dar, welche Ziele Marshall verfolgte und wie er sie realisieren wollte.
   → M9, M10
4. Vergleiche die Aussage der beiden Plakate.
   → M11, M12
5. Wie bewertet der Journalist die Situation nach der Berlin-Blockade?
6. Interpretiere die Karikatur „Gefährliche Passage“. Beziehe den Text aus der „Süddeutschen Zeitung“ mit ein.
   → M13, M14

Die doppelte Staatsgründung

Zwei deutsche Staaten

„Es wächst zusammen, was zusammengehört." – Diese Worte des früheren Bundeskanzlers Willy Brandt nach dem Mauerfall 1989 bezogen sich auf die beiden deutschen Staaten: die „Bundesrepublik Deutschland" und die „Deutsche Demokratische Republik". Denn der „Kalte Krieg" zwischen den USA und der Sowjetunion hatte in Deutschland unmittelbare Auswirkungen: In der Bundesrepublik entstand eine freiheitlich-demokratische Staatsordnung mit sozialer Marktwirtschaft. Die DDR hingegen errichtete eine Parteidiktatur und eine sozialistische Staats- und Gesellschaftsordnung. Wie kam es zu der doppelten Staatsgründung, obwohl Deutschland gemäß der Potsdamer Konferenz als politische Einheit behandelt werden sollte?

Wichtige Vorentscheidungen

Bevor es zur Gründung beider deutscher Staaten kam, fielen wichtige Vorentscheidungen. So herrschte in den drei Westzonen eine Marktwirtschaft mit gemeinsamer Währung. Die Sowjetzone hingegen leitete eine Bodenreform ein und verstaatlichte Industrie und Handel, was die Besitzverhältnisse in der Landwirtschaft und im industriellen Sektor entscheidend veränderte.

Schließlich offenbarte die Berlin-Blockade unüberbrückbare Gegensätze. Sie verstärkten bei den Westalliierten den Wunsch, ihr Besatzungsgebiet gegen die Sowjetzone abzugrenzen und einen westdeutschen Staat auf demokratischer Basis zu errichten. – Entscheidende Impulse, die zur deutschen Teilung führten, kamen also von außen.

Auf dem Weg zum „Weststaat"

Im Frühjahr 1948 beschloss die Londoner Sechs-Mächte Konferenz, an der neben den Westalliierten auch die Benelux-Staaten teilnahmen, einen westlichen Teilstaat zu gründen. Die westdeutschen Ministerpräsidenten erhielten im Juli 1948 mit den „Frankfurter Dokumenten" den Auftrag, eine verfassunggebende Versammlung einzuberufen mit dem Ziel, eine demokratische Verfassung auszuarbeiten. Der Verfassungsentwurf sollte anschließend der westdeutschen Bevölkerung zur Abstimmung vorgelegt werden.

Die westdeutschen Ministerpräsidenten fürchteten, dass eine separate Staatsgründung die deutsche Teilung zementieren würde, und betonten, dass nur eine provisorische Staatsgründung möglich sei. Um dies zum Ausdruck zu bringen, wurde nur ein „Parlamentarischer Rat" eingesetzt, der aus Vertretern der westdeutschen Landtage bestand. Anstelle einer Volksabstimmung stimmten die Landtage über die künftige Verfassung ab, die man als „Grundgesetz" bezeichnete.

Die Erarbeitung des Grundgesetzes

Der Parlamentarische Rat tagte vom September 1948 bis Mai 1949 in Bonn und erarbeitete das „Grundgesetz der Bundesrepublik Deutschland". Von den 65 Mitgliedern gehörten jeweils 27 der CDU/CSU und SPD an. Ferner erhielten die Liberalen fünf, die Deutsche Partei, das Zentrum und die KPD je zwei Sitze.

M 1 Wahlplakate
Die Plakate stammen aus der Zeit zwischen 1945 und 1949 und lassen bereits grundsätzliche parteipolitische Ziele erkennen.

Als Grundlage der Beratungen diente ein Entwurf, den ein Verfassungskonvent auf der bayerischen Insel Herrenchiemsee erarbeitet hatte. Aufgrund der Erfahrung mit dem Nationalsozialismus stellte das Grundgesetz die Menschen- und Grundrechte an die Spitze. Sie gelten als Kern der Verfassung und dürfen nicht verändert werden. Dazu zählen auch die vier Grundprinzipien Demokratie, Föderalismus, Sozialstaat und Rechtsstaat.

Ausgehend von den negativen Erfahrungen der Weimarer Verfassung nahm der Parlamentarische Rat einige grundsätzliche Veränderungen vor. So wurde der Schutz vor Verfassungsfeinden gestärkt. Um eine unklare politische Situation zu verhindern, ist die Abwahl des Bundeskanzlers nur durch ein „konstruktives Misstrauensvotum“, also die gleichzeitige Wahl eines neuen Regierungschefs, möglich. Der Bundespräsident hat im Gegensatz zum Reichspräsidenten der Weimarer Republik lediglich repräsentative Aufgaben und keine exekutive Macht. Es sollte also – anders als in Weimar – ein möglichst stabiles Regierungssystem entstehen.

Auch wenn Einigkeit darin bestand, dass die Bundesrepublik föderalistisch aufgebaut sein sollte, war umstritten, wie weit die Einflussnahme der Bundesländer auf die Bundesgesetzgebung und die Machtbefugnisse der Länder gehen sollte. Ein Beitritt der deutschen Ostgebiete wurde ausdrücklich offen gehalten.

Die Gründung der Bundesrepublik Deutschland

Am 8. Mai 1949 stimmte der Parlamentarische Rat mit 53 gegen 12 Stimmen für die Annahme des Grundgesetzes, das anschließend von allen westdeutschen Landtagen außer dem bayerischen angenommen wurde. Nach seiner Verkündung am 23. Mai 1949 trat die provisorische westdeutsche Verfassung in allen drei Westzonen in Kraft. Dennoch erlangte die Bundesrepublik noch nicht die volle Souveränität.

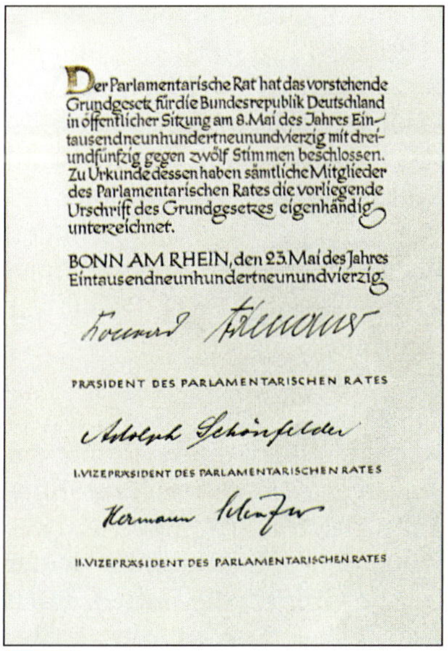

Der Parlamentarische Rat hat das vorstehende Grundgesetz für die Bundesrepublik Deutschland in öffentlicher Sitzung am 8. Mai des Jahres Eintausendneunhundertneunundvierzig mit dreiundfünfzig gegen zwölf Stimmen beschlossen. Zu Urkunde dessen haben sämtliche Mitglieder des Parlamentarischen Rates die vorliegende Urschrift des Grundgesetzes eigenhändig unterzeichnet.

BONN AM RHEIN, den 23. Mai des Jahres Eintausendneunhundertneunundvierzig.

PRÄSIDENT DES PARLAMENTARISCHEN RATES

I. VIZEPRÄSIDENT DES PARLAMENTARISCHEN RATES

II. VIZEPRÄSIDENT DES PARLAMENTARISCHEN RATES

M 2 **Das Grundgesetz**
Letzte Seite der Urschrift

M 3

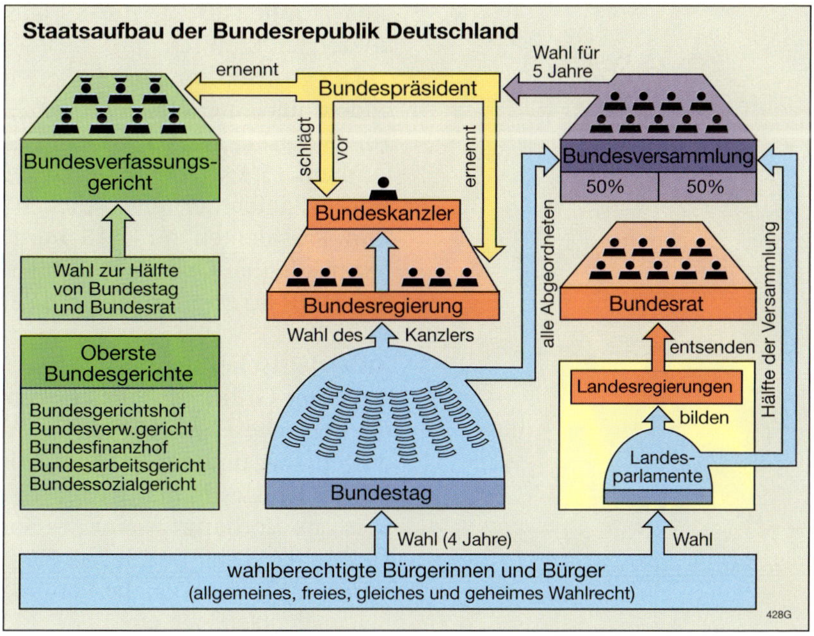

M 4 Feierliche Unterzeichnung des Grundgesetzes am 23. Mai 1949

Im Besatzungsstatut behielten sich die drei Westalliierten wichtige Zuständigkeiten wie zum Beispiel die Außenpolitik vor.

Nach der ersten Bundestagswahl am 14. August 1949 wurde Konrad Adenauer (CDU) zum ersten Bundeskanzler und Theodor Heuss (FDP) zum ersten Bundespräsidenten gewählt.

Auf dem Weg zum „Oststaat"

Angesichts des Ost-West-Konflikts entschloss sich die Sowjetunion zur Gründung eines zweiten deutschen Staates auf dem Gebiet der Sowjetischen Besatzungszone. Doch versuchte die SED zumindest nach außen den Einheitsgedanken aufrechtzuerhalten.

Ende 1947 trat ein „Deutscher Volkskongress für Einheit und gerechten Frieden" in Berlin zusammen, dem 1551 Delegierte aus der Sowjetzone und 664 meist kommunistische Vertreter aus dem Westen angehörten. Dieser Volkskongress hatte die Funktion eines gesamtdeutschen Vorparlaments.

Ein zweiter Volkskongress setzte im Frühjahr 1948 einen „Deutschen Volksrat" ein, der im März 1949 den Entwurf einer „Verfassung für die Deutsche Demokratische Republik" (DDR) verabschiedete.

Die Verfassung der DDR

Die erste DDR-Verfassung lehnte sich stark an die Verfassung der Paulskirche von 1849 und die Weimarer Verfassung an. Insofern fanden sich in beiden deutschen Verfassungen Übereinstimmungen. Allerdings wich die Verfassungswirklichkeit in der DDR stark vom Verfassungstext ab. So konnten DDR-Bürger das verfassungsmäßig verbürgte Streik- und Demonstrationsrecht nicht ausüben.

Auch die Wahlen zum 3. Volkskongress im Mai 1949 waren nicht frei, da die SED alle Kandidaten der Parteien und Massenorganisationen selbst bestimmte. Die Parteien wurden gezwungen sich zu einem „antifaschistischen Block" zusammenzuschließen. Zur Wahl stand nur eine „Einheitsliste", auf der die Wähler lediglich „Ja" oder „Nein" ankreuzen konnten.

Der 3. Volkskongress billigte die Verfassung am 29. Mai 1949 und bildete aus seinen Reihen einen 2. Volksrat, der sich am 7. Oktober 1949 zur „Volkskammer der DDR" erklärte. Die erste Volkskammerwahl fand am 15. Oktober statt. Daneben wurden eine Länderkammer mit Abgeordneten der fünf östlichen Länder und eine Regierung gebildet. Zum Präsidenten der DDR wurde Wilhelm Pieck gewählt, zum Ministerpräsidenten Otto Grotewohl, beide Mitglieder der SED. Damit war die DDR als zweiter deutscher Staat gegründet.

Zwei deutsche Staaten

Trotz der Gründung zweier deutscher Staaten blieb die Hoffnung auf die deutsche Einheit lebendig. Allerdings entwickelten sich die Bundesrepublik und die DDR im Zeichen des Ost-West-Konflikts und des Kalten Krieges immer weiter auseinander. Schon bald trennte sie der „Eiserne Vorhang" – eine waffenstarrende Grenze, die mitten durch Deutschland lief und jeden Kontakt verwehrte. Erst 40 Jahre später öffnete sich ein Weg zur Vereinigung und zum „Zusammenwachsen" beider deutscher Staaten.

M 5 „Frauen sind gleichberechtigt."

a) Im Parlamentarischen Rat, der verfassungsgebenden Versammlung, befanden sich 61 Männer und 4 Frauen, darunter Elisabeth Selbert. In den Beratungen zu Artikel 3 GG führte sie im Dezember 1948 aus:

Es ist eine Selbstverständlichkeit, dass man [...] den Frauen die Gleichberechtigung auf allen Gebieten geben muss. Die Frau soll nicht nur in staatsbürgerlichen Dingen gleichstehen, sondern muss auf allen Rechtsgebieten dem Manne gleichgestellt werden. Die Frau, die während der Kriegsjahre auf den Trümmern gestanden und den Mann an der Arbeitsstelle ersetzt hat, hat heute einen moralischen Anspruch darauf, so wie der Mann bewertet zu werden. [...] Sollte der Artikel in dieser Fassung heute wieder abgelehnt werden, so darf ich Ihnen sagen, dass in der gesamten Öffentlichkeit die maßgeblichen Frauen wahrscheinlich dazu Stellung nehmen werden, und zwar derart, dass unter Umständen die Annahme der Verfassung gefährdet ist. [...]
Alle ‚Aber' sollten hier ausgeschaltet sein, da mit den Stimmen der Frauen als Wählerinnen als denjenigen Faktoren gerechnet werden muss, die für die Annahme der Verfassung[1] ausschlaggebend sind, nachdem wir in Deutschland einen Frauenüberschuss von 7 Millionen haben und wir auf 100 männliche Wähler 170 weibliche Wähler rechnen.

[1] Das Abstimmungsverfahren war zu diesem Zeitpunkt noch in der Diskussion.

Zitiert nach: Böttger, Barbara, Das Recht auf Gleichheit und Differenz, Münster 1990, S. 184 f.

b) Nachdem der Selbert-Vorschlag zwei Mal abgelehnt worden war, verstärkten sich die Eingaben an den Parlamentarischen Rat. Folgende Eingabe stammt vom Betriebsrat der Firma Henschel in Kassel:

Hat man in Bonn die völlig veränderte Situation der heutigen Frauen übersehen? Glaubt der parlamentarische Rat vertreten zu können, dass eine verheiratete Frau und solche, die mit ihrer Hände Arbeit ein neues Leben aus dem Chaos aufbauen, weniger Rechte besitzen soll als ein Jüngling von 21 Jahren? [...] Sieht man in den Frauen nach all diesen Jahren der bitteren Erfahrung und der durchgestandenen Not ein unselbstständiges, urteilsloses Wesen?

Zitiert nach: Böttger, Barbara, a.a.O, S. 202.

M 6 Dr. Elisabeth Selbert
Rechtsanwältin, SPD-Politikerin, Mitglied des Parlamentarischen Rates, Foto von 1948/49

c) Für Artikel 3 GG standen im Parlamentarischen Rat folgende Formulierungen zur Diskussion: „Männer und Frauen haben dieselben staatsbürgerlichen Rechte und Pflichten", „Der Gesetzgeber muss Gleiches gleich, Verschiedenes in seiner Eigenart behandeln " sowie „Männer und Frauen sind gleichberechtigt". Das Ergebnis der Beratung liegt mit Artikel 3 GG vor:

Artikel 3
[Gleichheit vor dem Gesetz; Gleichberechtigung von Männern und Frauen; Diskriminierungsverbote]
(1) Alle Menschen sind vor dem Gesetz gleich.
(2) Männer und Frauen sind gleichberechtigt. Der Staat fördert die tatsächliche Durchsetzung der Gleichberechtigung von Frauen und Männern und wirkt auf die Beseitigung bestehender Nachteile hin.
(3) Niemand darf wegen seines Geschlechts, seiner Abstammung, seiner Rasse, seiner Sprache, seiner Heimat und Herkunft, seines Glaubens, seiner religiösen oder politischen Anschauungen benachteiligt oder bevorzugt werden. Niemand darf wegen seiner Behinderung benachteiligt werden.

Grundgesetz für die Bundesrepublik, Artikel 3, Stand 1995.

M 7 **Regierungserklärungen**

a) Regierungserklärung des Bundeskanzlers Konrad Adenauer vor dem Deutschen Bundestag am 21. Oktober 1949:

In der Sowjetunion wurden schon im Jahre 1945 im Gegensatz zu den drei anderen Zonen Zentralverwaltungen eingerichtet, die den unverkennbaren Zweck hatten, die ganze sowjetische Zone staatlich einheitlich zu organisieren. [...]
Die wirtschaftliche und die politische Trennung der Sowjetzone von dem übrigen Deutschland wurde weiter gefördert durch die Einsetzung des so genannten Ersten Volkskongresses am 6. Dezember 1947, die Einberufung des Zweiten Volkskongresses am 18. März 1948, die Schaffung eines Volksrats am gleichen Tag, die Erteilung des Auftrags an den Volksrat, eine Verfassung auszuarbeiten, und schließlich durch die Verabschiedung dieser Verfassung durch den Volksrat am 19. März 1949.
Diese Volkskongresse sind nicht aus Wahlen, das heißt aus freien Wahlen, an denen sich jeder hätte frei beteiligen können, hervorgegangen. Für den Dritten Volkskongress durfte nur eine Einheitsliste aufgestellt werden. Die in der vom Volksrat beschlossenen Verfassung vom 19. März 1949 vorgesehenen Wahlen für eine Volkskammer wurden nicht abgehalten. Der Volksrat etablierte sich am 7. Oktober 1949 im Widerspruch mit der von ihm selbst beschlossenen Verfassung als provisorische Volkskammer. Gleichzeitig wurde erklärt, dass Wahlen, die schon mehrfach in Aussicht gestellt waren, bis zum 15. Oktober 1950 verschoben würden. [...]
Es wird niemand behaupten können, dass die nunmehr geschaffene Organisation der Sowjetzone auf dem freien Willen der Bevölkerung dieser Zone beruht.
Sie ist zustande gekommen auf Befehl Sowjetrusslands und unter Mitwirkung einer kleinen Minderheit ihm ergebener Deutscher. [...]
Die Bundesrepublik Deutschland stützt sich dagegen auf die Anerkennung durch den frei bekundeten Willen von rund 25 Millionen stimmberechtigter Deutscher. Die Bundesrepublik Deutschland ist somit bis zur Erreichung der deutschen Einheit insgesamt die alleinige legitimierte staatliche Organisation des deutschen Volkes.

Aus: Weber, Jürgen, Die Gründung des neuen Staates 1949, München, 1981, S. 295 ff.

b) Regierungserklärung von Ministerpräsident Otto Grotewohl am 12. Oktober 1949 vor der Provisorischen Volkskammer der DDR:

Die Handlungen der Regierung werden durch nichts anderes bestimmt als durch die vom Deutschen Volksrat beschlossene, vom 3. Deutschen Volkskongress bestätigte und durch die Volkskammer in Kraft gesetzte Verfassung der Deutschen Demokratischen Republik. Die Regierung geht aus der ersten unabhängigen deutschen Volksbewegung hervor, sie ist damit die erste unabhängige deutsche Regierung. Durch ihre Herkunft aus dem deutschen Volke selbst unterscheidet sie sich schon von der auf Grund der Bonner Verfassung errichteten westdeutschen Separatregierung. Die Bonner Verfassung ist nur die Ausführungsbestimmung des Besatzungsstatuts der westlichen Alliierten. Der in Westdeutschland errichtete Verfassungszustand ist keineswegs als der Ausdruck einer eigenen deutschen politischen Willensbildung anzuerkennen. Der westdeutsche Sonderstaat ist nicht in Bonn, sondern in London entstanden. Bonn hat nur die Londoner Empfehlungen, die in Wahrheit Befehle der westlichen Alliierten waren, ausgeführt. Der nunmehr in die Volkskammer umgewandelte frühere Deutsche Volksrat hat wiederholt Vorschläge an die westdeutschen Politiker ergehen lassen, eine gemeinsame politische Plattform für eine demokratische Willensbildung in ganz Deutschland zu schaffen. Sie haben in Westdeutschland diesen demokratischen Weg abgelehnt und glauben, mit den Methoden einer maßlosen Hetze und Verleumdung gegen die Sowjetunion und gegen die sowjetische Besatzungszone weiterzukommen. [...]
Die westdeutschen Politiker, die westlichen Alliierten und darüber hinaus die Weltöffentlichkeit werden sich davon überzeugen müssen, dass nur dann, wenn dem deutschen Volke das Recht auf die staatliche Selbstbestimmung eingeräumt wird, das Deutschlandproblem gelöst werden kann. [...]
Der westdeutsche Separatstaat weist schon in seiner Geburtsstunde alle Krankheitszeichen eines politischen Wechselbalges und einer Krisis auf, er kann darum vor dem Urteil der Geschichte nicht bestehen.

Aus: Weber, Jürgen, Die Gründung des neuen Staates 1949, München, 1981, S. 292 ff.

M 8 Die Flagge der Bundesrepublik vor dem Reichstag in Berlin, die Farben – schwarz, rot, gold – gehen auf die deutsche Nationalbewegung des 19. Jahrhunderts zurück. 1949 wurden diese Farben in die Nationalflagge der Bundesrepublik Deutschland und am 3. Oktober 1990 für das geeinte Deutschland übernommen.

M 9 Die Flagge der DDR
Bis 1959 waren die Flaggen der Bundesrepublik und der DDR identisch. Um die Eigenständigkeit der DDR zu betonen wurde seit 1959 das Staatswappen der DDR in die Flagge eingesetzt. Der Ährenkranz repräsentierte die Bauern, der Hammer die Arbeiter, der Zirkel Industrie und Technik.

M 10 Die Nationalhymnen

a) 3. Strophe der bundesdeutschen Nationalhymne. Der Text entstammt dem „Lied der Deutschen", das August Heinrich Hoffmann von Fallersleben 1841 dichtete:

Einigkeit und Recht und Freiheit
für das deutsche Vaterland!
Danach lasst uns alle streben
brüderlich mit Herz und Hand!
Einigkeit und Recht und Freiheit
sind des Glückes Unterpfand.
Blüh' im Glanze dieses Glückes,
blühe, deutsches Vaterland!

b) 1. Strophe der DDR-Nationalhymne. Johannes R. Becher schrieb den Text, die Melodie komponierte Hanns Eisler. Ab 1973 verschwand der Text aus den Liederbüchern und es wurde nur noch die Melodie gespielt:

Auferstanden aus Ruinen
und der Zukunft zugewandt,
lass uns dir zum Guten dienen,
Deutschland, einig Vaterland.
Alle Not gilt es zu zwingen
und wir zwingen sie vereint,
denn es muss uns doch gelingen,
dass die Sonne schön wie nie
über Deutschland scheint.

Aufgaben

1. Stelle dar, wie es zur Gründung der Bundesrepublik kam. Worin unterschied sich das Vorgehen bei der Gründung der DDR?
   → Text
2. Welche politischen Ziele stellen CDU, SPD und KPD beim Wahlkampf in den Vordergrund?
   → M1
3. a) Erläutere die Unterschiede der vorgeschlagenen Formulierungen für Art. 3 GG.
   b) Wie begründet Elisabeth Selbert ihren Vorschlag?
   c) Welche Resonanz hatte die Diskussion in der Öffentlichkeit?
   → M5
4. Stelle die Regierungserklärungen von Adenauer und Grotewohl gegenüber. Wie wird der jeweils eigene, wie der andere Staat gesehen?
   → M7

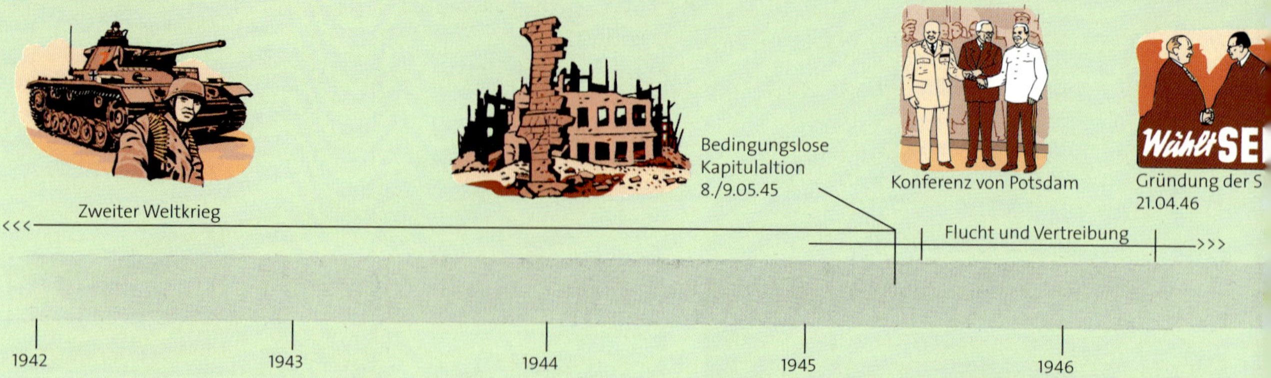

Grundwissen: Zeit

1917 Russische Revolution
1918 Novemberrevolution
1923 Hitlerputsch
1929 Weltwirtschaftskrise

30.1.1933 Hitler Reichskanzler
1933 „Ermächtigungsgesetz“
9.11.1938 Novemberpogrom
1.9.1939 Beginn des Zweiten Weltkriegs
20. Juli 1944 Attentat auf Hitler
8./9.5. 1945 bedingungslose Kapitulation Deutschlands

1949 Gründung der beiden deutschen Staaten
23.5. 1949 Grundgesetz

1945 Gründung der UNO
1962 Kuba-Krise
ab 1985 Reformpolitik in der UdSSR
1989 Umbruch im Ostblock

17.6. 1953 Aufstand in der DDR
1961 Mauerbau
1972 Grundlagenvertrag
9.11.1989 Öffnung der Grenze
3.10.1990 „Tag der Deutschen Einheit“

Grundwissen: Begriffe

Vertrag von Versailles
Weimarer Verfassung
Inflation

„Machtergreifung“
Nationalsozialismus
Antisemitismus
„Drittes Reich“
„Gleichschaltung“
„Nürnberger Gesetze“
Systematische Vernichtung der europäischen Juden
Holocaust, Shoa
Konzentrations- und Vernichtungslager
Widerstand

Konferenz von Potsdam
Flucht und Vertreibung
Besatzungszonen
Entnazifizierung
Währungsreform

Kalter Krieg
NATO, Warschauer Pakt
Europäische Einigung
Vietnamkrieg
Glasnost, Perestroijka

Ostverträge
Entspannungspolitik
68er-Bewegung

Grundwissen: Methoden

Umgang mit Geschichtskarten
Umgang mit Statistiken
Umgang mit Spielfilmen

Umgang mit Fotografien

Umgang mit Berichten von Zeitzeugen

Umgang mit schriftlichen Quellen
Umgang mit dem Internet

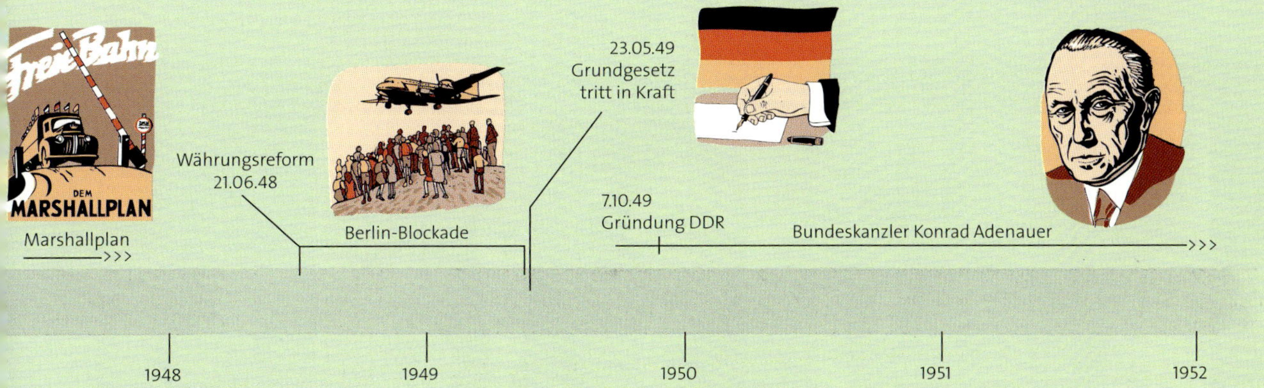

Zusammenfassung

Nach der bedingungslosen Kapitulation am 8. und 9. Mai 1945 teilten die vier Siegermächte Deutschland in Besatzungszonen auf. Berlin erhielt als Viersektoren-Stadt einen Sonderstatus. Gemäß dem Potsdamer Abkommen, das die Alliierten am 2. August 1945 schlossen, kamen alle Gebiete östlich der Oder und Neiße unter polnische Verwaltung, wo sie bis zum Abschluss eines Friedensvertrags verbleiben sollten. Die vier Oberbefehlshaber der alliierten Besatzungstruppen bildeten als oberstes Regierungsorgan den Alliierten Kontrollrat, der ein einheitliches Vorgehen bei allen Fragen gewährleisten sollte, die Deutschland als Ganzes betrafen.

Zwischen den USA und der Sowjetunion zeigten sich schon bald unüberbrückbare machtpolitische und ideologische Gegensätze. Anlass zu Besorgnis bot vor allem der Gürtel kommunistischer Satellitenstaaten, den die UdSSR in Osteuropa errichtete. Auch die Berlin-Blockade zeigte 1948 den Ost-West-Konflikt in aller Deutlichkeit. Der aggressiven Ausbreitung des sowjetischen Machtbereichs begegneten die USA schließlich mit einer Eindämmungspolitik, deren Leitlinien die Truman-Doktrin zusammenfasste. Hierzu zählte der Marshallplan, der ein Programm zum Wiederaufbau Europas einleitete, sowie das 1949 gegründete Verteidigungsbündnis der NATO.

Zu den Konsequenzen des beginnenden Kalten Krieges zählte auch die Teilung Deutschlands. Während in den westlichen Besatzungszonen die Strukturen einer demokratischen Ordnung entstanden, schuf die Sowjetunion in ihrer Zone eine sozialistische Staats- und Gesellschaftsordnung.

In der Sowjetischen Besatzungszone wurden SPD und KPD 1946 zwangsweise zur SED vereinigt. Da andere Parteien nur noch formal fortbestanden, war der Weg zu einer sozialistischen Einparteienherrschaft vorgezeichnet. Mit der Konstituierung einer Volkskammer erfolgte am 7. Oktober 1949 die Gründung der DDR.

Die Schaffung demokratischer und marktwirtschaftlicher Strukturen sowie die Bildung westdeutscher Länder waren Etappen auf dem Weg zur Bundesrepublik. Ein Parlamentarischer Rat erarbeitete eine provisorische Verfassung, die am 23. Mai 1949 als „Grundgesetz" verkündet wurde. Das war die Geburtsstunde der Bundesrepublik Deutschland. In einem Besatzungsstatut behielten sich die westlichen Alliierten jedoch wichtige Zuständigkeiten vor.

Kämpfende Palästinenser in Jaffa, 1948

Rabin, Clinton und Arafat, 1994

Eroberung Algeriens, 1830

Unabhängigkeitsfeier in Algier, 1962

UN-Soldaten im Kongo, 1961

UN-Truppen im Kongo, 2006

UN-Gebäude in New York

M 1 **„Schwerter zu Pflugscharen"**
Statue im Park der Vereinten Nationen in New York

Die Gründung der UNO

Die Vorgeschichte

Heute sind fast alle Staaten Mitglieder der UNO, der „United Nations Organization". Als die „Vereinten Nationen" 1945 unter dem Eindruck des Zweiten Weltkriegs gegründet wurden, hatten sie 51 Mitglieder. Vorläufer war der 1919 eingerichtete Völkerbund, der ein neues Kapitel in den internationalen Beziehungen aufschlug. Die Idee eines friedlichen Zusammenlebens der Völker blieb auch über die Katastrophe des Zweiten Weltkriegs hinweg lebendig.

Lange vor Kriegsende berieten die Vereinigten Staaten und Großbritannien Grundsätze einer weltweiten Friedensordnung, die der Demokratie und den Menschenrechten zum Durchbruch verhelfen sollte. In der Atlantik-Charta von 1941 verkündeten US-Präsident Roosevelt und der britische Premierminister Winston Churchill, dass nach dem Sturz der nationalsozialistischen Diktatur ein Friede aufgerichtet werden solle, der allen Nationen die Möglichkeit biete, in gesicherten Grenzen zu leben, und es den Menschen erlaube, ihr Leben „frei von Furcht und Not" zu gestalten.

Das Selbstbestimmungsrecht der Völker sollte in einem doppelten Sinn berücksichtigt werden. Einerseits sollte es keine territorialen Veränderungen geben, die nicht den Wünschen der betroffenen Völker entsprachen. Andererseits sollten die Völker das Recht haben, ihre Regierungsform selbst zu bestimmen.

1945 kamen Vertreter von 51 Staaten in San Francisco zusammen und unterzeichneten die Charta der „Vereinten Nationen", die Satzung der neuen Weltorganisation UNO.

M 2

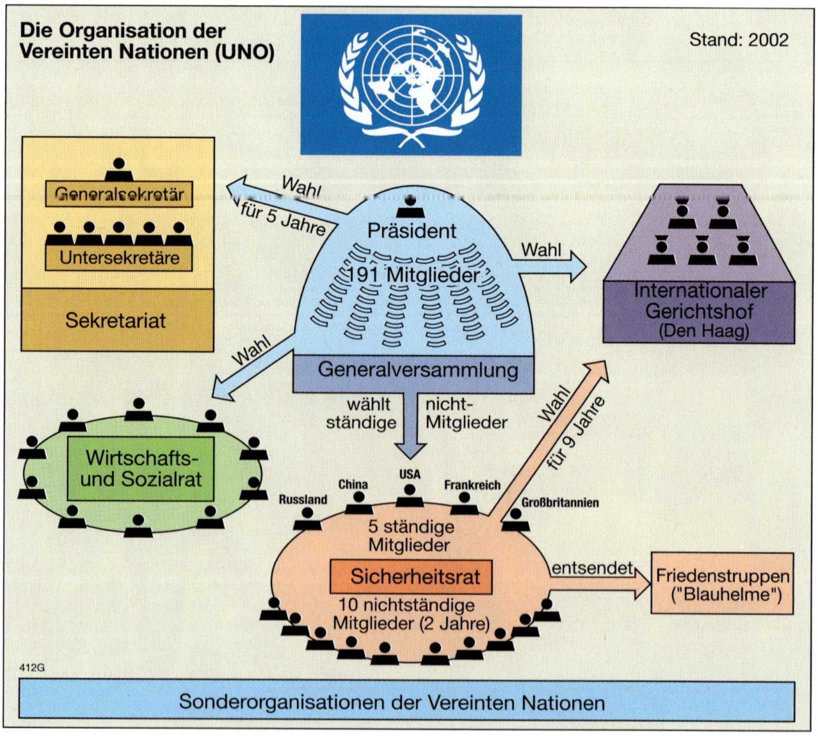

M 3 **Hauptgebäude der UN**
Seit 1959 Tagungsort der Generalversammlung und Sitz des Sicherheitsrates, New York

Grundsätze und Ziele

Grundsätze und Ziele der UNO basieren auf den Menschenrechten und dem Völkerrecht, das die Beziehungen zwischen den Staaten regelt. Die friedliche Schlichtung von Streitfällen, der Verzicht auf Gewaltanwendung und die Achtung des Selbstbestimmungsrechts der Völker sind wichtige Prinzipien, die den Weltfrieden sichern sollen. Ferner wird eine internationale Zusammenarbeit in wirtschaftlichen, sozialen und kulturellen Fragen angestrebt.

Die Instrumente der Vereinten Nationen

Im Unterschied zum Völkerbund sollte die neue Weltorganisation Instrumente besitzen, die in der Lage waren, Frieden stiftende Maßnahmen durchzusetzen. Diesem Zweck dient der Sicherheitsrat, dem fünf Großmächte als ständige Mitglieder angehören: USA, Großbritannien, Frankreich, Russland und China (seit 1972). Diese Staaten besitzen ein Vetorecht, mit dem sie Beschlüsse blockieren können. Daher sind auch Mehrheitsentscheidungen gegen den Willen eines Mitglieds des Sicherheitsrats nicht durchsetzbar.

Zwischen 1945 und 1990 konnte auch die UNO über 150 Kriege in der Welt nicht verhindern. Erst das Ende des Ost-West-Konflikts befreite die Vereinten Nationen aus einer politischen Blockade und der Sicherheitsrat konnte den Weltfrieden durch rasches Handeln besser bewahren. Diese neue Handlungsfähigkeit stellte er zum Beispiel bei der Beendigung der Besetzung Kuwaits durch den Irak und bei der Bekämpfung des Terrorismus unter Beweis.

M 4 **UN-Soldaten im Einsatz 1994**
während des Bosnienkonfliktes

Frieden sichernde Maßnahmen

Die deutliche Zunahme Frieden sichernder Maßnahmen belegt die gewachsene Bedeutung der Vereinten Nationen. Von den Mitgliedsländern gestellte Truppen suchen im Auftrag der UNO in verschiedenen Regionen der Welt den Frieden zu erhalten. Vielfach hat allein die Präsenz der „Blauhelme“ Aggressionen verhindert.

Die Bilanz dieser Einsätze ist jedoch nicht nur positiv. In manchen Fällen wurden UNO-Truppen in Bürgerkriege hineingezogen und konnten ihre Aufgabe nicht erfüllen. Voraussetzung für Frieden sichernde Maßnahmen sind:

- die Zustimmung der Konfliktparteien,
- die freiwillige Teilnahme von UN-Mitgliedstaaten,
- das Recht der teilnehmenden Mitgliedstaaten, sich jederzeit aus der Aktion zurückzuziehen,
- der Verzicht auf Waffengewalt außer zur Selbstverteidigung.

Sonderorganisaionen der UNO

Die UNO hat sich auch verpflichtet, soziale, humanitäre und wirtschaftliche Probleme zu lösen. Für diese Aufgabe sind zahlreiche Sonderorganisationen entstanden, die in enger Zusammenarbeit mit den betroffenen Staaten Hilfe leisten, so z. B. die Weltgesundheitsorganisation (WHO), das Kinderhilfswerk UNICEF, das besonders in Entwicklungsländern in Not geratene Kinder unterstützt, oder die Welthandelsorganisation (WTO), die sich mit der Regelung internationaler Handels- und Wirtschaftsbeziehungen beschäftigt.

M 5 **Patrice Lumumba (1925–1961)**
1960 erster Ministerpräsident der Demokratischen Republik Kongo, am 17. Januar 1961 ermordet, Foto von 1960

Der Einsatz der UNO im Kongo - ein Fallbeispiel

Die Geschichte der „Demokratischen Republik Kongo", des früheren „Zaire", ist ein eindringliches Beispiel dafür, wie sehr afrikanische Staaten Opfer ihrer kolonialen Vergangenheit sind. Oft waren und sind sie nur Spielball der Interessen europäischer Staaten, der Großmächte USA und UdSSR sowie multinationaler Großkonzerne. Darüber hinaus zeigt die Kongokrise von 1960–1964 die Ohnmacht der Vereinten Nationen in der Zeit des Kalten Kriegs.

Der Kongo wird unabhängig

Seit 1885 war der Kongo belgische Kolonie. Als nach dem Zweiten Weltkrieg die Unabhängigkeitsbestrebungen in Afrika wuchsen, zog sich Belgien 1959 unter dem Druck der Weltöffentlichkeit schlagartig aus dem Kongo zurück. Im Juni 1960 wurde die „Demokratische Republik Kongo" ausgerufen. Ministerpräsident wurde der Führer der kongolesischen Unabhängigkeitsbewegung Patrice Lumumba, ein glühender Vertreter afrikanischer Selbstbestimmung. Doch stieß seine Position auf den Widerstand der Oberschicht und der weißen Siedler.

Konflikte nach der Unabhängigkeit

Die Unabhängigkeit löste nicht die vielfältigen Probleme, die die Kolonialherrschaft hinterlassen hatte. In der Armee gab es keine afrikanischen Offiziere, nur drei Afrikaner besaßen führende Positionen im Staatsdienst, im ganzen Land gab es lediglich 30 Kongolesen mit akademischer Ausbildung. Dafür hatten Belgien und andere Staaten massiv in die Rohstoff- und Agrarindustrie des Kongo investiert. Diese Politik wirtschaftlicher Abhängigkeit und sozialer Unterentwicklung erlaubte es den früheren Kolonialherren, den Kongo auch nach seiner Unabhängigkeit zu kontrollieren.

Lumumba aber gefährdete diese Politik: Er wollte als Sozialist die reichen Bergbau- und Plantagengesellschaften verstaatlichen. In dieser Situation erklärte die rohstoffreiche Südprovinz Katanga unter Führung von Moise Tschombe ihre Abspaltung vom Kongo. Unterstützt wurde dies von westlichen Geheimdiensten, belgischen Beamten und der einflussreichen Bergwerksgesellschaft Union Minière du Haut Katanga. Gleichzeitig entsandte Belgien 10 000 Fallschirmjäger. Ohne Katanga aber war der Kongo nicht lebensfähig.

M 6 **Dag Hammarskjöld (1905–1961)**
UN-Generalsekretär von 1953 bis 1961, kam am 18. September 1961 bei einem Flugzeugabsturz ums Leben, Foto von 1961.

Die UNO greift ein

Da ihr die Führung entglitt, bat die Regierung des Kongo um Unterstützung. Der Sicherheitsrat beschloss mit den Stimmen der USA und UdSSR bei Enthaltung Frankreichs, Großbritanniens und Chinas (Taiwan), UN-Truppen in den Kongo zu entsenden. Diese durften aber weder die Abspaltung Katangas beenden noch den Abzug der Belgier erzwingen. Als sich UNO-Generalsekretär Hammarskjöld weigerte, das Mandat zu erweitern, wandte sich Lumumba an die Sowjetunion. Daraufhin wurde er mit Unterstützung des US-Geheimdienstes und Belgiens entmachtet und seinem Todfeind Tschombe übergeben, der ihn ermordete. Die Umstände seines Todes wurden lange vertuscht und erst 2005 aufgeklärt: Es war staatlicher Mord in höchstem Auftrag!

M 7 UN-Truppen im Kongo 1961
Schwedische UN-Soldaten transportieren einen verwundeten Kameraden, Foto von 1961.

Das Ende des Konflikts
Die Sowjetunion weigerte sich daraufhin, Hammarskjöld weiterhin als UNO-Generalsekretär anzuerkennen, weil sie ihn für parteiisch hielt. Dieser Konflikt und der Truppenrückzug aller kommunistischen und vieler afrikanischer Länder minderte die Militärpräsenz der UNO. Erst nach dem endgültigen Abzug der belgischen Truppen und dem ungeklärten Tod Hammarskjölds im September 1961 gelang es den UNO-Truppen, die Abspaltung Katangas zu beenden. 1964 zogen sie ab. Auf dem Höhepunkt des Konflikts befanden sich 20 000 UNO-Angehörige im Kongo, 30 Staaten stellten Soldaten, von denen 250 den Tod fanden. Der Einsatz kostete 400 Millionen Dollar.

Der Kongo gerettet?
Nach einem Staatsstreich der Armee ergriff Joseph Mobutu 1965 die Macht, die er bis 1997 bewahrte. 1971 wurde das Land in „Zaire" umbenannt. Die grausame Diktatur Mobutus, die den Kongo weiter in den Abgrund riss, wurde erst 1994 erschüttert, als sich eine Widerstandsbewegung unter Laurent-Désiré Kabila bildete. Lange nicht ernst genommen, gelang ihm 1997 der Sturz des alten, schwer kranken und international mittlerweile isolierten Mobutu. Danach benannte er das Land in „Demokratische Republik Kongo" um. 2001 fiel Kabila selbst einem Attentat zum Opfer und sein Sohn Joseph Kabila wurde Staatspräsident.

Die inneren Probleme des Kongo bestehen unvermindert fort: Die Infrastruktur ist zerfallen, die wirtschaftliche Situation des Landes schlecht, besonders wegen der Ausplünderung der rohstoffreichen Ostprovinzen durch Nachbarländer. Auch dauern die inneren Machtkämpfe an. Das Land zerfällt in einen Flickenteppich aus rivalisierenden Großgrundbesitzern. 2003 beteiligten sich die konkurrierenden Gruppen im Rahmen eines Friedensabkommens an einer Übergangsregierung. Die Wahlen im Jahr 2006 wurden wiederum von der UNO überwacht, unter anderem mit deutscher Beteiligung.

M 8 UN-Truppen im Kongo 2006
Deutsche Bundeswehrsoldaten in einem UN-Einsatz zur Sicherung demokratischer Wahlen in der kongolesischen Hauptstadt Kinshasa, Foto von 2006

M 9 **Charta der UNO**

Auszug aus der Charta der Vereinten Nationen vom 26. Juni 1945:

Artikel 1: Die Vereinten Nationen setzen sich folgende Ziele:

• den Weltfrieden und die internationale Sicherheit zu wahren und zu diesem Zweck wirksame Kollektivmaßnahmen zu treffen, um Bedrohungen des Friedens zu verhüten und zu beseitigen, Angriffshandlungen und andere Friedensbrüche zu unterdrücken und internationale Streitigkeiten oder Situationen, die zu einem Friedensbruch führen könnten, durch friedliche Mittel nach den Grundsätzen der Gerechtigkeit und des Völkerrechts zu bereinigen oder beizulegen.

• freundschaftliche, auf der Achtung vor dem Grundsatz der Gleichberechtigung und Selbstbestimmung der Völker beruhende Beziehungen zwischen den Nationen zu entwickeln [...];

• eine internationale Zusammenarbeit herbeizuführen, um internationale Probleme wirtschaftlicher, sozialer, kultureller und humanitärer Art zu lösen und die Achtung vor den Menschenrechten und Grundfreiheiten für alle ohne Unterschiede der Rasse, des Geschlechts, der Sprache oder der Religion zu fördern und zu festigen;

• ein Mittelpunkt zu sein, in dem die Bemühungen der Nationen zur Verwirklichung dieser gemeinsamen Ziele aufeinander abgestimmt werden.

M 10 **„Die Feuerwehr im Einsatz"**
Deutsche Karikatur zum Einsatz der UN, 1985

Maßnahmen bei Bedrohung oder Bruch des Friedens und bei Angriffshandlungen:

Artikel 39: Feststellung der Gefahrsituation
Der Sicherheitsrat stellt fest, ob eine Bedrohung oder ein Bruch des Friedens oder eine Angriffshandlung vorliegt; er gibt Empfehlungen ab oder beschließt, welche Maßnahmen aufgrund der Artikel 41 und 42 zu treffen sind, um den Weltfrieden und die internationale Sicherheit zu wahren oder wiederherzustellen.

Artikel 40: Vorläufige Maßnahmen
Um einer Verschärfung der Lage vorzubeugen, kann der Sicherheitsrat, bevor er nach Artikel 39 Empfehlungen abgibt oder Maßnahmen beschließt, die beteiligten Parteien auffordern, den von ihm notwendig oder erwünscht erachteten vorläufigen Maßnahmen Folge zu leisten. [...]

Artikel 41: Der Sicherheitsrat kann beschließen, welche Maßnahmen – unter Ausschluss von Waffengewalt – zu ergreifen sind, um seinen Beschlüssen Wirksamkeit zu verleihen; er kann die Mitglieder der Vereinten Nationen auffordern, diese Maßnahmen durchzuführen. Sie können die vollständige oder teilweise Unterbrechung der Wirtschaftsbeziehungen, des Eisenbahn-, See- und Luftverkehrs, der Post-, Telegrafen- und Funkverbindungen sowie sonstiger Verkehrsmöglichkeiten und den Abbruch der diplomatischen Beziehungen einschließen.

Artikel 42: Ist der Sicherheitsrat der Auffassung, dass die in Artikel 41 vorgesehenen Maßnahmen unzulänglich sein würden oder sich als unzulänglich erwiesen haben, so kann er mit Luft-, See- oder Landstreitkräften die zur Wahrung oder Wiederherstellung des Weltfriedens und der internationalen Sicherheit erforderlichen Maßnahmen durchführen. Sie können Demonstrationen, Blockaden und sonstige Einsätze der Luft-, See- oder Landstreitkräfte von Mitgliedern der Vereinten Nationen einschließen.

Artikel 43: (1) Alle Mitglieder der Vereinten Nationen verpflichten sich, zur Wahrung des Weltfriedens und der internationalen Sicherheit dadurch beizutragen, dass sie [...] dem Sicherheitsrat auf sein Ersuchen Streitkräfte zur Verfügung stellen, Beistand leisten und Erleichterungen einschließlich des Durchmarschrechts gewähren, soweit dies zur Wahrung des Weltfriedens und der internationalen Sicherheit erforderlich ist.

Zit. nach: H. Siegler, Die Vereinten Nationen, Bonn 1966, S. 173 ff.

M 11 **Organisationen der UNO**

a) Auswahl von wichtigen Unterorganisationen der UNO:

UNICEF: United Nations International Children´s Emergency Fund (Kinderhilfswerk), gegründet 1946, Sitz: New York.

UNHCR: United Nations High Commissioner for Refugees (Hoher Flüchtlingskommissar der Vereinten Nationen), gegründet 1951, Sitz: Genf.

UNCTAD: United Nations Conference on Trade and Development (Welthandelskonferenz), gegründet 1964, Sitz des Sekretariats: Genf.

UNIDO: United Nations Industrial Development Organisation (Organisation für industrielle Entwicklung), gegründet 1966, Sitz: Wien.

UNDP: United Nations Development Program (Entwicklungsprogramm der UN), gegründet 1965, Sitz: New York.

b) Darüber hinaus bestehen folgende Sonderorganisationen, d.h. eigenständige, mit Organen der UNO durch Abkommen verbundene Organisationen:

UNESCO: United Nations Educational Scientific and Cultural Organisation (Organisation für Bildung, Wissenschaft, Kultur und Kommunikation), gegründet 1945, Sitz: Paris.

ILO: International Labour Organization (Internationale Arbeitsorganisation), gegründet 1946, Sitz: Genf.

FAO: Food and Agriculture Organisation (Ernährungs- und Landwirtschaftsorganisation), gegründet 1945, Sitz: Rom.

WHO: World Health Organization (Weltgesundheitsorganisation), gegründet 1948, Sitz: Genf.

IMF: International Monetary Fund, deutsch: **IWF:** Internationaler Währungsfonds, gegründet 1945, Sitz: Washington (D. C.).

IBRD: International Bank for Reconstruction and Development (Internationale Bank für Wiederaufbau), deutsch: Weltbank, gegründet 1945, Sitz: Washington (D. C.).

UPU: Union Postale Universelle (Weltpostverein): gegründet 1948, Sitz: Bern.

WTO: World Trade Organization (Welthandelsorganisation), gegründet 1994, Sitz: Genf.

IAEA: International Atomic Energy Agency (Internationale Atomenergie-Behörde), gegründet 1957, Sitz: Wien.

Aufgaben

1. Stelle dar, wie es zur Gründung der UNO kam.
   → Text
2. Erläutere den Aufbau der UNO anhand des Schaubilds.
   → M2
3. a) Erläutere, welche Rolle die UNO im Kongo-Konflikt spielte.
   b) War die Mission deiner Meinung nach erfolgreich? Begründe deine Meinung.
   → Text
4. a) Nenne die zentralen Ziele, die in der UN-Charta niedergelegt sind.
   b) Welche Möglichkeiten des Eingreifens gibt es für die UNO im Konfliktfall?
   c) Bestimme dabei die Rolle des Sicherheitsrates.
   d) Wie beurteilt der Karikaturist diese Möglichkeiten?
   → M9, M10
5. a) Überlege, warum es so viele verschiedene Unterorganisationen der UNO gibt.
   b) Informiere dich über aktuelle Initiativen der einzelnen UN-Organisationen.
   → M11

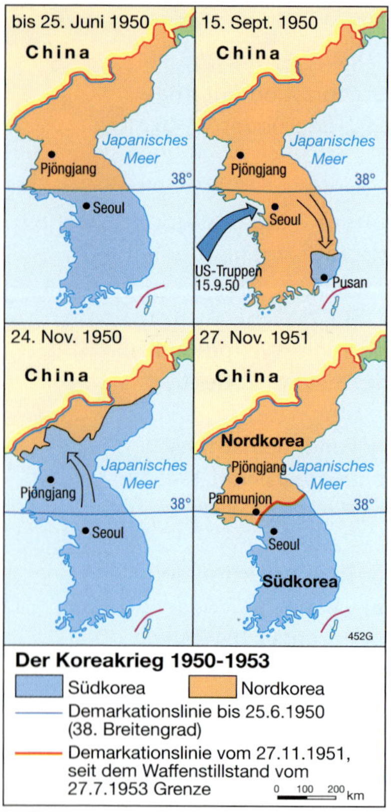

M 1

Weltpolitische Entwicklungen bis 1962

Soldat in Korea – aus Versehen

In seiner Autobiografie „Neger, Neger, Schornsteinfeger" berichtet Hans J. Massaquoi, der 1926 als Sohn eines Liberianers und einer Deutschen geboren wurde und die Zeit des Nationalsozialismus in Deutschland überlebte, wie er 1950 amerikanischer Soldat wurde. Obwohl es sich um einen Irrtum der Bürokratie handelte, akzeptierte er die Einberufung, da er sich Vorteile für einen Antrag auf amerikanische Staatsbürgerschaft versprach. So kam er als Soldat nach Korea und kämpfte dort für die Amerikaner. Wie kamen jedoch amerikanische Truppen überhaupt nach Korea?

Der Korea-Krieg

Nach der Kapitulation Japans 1945 besetzten sowjetische Truppen den Norden Koreas, amerikanische Einheiten den Süden des Landes. Die Grenze zwischen beiden Einflusssphären bildete der 38. Breitengrad. Der Kalte Krieg verhinderte jedoch eine Einigung der Besatzungsmächte über die Strukturen eines unabhängigen demokratischen Koreas.

So entstand im Süden mit der Republik Korea ein autoritäres Militärregime unter dem Schutz der USA, im Norden hingegen eine kommunistische Volksrepublik, die von der UdSSR und China Unterstützung erhielt. Beide Teilstaaten – Südkorea und Nordkorea – beanspruchten die Herrschaft über das gesamte Land.

Nach dem Abzug der Amerikaner überschritten nordkoreanische Truppen im Juni 1950 den 38. Breitengrad. Die USA sahen darin einen Beweis für die aggressive Politik des Kommunismus und entschlossen sich zum militärischen Eingreifen. Auch der Sicherheitsrat der UNO verurteilte Nordkorea als Aggressor und beschloss die Aufstellung einer UNO-Streitmacht. Die USA trugen die militärische Hauptlast und stellten mit General McArthur den Oberbefehlshaber. 15 weitere Nationen entsandten Truppenkontingente.

Als US-Verbände in einer See- und Landoffensive den 38. Breitengrad überschritten und auf China vorstießen, griffen 200 000 chi-

M 2 Koreakrieg
Amerikanischer Nachschub, Foto um 1950

M 3 **Flüchtlinge im Koreakrieg**

nesische „Freiwillige“ zu Gunsten Nordkoreas ein. Als diese Gegenoffensive überraschende Erfolge erzielte, forderte General MacAthur sogar den Einsatz von Atomwaffen gegen China.

Eine solche Eskalation lag jedoch nicht im Interesse der US-Regierung unter Präsident Truman. Sie hätte ein Eingreifen der Sowjetunion wahrscheinlich gemacht und damit die Gefahr eines globalen Konflikts heraufbeschworen. Außerdem hätte eine Konzentration der USA auf Asien ihre Position in Europa geschwächt.

So beendete im Juli 1953 ein Waffenstillstandsabkommen die militärische Auseinandersetzung und bestätigte den 38. Breitengrad als Demarkationslinie. Der Konflikt forderte etwa zwei Millionen Opfer unter Zivilisten und Soldaten und vertiefte die Furcht vor einem Militärschlag in Ost und West. Korea ist bis heute geteilt.

Die Gründung des Warschauer Pakts

Als die Bundesrepublik 1955 dem Verteidigungsbündnis der NATO beitrat, reagierte die Sowjetunion mit der Gründung des Warschauer Pakts. Diesem Militärbündnis gehörten bis zu seiner Auflösung 1991 die UdSSR und ihre „Satellitenstaaten“ an – so bezeichnete man die von der Sowjetunion beherrschten osteuropäischen Staaten. Der Warschauer Pakt ermöglichte der UdSSR nicht nur eine Stationierung sowjetischer Truppen in allen Mitgliedsstaaten, sondern auch deren Kontrolle und notfalls ein militärisches Eingreifen.

Der Ungarnaufstand 1956

Das bekam Ungarn im Jahr 1956 zu spüren. Aus Studentendemonstrationen in Budapest entwickelte sich Ende Oktober ein Volksaufstand gegen das stalinistische Regime, der selbst vor der Polizei und Armee nicht zurückschreckte. Auf großen Demonstrationen forderten viele Ungarn bürgerliche Freiheitsrechte, soziale Verbesserungen, eine neue Regierung und den Abzug sowjetischer Truppen.

Nach ersten bewaffneten Auseinandersetzungen zogen sich die sowjetischen Truppen aus Budapest zurück. Der ungarische Politiker Imre Nagy löste die Geheimpolizei auf, verkündete die Einführung eines Mehrparteiensystems und bildete eine unabhängige Regierung.

M 4 **Aufstand in Ungarn 1956**
Demonstranten verbrennen die kommunistische ungarische Flagge, Oktober 1956.

M 5 **„Denkt an Ungarn: Seid wachsam!"** Wahlplakat der CDU zur Bundestagswahl 1957

Das Land sollte zwar sozialistisch bleiben, aber frei von sowjetischer Bevormundung sein. So trat Ungarn aus dem Warschauer Pakt aus.

Das konnte die Sowjetunion nicht dulden, ohne ihre Machtposition in Osteuropa aufs Spiel zu setzen. Deshalb schlug sie mit aller Härte zu. Panzer rollten durch die Stadt. Es kam zu schweren Straßenkämpfen. Die politische Führung wurde verhaftet, Imre Nagy nach einem Schauprozess 1958 hingerichtet. Andere Aufständische erhielten langjährige Gefängnisstrafen. 20 000 Ungarn waren in den Kämpfen getötet worden, 200 000 flohen ins westliche Ausland.

Der Westen griff nicht ein, obwohl Imre Nagy ihn verzweifelt dazu aufgerufen hatte. Angesichts des gewaltigen Arsenals an Atomwaffen und der Bereitschaft, diese auch einzusetzen, fürchtete der Westen die Gefahr eines Atomkriegs. Ungarn blieb bis 1989 kommunistisch, auch wenn unter Parteichef János Kádár (1956–1988) vorsichtige Wirtschaftsreformen erfolgten.

Die Vertiefung des Ost-West-Gegensatzes

Der Korea-Krieg und der Ungarnaufstand hatten gezeigt, dass sich die Militärblöcke unversöhnlich gegenüberstanden. In der Folgezeit verschärfte sich die machtpolitische und ideologische Auseinandersetzung zwischen West und Ost. Erst nach der Kuba-Krise, die die Welt 1962 an die Schwelle eines Atomkriegs führte, ließen vorsichtige Entspannungsbemühungen den Kalten Krieg abklingen.

M 6

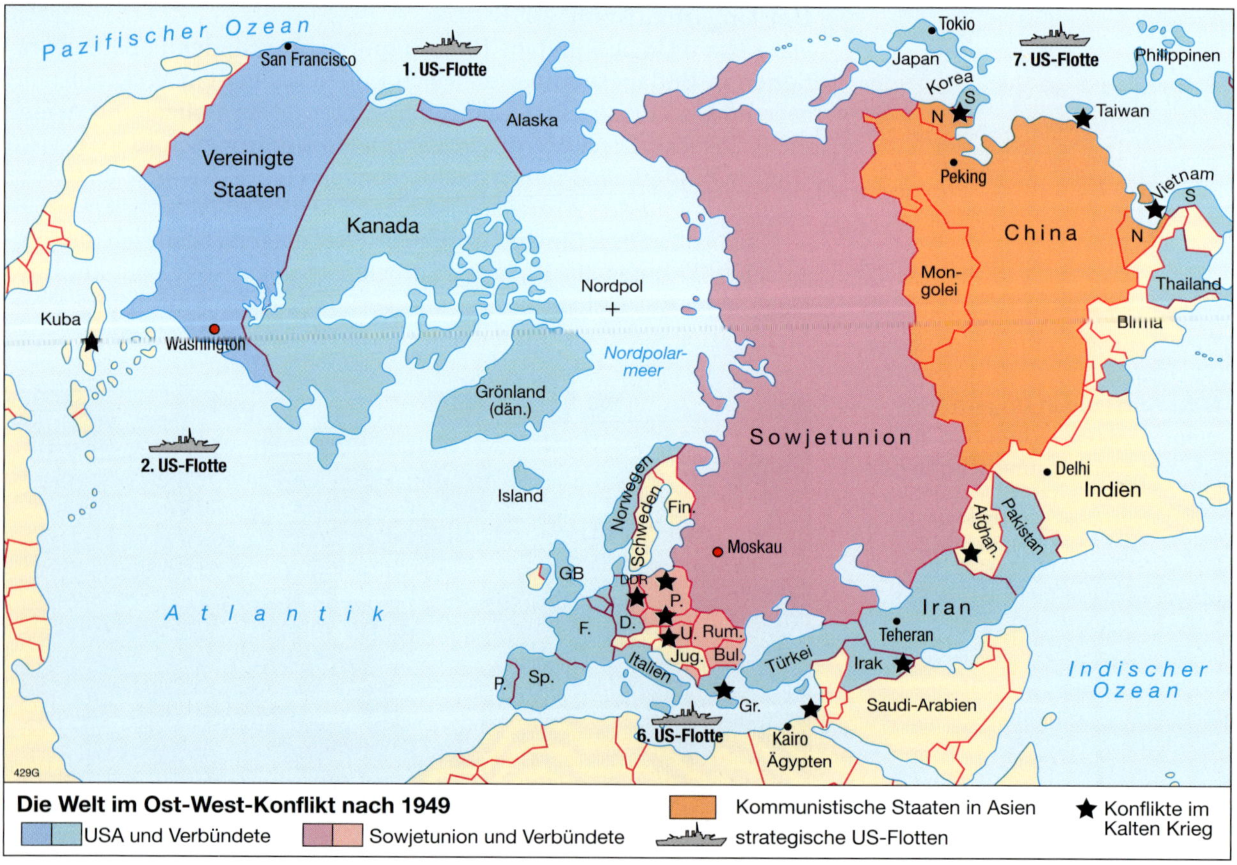

Die Welt im Ost-West-Konflikt nach 1949

M 7 Rechtfertigung des Koreakrieges

Aus einer Rede des amerikanischen Präsidenten Harry S. Truman zum Koreakrieg von 1950:

Wir glauben an die Freiheit aller Nationen im Fernen Osten. Das ist einer der Gründe, warum wir für die Freiheit Koreas kämpfen. Russland hat niemals irgendein Territorium freiwillig aufgegeben, das es sich im Fernen Osten angeeignet hat – es hat noch keinem zur Unabhängigkeit verholfen, der unter seine Kontrolle geraten war.
Wir treten nicht nur für die Freiheit der Völker Asiens ein, sondern wir wollen ihnen auch helfen sich bessere Verhältnisse in Bezug auf Gesundheit, Ernährung, Bekleidung und Wohnen zu sichern und ihnen die Möglichkeit geben, ihr eigenes Dasein in Frieden zu führen. Wir rüsten lediglich für die Verteidigung gegen die Aggression. Wenn wir und die anderen freien Völker stark, geschlossen und geeint sind, kann der kommunistische Imperialismus, obgleich er nicht an den Frieden glaubt, von einer neuen Aggression abgeschreckt werden.

Aus einer Rundfunkansprache am 01.09.1950, nach: Die Vereinigten Staaten von Amerika als Weltmacht, bearb. von E. Angermann, Stuttgart 1987, S. 56 f.

M 8 „Korean war was ... also America at its best"

Aus der Rede des amerikanischen Präsidenten Bill Clinton anlässlich des 50. Jahrestags des Kriegsausbruchs auf dem Gelände des „Korean War Memorial" 2000:

All across our nation today, our fellow citizens are coming together to say to men and women who fought for freedom half a century ago, half a world away, we will never forget your bravery, we will always honor your service and your sacrifice.
As we meet today, we are blessed to live, as Secretary Cohen said, „in a world where, for the first time, over half the people on the globe live under governments of their own choosing." It has happened so rapidly that we may fall into the trap of thinking that it had to happen, that communism's fall and freedom's victory was inevitable.
But 50 crowded years ago, the world we know today was anything but inevitable. Hitler was gone, but Stalin was not. Berlin was divided. A revolution across the Pacific began a fierce debate here at home over the question: Who lost China? In 1949, the Soviet Union had detonated its first atomic bomb. As we struggled to rebuild Europe and Japan, the free nations of the world watched and wondered when and where would the Cold War turn hot, and would America meet the test.
[...] The truth is, the leaders of the communist nations did not believe America would stand up for South Korea. After all, Americans didn't want another war; the blood still hadn't dried from World War II. Nobody wanted more rationing, nobody wanted more Western Union boys riding up with telegrams from the War Department. Americans wanted to start families. They wanted to see gold stars on report cards, not gold stars in windows.
But from the moment Harry Truman heard the news at home, on his first trip to Missouri since Christmas the year before, he knew this was a moment of truth. If an invasion was permitted to triumph in Korea without opposition from the free world, no small nation again would have the courage to resist aggression. He knew American boys didn't fight and die to stop Nazi aggression only to see it replaced by communist aggression.
So Korea wasn't just a line on a map. It was where America drew the line in the sand on the Cold War; and where, for the first time, the nations of the whole world, together at the then newly-created United Nations, voted to use armed force to stop armed aggression. [...] There is no question: Korea was war at its worst. But it was also America at its best.

Homepage des Amerikanischen Verteidigungsministeriums (http://www.js.pentagon.mil/dpmo/news/2000/000625_white_house_president_kor_war_mem.htm).

M 9 **„Korean War Memorial"** in Washington D.C. von 1995

M 10 **Ungarn-Aufstand,** Aufständische vor einem zerstörten sowjetischen Panzer, November 1956

M 11 Der Aufstand in Ungarn

Aus verschiedenen Quellen ist im Folgenden eine Chronologie des Aufstandes zusammengestellt.
a) Gordon Shaphard berichtet in der englischen Zeitung „Daily Telegraph" über Sonnabend, den 27. Oktober 1956:

Der ungarische Aufstand hat nun sein drittes und vielleicht blutigstes Stadium erreicht. Vor etwa einer Woche begann er mit den Demonstrationen unbewaffneter Studenten. Als sich größere Tumulte daraus entwickelten, schloss sich eine Militärrevolte an, die wahrscheinlich seit langem innerhalb gewisser Einheiten der regulären ungarischen Armee geplant gewesen war. Soweit Budapest in Betracht kommt, scheint diese halborganisierte militärische Aktion von sowjetischen Panzern unterdrückt worden zu sein. […]
Die Russen benutzen ihre schweren Panzer als Ausrottungsmaschinen. Sie rollen von einem Bezirk zum anderen und machen jedes Haus dem Erdboden gleich, wenn auch nur ein einziger Heckenschütze darin sitzt oder darin vermutet wird. […]

Gordon Shaphard, „Daily Telegraph" vom 29.10.1956, London.

b) Imre Nagy spricht im Sender Kossuth am Dienstag, den 30. Oktober 1956, 14.28 Uhr:

Hier spricht Imre Nagy:
Ungarische Arbeiter, Soldaten, Bauern und Intellektuelle! Die Revolution […] und die gewaltige Bewegung der demokratischen Kräfte haben es mit sich gebracht, dass unsere Nation jetzt am Scheideweg angelangt ist.
Im Interesse einer weiteren Demokratisierung des politischen Lebens […] hat das Kabinett das Einparteiensystem abgeschafft und beschlossen, zu einer Regierungsform zurückzukehren, die auf der demokratischen Zusammenarbeit der Koalitionsparteien beruht. […]

Sender Kossuth, 30.10.1956, 14.28 Uhr.

c) Imre Nagy veröffentlicht am Donnerstag, den 1. November 1956, folgende Erklärung in der ungarischen Nachrichtenagentur:

Ministerpräsident Imre Nagy hat das folgende Telegramm an die Regierung der UdSSR gerichtet:
„Die Regierung der Ungarischen Volksrepublik wünscht sofortige Verhandlungen über den Abzug der sowjetischen Truppen aus ungarischem Gebiet. Unter Bezugnahme auf die jüngste Erklärung der sowjetischen Regierung, […] sie sei bereit, mit den Regierungen Ungarns und der anderen Mitgliedstaaten des Warschauer Pakts über den Abzug der sowjetischen Truppen aus Ungarn zu verhandeln, ersucht die ungarische Regierung die Regierung der Sowjetunion eine Abordnung zu benennen, damit die Gespräche so bald als möglich beginnen können. Sie bittet die sowjetische Regierung, hierfür Zeit und Ort zu bestimmen. […]

Gezeichnet Imre Nagy, Ungarische Nachrichtenargentur.

d) Imre Nagy spricht im Sender Kossuth am Sonntag, den 4. November 1956, 5.16 Uhr:

Achtung! Achtung! Achtung! Achtung! Ministerpräsident Nagy wendet sich jetzt an das ungarische Volk:
„Hier spricht Ministerpräsident Imre Nagy. Sowjetische Truppen haben im Morgengrauen zu einem Angriff auf unsere Hauptstadt angesetzt, mit der eindeutigen Absicht, die gesetzmäßige demokratische Regierung der Ungarischen Volksrepublik zu stürzen. Unsere Truppen stehen im Kampf. Die Regierung ist auf ihrem Platz. Ich bringe diese Tatsachen unserem Land und der ganzen Welt zur Kenntnis.

Freier Sender Kossuth, 4.11.1956, 5.16 Uhr.

e) Der „Freie Sender Petöfi" sendet am Sonntag, den 4. November 1956, um 14.34 Uhr folgende Nachricht:

Völker der Welt! Hört uns – helft uns! Nicht mit Erklärungen, sondern mit Taten, mit Soldaten, mit Waffen! Vergesst nicht, dass es für die Sowjets bei ihrem brutalen Ansturm kein Halten gibt. Wenn wir untergegangen sind, werdet ihr das nächste Opfer sein. Rettet unsere Seelen! Rettet unsere Seelen! [...]
Völker der Welt! Im Namen der Gerechtigkeit, der Freiheit und des verpflichtenden Prinzips der tatkräftigen Solidarität, helft uns! Das Schiff sinkt, das Licht schwindet, die Schatten werden von Stunde zu Stunde dunkler über der Erde Ungarns. Hört den Schrei, Völker der Welt, und handelt. Reicht uns Eure brüderliche Hand.
SOS! SOS! Gott sei mit Euch!

Freier Sender Petöfi [14.34 Uhr].

f) „Radio Moskau" sendet am Sonntag, den 4. November 1956, um 21.05 Uhr folgende Nachricht:

Heute morgen sind die Kräfte der reaktionären Verschwörung gegen das ungarische Volk zerschlagen worden. Eine neue ungarische Revolutionsregierung der Arbeiter und Bauern wurde von Ministerpräsident János Kádár gebildet. Die Regierung hat das ungarische Volk aufgerufen, alle Kräfte zur Verteidigung der Errungenschaften des volksdemokratischen Systems einzusetzen und die reaktionären Verschwörer, an deren Spitze ehemalige Horthy-Offiziere aus der Hitler-Wehrmacht stehen, endgültig zu vernichten.

Radio Moskau, 21:05 Uhr.

g) Der Sender Kossuth sendet am Dienstag, den 6. November 1956:

Wir grüßen die Sowjetunion, die zum zweitenmal das ungarische Volk befreit hat. [...]

Sender Kossuth, 6. November.

Zusammengestellt aus: Die ungarische Revolution. Die Geschichte des Oktoberaufstandes nach Dokumenten, Meldungen, Augenzeugenberichten und dem Echo der Weltöffentlichkeit, hrsg. v. M. J. Lasky, Colloquium Verlag, Berlin 1959, dazu aktuelle Meldungen, in: Informationen zur politischen Bildung, Heft 225, S. 28–29.

Aufgaben

1. Erschließe mit Hilfe der Karte den Verlauf des Koreakriegs.
   → M1
2. Welche Bedeutung hatte der Koreakrieg für die politische Entwicklung in Europa bzw. in Deutschland?
   → M8
3. Erschließe aus der Karte weitere Konfliktherde des Kalten Kriegs. Informiere dich im Internet über einen dieser Konflikte genauer und präsentiere deine Ergebnisse.
   → M6
4. Erarbeite an Hand der Quellen den Ablauf des Ungarnaufstands.
   → M10
5. Welche Bedeutung hatte der Ungarnaufstand für die Bundesrepublik, bzw. der Kalte Krieg für Europa?
   → Text

Die Entkolonialisierung

Vorgeschichte

Seit Beginn der Neuzeit eroberten europäische Staaten wie Spanien oder Portugal überseeische Gebiete und beuteten sie wirtschaftlich aus. Andere europäische Staaten folgten, vor allem England, Frankreich und die Niederlande. So entstanden die europäischen Kolonialreiche und es gelang nur ganz wenigen Ländern, ihre Unabhängigkeit zu bewahren. Seit dem Ende des 19. Jh. trieben alle großen Industriestaaten eine aktive Kolonialpolitik. Auf dem Gipfel dieser imperialistischen Epoche hatten sie die Welt unter sich aufgeteilt. Neben die alten Kolonialmächte traten nun auch das Deutsche Reich, Italien, Belgien, die USA, Japan und andere Länder.

Entkolonialisierung

Mit den Vereinigten Staaten trieb eine Macht Kolonialpolitik, die sich erst 1776 als Kolonie vom englischen Mutterland gelöst hatte. Dem amerikanischen Vorbild folgten im 18. und 19. Jh. von weißen Kolonisten geführte Unabhängigkeitsbewegungen in Australien, Kanada, Neuseeland und den lateinamerikanischen Staaten.

Die Kolonialgebiete in Asien und Afrika errangen erst Mitte des 20. Jahrhunderts unter Führung einheimischer farbiger Politiker oder revolutionärer Gruppen ihre Freiheit. Dieser Prozess der Befreiung von europäischer Vorherrschaft und nationaler Selbstfindung wird als „Entkolonialisierung“ oder „Dekolonisation“ bezeichnet.

M 1

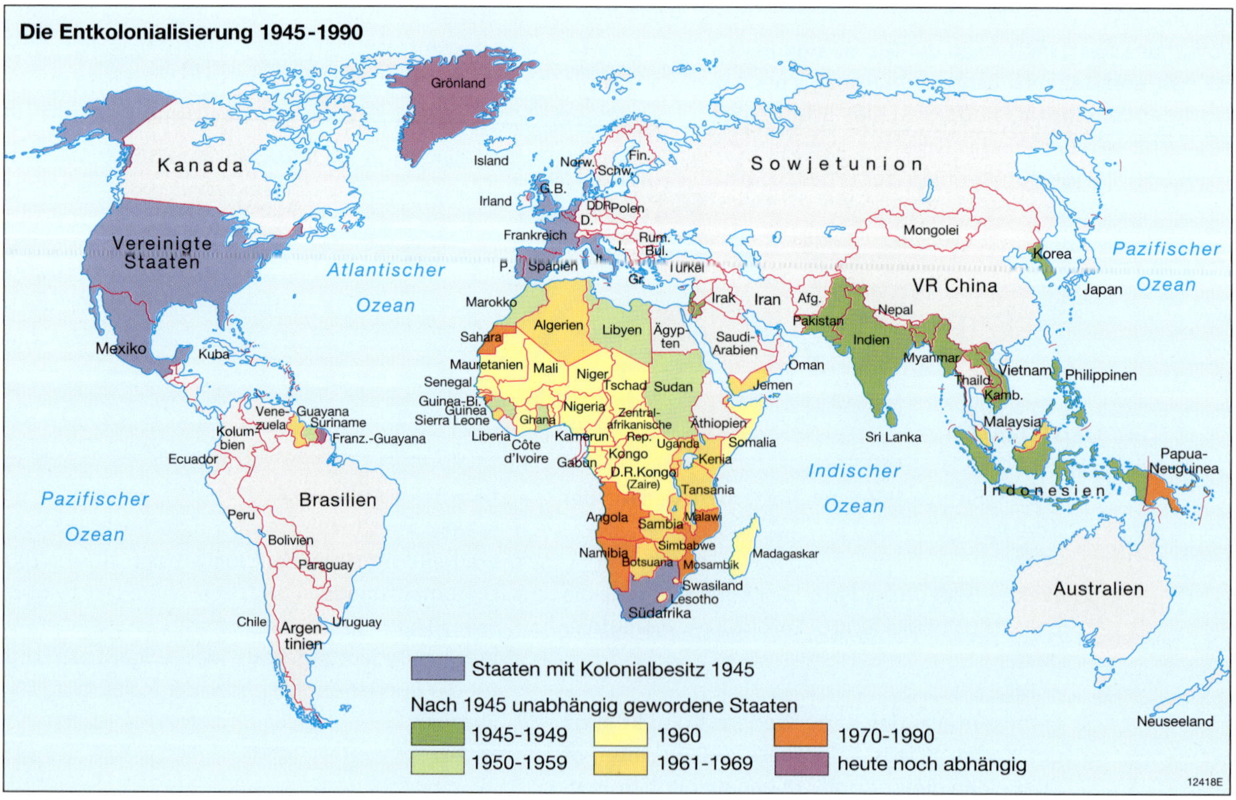

Die Entkolonialisierung 1945-1990

M 2 **„Unabhängigkeitsfeier"**
Marina von Kent tanzt mit dem ghanaischen Ministerpräsidenten Kwame Nkrumah auf dem großen Staatsball, der im Rahmen der Unabhängigkeitsfeiern Ghanas gegeben wird, März 1957.

Unabhängigkeitsbewegungen

In einem Zeitraum von nur 20 Jahren lösten sich die Kolonialreiche nach 1945 auf. Das hatte mehrere Gründe. Zunächst erschütterte Japan die Vorherrschaft europäischer Kolonialmächte in Südostasien durch eine aggressive Expansion, die bis zum Ende des Zweiten Weltkriegs anhielt. Dabei verbarg Japan seine Ausbeutungsziele und erhob die propagandistische Forderung „Asien den Asiaten". Sie sollte den ostasiatischen Völkern angeblich Frieden, Stabilität und Schutz vor westlichem Kolonialismus bieten. Deshalb wurde Japan zunächst vielfach als Befreier von weißer Kolonialherrschaft begrüßt.

Als Japan 1945 kapitulierte, wurden besetzte Länder wie Vietnam, Korea oder Indonesien unabhängig. Frankreichs Versuch, die frühere Kolonialherrschaft in Indochina mit militärischen Mitteln zu erneuern, scheiterte. Ähnlich erging es anderen europäischen Kolonialmächten.

Die Rolle der USA und der Sowjetunion

Die Amerikaner hatten im Zweiten Weltkrieg für Freiheit von Unterdrückung gekämpft und 1941 in der Atlantik-Charta gemeinsam mit Großbritannien die Grundzüge der künftigen Nachkriegsordnung formuliert. Beide Mächte betonten das Selbstbestimmungsrecht der Völker und den Verzicht auf Annexionen und Gewalt.

Wie also konnten sich die USA vor diesem Hintergrund und mit Blick auf die eigene Geschichte gegen Unabhängigkeitsbestrebungen der Kolonialvölker wenden?

Auch die Sowjetunion, die die kommunistische Ideologie repräsentierte, ging von der Gleichberechtigung aller Menschen und Völker aus. Gerade der Kommunismus bot vielfach die Grundlage einer Politik, die die Befreiung von Kolonialherrschaft auf ihre Fahnen schrieb.

Die Konkurrenz der Supermächte ermöglichte es den unabhängig gewordenen Staaten, eine eigenständige Politik zu treiben. Mit der Drohung, sich an den gegnerischen Machtblock anzulehnen, erpressten sie vielfach wirtschaftliche, finanzielle und militärische Hilfe.

Andererseits stießen die Machtinteressen der Großmächte oft in früheren Kolonialgebieten aufeinander, da Vorkommen von Erz und Uran oder die geostrategische Lage das Land interessant machten. Dann kam es zu blutigen Stellvertreterkriegen, die manchmal einen völlig zerrissenen Staat hinterließen.

Spätfolgen der Kolonialherrschaft

Auch wenn die Staaten Afrikas und Asiens ihre Unabhängigkeit errungen haben, wirken die Folgen der Kolonialherrschaft nach. Mangelnde Industrialisierung, rückständige Landwirtschaft und eine hohe Analphabetenquote gehen oft auf die alten Kolonialmächte zurück, die nicht für nachhaltige politische und wirtschaftliche Strukturen sorgten. Anstelle der direkten ist oft eine indirekte Abhängigkeit getreten, die es den Staaten erschwert, Anschluss an die moderne Staatenwelt zu finden. So stehen den reichen Industrieländern des Nordens die armen Entwicklungsländer im Süden gegenüber.

Dieser Nord-Süd-Konflikt besteht auch nach dem Ende des Kalten Krieges fort und ist wegen seiner Hungersnöte, Flüchtlingswellen und auseinanderbrechenden Staaten von großer Brisanz.

M 3 Atlantik-Charta

In der Atlanik-Charta aus dem Jahr 1941 legten der amerikanische Präsident Franklin D. Roosevelt und der britische Premierminister Winston Churchill die gemeinsamen Vorstellung einer Organisation der Welt nach dem Zweiten Weltkrieg fest:

Der Präsident der Vereinigten Staaten von Amerika und der Premierminister, Mr. Churchill, als Vertreter der Regierung seiner Majestät im Vereinigten Königreich, die zusammengetroffen sind, halten es für angezeigt, eine gemeinsame Erklärung bekannt zu geben über gewisse allgemeine Grundsätze in der nationalen Politik ihrer Länder, auf die sie ihre Hoffnungen für eine bessere Zukunft der Welt gründen.

- Erstens, ihre Länder streben nach keiner territorialen oder sonstigen Vergrößerung;
- Zweitens, sie wünschen keine territorialen Veränderungen zu sehen, die nicht mit den frei geäußerten Wünschen der betroffenen Völker übereinstimmen;
- Drittens, sie achten das Recht aller Völker, die Regierungsform zu wählen, unter der sie leben wollen; und sie wünschen, dass die souveränen Rechte und die Selbstregierung derjenigen wiederhergestellt werden, denen sie gewaltsam genommen worden sind;
- Viertens, sie werden bestrebt sein, unter gebührender Berücksichtigung ihrer bestehenden Verpflichtungen den gleichberechtigten Zugang aller Staaten, ob groß oder klein, ob Sieger oder Besiegte, zu dem Handel und den für ihr wirtschaftliches Gedeihen erforderlichen Rohstoffen der Welt zu fördern;
- Fünftens, sie wünschen die vollste Zusammenarbeit aller Nationen auf wirtschaftlichem Gebiet herbeizuführen, mit dem Ziele, verbesserte Arbeitsbedingungen, wirtschaftlichen Fortschritt und soziale Sicherheit für alle zustande zu bringen;
- Sechstens, sie hoffen, nach der endgültigen Zerstörung der Nazityrannei einen Frieden geschaffen zu sehen, der allen Nationen die Mittel bieten wird, innerhalb der eigenen Grenzen in Sicherheit zu leben, und der gewährleisten wird, dass alle Menschen in allen Ländern frei von Furcht und Mangel leben können;
- Siebtens, ein solcher Frieden sollte es allen Menschen ermöglichen, die hohe See und die Ozeane ohne Hinderung zu überqueren;
- Achtens, sie glauben, dass alle Nationen der Welt sowohl aus realistischen als auch aus geistigen Gründen dazu gelangen müssen, auf jede Gewaltanwendung zu verzichten. Da künftig kein Frieden gewahrt bleiben kann, wenn Rüstungen zu Lande, zu Wasser und in der Luft weiterhin von Nationen vorgenommen werden, die mit Angriffen über ihre Grenzen drohen oder drohen können, glauben sie, dass die Abrüstung solcher Nationen unumgänglich ist, bis ein umfassenderes und dauerndes System allgemeiner Sicherheit errichtet sein wird. Sie werden gleichfalls die sonstigen praktischen Maßnahmen unterstützen und ermutigen, die den friedliebenden Völkern die erdrückenden Rüstungslasten erleichtern werden.

Zit. nach: G. Zieger, Die Atlantik-Charta, hrsg. v. d. Niedersächsischen Landeszentrale für politische Bildung, Hannover 1963, S. 93 ff.

M 4 „I speak of Freedom"

Der erste Präsident eines unabhängigen ghanaischen Staates, Kwame Nkrumah (1909–1972), legte 1961 seine Vorstellung von einem unabhängigen Afrika nieder.

For centuries, Europeans dominated the African continent. The white man arrogated to himself the right to rule and to be obeyed by the non-white; his mission, he claimed, was to „civilise" Africa. Under this cloak, the Europeans robbed the continent of vast riches and inflicted unimaginable suffering on the African people.

All this makes a sad story, but now we must be prepared to bury the past with its unpleasant memories and look to the future. All we ask of the former colonial powers is their goodwill and co-operation to remedy past mistakes and injustices and to grant independence to the colonies in Africa.

It is clear that we must find an African solution to our problems, and that this can only be found in African unity. Divided we are weak; united, Africa could become one of the greatest forces for good in the world.

Although most Africans are poor, our continent is potentially extremely rich. Our mineral resources, which are being exploited with foreign capital only to enrich foreign investors, range from gold and diamonds to uranium and petroleum. Our forests contain some of the finest woods to be grown anywhere. Our cash crops include cocoa, coffee, rubber, tobacco and cotton. As for power, which is an important factor in any economic development, Africa contains over 40% of the potential water power of the world, as compared with about 10% in Europe and 13% in North America. Yet so far, less than 1% has been developed. This is one of the reasons why we have in Africa the paradox of poverty in the midst of plenty, and scarcity in the midst of abundance.

www.marxists.org/subject/africa/nkrumah/1961/speak-freedom.htm

M 5 Nkrumah als Präsident vereidigt

Kwame Nkrumah (1909–1972) während seiner Verteidigung zum Präsidenten der Republik Ghana am 1. Juli 1960. Nruhmah war geistiger Führer des Panafrikanismus und des afrikanischen Sozialismus. 1964 führte er das Einparteiensystem ein, schaltete oppositionelle Politiker aus und förderte den Kult um seine Person. 1966 wurde er durch einen Armeeputsch 1966 gestürzt. Er starb 1972 in Bukarest.

M 6 Organisation für die Einheit Afrikas

Die Oberhäupter der afrikanischen Staaten gründeten 1963 eine gemeinsame Organisation, die OAU (Organization for African Unity), der alle afrikanischen Staaten beitraten. Aus der Charta von 1963:

Artikel II, 1. Die Organisation soll die folgenden Ziele haben:
a) Förderung der Einheit und Solidarität zwischen den afrikanischen und madegassischen Staaten;
b) Koordinierung und Festlegung ihrer Zusammenarbeit und ihrer Bemühungen um die Verwirklichung eines besseren Lebens für die Völker Afrikas.
c) Verteidigung ihrer Souveränität, ihrer territorialen Integrität und Unabhängigkeit.
d) Ausrottung aller Formen des Kolonialismus aus Afrika; und
e) Föderung der internationalen Zusammenarbeit unter gebührender Berücksichtigung der Charta der Vereinten Nationen und der Erklärung der Menschenrechte.
2. Zu diesem Zweck werden die Mitgliederstaaten ihre allgemeine Politik koordinieren und aufeinander abstimmen.

Geschichte in Quellen, Die Welt seit 1945, hrsg. von Wolfgang Lautemann und Manfred Schlenke, München 1980, S. 625.

Aufgaben

1. Beschreibe anhand der Karte den Prozess der Entkolonisierung.
   → M1
2. a) Fasse die Aussagen der Atlantik-Charta thesenartig zusammen.
   b) Inwieweit lässt sich aus der Atlantik-Charta auch der Anspruch der USA herauslesen, eine führende Rolle in der Politik nach dem Zweiten Weltkrieg zu spielen?
   → M3
3. Welchen Plan verfolgt Nkrumah, um mehr politisches Gewicht für die dekolonisierten Staaten zu erhalten? Wie begründet er sein Engagement?
   → M4
4. Informiere dich über andere afrikanische Politiker, die die Idee der politischen Unabhängigkeit vertreten haben, wie Leopold Senghor, Julius Nyerere, Kenneth Kaunda, Ahmed Sékou Touré. Präsentiere deine Ergebnisse und arbeite heraus, was die Biografien über die politische Geschichte des jeweiligen Landes verraten.
   → Internet und Bibliothek
5. Prüfe, inwieweit die Forderungen Nkrumahs in der Charta der Organisation für die Einheit Afrikas Berücksichtigung fanden.
   → M4, M6

Entkolonialisierung am Beispiel Algeriens

M 1 **Eroberung Algeriens**
Landung der französischen Flotte 1830, Farblithografie um 1890

Die Rahmenbedingungen

Wie andere europäische Kolonialmächte wollte Frankreich nach dem Zweiten Weltkrieg sein altes Kolonialreich wiederherstellen. Das misslang unter den veränderten Bedingungen der Nachkriegszeit. Unter dem Eindruck der militärischen Niederlage im Indochinakrieg 1954 billigte Frankreich Tunesien und Marokko die Unabhängigkeit zu. In beiden Ländern waren 1945 nationalistische Unabhängigkeitsbewegungen entstanden, die Frankreich zunächst unterdrückt hatte. Sein Nachgeben ermögliche Frankreich einen problemlosen Rückzug aus beiden Kolonialgebieten.

Frankreich gewährte Algerien erst nach einem mehrjährigen Krieg die Unabhängigkeit. Warum handelte Frankreich hier anders als im benachbarten Tunesien oder in Marokko?

Kolonialherrschaft und Algerienkrieg

1830 hatte Frankreich begonnen, Algerien zu erobern, um die Seeräuberei zu bekämpfen. Erst 1847 war es gelungen, die koloniale Herrschaft zu stabilisieren, obwohl auch in der Folgezeit immer wieder Aufstände gegen die Kolonialmacht aufflammten. Französische Siedler strömten ins Land, die die einheimischen Bauern in weniger fruchtbare Gebiete abdrängten. Etwa eine Million französischer Siedler erschloss und kontrollierte das Land nach westlichen Vorstellungen. In Départements bzw. Verwaltungsbezirke eingeteilt, galten in Algerien die gleichen Gesetze wie in Frankreich. Aus französischer Sicht war Algerien Teil des Mutterlands.

Obwohl es nach 1900 kaum Aufstände gegen die französische Kolonialherrschaft gab, waren große Teile der muslimischen Bevölkerung mit ihrer Lebenssituation unzufrieden. Das zeigte sich an der Auswanderung vieler Muslime ins Osmanische Reich. Nach dem Ersten Weltkrieg, in dem zehntausende Algerier auf französischer Seite teilnahmen, radikalisierte sich der allgemeine Unmut. Zur Verteidigung der geistigen und sozialen Interessen der Muslime wurde 1926 die erste algerische Unabhängigkeitsbewegung in Paris gegründet. Sie stand unter Führung von Massali Hadji und wurde 1937 verboten, ebenso wie Hadjis nächste Parteigründung. Hadji selbst wurde mehrfach verhaftet. Erst 1946 konnte er nach Algerien zurückkehren, nachdem er zu 16 Jahren Haft und 20 Jahren Aufenthaltsverbot in französischen Gebieten verurteilt worden war.

Ende des Zweiten Weltkriegs hofften die Anhänger Hadjis und andere Algerier, die sich mittlerweile zusammengeschlossen hatten, ihre Unabhängigkeit mit Hilfe der Alliierten durchzusetzen. Aus einer Demonstration in Sétif am 8. Mai 1945, bei der die algerische Flagge gezeigt wurde, entwickelte sich ein gewaltsamer Konflikt: 4000 Menschen wurden verhaftet, etwa 45000 verloren durch Vergeltungsaktionen der französischen Armee ihr Leben. Mit dem Erlass des Algerienstatuts am 20. März 1947 zeigte Frankreich, dass es zu umfangreichen sozialen, politischen und wirtschaftlichen Reformen bereit war, um die Lage der muslimischen Bevölkerung zu verbessern, nicht aber Algerien in die Unabhängigkeit zu entlassen.

M 2 **Algerienkrieg**
Französische Soldaten durchsuchen einen Algerier, 20.3.1962.

Der Konflikt verschärft sich

Der Algerier Ahmed Ben Bella, ein ehemaliger Feldwebel der französischen Armee, gründete 1954 in Ägypten mit anderen Landsleuten, die sich dort im Exil befanden, die nationalistische FLN (Front de Libération Nationale). Die Organisation wollte mit Anschlägen auf öffentliche Gebäude und militärische und polizeiliche Einrichtungen die Unabhängigkeit Algeriens herbeiführen. In der Folgezeit entwickelte sich ein Unabhängigkeitskrieg, der mit brutalsten Mitteln geführt wurde und den selbst bis zu 500000 französische Soldaten nicht beenden konnten.

Algerien wird unabhängig

Aus Furcht, die französische Regierung könnte der FLN nachgeben und Algerien in die Unabhängigkeit entlassen, widersetzten sich die 800000 französischen Siedler – die „colons" – allen politischen Lösungsversuchen. Weder der Aufstand der Algerienfranzosen 1958 noch der blutige Terror, den ihre rechtsradikale Organisation OAS nach 1961 entfachte, konnten die Unabhängigkeit aufhalten.

In einer Staatskrise, die wegen der Algerienproblematik ausbrach, gelangte General Charles de Gaulle wieder an die Spitze des französischen Staates. Obwohl die „colons" gehofft hatten, er würde die französische Vorherrschaft in Algerien bewahren, entschied de Gaulle, dass die Algerier selbst über ihre Zukunft entscheiden sollten. Im Abkommen von Évian wurde am 18. März 1962 ein Waffenstillstand zwischen der FLN und Frankreich beschlossen. In einer Volksabstimmung am 1. Juli 1962 entschied sich die große Mehrheit der Bevölkerung für die Unabhängigkeit von Frankreich. Die meisten Algerienfranzosen verließen daraufhin Nordafrika.

Frankreich gab die Gesamtzahl der getöteten Algerier mit 350000 an, algerische Quellen sprechen von bis zu 1,5 Millionen.

M 3 **Unabhängigkeitsfeier**
Truppen der Algerischen Befreiungsarmee ziehen durch die Straßen von Algier, 5.7.1962.

M 4 Literatur zum Algerienkrieg

a) Die Schriftstellerin Assia Djebar gilt heute als bedeutendste Autorin aus dem Maghreb. Sie wurde 1936 in Algerien geboren. In ihrem Roman „Fantasia" behandelt sie auch den algerischen Befreiungskrieg:

Als 1956 die französischen Fallschirmjäger und Fremdenlegionäre mitten am Tag in El Aroub erscheinen, sind die tausend Einwohner des Dorfes verschwunden. Nur ein Verrückter irrt alleine zwischen den Reihen der Olivenbäume herum; eine alte senile Frau hockt am Brunnen.
Am Abend zuvor lagerten hier noch fünfundvierzig Moudjahidin, die schon seit über einem Monat dort waren; über der frisch gestrichenen Moschee flatterte die weißgrüne Fahne der Unabhängigkeit. Die alten Männer im Dorf bedauerten nur, dass die „Brüder" nicht regelmäßig zum Gebet dort erschienen. Das Anrücken der starken französischen Einheiten wird vor Tagesanbruch gemeldet; die Männer zwischen vierzehn und sechzig Jahren beschließen, mit den Partisanen zu gehen. Die Frauen, Kinder und alten Leute verstecken sich im Gestrüpp und Gestein in der Nähe und hoffen, dass der Feind nur durchzieht.

Aber die Franzosen bleiben. Und dazu lagern unten in der Ebene noch die Kompanien der Pioniere und der Infanterie. Nach drei langen Tagen des Wartens kommt die Zivilbevölkerung vom Hunger getrieben aus ihren Verstecken heraus; sie kommt mit weißen Fahnen, eine Mitleid erregende Prozession von Frauen mit leeren Brüsten und weinenden Säuglingen.
Aus Enttäuschung und Langeweile hatte die Soldateska eine systematische Plünderung vorgenommen. Die Leute finden ihr Dorf „umgepflügt wie ein Feld": Alle Vorräte an Getreide, getrockneten Hülsenfrüchten und dergleichen sind verschwunden oder auf dem Boden zerstreut und vernichtet worden, die Kleidertruhen aufgebrochen, die Dächer der Häuser zerstört, weil man darunter nach Waffen und nach versteckten Silber- und Goldmünzen gesucht hat ... Hochzeitsgewänder hängen voll Spott in den Bäumen, über herausgerissenen Türen oder durch den Dreck gezogen, um eine groteske Maskerade vorzugaukeln.
In dieser Verwüstung suchen die Mütter nach Essbarem für die ausgehungerten Kinder. Manche weinen verzweifelt auf den Schwellen.
Mitten in dieser traurigen Heimkehr werden zwei Männer in Partisanenuniformen verhaftet; die Armee stößt die ersten Hurras über den Sieg aus.
Der Kommandant der Fallschirmjäger, ein adeliger Leutnant, befiehlt einem Soldaten, einem Elsässer, zu versuchen, aus den Gefangenen Angaben über ihre Waffenverstecke herauszuholen. Das Verhör beginnt im Freien unter einem Olivenbaum; es dauert endlos. Der Elsässer legt Wert darauf zu zeigen, dass er sein Handwerk als Folterknecht versteht. Der Offizier, der sich nicht selbst die Hände schmutzig macht, stellt eine Kaltblütigkeit zur Schau, die nicht ohne Verachtung ist.
Die Gefangenen sind bald nicht mehr wiederzuerkennen. Stille breitet sich unter den Soldaten aus, die das Schauspiel zuerst angelockt hatte. Die Kleider, die an den Zweigen baumeln, scheinen plötzlich die einzigen Zuschauer bei der Folterung, die da im hellen Sonnenlicht dauert ...
Endlich bricht einer der beiden Gefolterten zusammen. Er gibt zu, dass es ein Versteck gibt, und wo. Die Soldaten stürzen dorthin. Aber der Leutnant bleibt zurück, macht nur eine Geste, und die beiden Gefangenen werden mit ein paar Schüssen umgelegt.
Unter den Fremdenlegionären gibt es einen, der die Tage von El Aroub niedergeschrieben und sie dabei noch einmal erlebt hat. Manchmal weint er sogar, „aber ohne Tränen, denn ich habe schon lange keine mehr".

Assia Djebar, Fantasia, Zürich1990, S. 304 ff.

b) Der Schriftsteller Albert Camus (1913–1960) schreibt in seinem Buch „Der erste Mensch" über seine Kindheit in Algerien. Im folgenden Auszug wird ein so genannter Colon beschrieben, ein in Algerien lebender französischer Siedler:

„Er ist ein alter Siedler. Von der alten Garde. Solche, die man in Paris beschimpft, wissen Sie. Und es stimmt, dass er immer hart war. Sechzig Jahre. Aber lang und hager wie ein Puritaner mit seinem Pferdekopf. Der Typ Patriarch, verstehen Sie.
Er hat seine arabischen Arbeiter madig gemacht und, gerechterweise, seine Söhne ebenfalls. Deswegen war es voriges Jahr, als evakuiert werden musste, ein richtiger Aufstand. Das Leben in der Gegend war unmöglich geworden. Man musste beim Schlafen das Gewehr neben sich haben. Als der Raskil-Hof angegriffen wurde, erinnern Sie sich?" – „Nein", sagte Jacques. – „Doch, der Vater und die beiden Söhne umgebracht, Mutter und Tochter lange vergewaltigt und dann getötet ... Kurz ... Der Präfekt war so ungeschickt gewesen, den versammelten Landwirten zu sagen, man müsse die Kolonialfragen neu überdenken, den Umgang mit den Arabern, und dass jetzt eine neue Seite aufgeschlagen sei. Er bekam von dem Alten zu hören, dass kein Mensch auf der Welt bei ihm das Heft in die Hand nehmen würde. Aber seitdem machte er den Mund nicht mehr auf. Es kam vor, dass er nachts aufstand und hinausging. Meine Mutter beobachtete ihn durch die Jalousien und sah ihn in seinen Feldern herumlaufen. Als der Befehl zur Evakuierung kam, hat er nichts gesagt. Seine Weinlese war beendet und der Wein in den Fässern. Er hat die Fässer aufgemacht, dann ist er zu einer Quelle mit Brackwasser gegangen, die er früher selbst umgeleitet hatte, und hat sie wieder in ihren geraden Lauf durch seine Felder gebracht, und er hat einen Rigolpflug an einen Traktor gehängt. Drei Tage lang am Steuer, ohne Kopfbedeckung, ohne etwas zu sagen, hat er auf der gesamten Fläche des Guts die Weinstöcke herausgerissen. Stellen Sie sich das vor, der spindeldürre Alte, der auf seinem Traktor auf und ab hüpfte, den Gashebel drückte, wenn die Pflugschar einen größeren Rebstock nicht schaffte, der nicht einmal zum Essen anhielt; meine Mutter brachte ihm Brot, Käse und Soubressade, die er bedächtig, wie er alles gemacht hatte, verspeiste und den letzten Brotkanten wegwarf, um wieder zu beschleunigen, das alles von Sonnenaufgang bis Sonnenuntergang und ohne einen Blick für die Berge am Horizont oder für die Araber, die schnell informiert waren und ihm aus der Entfernung zusahen, auch sie ohne etwas zu sagen. Und als ein junger Hauptmann, von man weiß nicht wem benachrichtigt, ankam und eine Erklärung verlangte, hat der andere zu ihm gesagt: ‚Junger Mann, da das, was wir hier getan haben, ein Verbrechen ist, muss es wieder gutgemacht werden.' Als alles erledigt war, ist er zum Haus zurückgegangen, hat den vom ausgelaufenen Wein durchnässten Hof überquert und hat angefangen, seine Sachen zu packen. Die arabischen Arbeiter warteten im Hof. (Es war auch eine Patrouille da, die – man wusste nicht so recht, warum – der Hauptmann geschickt hatte, mit einem netten Leutnant, der Befehle erwartete.) ‚Patron, was sollen wir tun?' – ‚Ich an eurer Stelle würde in den Maquis gehen', sagte der Alte. ‚Sie werden gewinnen. Es gibt keine Männer mehr in Frankreich.'

Albert Camus, Der erste Mensch, Reinbeck 1995, S. 203 ff.

Aufgaben

1. Gib einen Überblick über den Weg Algeriens in die Unabhängigkeit.
   → Text
2. a) Fasse die Texte von Assia Djebar und von Albert Camus mit eigenen Worten zusammen.
   b) Welches Bild der Franzosen und der Algerier wird in den Texten vermittelt? Suche dafür Belege.
   c) Vergleiche die beiden Texte von Djebar und Camus.
   → M4

M 1 **„Nord-Süd-Gefälle"**
Deutsche Karikatur

Der Nord-Süd-Konflikt

Bedingungen

Mit der Unabhängigkeit von Portugal, die Moçambique und Angola 1975 durch Guerillakriege erkämpften, endete die europäische Kolonialherrschaft. Doch brachte die ersehnte Freiheit den neuen Staaten in Afrika und Asien nur selten Friede und Wohlstand. Oft entstanden Militärdiktaturen, deren Machthaber die politische Instabilität dazu nutzten, das Volk zu knechten und sich zu bereichern. Blutige Stammesfehden, Grenzkriege und das Eingreifen ausländischer Truppen prägten das Leben in diesen Staaten, die im Ost-West-Konflikt zum Spielball strategischer Interessen wurden.

Bis heute prägt die Kolonialzeit die staatlichen Strukturen, etwa die Lage der Städte, die Erschließung des Landes durch Verkehrswege und Häfen, der Anbau pflanzlicher Monokulturen. Die Staatsgrenzen wurden von den Kolonialmächten meist willkürlich gezogen und nahmen keine Rücksicht auf kulturelle Zusammenhänge.

Die einstigen Kolonien erheben den Vorwurf, die Industrieländer würden den Export ihrer Produkte durch Zollbarrieren und ungerechtfertigt niedrige Erzeugerpreise hemmen. Damit würden sie alte koloniale Abhängigkeiten verfestigen oder erneuern. Dieser Vorwurf des „Neokolonialismus" belastet die Beziehungen zwischen Entwicklungsländern und Industrieländern. So hat sich ein spannungsreiches Verhältnis entwickelt, dass man als „Nord-Süd-Konflikt" bezeichnet.

Die „Dritte Welt"

Die unterentwickelten Staaten in Afrika, Asien und Lateinamerika heißen auch „Dritte Welt". Der Begriff geht zurück auf eine nach 1945 entstandene Einteilung, wonach man die kapitalistischen Industriestaaten des Westens als „Erste Welt", die Länder des kommunistischen Machtbereichs als „Zweite Welt" und die ganz armen Staaten als „Dritte Welt" bezeichnete. Nach Zusammenbruch des Ostblocks kennzeichnet dieser Begriff die „Entwicklungsländer".

Zu ihnen zählen etwa 80 Länder, die vorwiegend auf der Südhalbkugel der Erde liegen, und im Vergleich zu den Industriestaaten wirtschaftlich und sozial weniger entwickelt sind. Das zeigt sich am niedrigen Pro-Kopf-Einkommen, an geringer Arbeitsproduktivität, an hoher Arbeitslosen- und Analphabetenquote, an mangelhafter Infrastruktur und an der Abhängigkeit von Rohstoffausfuhren.

M 2 **„Ist dir klar, dass ich dich in der Hand habe?"**
Karikatur aus der Kölner Zeitung „Express" vom 19.12.1972

Schwellenländer und ärmste Staaten

In der „Dritten Welt" gibt es ausgeprägte Unterschiede. Man unterscheidet ölexportierende, rohstoffreiche und rohstoffarme Länder. Die Länder, die auf dem Sprung zur Industrialisierung sind, werden „Schwellenländer" genannt. Einige wie China oder Südkorea haben ein hohes Entwicklungsniveau erreicht; andere wie Saudi-Arabien sind aufgrund ihrer Erdölvorkommen begünstigt. An letzter Stelle der Entwicklungsländer stehen die ärmsten Staaten, die über keinerlei Rohstoffvorkommen verfügen.

Im 15. UN-Bericht über die menschliche Entwicklung, der 2005 vorgelegt wurde, stand der afrikanische Staat Niger an letzter Stelle der

77 aufgeführten Entwicklungsländer. Eine wichtige Ursache für diesen Zustand sind Kriege. So haben 22 der 32 Länder mit schlechtester Bewertung mindestes einen bewaffneten Konflikt seit 1990 erlitten.

Vorbild: Die OPEC

Besonders das Vorbild der OPEC („Organisation Erdöl exportierender Länder“) hat das Selbstbewusstsein der Entwicklungsländer gestärkt und ihnen gezeigt, wie wichtig ihre Rohstoffe für die reichen Nationen sind. 1973 gelang es der OPEC, durch Drosselung der Erdölförderung die Preise drastisch zu erhöhen, was den Industriestaaten eine lange Rezession bescherte. Vorbild wurde die OPEC unter anderem für Kupfer produzierende Länder, die sich ebenfalls zusammentaten, um ihre Interessen auf dem Weltmarkt durchzusetzen.

Armut, Hunger und Verschuldung

Die Probleme der Entwicklungsländer haben verschiedene Ursachen. Dazu zählen: gewaltige Verschuldung der ärmsten Staaten bei den reichen Industrienationen; kein fairer Zugang zum Welthandel; zu niedrige Preise für Rohstoffexporte und andere Produkte; Armut und Hunger; Unterversorgung mit Wasser; mangelnde Bildungschancen; Kinderarbeit und Kinderprostitution im Zeitalter des Massentourismus; hohe Kosten für Medikamente, die besonders zur Bekämpfung von AIDS benötigt werden. Hinzu kommen feudale und korrupte einheimische Oberschichten, die Reformansätze verhindern, da sie um ihre politische Macht fürchten.

Auch ist festzustellen, dass wohlhabende Staaten das kulturelle und religiöse Selbstverständnis von Menschen der „Dritten Welt“ missachten. Das führt zu Misstrauen, Ablehnung oder auch Aggression.

M 3

Lebensbedingungen

- sehr gut (HDI ‡ 0,888)
- gut (0,888 > HDI ‡ 0,800)
- mittelmäßig (0,800 > HDI ‡ 0,632)
- schlecht (0,632 > HDI ‡ 0,403)
- sehr schlecht (HDI < 0,403)
- keine Angaben

Die Lebensbedingungen beruhen auf dem vom Weltentwicklungsprogramm der UNO (UNDP) entwickelten HDI (Human Development Index). Dieser Index umfasst die Lebenserwartung, das Bildungsniveau (Alphabetenrate und Dauer des Schulbesuchs) sowie das Pro-Kopf-Einkommen der Bevölkerung.

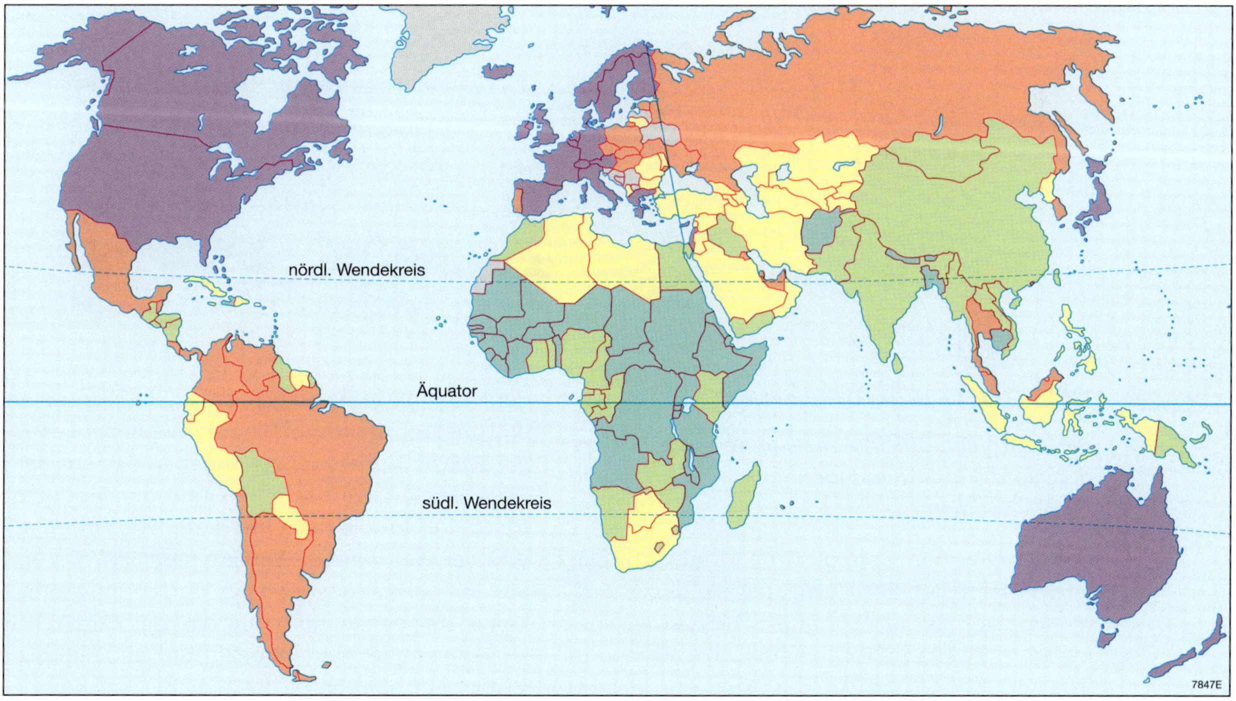

M 4 Kolonien im Comic

Frühe Comics liefern oft ein einseitiges Bild der Entwicklungsländer und ihrer Bewohner, wie das folgende Beispiel aus „Lurchis Abenteuer – das lustige Salamanderbuch" von 1955 zeigt.

M 5 „Das Ende der Dritten Welt"

Der Politologe Ulrich Menzel äußert sich 1992 zu den Nord-Süd-Beziehungen im Kalten Krieg und zu der Zeit danach:

Die dramatischen weltpolitischen Umbrüche der letzten Jahre haben naturgemäß die ganze Aufmerksamkeit auf das künftige Schicksal der ehemaligen „Zweiten Welt" gelenkt. Diskutiert wird in erster Linie, ob und wie es in Osteuropa gelingt, den Demokratisierungsprozess durchzuhalten und das Wohlstandsgefälle zum Westen abzubauen. Welche Konsequenzen ergeben sich aus dem Ende des Ost-West-Konflikts und der Blockkonfrontation für die neue internationale Ordnung? Welchen Platz wird die Sowjetunion bzw. das, was aus ihr hervorgegangen ist, darin einnehmen? Klar ist derzeit eigentlich nur, dass der Westen sich als Sieger in der Systemkonkurrenz mit dem sozialistischen Lager betrachtet und die westeuropäischen Staaten, allen voran die Bundesrepublik, die Hauptnutznießer des Endes der Ost-West-Konfrontation sind. Nachdem die erste Euphorie in den Ländern Osteuropas verflogen ist, beginnt für sie, die nicht in der privilegierten Situation der ehemaligen DDR sind, ein schwieriger Weg, von dem nicht sicher ist, ob er überall zum gewünschten Ziel, der Rückkehr in die europäische Zivilisation und deren materielle Annehmlichkeiten, führen wird.

Es gibt aber noch einen anderen Teil der Welt mit sehr viel düsterer Perspektive, dessen Zukunft ebenfalls in erheblichem Maße von den Umbrüchen in Osteuropa betoffen ist. Gemeint ist die so genannte Dritte Welt, die zur Zeit weit gehend aus dem Blickfeld verschwunden ist, obwohl alles darauf hindeutet, dass deren chronische Probleme sich in absehbarer Zukunft noch weiter verschärfen werden, auch wenn das im Hinblick auf manche Katastrophenregionen kaum mehr vorstellbar erscheint.

Das Problem beginnt schon mit der Semantik. Mit der Auflösung der Blöcke und dem Ende der „Zweiten Welt" macht auch der Begriff „Dritte Welt" keinen Sinn mehr. Daraus folgert zum einen, dass alle politischen Organisationen, die ihre Legitimität aus der Bipolarität gezogen haben – gemeint ist die Blockfreienbewegung [...] –, sinnlos geworden sind. Daraus folgert gleichermaßen, dass alle dritten Wege zwischen Kapitalismus und Sozialismus zur Lösung der Entwicklungsproblematik obsolet geworden sind, weil die eine der beiden Alternativen ihr Scheitern selbst unter Beweis gestellt hat. Einen dritten Weg zwischen einem erfolgreichen und einem gescheiterten System kann es nicht geben.

Das Ende des Ost-West-Konflikts hat aber auch eine unmittelbar praktische Konsequenz für die Länder der südlichen Hemisphäre, handelte es sich dabei doch nicht um irgendeinen Konflikt, sondern um den Konflikt schlechthin, der sämtliche internationalen Konflikte maßgeblich beeinflusst hat [...]. Einerseits waren die Länder des Südens Hauptleidtragende, da auf ihren Territorien viele Stellvertreterkriege ausgefochten wurden. Andererseits waren sie aber auch Nutznießer, da der vierzigjährige Aufwand an entwicklungsstrategischen Überlegungen und praktischer Entwicklungspolitik ohne die Ost-West-Konfrontation mit Sicherheit ein viel bescheideneres Ausmaß angenommen hätte. Neben den von Fall zu Fall sehr unterschiedlich ausgeprägten wirtschaftlichen Motiven ging es auf beiden Seiten immer um die Frage, wie die Südpolitik im Sinne der machtpolitischen Interessen des Westens wie des Ostens instrumentalisiert werden konnte. Dieses Motiv ist jetzt entfallen. Da aber nur wenige Länder des Südens wirklich von wirtschaftlichem Interesse sind, weil die meisten aufgrund ihrer Armut nicht als Märkte in Frage kommen oder über keine attraktiven Rohstoffe verfügen, steht zu erwarten, dass die Aufmerksamkeit für die Südpolitik drastisch zurückgehen wird. Ethische Gründe allein für eine aktive Politik gegenüber diesen Ländern sind offenbar nicht ausreichend. [...]

Vorläufiges Fazit: [...] Es steht zu befürchten, dass diejenigen Länder des Südens, die nicht über Öl oder strategisch wichtige Rohstoffe verfügen, nicht nur aus dem Blickfeld des Westens verschwinden, sondern mehr oder weniger auch sich selbst überlassen, sozusagen zwangsweise abgekoppelt werden.

Ulrich Menzel, Das Ende der Dritten Welt und das Scheitern der großen Theorie, Frankfurt/Main 1992, S. 7 ff.

Aufgaben

1. a) Beschreibe anhand der Karte die Lebensbedingungen in der „Dritten Welt".
   b) Erschließe anhand der Karte, inwieweit der Begriff Nord-Süd-Konflikt zutrifft bzw. nicht zutrifft.
   → M3
2. Erläutere die Aussagen der beiden Karikaturen. Wie werden die Nord-Süd-Beziehungen jeweils gesehen?
   → M1, M2
3. Inwiefern bietet der Comic aus dem Jahr 1955 ein Zerrbild Afrikas? Nutze hierzu auch die Informationen aus den vorhergehenden Kapiteln.
   → M4
4. a) Welche Auswirkungen hatte die Ost-West-Konfrontation auf die Entwicklungsländer?
   b) Welche Perspektiven sieht Menzel nach dem Ende der Ost-West-Konfrontation? Hat er Recht? Begründe deine Meinung.
   → M5

M 1 **Theodor Herzl**
auf dem Weg nach Palästina, 1898

Der Nahostkonflikt

Eine Krisenregion

In kaum einer anderen Region der Erde kam es nach dem Zweiten Weltkrieg zu so vielen Krisen, Kriegen und Konflikten wie im Nahen Osten. Trotz intensiver Bemühungen erweist sich eine Lösung als äußerst schwierig. Das Verhältnis zwischen dem 1948 gegründeten Staat Israel sowie den Palästinensern und arabischen Nachbarstaaten barg immer wieder neuen Konfliktstoff.

Der lange Weg zum Staat Israel

Die Gründung des Staates Israel hat eine lange Vorgeschichte. Nach der Zersörung Jerusalems durch die Römer im Jahr 70 n. Chr. und ihrer Vertreibung aus Palästina lebten die Juden über alle Welt zerstreut in der Diaspora. Neben Zeiten friedlichen Zusammenlebens mussten sie immer wieder Verfolgungen erdulden. Doch ihre Sehnsucht nach dem Land der Väter blieb stets lebendig.

Unter dem Eindruck des wachsenden Nationalismus in Europa, der mit einem starken Antisemitismus verbunden war, entstand im 19. Jh. der Zionismus. Sein Ziel war die Gründung eines jüdischen Nationalstaats in Palästina, der alten historischen Heimat. Diesen Gedanken vertrat besonders Theodor Herzl, dessen Buch „Der Judenstaat" 1896 großes Aufsehen erregte. Juden in aller Welt unterstützten die zionistische Bewegung und so siedelten sich schon vor dem Ersten Weltkrieg Juden in Palästina an.

Die Balfour-Deklaration

Im Ersten Weltkrieg suchte Großbritannien im Nahen Osten Verbündete gegen das Osmanische Reich. So erhielten die arabischen Völker die Zusicherung, sie sollten von türkischer Vorherrschaft befreit werden und die Unabhängigkeit erhalten. In geheimen Verhandlungen steckten Briten und Franzosen jedoch ihre gegenseitigen Interessensphären ab: Syrien, Libanon und Nordgaliläa sollten an Frankreich, der mittlere und südliche Irak an Großbritannien fallen. Für Palästina war eine internationale Verwaltung geplant.

Um die jüdischen Gemeinschaften in aller Welt für die Sache der Alliierten zu gewinnen, gab der britische Außenminister Lord Balfour 1917 eine Erklärung ab. In dieser „Balfour-Deklaration" versprach er, dass die britische Regierung die Errichtung einer „nationalen Heimstätte" für das jüdische Volk in Palästina unterstützen würde.

Doch wie ließ sich dieses Versprechen einzulösen, wenn die Bevölkerung Palästinas 82 % Araber, 10 % Christen und 8 % Juden umfasste und die Juden nur über 2 % des Grundbesitzes verfügten?

Großbritannien herrscht in Palästina

Mit dem Ende des Ersten Weltkriegs brach auch das Osmanische Reich zusammen. Die Briten übernahmen die Herrschaft im Nahen Osten und damit die Kontrolle über die gewaltigen Erdölvorkommen in der Region. 1920 erhielt Großbritannien vom Völkerbund das Mandat über Palästina und bekannte sich auch künftig zu den eingegangenen Verpflichtungen aus der Balfour-Deklaration.

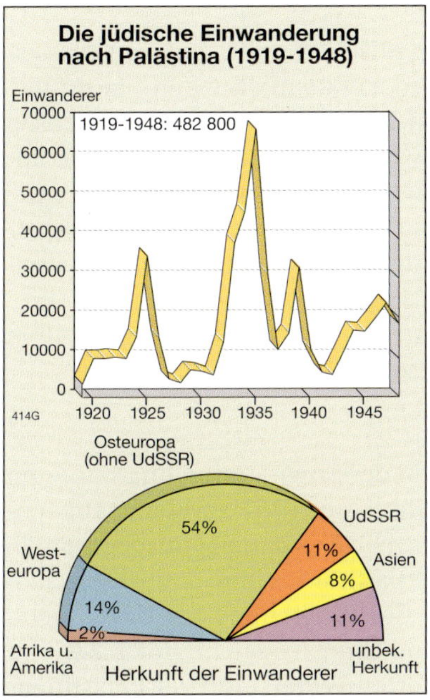

M 2

Die jüdische Einwanderung

Dies ermöglichte es den Zionisten, den Plan eines jüdischen Staates weiterzuverfolgen. Doch die wachsende Einwanderung stieß bald auf erbitterten Widerstand der ansässigen Araber. Dennoch gelang den Juden die Kultivierung großer Landstriche, die der Wüste abgerungen wurden. Den Boden für ihre Siedlungen sicherten sich die jüdischen Einwanderer ganz legal durch Kaufverträge.

Die Judenverfolgung im nationalsozialistischen Deutschland ließ den Strom jüdischer Einwanderer anschwellen. Dadurch eskalierte der Konflikt zwischen Arabern und Juden. Es kam zu blutigen Auseinandersetzungen, in denen sich die palästinensische Nationalbewegung gegen die jüdischen Siedlungen zur Wehr setzte.

Aus Furcht vor einem Bündnis der Araber mit Nazideutschland änderte Großbritannien ab 1939 seine Politik und schränkte den Zuzug jüdischer Siedler drastisch ein.

Die Gründung des Staates Israel

1947 gaben die Briten das Mandat für Palästina an die Vereinten Nationen zurück. Daraufhin beschloss die Vollversammlung, Palästina in einen jüdischen und arabischen Staat zu teilen. Am 14. Mai 1948 proklamierten jüdische Politiker den Staat Israel. Kurz danach griffen Armeen der benachbarten fünf arabischen Staaten Israel an. Der junge Staat setzte sich jedoch gegen die Übermacht durch und es kam 1949 zu einem Waffenstillstand. Ostpalästina fiel an Jordanien, Jerusalem wurde zur geteilten Stadt.

Dieser erste arabisch-israelische Krieg hatte weit reichende Folgen: An die Stelle der arabischen Führer, die man für die Niederlage verantwortlich machte, traten weitaus radikalere Politiker. Sie rüsteten die arabischen Staaten auf, da sie sich von Israel bedroht fühlten. Da die USA Israel unterstützten, paktierten die Araber fortan mit der UdSSR. Damit wurde der Nahe Osten zum Schauplatz im Kalten Krieg der Supermächte. Zudem entstand ein riesiges Flüchtlingsproblem: 700 000 Palästinenser flohen in die arabischen Nachbarstaaten, wo sie als Minderheit ein ständiger Unruheherd blieben.

M 3 **Kämpfe im Nahen Osten**
Palästinenser in Jaffa kämpfen gegen jüdische Streitkräfte, 1948

M 4 **Gründung des Staates Israel**
Der spätere israelische Ministerpräsident David Ben Gurion verliest am 14. Mai 1948 die Unabhängigkeitserklärung Israels.

M 5 **Suezkrieg**
Britische Soldaten mit einer erbeuteten ägyptischen Fahne, 1954

Der Suezkrieg

1956 eskalierte die Situation. Der ägyptische Staatspräsident Nasser, der sich als Führer der Araber verstand, verstaatlichte den Suezkanal, der sich in anglo-französischer Hand befand. Briten und Franzosen waren entschlossen, ihre Interessen zu behaupten, und landeten Truppen am Suezkanal. Zugleich griff Israel Ägypten an und drang auf die Sinaihalbinsel vor. Da die Sowjetunion mit dem Einsatz von Atombomben drohte und die USA dem Angriff ablehnend gegenüberstanden, wurde die Militäraktion ein Fehlschlag.

Nach dem Suezkrieg stieg Ansehen der Sowjetunion in der „Dritten Welt“, während sich Israels Isolation vertiefte.

Der Sechs-Tage-Krieg

Die steigende Bedrohung durch die von der Sowjetunion unterstützten arabischen Nachbarstaaten veranlasste Israel 1967 zu einem Präventivkrieg. Innerhalb von sechs Tagen eroberte es den ägyptischen Sinai, das Westjordanland, die syrischen Golanhöhen und den arabischen Teil Jerusalems. Doch gelang es trotz des Eingreifens der UNO nicht, den Frieden wiederherzustellen. Vermittlungsversuche der USA und der Sowjetunion scheiterten am erbitterten Widerstand der Palästinenser, der Jordanien in einen Bürgerkrieg stürzte.

Der Jom-Kippur-Krieg

Die Schmach des Sechs-Tage-Kriegs saß tief. Daher starteten ägyptische und syrische Truppen am 6. Oktober 1973 – dem jüdischen Versöhnungsfest Jom Kippur – einen Angriff auf Israel. Der Erfolg war gering und so wurden die Kampfhandlungen unter Vermittlung der USA und der Sowjetunion noch Ende des Monats eingestellt.

Im November kam es zu einem Waffenstillstand, dem ein begrenzter Rückzug israelischer Truppen vom Suezkanal folgte. An den Frontlinien wurden UNO-Truppen stationiert. Ein dauerhafter Frieden konnte jedoch nicht gefunden werden. Erst 1979 kam es unter Vermittlung der USA zu einem Durchbruch. Der ägyptische Präsident Sadat scherte aus der arabische Front aus und schloss gegen Rückgabe des Sinai Frieden mit Israel.

M 6 **Gaza-Jericho-Abkommen**
Israels Ministerpräsident Rabin und PLO-Führer Arafat besiegeln vor US-Präsident Clinton 1994 das Gaza-Jericho-Abkommen.

Ausgleich zwischen Arabern und Israel?

Da die arabischen Staaten keinen Angriff mehr wagten, rückte die Palästinensische Befreiungsorganisation (PLO) ins Zentrum des Widerstands. Sie verübte in den nächsten Jahren eine Vielzahl von Terroranschlägen und Flugzeugentführungen, die Israel mit Vergeltungsschlägen beantwortete.

Bis heute ist das Problem ungelöst, denn das vertriebene palästinensische Volk verlangt die Rückgabe besetzter Gebiete und fordert einen eigenen Staat. Seit 1991 fanden daher Gespräche zwischen Israel und der PLO statt. Sie sollten einen Frieden herbeiführen, der Israels staatliche Existenz sichert und den Palästinensern zur Unabhängigkeit verhilft. So sieht das 1994 geschlossene Gaza-Jericho-Abkommen zunächst eine begrenzte Selbstverwaltung der Palästinenser im Gazastreifen und Westjordanland vor. Dennoch ist ein dauerhafter Friede angesichts der verhärteten Fronten noch immer in weiter Ferne.

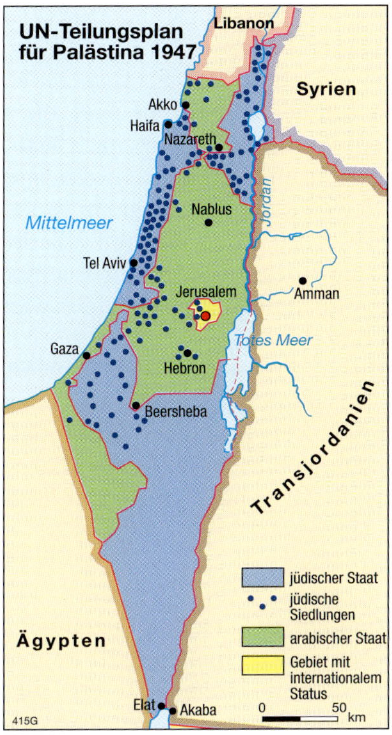

M 7

M 8

M 9

M 10 UN-Resolution 242

Nach dem Sechs-Tage-Krieg einigten sich die Großmächte im Weltsicherheitsrat der UN auf eine Resolution, die nicht verwirklicht werden konnte, jedoch bis heute Grundlage der Friedensbemühungen im Nahen Osten geblieben ist:

Der Sicherheitsrat gibt seiner andauernden Beunruhigung über die ernste Lage im Nahen Osten Ausdruck und unterstreicht, dass es nicht angeht, Territorium durch Krieg zu erobern, und daß es nötig ist, für einen gerechten und dauernden Frieden zu wirken, der es jedem Staat der Region erlaubt, in Sicherheit zu leben.

Er unterstreicht im Weiteren, dass alle Mitgliedstaaten, indem sie die Charta der Vereinten Nationen annehmen, sich verpflichtet haben, gemäß Artikel 2 der Charta zu handeln.

1. Er bekräftigt, dass die Einhaltung der Prinzipien der Charta es erfordert, dass ein gerechter und dauerhafter Frieden im Nahen Osten errichtet wird, welcher die Anwendung der beider folgenden Prinzipien umfassen sollte:

a) Rückzug israelischer Streitkräfte aus während des jüngsten Konfliktes besetzten Gebieten.

b) Einstellung jeglicher kriegerischer Erklärung oder jeglichen kriegerischen Zustandes sowie Respektierung und Anerkennung der Souveränität, der territorialen Integrität und der politischen Unabhängigkeit jeglichen Staates der Region und dessen Rechts, in Frieden innerhalb sicherer und anerkannter Grenzen frei von Drohungen oder Gewaltakten zu leben.

Aus: Resolution des Weltsicherheitsrates Nr. 242 vom 22.11.1967, zitiert nach: Der Staat Israel, Informationen zur politischen Bildung, hrsg. von der Bundeszentrale für politische Bildung. Nr. 141, Bonn 1981, S. 8.

Aufgaben

1. Wie kam es zur Gründung des Staates Israel?
   → Text
2. Erschließe anhand der Karten die wichtigsten Phasen des Nahostkonflikts.
   → M7–M9
3. a) Fasse den Inhalt der Resolution 242 zusammen.
   b) Welche Passagen konnten die verschiedenen Konfliktparteien jeweils für sich in Anspruch nehmen?
   → M10

Die europäische Einigung

M 1 **„Verschlungene Wege"**
Karikatur zur Montanunion, 1950

Hoffnungen nach dem Krieg

Der Zweite Weltkrieg hatte Europa schwer erschüttert und über 50 Millionen Opfer gefordert. Die Menschen sehnten sich nach Frieden und einer Ordnung, die künftig gewaltsame Konflikte in Europa verhindern sollte. So begann nach 1945 eine neue Epoche, denn Europas Staatsmänner verwirklichten schrittweise einen engeren staatlichen Zusammenschluss: die europäische Integration. Einen solchen Versuch hatte es in der Geschichte zuvor noch nicht gegeben, doch war die Idee eines geeinten Europas nicht neu.

Bereits 1946 rief der ehemalige britische Premierminister Winston Churchill in Zürich die Europäer zur Zusammenarbeit auf. Als erster Schritt wurde 1949 der Europarat mit Sitz in Straßburg gegründet, dem heute über 40 Staaten angehören. Die Verabschiedung der „Europäischen Menschenrechtskonvention" 1950 gehört zu den großen Erfolgen dieser Organisation.

Erste Schritte zur Integration

Neben Frankreich, Italien, den Niederlanden, Belgien und Luxemburg zählte auch die Bundesrepublik Deutschland zu den Initiatoren der europäischen Einigungsbewegung der Nachkriegszeit. Statt der jahrhundertealten Rivalitäten wollten die Politiker eine Wirtschaftsgemeinschaft als Grundstein der späteren politischen Einheit errichten. 1951 unterzeichneten die sechs Staaten den Vertrag über die „Europäische Gemeinschaft für Kohle und Stahl" (Montanunion), die bis heute – als Teil der Europäischen Union – fortbesteht.

Die Aufgabe der Montanunion bestand darin, die Schwerindustrie der Mitgliedsstaaten zu koordinieren und Zollbarrieren abzuschaffen, um den Handel zu erleichtern. Die Gründung der Gemeinschaft war aber mehr als nur ein wirtschaftlicher Zusammenschluss. Für diesen Wirtschaftsbereich wurde darüber hinaus eine eigene Rechtsordnung geschaffen. Das war neu, denn Gesetze erließen bislang nur souveräne Staaten.

Europa im Zeichen des Kalten Kriegs

Als erkennbar wurde, dass der Ost-West-Konflikt zur Teilung Europas führen würde, bemühten sich die Politiker um eine verstärkte Zusammenarbeit. Um nicht Spielball amerikanischer und sowjetischer Machtinteressen zu werden, wollten die Europäer eine dritte Kraft bilden. Nach gleichem Muster wie bei der Montanunion versuchten die sechs Staaten eine „Europäische Verteidigungsgemeinschaft" (EVG) unter deutscher Beteiligung zu gründen.

Der Plan scheiterte jedoch 1954 – und damit die Idee einer dritten militärischen Kraft. 1955 wurde die Bundesrepublik in das bereits 1949 von den westeuropäischen Staaten gemeinsam mit den USA gegründete Verteidigungsbündnis der NATO aufgenommen. Im gleichen Jahr gründete die Sowjetunion den Warschauer Pakt, das Militärbündnis des Ostblocks. Der Kalte Krieg beeinträchtigte die europäische Integration nachhaltig und führte zu einer langjährigen Trennung von West- und Osteuropa.

Ausbau der europäischen Einigung

Ab Mitte der Fünfzigerjahre suchten die Bundesrepublik Deutschland, Frankreich, Italien und die Beneluxstaaten eine engere wirtschaftliche Zusammenarbeit. Diese Bemühungen führten 1957 mit den Römischen Verträgen zur Gründung der „Europäischen Wirtschaftsgemeinschaft“ (EWG). Sie wurde ergänzt durch die „Europäische Atomgemeinschaft“ (EURATOM). Ziel war der schrittweise Aufbau eines zollfreien Binnenmarktes mit einem gemeinsamen Außenzoll sowie die friedliche Nutzung der Kernenergie. Das sollte zu mehr Wohlstand in Europa führen und den Anschluss an die überlegenen Supermächte sichern.

M 2 Die Römischen Verträge
Unterzeichnung am 25.3.1957

1967 schlossen sich EWG, EURATOM und Montanunion zur „Europäischen Gemeinschaft“ (EG) zusammen. In der Präambel, dem Vorwort des Vertrags, lud die EG alle Staaten Europas ausdrücklich ein, sich ihrem Projekt anzuschließen. Der europäische Einigungsgedanke gewann nun zunehmend an Anziehungskraft und führte in den nächsten Jahren zum Beitritt Großbritanniens, Spaniens, Griechenlands, Irlands und anderer Länder. Die europäische Einigung erfasste allerdings zunächst nur den westlichen Teil des Kontinents, da bis 1989 der „Eiserne Vorhang“ Europa in zwei Hälften teilte.

M 3 Heutiges Logo des Deutsch-Französischen Jugendwerkes, das 1963 gegründet wurde, um Austauschprogramme zwischen jungen Franzosen und Deutschen zu fördern.

Das deutsch-französische Verhältnis in Europa

Entscheidenden Einfluss auf den europäischen Einigungsprozess hatte das Verhältnis zwischen Frankreich und Deutschland, den alten „Erbfeinden“. Es war daher historisch bedeutungsvoll, dass sich gerade der französische Außenminister Robert Schuman dafür einsetzte, die Schwerindustrie der bisherigen Rivalen zu koordinieren (Schuman-Plan) und damit die Verhandlungen über die Gründung der Montanunion anstieß.

Der deutsch-französische Freundschaftsvertrag, den 1963 Bundeskanzler Konrad Adenauer und Staatspräsident Charles de Gaulle in Paris unterzeichneten, war ein Meilenstein im europäischen Einigungsprozess, der die Beziehungen zwischen beiden Staaten in Europas Mitte grundlegend änderte.

M 4 Ein Freundschaftsvertrag

Auszüge aus dem deutsch-französischen Vertrag vom 22. Januar 1963:

I. Organisation

1. Die Staats- und Regierungschefs geben nach Bedarf die erforderlichen Weisungen und verfolgen laufend die Ausführung des im Folgenden festgelegten Programms. Sie treten zu diesem Zweck zusammen, so oft es erforderlich ist, und grundsätzlich mindestens zweimal jährlich. […]

M 5 Geste der Freundschaft,
Konrad Adenauer und Charles de Gaulle am 22. Januar 1963

C. Erziehungs- und Jugendfragen […]

1. Auf dem Gebiet des Erziehungswesens richten sich die Bemühungen hauptsächlich auf folgende Punkte:

a) Sprachunterricht

Die beiden Regierungen erkennen die wesentliche Bedeutung an, die der Kenntnis der Sprache des anderen in jedem der beiden Länder für die französisch-deutsche Zusammenarbeit zukommt. Zu diesem Zweck werden sie sich bemühen, konkrete Maßnahmen zu ergreifen, um die Zahl der französischen Schüler, die Deutsch lernen, und die der deutschen Schüler, die Französisch lernen, zu erhöhen. Die Bundesregierung wird in Verbindung mit den Länderregierungen, die hierfür zuständig sind, prüfen, wie es möglich ist, eine Regelung einzuführen, die es gestattet, dieses Ziel zu erreichen. Es erscheint angebracht, an allen Hochschulen in Frankreich einen für alle Studierenden zugänglichen praktischen Unterricht in der deutschen Sprache und in Deutschland einen solchen in der französischen Sprache einzurichten.

b) Frage der Gleichwertigkeit der Diplome

Die zuständigen Behörden beider Staaten sollen gebeten werden, beschleunigte Bestimmungen über die Gleichwertigkeit der Schulzeiten, der Prüfungen, der Hochschultitel und -diplome zu erlassen.

c) Zusammenarbeit auf dem Gebiet der wissenschaftlichen Forschung

Die Forschungsstellen und die wissenschaftlichen Institute bauen ihre Verbindungen untereinander aus, wobei sie mit einer gründlicheren gegenseitigen Unterrichtung beginnen; vereinbarte Forschungsprogramme werden in den Disziplinen aufgestellt, in denen sich dies als möglich erweist.

2. Der französischen und deutschen Jugend sollen alle Möglichkeiten geboten werden, um die Bande, die zwischen ihnen bestehen, enger zu gestalten, und ihr Verständnis füreinander zu vertiefen. Insbesondere wird der Gruppenaustausch weiter ausgebaut. Es wird ein Austausch- und Förderungswerk der beiden Länder errichtet, an dessen Spitze ein unabhängiges Kuratorium steht. Diesem Werk wird ein französisch-deutscher Gemeinschaftsfonds zur Verfügung gestellt, der der Begegnung und dem Austausch von Schülern, Studenten, jungen Handwerkern und jungen Arbeitern zwischen beiden Ländern dient.

Zit. nach: Curt Gasteyger, Europa zwischen Spaltung und Einigung 1945 bis 1993, Bonn 1994, S. 230 ff.

M 6 Studium in Frankreich

Im Jahr 1961 entschloss sich der 24-jährige Medizinstudent Jürgen T. aus Berlin, ein Semester in Frankreich zu studieren. Gemeinsam mit seinem Freund schrieb er sich für das Wintersemester 1961/62 in Grenoble ein:

Interviewerin: Wie kamen Sie auf die Idee, in Frankreich zu studieren?

Jürgen T.: Ich hatte schon viele Bücher und Gedichte auf Französisch gelesen. Die Sprache hat mich fasziniert. Jetzt wollte ich auch das Land kennen lernen und die Sprache sprechen lernen. Außerdem wollten mein Freund und ich von Grenoble aus zum Skilaufen fahren.

Interviewerin: Heute fördert die EU den Austausch zwischen den Studenten der verschiedenen EU-Mitgliedsstaaten. Wie war das damals, bekamen Sie Unterstützung?

Jürgen T.: Ich bekam keine finanzielle Unterstützung vom Staat. Und ich musste mir auch meinen Auslandsaufenthalt ganz alleine organisieren: die Einschreibung, die Wohnungssuche, das Visum und die Anreise. Eine Zeit im Ausland zu verbringen, dazu entschlossen sich damals nur einzelne Studenten. In meinem Freundeskreis allerdings gingen fast alle – hauptsächlich in die USA. Aber wir waren da sicher eher eine Ausnahme.
Interviewerin: Hatten Ihre Eltern Vorbehalte?
Jürgen T.: Nein, meine Eltern hatten nichts dagegen, dass ich nach Frankreich zum Studieren gehen wollte. Mein Vater stimmte zwar nur murrend zu. Der Grund dafür war aber, dass er wollte, dass ich mein Studium zügig abschließe. Nur der Kaufmann an der Ecke in Berlin, weiß ich noch, sagte zu mir: „Was, da wollen Sie hingehen, in das verlauste Land!"
Interviewerin: Wie wurden Sie aufgenommen?
Jürgen T.: Sehr herzlich. Ich wohnte in einer armenischen Familie am Stadtrand. Alle waren sehr freundlich. Und auf der Straße luden mich die Nachbarn ein, mit ihnen Boule zu spielen. Und manchmal sogar zum Essen zu sich nach Hause. Einfach so. So eine Offenheit, das war ich von Deutschland nicht gewohnt. Auch die Studenten an der Universität waren gegenüber uns Deutschen aufgeschlossen. Anfangs trafen wir uns zwar noch hauptsächlich mit den anderen ausländischen Studenten aus dem Sprachkurs. Aber schon bald entstanden auch Freundschaften mit den französischen Studenten und Studentinnen. Wir gingen zusammen ins Café oder ins Kino.
Interviewerin: Der Zweite Weltkrieg war ja erst 16 Jahre vorbei. Gab es da noch Vorbehalte gegenüber Deutschland in der Bevölkerung?
Jürgen T.: Eigentlich nicht. Ich erinnere mich nur einmal, als wir im Vercors südlich von Grenoble zum Skifahren waren. Wir waren in einem Bistro und als die Leute merkten, dass wir Deutsche waren, kam auf einmal eine ganz feindselige Stimmung auf. Da kam ein Mann zu meinem Freund und mir, legte den Arm um uns und führte uns aus dem Bistro raus. Er erklärte uns, dass die Einwohner dieses Dorfes sehr aktiv in der Résistance gewesen waren – und dass die SS hier etwa 20 Jugendliche erschossen hat – die Söhne der Männer aus dem Bistro. Der Mann bat uns um Verständnis für seine Landsleute und führte uns auf den Friedhof des Dorfes, wo die Gräber der jugendlichen Résistance-Kämpfer lagen. Mich hat diese Begegnung sehr beeindruckt.
Interviewerin: Was hat Ihnen in Frankreich besonders gefallen?
Jürgen T.: Morgens das Frühstück im Bistro an der Ecke mit Café, Brioche und einer Gauloise danach. Auch das Studentenrestaurant war endlos besser als in Deutschland. „Steak-frites" mit Salat gab es da, auch abends – und nicht wie in der deutschen Mensa beispielsweise Käse und Tee. Auch so studentische Einrichtungen wie zum Beispiel ein Studentencafé, kannte ich aus Berlin nicht. Und die ganze Kinokultur hat mich sehr beeindruckt.
Interviewerin: Hatten die Franzosen auch Interesse an Deutschland?
Jürgen T.: Ja, das Interesse war sehr groß. Vielleicht sogar größer als das Interesse der Deutschen an den Franzosen. Das bekannteste deutsche Buch in Frankreich war damals „Die Blechtrommel" von Günter Grass. Die Studenten begeisterten sich sehr fürs Brecht-Theater. Ja, und ein Student überlegte sich sogar auch, nach Deutschland zum Studieren zu fahren.

Unveröffentlichtes Interview, das Gespräch führte Barbara Weiß, München 2006.

Aufgaben

1. a) Stelle die entscheidenden Schritte auf dem Weg zur EWG dar.
   b) Wie wird die Entstehung der Montanunion in der Karikatur dargestellt?
   → Text, M1
2. a) Erläutere, warum der deutsch-französische Freundschaftsvertrag so bedeutsam war. Denke dabei an die Geschichte der beiden Staaten.
   b) Stelle zusammen, was in diesem Vertrag vereinbart wurde.
   → Text, M4
3. Fasse die wichtigsten Erfahrungen des jungen Studenten in Frankreich zusammen.
   → M6

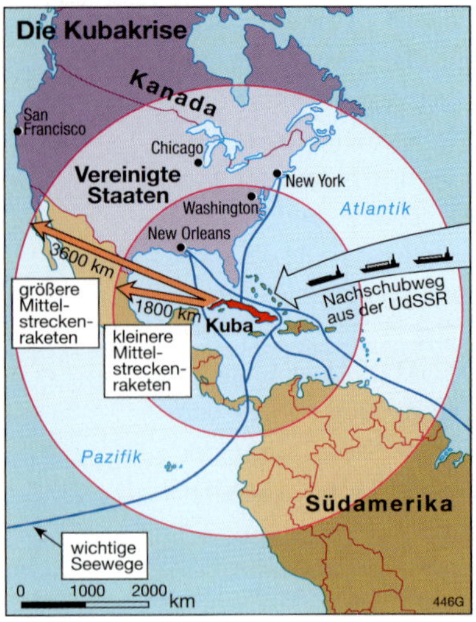

M 1

M 2

Kuba-Krise und Vietnamkrieg

Die Welt am Abgrund

Im Oktober 1962 hielt die Welt den Atem an. Nach der Stationierung sowjetischer Mittelsteckenraketen auf Kuba drohte eine militärische Konfrontation zwischen den USA und der Sowjetunion, d.h. ein neuer Weltkrieg.

Vorangegangen war 1959 der Sturz des kubanischen Diktators Batista durch den Revolutionär Fidel Castro, der auf Kuba ein sozialistisches Regime errichtete. Das war den USA, nur 150 km vor ihrer Haustür, ein Dorn im Auge und sie versuchten Fidel Castro und sein Regime zu stürzen. Castro verbündete sich mit der Sowjetunion, die endlich eine Möglichkeit sah, die USA direkt zu bedrohen. Im Mai 1962 begann der sowjetische Regierungschef Nikita Chruschtschow heimlich Mittelstreckenraketen auf Kuba zu stationieren.

Als die USA die sowjetischen Raketenbasen auf Luftbildaufnahmen entdeckten, versetzte Präsident John F. Kennedy (1917–1963) die Streitkräfte in Alarmbereitschaft, und forderte die Sowjetunion ultimativ zum Abbau ihrer Raketenstellungen auf. Zugleich verhängten die USA eine Seeblockade, um den russischen Nachschub zu stoppen. Planungen der US-Regierung sahen die Bombardierung und Invasion Kubas vor, was wohl einen Atomkrieg ausgelöst hätte. Lediglich das Nachgeben Chruschtschows und das Zugeständnis der USA, Atomraketen in der Türkei abzubauen, verhinderten einen dritten Weltkrieg.

Der Beginn der Entspannung

Der Schreck, nur knapp einem Atomkrieg entronnen zu sein, führte zu einem Wendepunkt. Die beiden Supermächte installierten einen „heißen Draht“, eine direkte Telefonleitung zwischen Washington und Moskau. Bei krisenhaften Entwicklungen sollten die Verantwortlichen jederzeit miteinander sprechen können, um die Gefahr eines globalen Atomschlags zu vermeiden.

Darüber hinaus bemühten sich beide Mächte um eine Rüstungskontrolle. Der erste Schritt war 1963 ein Atomtest-Vertrag, der Atomversuche „in der Atmosphäre, im Weltraum und unter Wasser“ verbot. Der Atomwaffen-Sperrvertrag von 1968 verpflichtete die Staaten, die damals im Besitz von Atomwaffen waren, diese nicht an andere Staaten weiterzugeben.

Der kostspielige Rüstungswettlauf und das Risiko eines Atomkriegs veranlassten beide Supermächte zu einer Politik der Entspannung. Der Kalte Krieg sollte entschärft werden. Daran änderte auch das militärische Eingreifen der USA in Vietnam 1964–1973 und der Einmarsch der Sowjetunion in die Tschechoslowakei 1968 nichts.

Der Vietnamkrieg

1954 scheiterten Frankreichs Bemühungen, sein Kolonialreich in Indochina zurückzuerobern. Während Laos und Kambodscha nach dem Indochinakrieg ihre Unabhängigkeit erlangten, wurde Vietnam entlang des 17. Breitengrads geteilt. Damit entstand ein kommunistisches Nordvietnam unter Präsident Ho Chi Minh (1954–1969), das unter dem Schutz Chinas stand. In Südvietnam bildete sich hingegen

M 3 Dschungelkampf in Vietnam
Im Krieg starben 2 Millionen Zivilisten und 1,1 Millionen Soldaten.

M 4 Abwurf von Napalmbomben
Kinder während eines Angriffs südvietnamesischer Streitkräfte, die bei der Eroberung des Dorfs Trang Bang Napalm einsetzen, Foto vom 8. Juni 1972.

eine antikommunistische Diktatur, die von den USA wirtschaftliche und militärische Unterstützung erhielt.

In der Bevölkerung fand das autoritäre System des Südens wenig Rückhalt, da es unter Korruption und Misswirtschaft litt. Als Reaktion bildeten Oppositionsgruppen die „Nationale Front Südvietnams" (FNL), die neben einer Wiedervereinigung sozialistische Forderungen erhob, und aus Nordvietnam Unterstützung erhielt.

Der Sieg des Vietcong

Nach der führenden kommunistischen Gruppe wurde diese Freiheitsbewegung auch als „Vietcong" bezeichnet. Der Vietcong genoss beträchtlichen Einfluss bei der Bevölkerung und kontrollierte bald große Teile Südvietnams. Das schürte in den USA die Furcht, ganz Vietnam und später Asien könnten kommunistisch werden.

1965 landeten amerikanische Bodentruppen in Südvietnam und die US-Luftwaffe begann mit der systematischen Bombardierung militärischer und wirtschaftlicher Ziele in Nordvietnam. Doch obwohl die USA in den nächsten Jahren 540 000 Soldaten einflogen und die Luftwaffe 7 Millionen Tonnen Bomben abwarf, waren die im Dschungel verborgenen Guerillakämpfer des Vietcong nicht zu besiegen.

Schockierende Bilder und Berichte über Gräueltaten an der Zivilbevölkerung bewirkten weltweite Proteste der Jugend gegen den Vietnamkrieg. So kam es 1973 zum Waffenstillstand, die USA zogen sich aus Vietnam zurück. Der Krieg ging jedoch weiter und endete erst 1975 mit dem Einmarsch kommunistischer Truppen in Saigon. Auch Kambodscha und Laos wurden kommunistisch, ohne dass sich etwas an der weltpolitischen Lage veränderte.

Der Vietnamkrieg diskreditierte das Ansehen der USA für viele Jahre und rief ein fortwirkendes Trauma hervor. Erstmals hatte eine kleine Nation das mächtige Amerika in seine Schranken verwiesen.

M 5 Demonstranten in den USA
Demonstration gegen den Vietnamkrieg 1969 in Washington

M 6 **„Prager Frühling"**
Demonstranten zwischen sowjetischen Panzern in Prag, 1968

Der sowjetische Einmarsch in die Tschechoslowakei
Seit 1960 befand sich die kommunistische Tschechoslowakei in einer wirtschaftlichen und gesellschaftlichen Krise. So konnte sich 1967 eine Gruppe von Reformern durchsetzen, an deren Spitze Alexander Dubček stand. Nach seiner Wahl zum Parteichef 1968 schaffte er die Pressezensur ab, garantierte Meinungsfreiheit und erlaubte Auslandsreisen. Ferner leitete er Wirtschaftsreformen ein und suchte die Rolle der Kommunistischen Partei in der Gesellschaft neu zu bestimmen. Dieser „Sozialismus mit menschlichem Antlitz" fand in der Bevölkerung eine breite Anhängerschaft. Der „Prager Frühling" schien die Eiszeit des Kommunismus zu beenden.

Die Sowjetunion empfand die Entwicklung als Bedrohung ihrer Machtposition. Deshalb rückten am 20. August 1968 Truppen des Warschauer Pakts in Prag ein, darunter auch Soldaten der DDR. Der sowjetische Parteichef Leonid Breschnew rechtfertigte das mit der Behauptung, die Ostblockstaaten hätten nur eine „eingeschränkte Souveränität" (Breschnew-Doktrin).

Gegen passiven Widerstand der Bevölkerung beendeten Panzer den „Prager Frühling". Dubček und seine Anhänger wurden verhaftet, die Reformen zurückgenommen. Damit war der Weg eines „demokratischen Sozialismus" gescheitert. Seine Ideale wirkten jedoch fort und trugen zur Auflösung des Ostblocks im Jahr 1989 bei.

Die Entschärfung des Kalten Kriegs
Trotz dieser Rückschläge klang der Kalte Krieg nach der Kuba-Krise 1962/63 ab. Die von den Supermächten mit Vorsicht und Misstrauen betriebene Entspannungspolitik führte dazu, dass lokale Konflikte nicht mehr automatisch die Gefahr eines Weltkrieg heraufbeschworen. Vielmehr wurden nun Möglichkeiten eines Ausgleichs und einer Zusammenarbeit zwischen Ost und West ernsthaft geprüft.

M 7 **„Sag, dass du mich gerufen hast!"**
Deutsche Karikatur zum Prager Frühling, 1968

M 8 **„Auf dem Tugendpfad"**
Deutsche Karikatur, 1968

M 9 Die „Breschnew-Doktrin"

Aus der Rede Leonid Breschnews auf dem V. Parteitag der Polnischen Vereinigten Arbeiterpartei, 12. November 1968:

Die sozialistischen Staaten setzen sich für die strikte Beachtung der Souveränität aller Länder ein, und wir wenden uns nachdrücklich gegen die Einmischung in die inneren Angelegenheiten anderer Staaten, gegen die Verletzung ihrer Souveränität.

Für uns Kommunisten sind dabei von besonders großer Bedeutung die Festigung und der Schutz der Souveränität der Staaten, die den Weg des sozialistischen Aufbaus beschritten haben. Die Kräfte des Imperialismus und der Reaktion trachten danach, die Völker einmal des einen und dann des anderen sozialistischen Landes ihres erkämpften souveränen Rechts zu berauben, den Aufstieg ihres Landes, das Wohlergehen und das Glück der breiten Massen der Werktätigen durch die Errichtung einer von jeder Unterdrückung und Ausbeutung freien Gesellschaft zu sichern. [...]

Es ist bestens bekannt, dass die Sowjetunion manches für die reale Stärkung der Souveränität und Selbstständigkeit der sozialistischen Länder getan hat. Die KPdSU setzte sich immer dafür ein, dass Formen seiner Entwicklung auf dem Wege zum Sozialismus unter Berücksichtigung der Eigenart seiner nationalen Bedingungen selbst bestimmte.

Aber bekanntlich, Genossen, gibt es auch allgemeine Gesetzmäßigkeiten des sozialistischen Aufbaus, und ein Abweichen von diesen Gesetzmäßigkeiten könnte zu einem Abweichen vom Sozialismus im Allgemeinen führen. Und wenn innere und äußere dem Sozialismus feindliche Kräfte die Entwicklung eines sozialistischen Landes zu wenden und auf eine Wiederherstellung der kapitalistischen Zustände zu drängen versuchen, wenn also eine ernste Gefahr für die Sache des Sozialismus in diesem Lande, eine Gefahr für die Sicherheit der ganzen sozialistischen Gemeinschaft entsteht – dann wird dies nicht nur zu einem Problem für das Volk dieses Landes, sondern auch zu einem gemeinsamen Problem zu einem Gegenstand der Sorge aller sozialistischen Länder.

Begreiflicherweise stellt militärische Hilfe für ein Bruderland zur Unterbindung einer für die sozialistische Ordnung entstandenen Gefahr eine erzwungene, außerordentliche Maßnahme dar. Sie kann nur durch direkte Aktionen der Feinde des Sozialismus im Landesinnern und außerhalb seiner Grenzen ausgelöst werden, durch Handlungen, die eine Gefahr für die gemeinsamen Interessen des sozialistischen Lagers darstellen. [...]

Europa-Archiv, XXIV. Jahrgang. (1969), Folge 11, 10. Juni 1969, S. D 257 ff.

M 10 Der Vietnamkrieg

a) Rede des amerikanischen Präsidenten Lyndon B. Johnson (1908–1973) zur Rechtfertigung des Einsatzes in Vietnam vom 7. April 1965:

Warum mussten wir diesen schmerzhaften Weg wählen? Warum musste diese Nation ihre Ruhe, ihre Interessen und ihre Macht für das Heil eines so fernen Volkes aufs Spiel setzen? Wir kämpfen, weil wir kämpfen müssen, wenn wir in einer Welt leben wollen, in der jedes Land sein eigenes Schicksal bestimmen kann, und nur in einer solchen Welt wird unsere eigene Freiheit endgültig sicher sein.

Diese Welt wird nie durch Bomben und Granaten errichtet werden. Doch die menschlichen Schwächen sind solcher Art, dass Gewalt oft der Vernunft, die Verwüstung des Krieges den Werken des Friedens vorangehen muss. Wir wünschen, dass dies nicht so wäre. Wir müssen die Welt so nehmen, wie sie ist, wenn wir sie je so haben wollen, wie wir sie wünschen.

Die Welt in Asien ist kein heiterer und friedlicher Ort. Die erste Realität ist, dass Nordvietnam die unabhängige Nation Südvietnams angegriffen hat. Das Ziel ist die totale Eroberung. Natürlich unterstützen einige Südvietnamesen den Angriff auf ihre eigene Regierung. Aber ausgebildete Männer, Nachschub, Befehle und Waffen fließen unaufhörlich von Nord nach Süd. Diese Unterstützung ist der Lebensstrom des Krieges. Und es ist ein Krieg von unvergleichlicher Brutalität. Einfache Bauern sind Opfer von Mord und Verschleppung. Frauen und Kinder werden bei Nacht erwürgt, weil ihre Männer ihre Regierung unterstützen. Hilflose Dörfer werden durch heimtückische Überfälle verwüstet. Umfangreiche Angriffe und Terror beherrschen die Zentren der Städte.

Die konfuse Natur dieses Konflikts kann die Tatsache nicht überdecken, dass es sich um das neue Gesicht eines alten Feindes handelt. Über diesem Krieg – und über ganz Asien – hängt der dunkle Schatten des kommunistischen China. Die Regierung in Hanoi wird gelenkt von Peking. [...] Es ist eine Nation, die den Mächten der Gewalt in fast allen Kontinenten Hilfe leiht. [...]

Warum sind wir in Südvietnam? Wir sind dort, weil wir ein Versprechen zu halten haben. Seit 1954 hat jeder amerikanische Präsident dem Volk von Südvietnam Hilfe angeboten. Wir haben geholfen aufzubauen, wir haben geholfen zu verteidigen. Durch viele Jahre hindurch haben wir versprochen, Südvietnams Unabhängigkeit verteidigen zu helfen. Und ich beabsichtige, dieses nationale Versprechen zu halten.

b) In einer Antwort auf den Friedensappell Papst Pauls VI. (1897–1978) vom 8. Februar 1967 formuliert der Politiker Ho Chi Minh (1890–1969) am 13. Februar 1967 die nordvietnamesische Position:

Unser Volk liebt den Frieden aufrichtig und wünscht unser Land in Unabhängigkeit und Freiheit aufzubauen. Die US-Imperialisten haben jedoch eine halbe Million Soldaten aus den USA und ihren Satellitenstaaten geschickt und mehr als 600000 „Marionetten-Soldaten“ benutzt, um Krieg gegen unser Volk zu führen. Sie haben monströse Verbrechen begangen. Sie haben die furchtbarsten Waffen wie Napalm, chemische Produkte und toxische Gase benutzt, um unsere Landsleute zu töten und unsere Dörfer, Pagoden, Kirchen, Krankenhäuser und Schulen niederzubrennen. Ihre Aggressionsakte haben die Genfer Vereinbarungen von 1954 über Vietnam grob verletzt und ernsthaft den Frieden in Asien und der Welt bedroht.

Um seine Unabhängigkeit und seinen Frieden zu verteidigen, kämpft das vietnamesische Volk entschlossen gegen die Aggressoren. Sie vertrauen darauf, dass die Gerechtigkeit triumphieren wird.

Die US-Imperialisten müssen ihre Aggression gegen Vietnam beenden, bedingungslos und endgültig der Bombardierung und allen anderen Kriegshandlungen gegen die Demokratische Republik von Vietnam ein Ende setzen, von Südvietnam alle amerikanischen und Satelliten-Truppen zurückziehen, die Nationale Front zur Befreiung Südvietnams anerkennen und das vietnamesische Volk seine Angelegenheiten selbst bestimmen lassen. Nur unter solchen Bedingungen kann der Friede in Vietnam wiederhergestellt werden.

Ich hoffe, dass Eure Heiligkeit im Namen der Menschlichkeit und Gerechtigkeit Ihren großen Einfluss nutzen wird, um die US-Regierung zu drängen, die nationalen Rechte des vietnamesischen Volkes zu beachten, namentlich Frieden, Unabhängigkeit, Souveränität, Einheit und territoriale Integrität, wie sie in den Genfer Vereinbarungen von 1954 über Vietnam anerkannt sind.

Geschichte in Quellen, Die Welt nach 1945, hrsg. von Wolfgang Lautemann und Manfred Schlenke, München 1980, S. 601 f.

M 11 Nach Vietnam ist alles anders

Unter diesem Titel zog Josef Riedmiller in der „Süddeutschen Zeitung“ vom 27.1.1973 eine weltpolitische Bilanz des Vietnamkrieges:

Es ist keine Übertreibung, den zu Ende gehenden Vietnamkrieg als eine Folge des Zweiten Weltkriegs zu charakterisieren. In politischer, weniger in militärischer Hinsicht war und ist der Indochinakonflikt eine vorentscheidende Auseinandersetzung zwischen Amerika, Russland und China, die zunächst noch keinen Verlierer kennt. Seine Bedeutung liegt weniger in territorialen Gewinnen oder Verlusten, als in einer weltweiten Mobilisierung und Sensibilisierung der Geister, in einem neuen politischen und sozialen Engagement breiter Schichten, wobei Fehlleistungen natürlich nicht ausgeschlossen sind.

Eine schonende Deutung der amerikanischen Verstrickung in den Vietnamkrieg meint, die USA seien in ihn „hineingestolpert“, eigentlich wider Willen. Rein militärisch mag diese Deutung bis zu einem gewissen Grade zulässig sein, doch hat der „Fauxpas“ [Fehltritt] auch seine tieferen Ursachen, wobei der Übermut, der Glaube an das jederzeit Machbare nicht an letzter Stelle steht.

Wer die Vereinigten Staaten zu Beginn der 60er Jahre unter die Lupe nahm, musste, trotz Kennedy, betroffen sein über das geradezu idyllische Selbstverständnis der damals stärksten Weltmacht, die, gefesselt durch das rationale Kalkül der Nuklearstrategie, dennoch darauf brannte, der ständigen und den Steuerzahler verdrießenden Schwierigkeiten im Ausland mit der Kraft der Muskeln Herr zu werden. Die Bereitschaft, den „gordischen Knoten“ zu durchschlagen, sich nicht länger an der Nase herumführen zu lassen, war immens. Das allein hätte als Impuls zur Tat freilich noch nicht genügt, wäre nicht die Überzeugung hinzugetreten, dass die amerikanische Lebensart die beste aller möglichen sei, jener missionarische Eifer, der auf ganz naive Weise Gutes tun, die Welt beglücken will [...].

Für die Sowjetunion war der Vietnamkrieg wirtschaftlich eine Belastung, insgesamt aber hat er ihr Vorteile gebracht. Sie hat die Möglichkeiten, die sich aus der weltweiten Schwächung nicht nur der politischen, sondern mehr noch der moralischen Position Amerikas ergaben, zu nutzen verstanden. Die Bindung der amerikanischen Mittel in Vietnam gestattete es Moskau, das Gleichgewicht der Kräfte im strategischen Bereich mit den USA herbeizuführen und damit endgültig zur gleichrangigen Weltmacht aufzusteigen.

Süddeutsche Zeitung vom 27.1.1973.

M 12 **„Korrektur“,** Karikatur von Walter Hanel

Aufgaben

1. Stelle den Verlauf der Kubakrise kurz dar.
   → Text
2. Skizziere den Verlauf des Vietnamkriegs.
   → Text
3. a) Wie rechtfertigt der amerikanische Präsident Johnson den Einsatz in Vietnam?
   b) Beurteile seine Argumentation.
   c) Welche Einstellung vertritt Ho Chi Minh?
   → M10
4. Fasse die Beurteilung des Vietnamkriegs durch Josef Riedmiller mit eigenen Worten zusammen.
   → M11
5. Wie beurteilt der Karikaturist den Ausgang des Vietnamkriegs?
   → M12
6. a) Wie kam es zum Einmarsch der Truppen des Warschauer Pakts in die Tschechoslowakei?
   b) Was besagt die „Breschnew-Doktrin“?
   c) Wie wird der Einmarsch in der Tschechoslowakei in den beiden Karikaturen dargestellt? Erläutere die jeweilige Aussage indem du die einzelnen Elemente berücksichtigst.
   → Text, M7–M9

M 1

Europa wächst zusammen

Die europäische Gemeinschaft wird größer

1957 hatten sich nur sechs Länder zur EWG zusammengeschlossen, doch wuchs Europa in den nächsten Jahrzehnten immer mehr zusammen. Großbritannien, Dänemark und Irland traten der „Europäischen Gemeinschaft" (EG) 1973 bei. Der Aufnahmeantrag Norwegens scheiterte, da sich die Mehrheit der Bevölkerung gegen einen Beitritt aussprach. In den 80er Jahren dehnte sich die EG Richtung Süden aus. Nach Zusammenbruch der autoritären Regimes in Portugal, Spanien und Griechenland erfolgte ein demokratischer Wandel und machte den Weg für einen Beitritt frei. Griechenland wurde 1981 Mitglied der EG, Spanien und Portugal folgten 1986.

Die Aufnahme neuer Staaten hat die EG nicht nur vergrößert, sondern auch verändert. Neue Mitglieder waren für die Gemeinschaft eine Herausforderung: Wie integriert man einen Beitrittskandidaten, damit sowohl die Gemeinschaft als auch das Beitrittsland wirtschaftliche und politische Vorteile daraus ziehen?

Großbritannien: ein Beispiel

Mit Großbritannien nahm die EG ein Land auf, das sich nicht nur als europäischer Staat, sondern als Teil des Commonwealth versteht. Aus historischen Gründen bestehen zudem enge Bindungen an die USA. Daher war Großbritannien nur an einer lockeren Freihandelszone interessiert, nicht aber an einer Gemeinschaft, die politische Entscheidungsbefugnisse besitzt. Diese Gegensätze bestehen bis heute fort.

Reformen

Weitere Beitritte verdoppelten die Mitgliederzahl der EG, neue Aufgaben erweiterten ihr Tätigkeitsfeld. Da sich der institutionelle Rahmen nicht veränderte, wurde der Ruf nach Reformen immer lauter. So erfolgte 1979 die erste Direktwahl eines Europäischen Parlaments, das den Willen der Bürgerinnen und Bürger stärker zur Geltung zu bringen sollte. Es wirkt bei der Gesetzgebung mit und hat Kontroll- und Beratungsfunktionen. Wichtige internationale Abkommen bedürfen seiner Zustimmung.

Der Vertrag von Maastricht

1992 unterzeichneten die Vertreter der Mitgliedstaaten in Maastricht den „Vertrag über die Europäische Union". Damit unternahm die Wirtschaftsgemeinschaft erste Schritte in Richtung einer politischen Union. Die „Europäische Union" (EU) besteht aus drei Pfeilern:

- Den ersten Pfeiler bilden die drei Europäischen Gemeinschaften EWG, EURATOM und Montanunion. Das Ziel einer Wirtschafts- und Währungsunion mit gemeinsamer Währung ist bis heute in großen Bereichen bereits Wirklichkeit geworden. Zu neuen Aufgabenbereichen der Gemeinschaft zählen Bildung, Gesundheitswesen und Verbraucherschutz. Neu ist ferner die Einführung eines Ausgleichsfonds, aus dem Geld an strukturschwache Mitgliedstaaten fließt. Der Binnenmarktes ist inzwischen verwirklicht, d. h. es ist ein einheitlicher Wirtschaftsraum entstanden.

M 2 Parlament in Straßburg
Sitzungssaal

M 3 „Die vier Freiheiten"

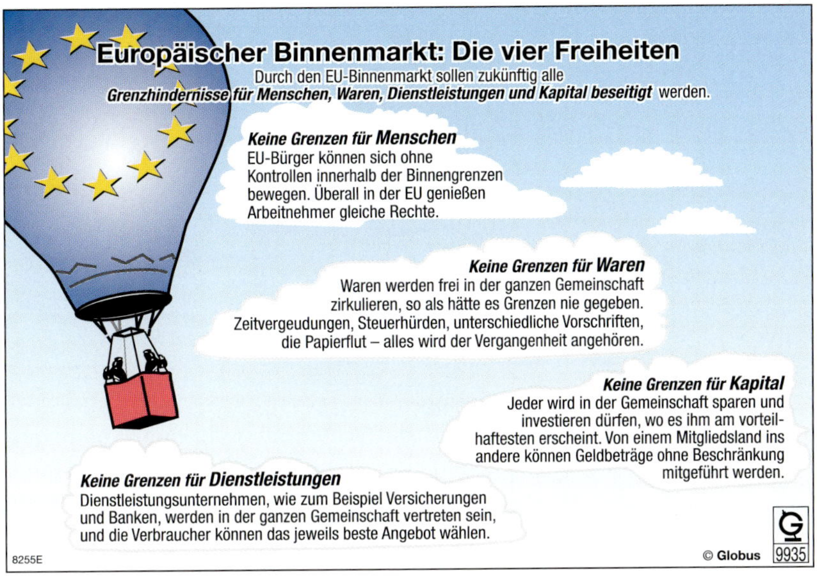

Auch die Einführung einer Unionsbürgerschaft ist neu. Sie erlaubt es den Bürgern der EU, sich an jedem Ort der Gemeinschaft niederzulassen und dort zu arbeiten.

- Der zweite Pfeiler des Maastrichter Vertrags umfasst Bestimmungen über die gemeinsame Außen- und Sicherheitspolitik.

- Der dritte Pfeiler regelt die Zusammenarbeit der Staaten in den Bereichen Justiz und Inneres. Dazu gehören Asylpolitik, Bekämpfung von Drogenkriminalität und Einwanderungsfragen.

Institutionen der Europäischen Union

Die Europäische Union hat ein einzigartiges institutionelles System, in dem die Mitgliedsstaaten einen Teil ihrer Hoheitsrechte an selbstständige Institutionen übertragen. Diese vertreten die Interessen der Gemeinschaft, der Mitgliedstaaten und der EU-Bürger.

Entscheidungsgremium in allen Angelegenheiten der EU ist der „Rat der Europäischen Union" (auch: Ministerrat), in den jeder Mitgliedstaat einen Minister entsendet. Die „Europäische Kommission" führt als Exekutivorgan die Beschlüsse des Rats aus und überwacht die Erfüllung der Verträge. Das „Europäische Parlament" repräsentiert die Bürger der Union. Seit 1979 finden alle fünf Jahre Wahlen statt, in denen die Bürger die Abgeordneten direkt wählen. Das Parlament hat ein Mitentscheidungsrecht bei der Gesetzgebung und beim Haushalt der EU und übt die demokratische Kontrolle aus. – Zwei weitere Organe ergänzen dieses institutionelle Dreieck: der „Europäische Gerichtshof" und der „Europäische Rechnungshof".

Die Macht innerhalb der EU ist wie in demokratischen Staaten auf verschiedene Organe verteilt. Ferner haben die Institutionen in mehreren europäischen Städten ihren Sitz: In Straßburg tagt das Europäische Parlament, in Brüssel sitzen der Rat der EU und die Kommission, in Luxemburg der Europäische Gerichtshof.

Die politische Einigung

m Gegensatz zur wirtschaftlichen Einigung hat die politische Einigung Europas nur geringe Fortschritte gemacht. Die „Vereinigten Staaten von Europa", von denen die Europa-Begeisterten 1945 träumten, sind noch ferne Zukunft.

Immer wieder hat es Schritte und Bemühungen in dieser Richtung gegeben. Auf einer Gipfelkonferenz der führenden Staatsmänner 1972 wurde verkündet, dass die Europäische Gemeinschaft bis 1980 zu einer Europäischen Union ausgebaut werden sollte, d. h. die Mitglieder sich auch politisch stärker zu einer Einheit zusammenfinden sollten. Dieses Ziel blieb unerreicht. Eine starke Zentralgewalt gar, die sich über die einzelnen Mitgliedstaaten wölbt, ist überhaupt nicht in Sicht. Im Gegenteil, Europa ist noch immer mehr ein „Europa der Vaterländer", wie es einst Charles de Gaulle forderte.

Die politische Macht liegt bei den Regierungen der Mitgliedstaaten. Die jährlich mehrmals stattfindende Konferenz der Regierungschefs, der Europäische Rat, fasst die Grundsatzbeschlüsse. Auch der regelmäßig tagende Ministerrat wird von je einem Minister dieser Regierungen beschickt, und hier fallen die praktischen Entscheidungen über die gemeinsame Politik. Die Europäische Kommission und mit ihr die supranationalen (überstaatlichen) Behörden in Brüssel sind im Wesentlichen ausführende Organe.

Die Regierungen der Mitgliedstaaten aber sind nach wie vor mehr damit beschäftigt, im ständigen Kleinkrieg nationale Interessen durchzusetzen, als damit, den Integrationsprozess voranzutreiben, vor allem Frankreich. Auch Krisen haben die Europäische Gemeinschaft bisher nicht sonderlich weitergebracht.

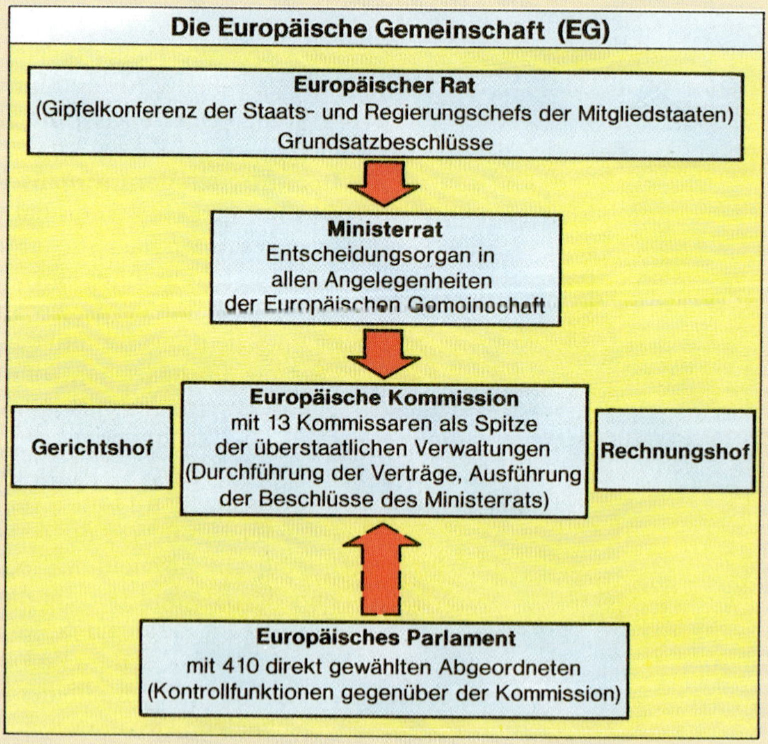

Das Schaubild zeigt die wichtigsten Organe der EG und ihre Befugnisse.

M 4 **Materialien aus einem Schulbuch zur EG,** „Reise in die Vergangenheit" von 1981

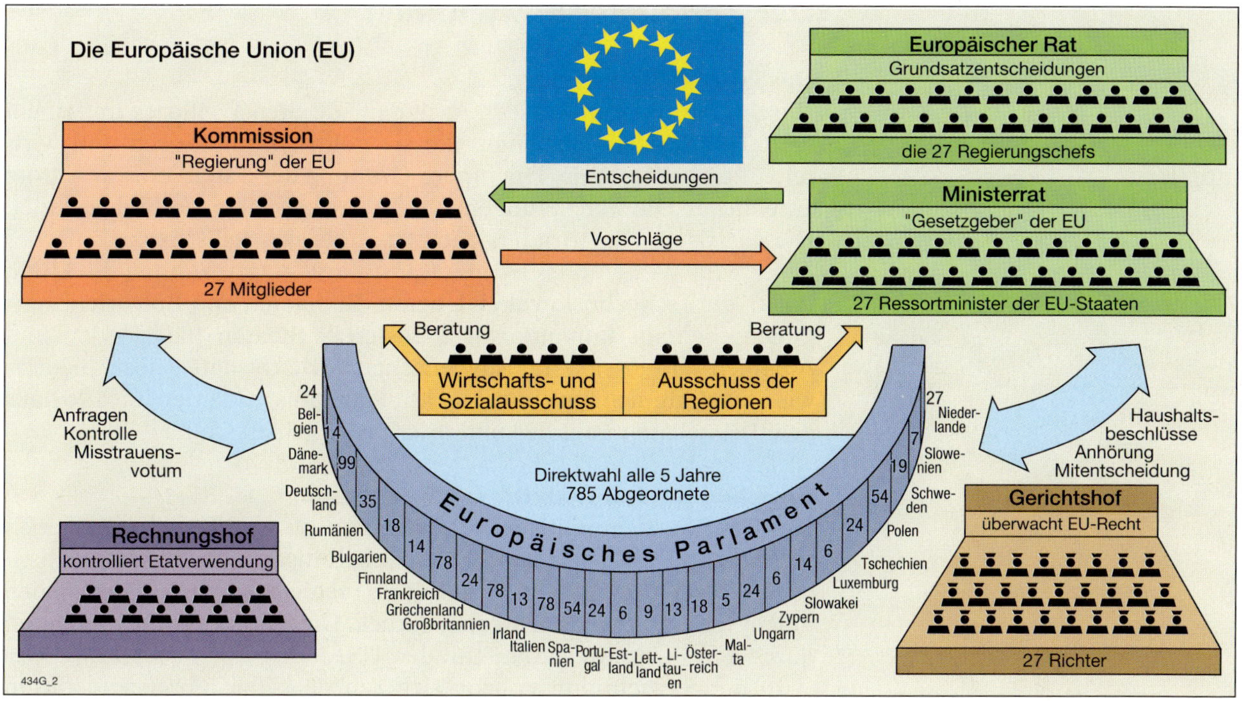

M 5

Aufgaben

1. Gib einen Überblick über die Entwicklung der europäischen Einigung von den 1960er bis zu den 1990er Jahren.
   → Text
2. a) Wie wird im Schulbuch von 1981 die europäische Einigung dargestellt? Suche Belege im Text.
   b) Vergleich die damalige Darstellung mit der heutigen in dem dir vorliegenden Buch. Nenne Gemeinsamkeiten und Unterschiede.
   → Text, M4
3. Vergleich die beiden Schaubilder und erläutere daran die wichtigsten Änderungen im Aufbau der europäischen Gemeinschaft.
   → M4 (Schaubild), M5
4. Nenne die wichtigsten Organe in Europa und bestimme ihr Verhältnis zueinander.
   → Text, M5

Der Zerfall der Sowjetunion

Das „sozialistische Lager“

Die Sowjetunion umgab sich nach dem Zweiten Weltkrieg mit einem Gürtel von Satellitenstaaten, die sie politisch, militärisch und wirtschaftlich beherrschte. Die innere Ordnung der Satelliten war – trotz erheblicher Differenzierungen – nach sowjetischem Vorbild gestaltet. Dieses System von „Bruderstaaten“ nannte sich selbst „sozialistisches Lager“. Im Westen hieß es meist „Ostblock“. Dazu zählten die DDR, Polen, die Tschechoslowakei, Ungarn, Rumänien und Bulgarien.

Die ebenfalls kommunistisch regierten Staaten Jugoslawien und Albanien hatten sich aus sowjetischer Vorherrschaft gelöst. Jugoslawien bemühte sich um einen blockfreien Status, Albanien trat 1961 aus dem Warschauer Pakt aus und orientierte sich an China.

Ursachen für den Zerfall

Die Ursache der politischen Dauerkrise im Ostblock konnte auch durch den Einsatz von Panzern nicht beseitigt werden. Das sozialistische Wirtschaftssystem erwies sich als wenig leistungsfähig und blieb immer weiter hinter dem Westen zurück. Die Situation verschärfte sich durch den Rüstungswettlauf mit den USA.

In der Sowjetunion vollzog sich seit den 70er-Jahren zudem ein gesellschaftlicher Verfallsprozess. Alkoholismus, Kriminalität, mangelnde Arbeitsdisziplin und Korruption bestimmten oft den Alltag des Sowjetbürgers. Die schlechte Versorgung ließ Korruption und Schattenwirtschaft aufblühen. Es entwickelten sich Strukturen des organisierten Verbrechens, in die auch führende Parteifunktionäre verstrickt waren. Das Luxusleben der Oberschicht erregte angesichts des propagierten kommunistischen Gleichheitsideals Anstoß.

Entscheidend war der Krieg in Afghanistan. Die Sowjetunion hatte 1980 in die internen Machtkämpfe des kleinen muslimischen Nachbarlandes eingegriffen. Daraus entwickelte sich eine Spirale der Gewalt,

M 1 **„Vietghanistan“**
Der Text zu dieser Karikatur lautet: „Bist du sicher, Leonid, dass wir uns nicht verfahren haben?“

M 2 Das Ehepaar Gorbatschow
Michail und Raissa Gorbatschow bei einem Empfang, um 1988

die immer schlimmere Folgen zeigte. Muslimische, von den USA ausgerüstete Kämpfer verwickelten die sowjetischen Besatzungstruppen in einen brutalen Kleinkrieg. Die USA reagierten außergewöhnlich scharf auf die sowjetische Intervention in Afghanistan. Sie leiteten politische und wirtschaftliche Maßnahmen gegen die UdSSR ein und boykottierten 1980 die Olympischen Spiele in Moskau.

Reformversuche - und weitere Krisen

Um den Niedergang aufzuhalten, begann die Sowjetführung 1985 ein gewaltiges Reformprojekt. Der neue Mann hieß Michail Gorbatschow. Er sprach die Probleme offen an, diskutierte mit den Menschen, vor allem aber war er mit 54 Jahren vergleichsweise jung. Das eine Schlagwort hieß „Perestroika" - Umbau: Das bedeutete eine gründliche Neugestaltung der Gesellschaft. Das andere hieß „Glasnost" - Durchsichtigkeit. Damit war die Transparenz von Machtstrukturen und Entscheidungen gemeint.

Im Westen und auch bei DDR-Bürgern war Gorbatschow ungeheuer populär. Im eigenen Land aber verlor er bald schon an Rückhalt. Die politischen Eliten schwankten zwischen einer Modernisierung des sozialistischen Systems und der Angst vor Machtverlust durch mehr Demokratie. Während auf kulturellem Sektor eine nie gekannte Freiheit einzog und sogar offen über die Verbrechen der Stalinzeit gesprochen wurde, ging der Verfall der Wirtschaft weiter.

Ein Vielvölkerstaat zerfällt

Die Sowjetunion war ein Vielvölkerstaat. Etwa die Hälfte der 270 Millionen Sowjetbürger waren keine Russen. Offiziell genossen alle Völker Gleichberechtigung, doch regierte Moskau das Land zentralistisch; die Russen und ihre Sprache wurden überall bevorzugt.

Die schon aus dem Zarenreich überkommenen Nationalitätenkonflikte schwelten unter der Oberfläche weiter. Nun kamen sie angesichts des Machtverfalls zunehmend zum Ausbruch. Im Kaukasus und in Mittelasien gab es heftige Auseinandersetzungen zwischen den Völkerschaften. Das Riesenreich begann zu zerfallen.

Auswirkungen im Ostblock

Die Parteiführungen der sozialistischen Länder beobachteten diesen Zerfallsprozess mit wachsender Sorge. Besonders die SED-Führung wusste, dass es ohne die Sowjetunion und deren Vormachtstellung in Osteuropa kein Überleben für die DDR gab. Honecker ging daher immer deutlicher auf Distanz zu Gorbatschow, obwohl weite Teile der Bevölkerung dessen Reformpolitik begrüßten. Vor allem erhofften sich die Menschen davon mehr Demokratie und Freiheit sowie wirtschaftliche Reformen. „Gorbi", wie die Leute jetzt gerne sagten, war zeitweise in der DDR der populärste Politiker.

Auch in den anderen sozialistischen Ländern begann unter den Füßen der kommunistischen Parteiführer der Boden zu wanken. In Polen entschloss sich die Führung nach einer Streikwelle im Jahr 1988 zu Verhandlungen, die einen schrittweisen friedlichen Übergang zur Demokratie vorsahen. Im Juni 1989 fanden die ersten freien Wahlen in einem sozialistischen Land statt. Sie endeten mit einem triumphalen

M 3 **„Solidarność"**
Lech Walesa, der Anführer der Gewerkschaftsbewegung in Polen und spätere Staatspräsident auf einer Veranstaltung vor der Wahl, Januar 1989

Wahlsieg der Gewerkschaft „Solidarność". Dies alles geschah, ohne dass die Sowjetunion eingriff.

Entscheidend für Ungarn war die Öffnung der Grenze zu Österreich im Mai 1989. Damit hatte der Eiserne Vorhang ein Loch. Die Aussicht, über die ungarische Grenze in den Westen zu gelangen, lockte im Sommer 1989 tausende DDR-Bürger nach Ungarn. Es kam zu spektakulären Szenen die zeigten, welches Ausmaß die innere Krise der DDR bereits angenommen hatte.

Die Tschechoslowakei war seit dem „Prager Frühling" von 1968 in Resignation verfallen. Doch entstand 1977 mit der „Charta 77" unter Václav Havel eine mutige Bürgerrechtsbewegung, die seit 1988 zu politischen Aktionen aufrief. Im November 1989 kam es zu mehrtägigen Demonstrationen in Prag, wonach sich die kommunistische Führung aus der Geschichte verabschiedete.

Das Ende der Sowjetunion

In der Sowjetunion veränderte Gorbatschows Reformkurs die Sicherheitslage der Welt. 1989 hob er die Breschnew-Doktrin auf und entließ die Staaten des Ostblocks aus dem sozialistischen Lager. Damit erhielten sie ihre Unabhängigkeit zurück, was im Juli 1991 zur Auflösung des Warschauer Pakts führte.

Am 26. Dezember 1991 wurde die Sowjetunion formell aufgelöst. Auch Präsident Gorbatschow trat zurück, der wenige Monate zuvor noch einen Putsch konservativer Militärs überstanden hatte. An ihre Stelle trat nun die „Gemeinschaft Unabhängiger Staaten" (GUS), der alle ehemaligen Teilrepubliken außer den baltischen Staaten angehörten.

An die Stelle der aufgelösten Sowjetunion trat ihr größter Teilstaat: das neue Russland unter Präsident Boris Jelzin.

M 4 „Öffnen Sie dieses Tor"

Der US-Präsident Ronald Reagan am 12. Juni 1987 vor dem Brandenburger Tor

M 5 „Öffnen Sie dieses Tor"

Der US-Präsident Ronald Reagan am 12. Juni 1987 vor dem Brandenburger Tor:

Präsident v. Weizsäcker hat einmal gesagt: „Die deutsche Frage ist so lange offen, wie das Brandenburger Tor zu ist." Heute sage ich: „So lange das Tor zu ist, so lange wird diese Mauer als Wunde fortbestehen. Es ist nicht die deutsche Frage allein, die offen bleibt, sondern die Frage der Freiheit für die gesamte Menscheit. Generalsekretär Gorbatschow, wenn sie nach Frieden streben, wenn Sie Wohlstand für die Sowjetunion und für Osteuropa wünschen, wenn Sie Liberalisierung wollen, dann kommen Sie hierher, zu diesem Tor! Herr Gorbatschow, öffnen Sie dieses Tor! Herr Gorbatschow, reißen Sie die Mauer nieder! Und ich unterbreite Herrn Gorbatschow folgenden Vorschlag: Bringen wir die Ost- und Westteile der Stadt enger zusammen! Alle Bewohner der gesamten Stadt Berlin sollen die Vorzüge genießen, die das Leben in einer der größten Stadt der Welt mit sich bringt.

RIAS-Tonmitschnitt

M 6 „Es gibt kein zurück"

Michail Gorbatschow in einer Rede 1988 in Moskau:

Es ist durchaus berechtigt, die letzten drei Jahre als Wendepunkt in unserem Leben zu bezeichnen. Durch die Anstrengungen der Partei und der Werktätigen ist es gelungen, das Abrutschen des Landes in eine wirtschaftliche, soziale und intellektuelle Krise zu stoppen. Vergangenheit, Gegenwart und Zukunft werden nun von der Gesellschaft besser verstanden. Die Politik der Umgestaltung, die in konkreten sozio-ökonomischen Programmen ihren Niederschlag findet, wird für Millionen tatsächlich greifbar. Darin liegt das Wesen der politischen Situation im Land.
Es ist offensichtlich, dass die Gesellschaft neue Kräfte gesammelt hat. Das geistige Leben des Landes ist vielfältiger, interessanter und reicher geworden. Viele Ideen von Marx und Lenin, die bis vor kurzem entweder einseitig ausgelegt oder totgeschwiegen worden waren, sieht man nun in einem neuen Licht. Der Kampf gegen den Dogmatismus bildet die kreative Grundlage des wissenschaftlichen und humanitären Sozialismus.
Die Menschen haben erkannt, dass sie persönlich Verantwortung tragen; man überwindet Apathie und Entfremdung. Der Wind der Erneuerung stärkt die moralische Gesundheit des Volkes. Die Demokratisierung hat ein gewaltiges Potenzial von Gedanken, Emotionen und Initiativen freigesetzt. Die Bestärkung von Wahrheit und Offenheit reinigt die Atmosphäre in der Gesellschaft, beflügelt die Menschen, befreit das Bewusstsein und fördert die Aktivität.
Dies ist ein anschaulicher und beeindruckender Prozess, an dem alles Ehrliche und Fortschrittliche in unserem Volk beteiligt ist. Es vollzieht sich eine Konsolidierung der Kräfte der revolutionären Erneuerung. Die Menschen glauben an die Perestroika und fordern, dass sie ständig vorangetrieben wird.

Juri Afanassjew, Perestroika, Moskau 1988

Der Zerfall der Sowjetunion und des Ostblocks

- Grenze der Sowjetunion bis 1991
- Russische Föderation (seit 1991): Russland und autonome Gebiete nichtrussischer Nationalitäten
- Grenzen der Republiken und autonomen Gebiete der Russischen Föderation
- *Tataren* Völkernamen
- neue Staatsgrenzen ehemaliger Sowjetrepubliken
- ehemalige Sowjetrepubliken, zusammengeschlossen mit Russland in der Gemeinschaft Unabhängiger Staaten (GUS)
- ehemalige Sowjetrepubliken nicht der GUS beigetreten
- Staaten des Warschauer Pa (unter Führung der Sowjetur
- Westgrenze des ehemaligen Warschauer Pakts ("Eiserne

M 7

Aufgaben

1. Nenne die wichtigsten Gründe für den Zerfall der Sowjetunion.
   → Text
2. Fasse die Aussagen von US-Präsident Reagan mit eigenen Worten zusammen.
   → M5
3. Wie schätzt Gorbatschow die aktuelle Situation 1988 ein?
   → M6
4. Zeige anhand der Karte, wie sich der Zerfall der Sowjetunion vollzog.
   → M7

Europa nach dem Ende des Ost-West-Konflikts

Die Union wächst weiter

Das Ende des Ost-West-Konflikts veränderte Europas politische Landkarte grundlegend und stellte die EU vor neue Herausforderungen. Schweden, Finnland und Österreich, die während des Kalten Krieges Neutralität wahrten, strebten jetzt eine Mitgliedschaft an und traten 1995 der EU bei. Die DDR wurde bereits 1990 mit der Wiedervereinigung Teil der Gemeinschaft.

2004 kamen mit einem Schlag zehn neue Länder hinzu, 2007 folgten zwei weitere. Mit Aufnahme der einstigen Ostblockstaaten galt Europas Spaltung als überwunden. Nur wenige politisch instabile Staaten wie Albanien oder Serbien blieben außen vor. Heute reicht die EU vom Nordkap bis Gibraltar und vom Atlantik bis Zypern. 27 Staaten mit rund 490 Millionen Menschen gehören ihr an.

Wo endet Europa?

Diese Frage ist besonders interessant, weil Europa nicht wie andere Kontinente überall natürliche Grenzen hat. Weitere Länder wie die Türkei oder Ukraine sind an einem Beitritt interessiert. Das setzt langwierige Verhandlungen voraus. An die Aufnahme sind Bedingungen geknüpft wie stabile demokratische Verhältnisse oder eine funktionierende Marktwirtschaft. Umstritten ist, ob Europas kulturelle und religiöse Identität z. B. eine Aufnahme islamischer Staaten zulässt.

Eine Verfassung für Europa

2004 unterzeichneten die Staats- und Regierungschefs der 25 Mitgliedstaaten in Rom einen Vertrag über eine Verfassung für Europa. Die erforderliche Zustimmung aller Länder zur Ratifizierung des Vertrags kam jedoch nicht zu Stande. 2005 lehnten Franzosen und Niederländer die Verfassung in einer Volksabstimmung ab, wodurch das Projekt einen schweren Rückschlag erlitt. Da Uneinigkeit über die weitere Vorgehensweise bestand, ruht das Verfassungsprojekt.

M 1 „Europa bezieht Stellung"
Karikatur, 2003

Weltweite Herausforderungen

Viele Fragen werden nicht mehr allein auf einem Kontinent entschieden. Klimawandel, Umweltschutz, Kriminalität, Terrorismus oder Bevölkerungsentwicklung sind Probleme, die global gelöst werden müssen. Die EU muss sich als größte Handelsmacht den Herausforderungen der Globalisierung stellen und ist auch bei sicherheits- und außenpolitischen Problemen gefordert.

Die Bürger und die Europäische Union

Erhebungen unter EU-Bürgern ergaben: Die Menschen finden die Strukturen der Gemeinschaft nicht demokratisch genug. Entscheidungen verstehen sie nicht, weil sie oft kompliziert und schwer durchschaubar sind. Die Institutionen befinden sich meist im Ausland, die Verhandlungen finden in einer fremden Sprache statt. Andere Umfragen belegen: Kaum einer kennt den Abgeordneten, der ihn im Europäischen Parlament vertritt. So bleibt die EU für viele fern und fremd, auch wenn seit 2002 in zwölf von 27 Mitgliedstaaten jeder ein Stück

M 2 **„Dabei sein in Europa"**
Broschüre des Europäischen Informationszentrums Niedersachsen, 2004

EU in Form von Euro-Münzen im Geldbeutel trägt. Sicher liegen die Ursachen für die mangelnde Transparenz der Union einerseits in ihren komplizierten Strukturen. Andererseits haben aber auch die Medien und die Bevölkerung der einzelnen Mitgliedstaaten oft wenig Interesse an europäischen Fragen. Besonders deutlich zeigt sich das mangelnde Interesse an der meist äußerst geringen Beteiligung an den Europawahlen.

Um den Bürgern näher zu sein, hat die EU in allen Ländern Informationsbüros eingerichtet, lädt Gruppen ein, ihre Institutionen zu besuchen, und hat einen „Europäischen Bürgerbeauftragten" ernannt. Bei diesem Anwalt der Unionsbürger kann sich jeder über Missstände in der EU beschweren.

Austauschprogramme

Die Europäische Union unterstützt den Austausch von Lehrern, Schülern und Studenten innerhalb der EU-Staaten. Deutsche Studenten können beispielsweise über das Programm ERASMUS im Ausland studieren und erhalten zusätzlich eine finanzielle Unterstützung. Jedes Jahr beteiligen sich über 150 000 Studenten daran. Das Programm COMENIUS richtet sich hingegen an Schulen; es fördert den Schüleraustausch und gemeinsame europäische Projekte.

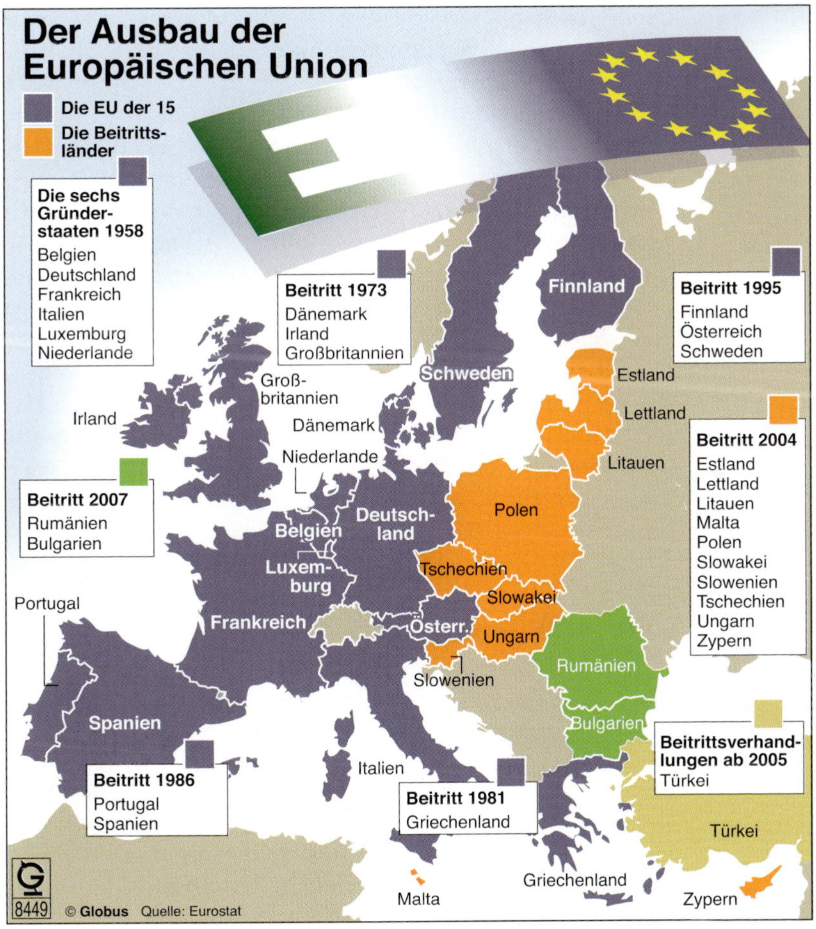

M 3

M 4 „Eine Nummer zu groß"

Eine Reportage in der „Süddeutschen Zeitung" vom 27. September 2006 setzt sich mit der Erweiterung der EU im Jahre 2007 auseinander:

Wenn Europas Regierungschefs sich zum Gipfel in Brüssel versammeln, finden sie an ihrem Platz seit neuestem einen Fernsehschirm vor. Das kleine Gerät ist keineswegs dazu gedacht, die Spitzenpolitiker zu unterhalten, falls die Rede eines Kollegen mal zu langweilig sein sollte. Im Gegenteil: Sie sollen via Bildschirm erkennen können, wer überhaupt gerade spricht. Durch die Erweiterung von 15 auf 25 Mitgliedstaaten ist die EU unübersichtlich geworden. Der Beitritt Rumäniens und Bulgariens verschärft dieses Problem: Jetzt wird alles noch einmal eine Nummer größer.

Künftig sitzen bei jedem Treffen 27 Regierungschefs oder Fachminister am Tisch. Dabei klagen die Politiker schon heute über ineffektive Strukturen und mühselige Entscheidungen. [...]. Kein Wunder: Selbst wenn jeder der 27 nur ein vorbereitetes Statement von fünf Minuten abgibt, vergehen mehr als zwei Stunden, bevor ein Thema wirklich diskutiert werden kann.

Je mehr Mitgliedstaaten mitreden, desto schwieriger wird eine Entscheidung. Das gilt besonders für Politikfragen, in denen Einstimmigkeit vorgeschrieben ist. Seit Monaten versuchen sich die Finanzminister zu einigen, wie die Wirtschaft durch Ausnahmen von der Mehrwertsteuer angekurbelt und Milliardenbetrug verhindert werden kann – eine Lösung ist nicht in Sicht. Ebenso wenig bei der Frage, mit welchem Konzept die EU auf den wachsenden Druck illegaler Einwanderer reagieren soll. [...]

Im großen Club der 25 gibt es keine echten Diskussionen mehr, klagt ein Insider.

Cornelia Bolesch und Alexander Hagelüken, Eine Nummer zu groß, „Süddeutsche Zeitung" vom 27.09.2006, S. 5.

M 5 „Ängstlich geben Europas Politiker den Umfragen nach"

Ein Kommentar in der „Frankfurter Rundschau" vom 25.09.2006 setzt sich ebenfalls mit den Erweiterungen der EU auseinander:

Die Europäer haben den Spaß an Europa verloren und die anfängliche Freude an der Erweiterung ist auch dahin. Alle Umfragen belegen: Bestenfalls das Bankenland Schweiz oder die norwegischen Ölscheichs sähen die EU-Bürger gerne in ihrer Gemeinschaft. Diese reichen Wunschkandidaten wollen aber beide nicht.

Stattdessen stehen den Europäern Habenichtse ins Haus: erst Bulgarien und Rumänien, später die ehemaligen Bürgerkriegsstaaten des Balkan und am Horizont machen sich die Türken reisefertig. Und ohne die Angst vor der türkischen Beitrittsperspektive ist nicht verständlich, was mit den Nachzüglern der großen Osterweiterung nun geschieht. So könnte Bulgarien das erste EU-Mitglied „zweiter Klasse" werden. Durch Schutzklauseln werden dem Neuling viele Rechte und viel Geld vorenthalten. [...] Und Rumänien kommt nur wenig glimpflicher davon. [...]

Ein Teil der harschen Behandlung, die Rumänien und Bulgarien nun erfahren, ist also der Tatsache geschuldet, dass die Politik den Umfragen hinterherläuft, und die bringen klare Werte gegen jede Erweiterung. Alternativen stehen deshalb hoch im Kurs: Von Partnerschaften in allen möglichen Intensitäten wird gesprochen und Staatenbünde kreisen wie Satelliten um Europa und können fast alles haben, wenn sie nur draußen bleiben.

Offensiv tritt inzwischen jedenfalls kaum noch ein europäischer Politiker für die Erweiterung ein. Dabei gäbe es gute Gründe dafür: Nur die EU ist in der Lage, Bulgarien, Rumänien und dem Balkan eine Perspektive zu geben. Nur die EU kann für Frieden sorgen, nur die Anforderungen der Union zwingen diese Länder auf den beschwerlichen Weg demokratischer und rechtsstaatlicher Reformen. Aber anstatt stolz darauf zu sein, und dies offen zu sagen, zeigen Europas Politiker Stress-Symptome. Politisch, so heißt es, ist die Erweiterung nur schwer durchsetzbar. Wie sollte das auch anders sein, wo die Hilflosigkeit der Politik auf die Angst der Straße trifft und ihr eilfertig nachgibt.

Die Erweiterung ist dafür ein Beispiel, die Verfassungsbedatte ein weiteres, und beides hängt zusammen. Eine größere Union wird noch schwerfälliger, wenn nicht gar handlungsunfähig. Eine Reform an Haupt und Gliedern, ein neuer Zuschnitt der Institutionen und ihrer Befugnisse anstatt des verschreckten Schweigens über einen gescheiterten Verfassungsvertrag wären nötig. Stattdessen werden Detailprobleme der Beitrittskandidaten erörtert. Das ist wichtig, aber die wirklichen Probleme liegen anderswo.

Jörg Reckmann, Ängstlich geben Europas Politiker den Umfragen nach, „Frankfurter Rundschau" vom 25.09.2006, S. 2.

M 6 **„Im Gleichschritt, marsch!"**
Karikatur, 2003

M 7 **„Nagelprobe"**
Karikatur, 2004

Aufgaben

1. Wie veränderte sich die Situation in Europa durch den Zerfall des Ostblocks?
   → Text
2. a) Fasse die Positionen zur Erweiterung der EU zusammen, wie sie in den beiden Zeitungsartikeln zum Ausdruck kommen.
   b) Beurteile die beiden Meinungen aus deiner Sicht.
   → M4
3. a) Untersuche, welche Einstellung gegenüber Europa die beiden Karikaturen kennzeichnet. Erläutere die zeichnerische Darstellung.
   b) Findest du die jeweilige Einschätzung angemessen? Begründe deine Meinung.
   → M6, M7
4. Informiere dich über den aktuellen Stand er europäischen Einigung. Wie beurteilst du die aktuelle Situation?
   → Recherche im Internet oder in der Bibliothek

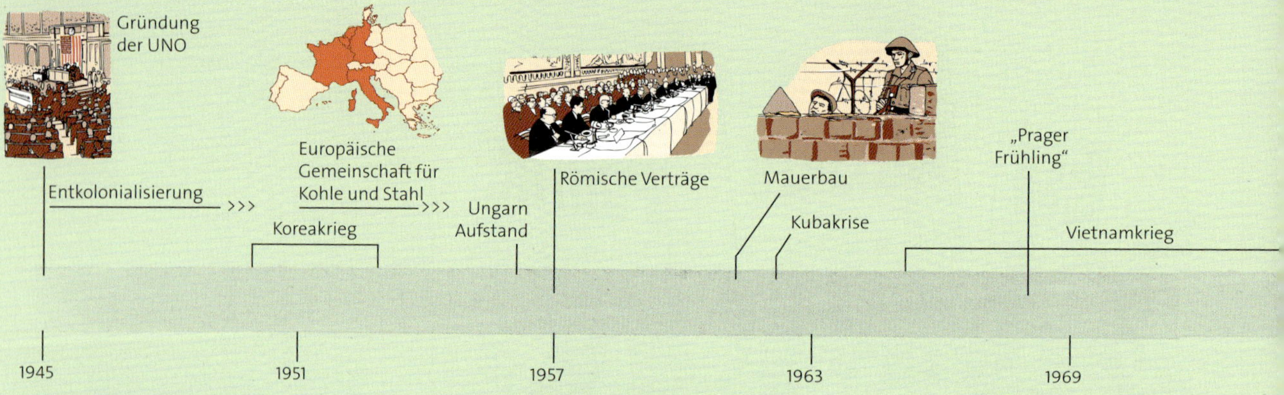

Grundwissen: Zeit	Grundwissen: Begriffe	Grundwissen: Methoden
1917 Russische Revolution 1918 Novemberrevolution 1923 Hitlerputsch 1929 Weltwirtschaftskrise	Vertrag von Versailles Weimarer Verfassung Inflation	Umgang mit Geschichtskarten Umgang mit Statistiken Umgang mit Spielfilmen
30.1.1933 Hitler Reichskanzler 1933 „Ermächtigungsgesetz“ 9.11.1938 Novemberpogrom 1.9.1939 Beginn des Zweiten Weltkriegs 20. Juli 1944 Attentat auf Hitler 8./9.5. 1945 bedingungslose Kapitulation Deutschlands	„Machtergreifung“ Nationalsozialismus Antisemitismus „Drittes Reich“ „Gleichschaltung“ „Nürnberger Gesetze“ Systematische Vernichtung der europäischen Juden Holocaust, Shoa Konzentrations- und Vernichtungslager Widerstand	Umgang mit Fotografien
1949 Gründung der beiden deutschen Staaten 23.5. 1949 Grundgesetz	Konferenz von Potsdam Flucht und Vertreibung Besatzungszonen Entnazifizierung Währungsreform	Umgang mit Berichten von Zeitzeugen
1945 Gründung der UNO **1962 Kuba-Krise** **ab 1985 Reformpolitik in der UdSSR** **1989 Umbruch im Ostblock**	**Kalter Krieg** **NATO, Warschauer Pakt** **Europäische Einigung** **Vietnamkrieg** **Glasnost, Perestroijka**	
17.6. 1953 Aufstand in der DDR 1961 Mauerbau 1972 Grundlagenvertrag 9.11.1989 Öffnung der Grenze 3.10.1990 „Tag der Deutschen Einheit“	Ostverträge Entspannungspolitik 68er-Bewegung	Umgang mit schriftlichen Quellen Umgang mit dem Internet

Erste Direktwahl des Europäischen Parlaments

Gorbatschow wird Generalsekretär

Fall der Mauer

Ende der Sowjetunion

Europäischer Binnenmarkt >>>

Einführung des Euro

1981 1987 1993 1999 2005

Zusammenfassung

Im Schatten des Ost-West-Konflikts gab es Entwicklungen, die die Weltpolitik bis heute nachhaltig beeinflussen.

Nach dem Zweiten Weltkriegs erstrebten die Völker eine Organisation, die den Weltfrieden wahren und die internationale Sicherheit garantieren konnte. Dies führte 1945 zur Gründung der „Vereinten Nationen" (UNO). Neben der Sicherung des Friedens will die UNO zur Einhaltung der Menschenrechte beitragen und den sozialen Fortschritt fördern. Durch Frieden stiftende Maßnahmen wie die Entsendung von Blauhelm-Soldaten trug sie vielfach zum Abklingen von Aggressionen bei.

Zu einem dauerhaften Konfliktherd entwickelte sich nach 1945 der Nahe Osten. Nachdem die Briten ihr Mandat über Palästina an die UNO zurückgegeben hatten, proklamierten jüdische Politiker 1948 den Staat Israel. Er bedeutete für viele Juden, die dem Holocaust entronnen waren, die Hoffnung auf ein Leben in Frieden und Freiheit. Die ansässigen Araber lehnten den Staat jedoch ab, was zu mehreren Kriegen zwischen Israel und den arabischen Nachbarstaaten führte. Obwohl es seit 1994 Abkommen und Gespräche gab, ist ein dauerhafter Friede noch in weiter Ferne.

Der Zweite Weltkrieg schwächte Europas Kolonialmächte, leitete einen Prozess der Entkolonialisierung ein und brachte den Kolonien in Afrika und Asien die Unabhängigkeit. Manchmal gingen ihr blutige Auseinandersetzungen voraus, oft erfolgte aber ein friedlicher Übergang zur Selbstständigkeit. Die meisten einstigen Kolonien zählen heute zu den Entwicklungsländern. Infolge eines sehr niedrigen Lebensstandards ist die Bevölkerung von Hunger, Armut und Krankheit bedroht. Die Entwicklungsländer beklagen Zollbarrieren und unfaire Rohstoffpreise der Industrienationen, sodass ein Gegensatz entstanden ist, den man als „Nord-Süd-Konflikt" bezeichnet.

In Europa rückten die Staaten nach dem Zweiten Weltkrieg näher zusammen. 1957 wurde die „Europäische Wirtschaftsgemeinschaft" (EWG) gegründet, die 1993 mit der „Europäischen Union" (EU) eine Ergänzung erfuhr. Inzwischen ist das Ziel eines europäischen Binnenmarktes und einer Wirtschafts- und Währungsunion erreicht. Vertieft werden soll künftig eine gemeinsame Außen- und Sicherheitspolitik. Nach 1989 traten der EU zahlreiche ehemalige Ostblockstaaten bei, deren Integration jedoch noch andauert.

5. Deutschland – Von der Teilung zur Wiedervereinigung

Bundeskanzler Willy Brandt
vor dem Mahnmal des Warschauer Gettos, 1970

„Wir sind ein Volk"
Demonstrant in Ostberlin am 9. Dezember 1989

Der Fall der Mauer am 9. November 198

Plakat der SED, 1952

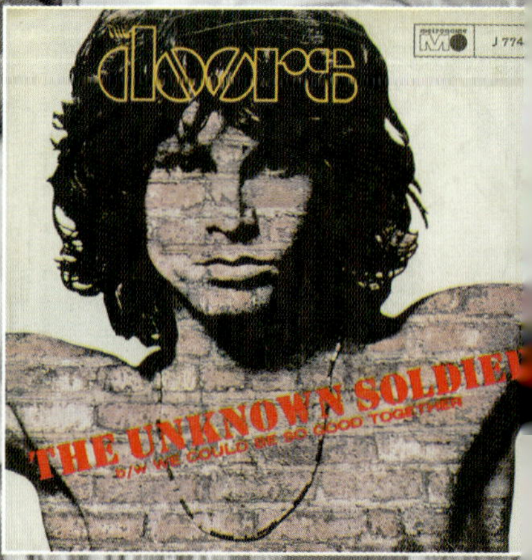

Plattencover von 1968

Bau der Berliner Mauer, 13. August 1962

Reste der Berliner Mauer, Berlin-Friedrichshain, 2002

Die Bundesrepublik in den Fünfzigerjahren

Die „Ära Adenauer"

Konrad Adenauer (1876–1967) gehörte zu einer Politikergeneration, die in ihrem Leben viele politische Umbrüche erlebt hatte: Kaiserreich, Weimarer Republik, NS-Diktatur, Bundesrepublik Deutschland.

In der ersten deutschen Demokratie zwischen 1919 und 1933 besaß Adenauer bereits politischen Einfluss, war er doch Oberbürgermeister von Köln und zugleich Präsident des Preußischen Staatsrates. Nach dem Zusammenbruch des Naziregimes zählte er zu den Mitbegründern der CDU im Rheinland. Im Alter von 73 Jahren wurde er 1949 erster Bundeskanzler der Bundesrepublik und behielt das Amt bis 1963, also 14 Jahre.

In dieser Zeit festigte sich die Demokratie und die Bundesrepublik erlebte einen enormen wirtschaftlichen Aufschwung, der auf einer „Sozialen Marktwirtschaft" basierte. Außenpolitisch gelang es Adenauer, die Bundesrepublik fest in der westlichen Staatenwelt zu verankern: wirtschaftlich in der EWG und militärisch in der NATO. Weil er diese Phase der Bundesrepublik entscheidend prägte, werden die Fünfzigerjahre auch als „Ära Adenauer" bezeichnet.

M 1 **„Keine Experimente"**
Wahlplakat der CDU von 1957

„Kanzlerdemokratie"

Aus der ersten Bundestagwahl im August 1949 ging die CDU/CSU knapp vor der SPD als Sieger hervor. Adenauer bildete eine Koalition aus CDU/CSU, FDP und DP und benötigte vier Jahre später nur noch die FDP als Koalitionspartner. 1957 errang die CDU/CSU unter Adenauer sogar die absolute Mehrheit im Bundestag.

Ausschlaggebend für diesen Erfolg waren Adenauers starke Persönlichkeit, sein Regierungsstil und seine Politik. Sie beruhten auf einem Machtverständnis, das sich auf einen autoritären Führungsstil stützte. So nutzte Adenauer als Bundeskanzler die im Grundgesetz festgelegte Richtlinienkompetenz, um wichtige Entscheidungen auch gegen seine Minister durchzusetzen. Das Kanzleramt wurde unter seiner Führung zur Machtzentrale ausgebaut. Daher spricht man auch von einer „Kanzlerdemokratie".

Nach den Erfahrungen mit der instabilen Weimarer Republik fand dieser Regierungsstil breite Zustimmung in der Bevölkerung.

Herrschaft der Parteien

In den fünfziger Jahren entwickelte sich die CDU/CSU zu einer Volkspartei, die alle Wählerschichten ansprach. Bei der SPD führten die Wahlniederlagen der Fünfzigerjahre zu einer Umorientierung – weg von einer sozialistisch geprägten Arbeiterpartei, hin zu einer reformorientierten sozialen Volkspartei. Dieser neue Kurs schlug sich 1959 im „Godesberger Programm" nieder.

Zur Etablierung eines Drei-Parteien-Systems im Bundestag trug die Einführung einer 5%-Hürde bei. Auch gab es die Möglichkeit, verfassungsfeindliche Parteien vom Bundesverfassungsgericht verbieten zu lassen, wie 1952 die SRP und 1956 die KPD. Entscheidenden Anteil an der Akzeptanz der Parteien hatten aber die wirtschafts- und sozialpolitischen Weichenstellungen, die von der Bundesregierung in den Fünfzi-

M 2 **Wirtschaftswunder**
Bundeswirtschaftsminister Ludwig Erhard, Karikatur von 1959

gerjahren getroffen wurden. Sie trugen wesentlich dazu bei, dass sich in Westdeutschland eine funktionierende Demokratie entfalten konnte.

Das „Wirtschaftswunder"

CDU/CSU bekannten sich zur „Sozialen Marktwirtschaft", die Wirtschaftsminister Ludwig Erhard mit dem Motto „Wohlstand für alle" propagierte. Diese sich selbst regulierende Marktwirtschaft sollte in eine soziale Gesellschaftspolitik eingebettet sein, die in der Lage war, eine gleichmäßigere Einkommensverteilung zu fördern und den Schutz sozial schwacher Schichten zu bewirken.

Die westdeutsche Wirtschaft erlebte im folgenden Jahrzehnt ein so genanntes „Wirtschaftswunder": die Industrieproduktion stieg rasant und mir ihr das Bruttosozialprodukt und die Nettoeinkommen. Dafür waren verschiedene Faktoren verantwortlich.

Der Krieg hatte viele Industrieanlagen zerstört, andere fielen der Demontage zum Opfer. Somit mussten die Unternehmer neue Fabriken errichten, was eine rationelle Produktion ermöglichte und international Wettbewerbsvorteile brachte. Günstig war zudem, dass die Westalliierten der Bundesrepublik Reparationszahlungen erließen und ihre Kreditwürdigkeit dadurch stieg. Für den Aufbau erhielt die Wirtschaft Kredite aus dem Marshallplan.

International betrachtet hatte die Bundesrepublik ein relativ niedriges Lohnniveau und gut ausgebildete Arbeitskräfte. Die Nachfrage nach Erzeugnissen der Elektroindustrie, der chemischen Industrie und des Maschinenbaus bewirkte einen gewaltigen Boom. Produkte „Made in Western Germany" waren bald weltweit gefragt und galten als hochwertig und preisgünstig.

Dies alles hatte einen Strukturwandel der westdeutschen Wirtschaft zur Folge: Während Industrie und Handel zentrale Bedeutung erlangten, büßte die Landwirtschaft ihren einstigen Stellenwert ein.

M 3 **„1 Million"**
Feierstunde im Volkswagenwerk Wolfsburg anlässlich der Fertigstellung des millionsten Volkswagens, Foto vom 8. Mai 1955

Der Ausbau des Sozialstaats

Trotz des Wirtschaftsaufschwungs blieben die Kriegsfolgen ein großes Problem. Neben dem Wiederaufbau zerstörter Wohnungen und Industrieanlagen galt es, 12 Millionen Vertriebene und Flüchtlinge aus den deutschen Ostgebieten zu integrieren.

Der Wirtschaftsboom ermöglichte der Bundesregierung den Ausbau des Sozialstaats. An erster Stelle stand der soziale Wohnungsbau: Von 1950 bis 1955 entstanden etwa zwei Millionen Wohnungen. Bedeutsam war auch das Versorgungsgesetz, das Kriegsopfern eine Rente zugestand; ferner der Lastenausgleich, der Vertriebene und Flüchtlinge, die Hab und Gut verloren hatten, finanziell unterstützte. Diese Maßnahmen linderten die Not und ermöglichten einen Neuanfang. Die Dynamisierung der Rente brachte ihre Anpassung an die aktuelle Lohn- und Preisentwicklung.

Dieser Ausbau des Sozialstaats in den Fünfzigerjahren konnte aber nur in Zeiten einer glänzenden Wirtschaftslage funktionieren.

Der soziale Friede begünstigte den wirtschaftlichen Aufstieg der Bundesrepublik. Im Gegensatz zur Weimarer Republik hatten sich die meisten Gewerkschaften im „Deutschen Gewerkschaftsbund" (DGB) zusammengeschlossen, der mit den Unternehmern die Lohnverhandlungen führte. Das sorgte für einheitliche Tarife und seltene Streiks. 1951 führte die Montan-Industrie sogar die paritätische Mitbestimmung ein, d.h. ein gleichbechtigtes Stimmrecht von Arbeitnehmer- und Kapitalvertretern in den Aufsichtsräten.

Die sozialpolitischen Maßnahmen der Bundesregierung milderten die materielle Not aus Kriegsschäden und Vertreibung und entschärften soziale Spannungen. Ab Mitte der Fünfzigerjahre herrschte nahezu Vollbeschäftigung. In einigen Bereichen wurden Arbeitskräfte derart knapp, dass man so genannte „Gastarbeiter" aus südeuropäischen Ländern ins Land holte. So entstand im Lauf der Jahre eine moderne Gesellschaft von großer sozialer Mobilität.

M 4 **Gastarbeiter**

Begrüßung des 1 000 000. Gastarbeiters in Deutschland, 1964. Er bekommt ein Moped als Begrüßungsgeschenk.

Ergebnisse der Bundestagswahlen von 1949 bis 2005 (in %)

Jahr der Wahl	1949	1953	1957	1961	1965	1969	1972	1976	1980	1983	1987	1990	1994	1998	2002	2005
Wahlbeteiligung	78,5	86,0	87,7	87,7	86,8	86,7	91,1	90,7	88,6	89,1	84,3	77,8	79,0	82,2	79,1	77,7
CDU/CSU	31,0	45,2	50,2	45,4	47,6	46,1	44,9	48,6	44,5	48,8	44,3	43,8	41,4	35,2	38,5	35,2
SPD	29,2	28,8	31,8	36,2	39,3	42,7	45,8	42,6	42,9	38,2	37,0	33,5	36,4	40,9	38,5	34,2
FDP	11,9	9,5	7,7	12,8	9,5	5,8	8,4	7,9	10,6	7,0	9,1	11,0	6,9	6,2	7,4	9,8
Die Grünen	–	–	–	–	–	–	–	–	1,5	5,6	8,3	3,9	–	–	–	–
Deutsche Partei (DP)	4,0	3,3	3,4	–	–	–	–	–	–	–	–	–	–	–	–	–
Gesamtdeutscher Block (BHE)	–	5,9	4,6	–	–	–	–	–	–	–	–	–	–	–	–	–
Gesamtdeutsche Partei (GdP)	–	–	–	2,8	–	0,1	–	–	–	–	–	–	–	–	–	–
Zentrum	3,1	0,8	0,3	–	–	–	–	–	–	–	–	–	0,0	0,0	–	–
Bayernpartei	4,2	1,7	0,5	–	–	0,2	–	–	–	–	–	–	0,1	0,1	–	–
KPD	5,7	2,2	–	–	–	–	–	–	–	–	–	–	–	–	–	–
Deutsche Reichspartei (DRP)	–	1,1	1,0	0,8	–	–	–	–	–	–	–	–	–	–	–	–
Wirtschaftl. Aufbauvereinigung (WAV)	2,9	–	–	–	–	–	–	–	–	–	–	–	–	–	–	–
Deutsche Friedensunion (DFU)	–	–	–	1,9	1,3	–	–	–	–	–	–	–	–	–	–	–
NPD	–	–	–	–	2,0	4,3	0,6	0,3	0,2	0,2	0,6	0,3	–	0,3	–	–
DKP	–	–	–	–	–	–	0,3	0,3	0,2	0,2	–	–	–	–	–	–
PDS	–	–	–	–	–	–	–	–	–	–	–	2,4	1,9	5,1	4,0	–
Linke	–	–	–	–	–	–	–	–	–	–	–	–	–	–	–	8,7
Bündnis 90/Grüne	–	–	–	–	–	–	–	–	–	–	–	1,2	7,3	6,7	8,6	8,1
Republikaner	–	–	–	–	–	–	–	–	–	–	–	2,1	1,9	1,8	–	–
Sonstige Parteien	8,2	1,5	0,5	0,1	0,3	0,8	–	0,3	–	–	0,8	1,8	1,7	2,5	3,0	4,0

Die Bundestagswahl 1990 fand aufgrund der deutschen Vereinigung unter besonderen Voraussetzungen statt. Ausnahmsweise wurde in zwei getrennten Wahlgebieten (Ost und West) abgestimmt. Danach waren PDS sowie Bündnis 90/Grüne im Bundestag vertreten, weil sie im östlichen Wahlgebiet die Fünf-Prozent-Hürde übersprungen hatten

Aus: Informationen zur politischen Bildung Nr. 229, S. 20 (ergänzt).

M 5

M 6 Kanzlerdemokratie

Der Historiker Edgar Wolfrum schreibt (2006):

Integrationskraft und Autorität weit über die Reihen der eigenen Parteifreunde hinaus sind die herausragenden Bestandteile der besonders wichtigen personellen Dimensionen der Kanzlerdemokratie: Adenauer scheint der Psyche der Nachkriegswestdeutschen entgegengekommen zu sein. Nach der Hyperideologisierung, der tiefen Verwirrung, der radikalen Desillusionierung und der Angst, die die Deutschen durchlitten hatten, wirkte Adenauer als Beruhigungsfaktor. „Er gewöhnte die Deutschen an den Gedanken", so drückte es Sebastian Haffner treffend aus, „dass Autorität und Demokratie nicht unvereinbar sind. Er versöhnte sie sozusagen allmählich mit der Demokratie". In Verbindung mit seiner gelassenen Willenskraft, seinem rheinischen Naturell und seinem hohen Alter wirkte Adenauers autoritärer Regierungsstil altväterlich. Er stiftete Vertrauen, und das Vertrauen, das viele Menschen in seine Person setzten, sollte sich rasch auf die Bundesrepublik übertragen. Niemals ist dies sinnfälliger geworden als im höchst erfolgreichen Wahlkampfmotto der CDU/CSU „Keine Experimente" unter dem Konterfei des Bundeskanzlers aus dem Jahr 1957. Adenauer stand bald synonym für eine Bundesrepublik, die Kurs nach Westen hielt und sich eines wachsenden Wohlstands erfreute, für das Neue, das aus Altem hervorging – wer Adenauer anerkannte, erkannte auch die Bundesrepublik an. Geholfen hat ihm auch seine zumeist einfache Redeweise, die Gut und Böse, Wichtiges und Nebensächliches auf innen- und außenpolitischem Gebiet klar unterschied – und die jeder verstand. Adenauers politische Gegner waren vom Stil und Niveau mancher seiner Reden entsetzt – und über ihre Wirkung „draußen im Land" überrascht; die Simplifizierung erwies sich als große Stärke.

Edgar Wolfrum, Die geglückte Demokratie. Geschichte der Bundesrepublik Deutschland von den Anfängen bis zur Gegenwart, Stuttgart 2006, S. 53 f.

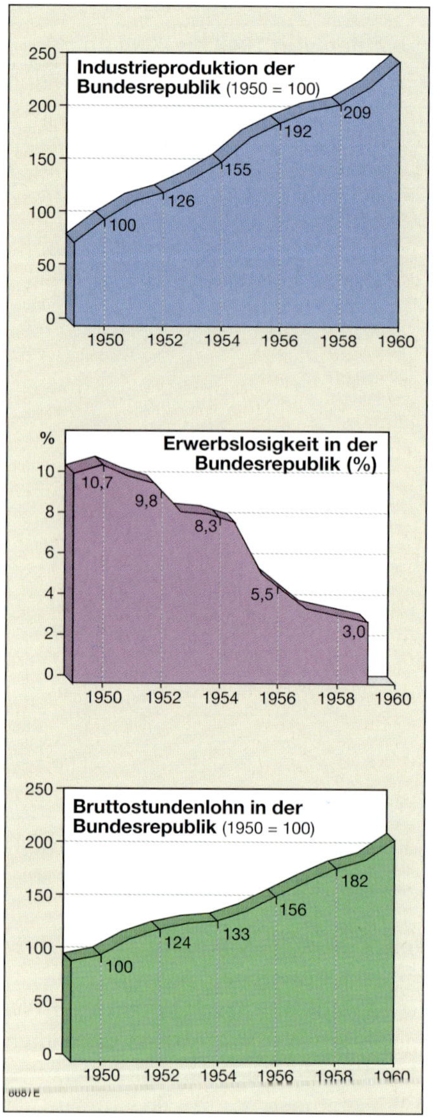

M 7

M 8 „Soziale Marktwirtschaft"

Der Wirtschaftswissenschaftler Alfred Müller-Armack gilt als einer der Begründer der „Sozialen Marktwirtschaft":

Die Lage unserer Wirtschaft zwingt uns zu der Erkenntnis, dass wir uns in Zukunft zwischen zwei grundsätzlich voneinander verschiedenen Wirtschaftssystemen zu entscheiden haben, nämlich dem System der antimarktwirtschaftlichen Wirtschaftslenkung und dem System der auf freie Preisbildung, echten Leistungswettbewerb und soziale Gerechtigkeit gegründeten Marktwirtschaft. Alle Erfahrungen mit wirtschaftlichen Lenkungssystemen verschiedenster Schattierungen haben erwiesen, dass sie unvermeidlich zu einer mehr oder weniger weit gehenden Vernichtung der Wirtschaftfreiheit des Einzelnen führen, also mit demokratischen Grundsätzen unvereinbar sind, [...] Jede Lenkungswirtschaft hat daher in der Praxis am wirklichen volkswirtschaftlichen Bedarf „vorbeigelenkt".

Die angestrebte moderne Marktwirtschaft soll betont sozial ausgerichtet und gebunden sein. Ihr sozialer Charakter liegt bereits in der Tatsache begründet, dass sie in der Lage ist, eine größere und mannigfaltigere Gütermenge zu Preisen anzubieten, die der Konsument durch seine Nachfrage entscheidend mitbestimmt und die durch niedrige Preise den Realwert des Lohnes erhöht und dadurch eine größere und breitere Befriedigung der menschlichen Bedürfnisse erlaubt.

Durch die freie Konsumwahl wird der Produzent gezwungen, hinsichtlich Qualität, Sortiment und Preis seiner Produkte auf die Wünsche der Konsumenten einzugehen, die damit eine echte Marktdemokratie ausüben. [...]

Um den Umkreis der Sozialen Marktwirtschaft ungefähr zu umreißen, sei folgendes Betätigungsfeld künftiger sozialer Gestaltung genannt:

1. Schaffung einer sozialen Betriebsordnung, die den Arbeitnehmer als Mensch und Mitarbeiter wertet, ihm ein soziales Mitgestaltungsrecht einräumt, ohne dabei die betriebliche Initiative und Verantwortung des Unternehmers einzuengen.
2. Verwirklichung einer als öffentliche Aufgabe begriffenen Wettbewerbsordnung, um dem Erwerbsstreben der Einzelnen die für das Gesamtwohl erforderliche Richtung zu geben.
3. Befolgung einer Anti-Monopolpolitik zur Bekämpfung möglichen Machtmissbrauches in der Wirtschaft.
4. Durchführung einer konjunkturpolitischen Beschäftigungspolitik mit dem Ziel, dem Arbeiter im Rahmen des Möglichen Sicherheit gegenüber Krisenrückschlägen zu geben. [...]
5. Marktwirtschaftlicher Einkommensausgleich zur Beseitigung ungesunder Einkommens- und Besitzverschiedenheiten, und zwar durch Besteuerung und durch Familienzuschüsse, Kinder- und Mietbeihilfen an sozial Bedürftige. [...]

A. Müller-Armack, Vorschläge zur Verwirklichung der sozialen Marktwirtschaft. In: Grundlagen der sozialen Marktwirtschaft, Bern, 1974, S. 96 ff.

M 9 **„Sinalco – aus frischen Früchten hergestellt"** Kalendertitel von 1954

M 10 **Werbung für eine Waschmaschine,** 1955

Aufgaben

1. a) Erläutere den Begriff „Kanzlerdemokratie".
   b) Welche Rolle spielte Adenauer im Rahmen der Kanzlerdemokratie?
   → Text, M6
2. Erläutere den Wahlslogan „Keine Experimente".
   → Text, M1
3. a) Wie definiert der Nationalökonom Alfred Müller-Armack den Begriff „soziale Marktwirtschaft"?
   b) Überlege, warum sich dieses System gerade in Westdeutschland durchsetzen konnte.
   → M8
4. a) Erläutere die einzelnen Statistiken.
   b) Erkläre den Begriff „Wirtschaftswunder".
   c) Welche Rolle wird Ludwig Erhard in der Karikatur zugesprochen?
   → Text, M2, M7
5. a) Wofür und mit welchen Anreizen wird in den beiden Anzeigen geworben?
   b) Worin unterscheiden sich die damaligen von heutigen Werbungen?
   c) Suche weitere Werbungen aus verschiedenen Zeiten und vergleiche sie mit den vorliegenden.
   → M9, M10

Außenpolitische Entwicklungen der Fünfzigerjahre

Erstes Ziel: Souveränität

Nach ihrer Gründung war die Bundesrepublik international isoliert und durfte keine eigene Außenpolitik treiben. Adenauer verfolgte daher das Ziel, die Souveränität des neuen Staats auszuweiten und ihn im Westen zu verankern. Hierbei verfolgten er und die CDU einen strikten Antikommunismus. Der Bedrohung durch die UdSSR wollte Adenauer mit der Integration der Bundesrepublik in das militärische und wirtschaftliche Bündnissystem des Westens entgegenwirken. Mit der Unterzeichnung des Petersberger Abkommens am 22. November 1949 konnten erste außenpolitische Freiheiten erlangt werden.

Eine Armee für die Bundesrepublik?

Nach dem kommunistischen Überfall auf Südkorea kam es im Westen zu einer Debatte über einen Wehrbeitrag der Bundesrepublik zur gemeinsamen Abwehr des Kommunismus in Europa. Adenauer zeigte sich nicht abgeneigt und erhoffte im Gegenzug die volle Souveränität der Bundesrepublik. Frankreich schlug im Herbst 1950 eine „Europäische Verteidigungsgemeinschaft" (EVG) mit einem gemeinsamen europäischen Oberkommando vor.

In der Bundesrepublik brach nach Bekanntwerden der Pläne eine heftige Diskussion aus. Der überwiegende Teil der Bevölkerung war kurz nach dem Zweiten Weltkrieg gegen eine erneute Aufrüstung. Zudem befürchteten die Gegner eine endgültige Teilung Deutschlands. Der Aufbau der Bundeswehr und die Einführung der allgemeinen Wehrpflicht blieben daher in der Bevölkerung umstritten und führten zu machtvollen Demonstrationen.

Um den Beitritt Westdeutschlands in ein Verteidigungsbündnis zu verhindern, bot Stalin der Bundesregierung 1952 die Wiedervereinigung an, falls Deutschland künftig neutral bliebe. Adenauer ließ die Note unbeantwortet, da er in ihr nur einen Versuch sah, Deutschland

M 1 „Keine Wehrpflicht"
Protest gegen die Wiederbewaffnung in München, November 1954

M 2 **Soldaten der Bundeswehr**
Verteidigungsminister Theodor Blank übergibt den ersten Luftwaffensoldaten der Bundeswehr am 9. Januar 1956 im rheinischen Nörvenich die Ernennungsschreiben.

zu isolieren. – Die EVG aber scheiterte 1954 am Veto der französischen Nationalversammlung, doch waren die Weichen für eine Einbindung der Bundesrepublik ins westliche Staatensystem gestellt.

Die Entstehung der Bundeswehr

Die bedrohliche Blockbildung zwischen den westlichen Nationen unter Führung der USA sowie der Sowjetunion und ihren Ostblockstaaten verschärfte sich. Westdeutsche Streitkräfte schienen den USA daher dringend geboten. Das führte 1955 zum Beitritt der Bundesrepublik zum Nordatlantikpakt (NATO) und zur „Westeuropäischen Union" (WEU). Das Bündnis der NATO war 1949 von zehn westeuropäischen Staaten sowie Kanada und den USA zur gegenseitigen militärischen Hilfe gegründet worden. Hauptziel war die Abwehr des Kommunismus in Europa.

Im Mai 1955 erreichte Adenauer mit den „Pariser Verträgen" das Ende des Besatzungsregimes und die Souveränität der Bundesrepublik. Bis auf einige Rechte der Alliierten in Bezug auf Berlin und einen Notstand konnte die Bundesrepublik ihre inneren und äußeren Angelegenheiten künftig selbst regeln. Die Truppen der Alliierten blieben im Land.

1956 traten die ersten westdeutschen Soldaten ihren Dienst in der neuen Bundeswehr an. Deren Motto lautete „Staatsbürger in Uniform", was die Verankerung der wehrpflichtigen Soldaten im demokratischen System der Bundesrepublik verdeutlichen sollte.

Der „Alleinvertretungsanspruch"

Entscheidende Auswirkungen hatte die 1955 erlassene Hallstein-Doktrin, die den „Alleinvertretungsanspruch" der Bundesrepublik bekräftigte. Danach nahm die Bundesrepublik zu keinem Staat diplomatische Beziehungen auf, der die DDR anerkannte. Eine Ausnahme bildete die UdSSR. Sie zählte zu den alliierten Mächten und Adenauer erreichte durch Verhandlungen, dass die letzten deutschen Soldaten bis 1955 aus sowjetischer Kriegsgefangenschaft freikamen.

Integration in Europa

1951 trat die Bundesrepublik dem Europarat bei. Dieser wurde 1949 mit dem Ziel gegründet, das gemeinsame kulturelle Erbe zu bewahren, den wirtschaftlichen und sozialen Fortschritt zu fördern und über die Einhaltung der Menschenrechte zu wachen. Über 40 Staaten zählen heute zu seinen Mitgliedern.

1950 entwarf der französische Außenminister Robert Schuman den Plan eines gemeinsamen europäischen Marktes für die Montan-Industrie. So entstand 1951 die „Europäische Gemeinschaft für Kohle und Stahl" (Montanunion), der neben der Bundesrepublik und Frankreich auch Italien und die Benelux-Staaten beitraten.

Die Montanunion bildete die Keimzeile der europäischen Integration, die sich in den nächsten Jahrzehnten in wirtschaftlicher, politischer und militärischer Hinsicht vollzog. Schon 1957 kam es mit den Römischen Verträgen zur Gründung der „Europäischen Wirtschaftsgemeinschaft" (EWG). Abschaffung der zwischenstaatlichen Zölle sowie eine gemeinsame Landwirtschafts- und Verkehrspolitik waren das Ziel. Hier konnten schon bald große Erfolge verbucht werden.

M 3 **Pro …**

Am 15. Dezember 1954 fand im Deutschen Bundestag eine Debatte über die Pariser Verträge statt. Bundeskanzler Konrad Adenauer (CDU) führte als Hauptredner aus:

Eines der bedeutsamsten Ergebnisse der Pariser Konferenz, das auch die Grundlage für alle weiteren Beschlüsse über die deutsche Beteiligung an der gemeinsamen Verteidigung Europas und der atlantischen Staatengruppe bildet, ist die Wiederherstellung der deutschen Souveränität im Bereich der Bundesrepublik. Diese Souveränität, meine Damen und Herren, wird der Bundesrepublik nicht von den drei westlichen Besatzungsmächten „verliehen" oder „gewährt". Sie ist keine von fremden Mächten übertragene, sondern sie ist eine eigenständige deutsche Souveränität, die nur von der Besatzungsgewalt zeitweilig verdrängt und überlagert war und jetzt überall dort wieder wirksam wird, wo die Besatzungsgewalt erlischt.
Ich betone: Sie ist deutsche Souveränität, die wieder effektiv wird, Sie ist nicht eine neue, der Bundesrepublik verliehene Souveränität. Die Bundesregierung weist nachdrücklich die Behauptung zurück, dass die Spaltung Deutschlands durch die Wiederherstellung der Souveränität für einen Teil Deutschlands vertieft oder verhärtet werde. Sie hat auch bei der Neuformulierung der Vertragstexte sorgfältig darauf Bedacht genommen, dass jene Elemente der Viermächte-Vereinbarungen von 1945 unberührt bleiben, die die Bewahrung der staatlichen Einheit Deutschlands und seine Wiedervereinigung betreffen.
Nur aus diesem Grunde hat sie der Aufrechterhaltung der Verantwortlichkeiten der drei Westmächte für Berlin, die Wiedervereinigung und den Friedensvertrag und der Beibehaltung der damit verbundenen Rechte zugestimmt. Wenn darin eine Beschränkung der deutschen Souveränität liegt, dann handelt es sich jedenfalls um eine Beschränkung, die jeder einsichtige Deutsche im gegenwärtigen Zeitpunkt für unvermeidlich und notwendig halten muss, um die Lage Berlins nicht zu gefährden und die Wiedervereinigung Deutschlands nicht zu erschweren.
[...]
Das Vertragswerk macht die Bundesrepublik erst fähig, die Spaltung Deutschlands zu beseitigen und die sich mit der Wiedervereinigung stellenden Aufgaben zu bewältigen.

M 4 **… und Contra Pariser Verträge**

Der Oppositionsführer Erich Ollenhauer (SPD):

Es ist die Tragik der Außenpolitik der Bundesrepublik, dass sie sich bis heute nicht hat befreien können aus den Zwangsläufigkeiten, die sich aus dem Angebot der deutschen Aufrüstung durch den Herrn Bundeskanzler vom August 1950 ergeben haben, und dass praktisch die Integration der Bundesrepublik in den Westen immer den Vorrang vor der Wiedervereinigung gehabt hat.
Wenn nun die sozialdemokratische Bundestagsfraktion diese Schlussfolgerungen aus der gegenwärtigen internationalen Situation zieht, so ist daraus bereits zu ersehen, dass sie das Pariser Vertragswerk [...] als nicht vereinbar mit einer deutschen Politik ansieht, die die Wiedervereinigung Deutschlands in Freiheit als ihre vordringlichste Aufgabe betrachtet. Es wird nach unserer Überzeugung die Sicherheit der Bundesrepublik nicht erhöht, aber es wird die Wiedervereinigung Deutschlands aufs Äußerste gefährdet. Ein Vertragswerk, das weder der Sicherheit noch der Einheit des deutschen Volkes dient, ist unannehmbar. Die Behauptung des Herrn Bundeskanzlers, erst das Vertragswerk mache die Bundesrepublik fähig, die Spaltung Deutschlands zu beseitigen und die sich mit der Wiedervereinigung stellenden Aufgaben zu bewältigen, entbehrt leider jedweder Grundlage. Hier aber war und ist die Bundesregierung dem Bundestage und dem deutschen Volk Aufschluss darüber schuldig, wieso und in welcher Art denn die Einbeziehung nur des westlichen Teils von Deutschland in eine westliche Militärallianz zur Wiedervereinigung beitragen könnte. An diesem für unsere Politik entscheidenden Punkte kann es uns keineswegs genügen, dass der Herr Bundeskanzler versichert hat, die großen Mächte setzten sich entsprechend ihren Verpflichtungen bei kommenden Verhandlungen für unsere Wiedervereinigung solidarisch ein. [...]
Ich möchte aber heute in diesem Zusammenhang noch einmal davor warnen, das neue Vertragswerk als die Basis unserer wiedergewonnenen Souveränität zu feiern. Die Vorbehaltsrechte der Westmächte bleiben auch bei liberalster Auslegung so weitgehend, dass von einer Souveränität im üblichen Sinne des Wortes nicht gesprochen werden kann.

Verhandlungen des Deutschen Bundestages. Stenographische Berichte, 2. Wahlperiode, 15. Dezember 1954, S. 3136–3146.

M 5 **„Er ist bewaffnet"**
Plakat des Deutschland-Union-Dienstes der CDU 1953

M 6 **„Nie wieder"**
Wahlplakat der SPD zur Bundestagswahl 1953

Aufgaben

1. a) Erkläre den Begriff „Souveränität".
   b) Warum war die Erlangung der Souveränität für die Bundesrepublik so wichtig?
   → Text
2. Stelle dar, wie es zur Gründung der Bundeswehr kam.
   → Text
3. Was bedeutet „Alleinvertretungsanspruch"?
   → Text
4. a) Welche Position nehmen Konrad Adenauer und Erich Ollenhauer gegenüber den Pariser Verträgen ein?
   b) Wie begründen sie ihre Position?
   c) Wie schätzen sie die Auswirkungen auf die deutsche Teilung ein?
   → M3, M4
5. Vergleiche die beiden Wahlplakate. Bestimme anhand der gestalterischen Mittel die jeweilige Aussage.
   → M5, M6

Wandel der Lebensformen in den Fünfzigerjahren

Die westdeutsche Konsumgesellschaft

Der anhaltende Wirtschaftsaufschwung trug wesentlich zur Veränderung der Lebensverhältnisse bei. Wachsender Wohlstand ermöglichte nicht nur den Kauf von Autos, Fernsehern und ganzen Wohnungseinrichtungen, er machte auch Reisen ins europäische Ausland erschwinglich. Italien wurde zum Traumziel der Deutschen.

M 1 **„Man spricht Deutsch"**
Deutsche Urlauber in Italien, 1955

Massenmedien

Die größte Neuheit der Fünfzigerjahre war ein Massenmedium: das Fernsehen, das bald Millionen Menschen faszinierte. Wie auch die Rundfunkanstalten hatte es öffentlich-rechtlichen Status. Die ARD ging als Zusammenschluss aller Rundfunkanstalten 1954 auf Sendung, 1963 folgte das ZDF. Ratesendungen wie „Einer wird gewinnen", die auf unterhaltsame Weise Wissen über Europa abfragten, oder Sendungen wie „Was bin ich?" mit Robert Lembke, die der reinen Unterhaltung dienten, erfreuten sich größter Beliebtheit. Da viele zunächst keinen eigenen Fernseher besaßen, sahen sie sich Sendungen in Gaststätten oder bei Bekannten an. Fernsehgeschichte schrieb die 1954 gewonnene Fußballweltmeisterschaft in der Schweiz: Das Endspiel gegen Ungarn wurde „live" übertragen.

Auf dem Pressemarkt konnten sich Zeitungen wie „BILD" oder die Illustrierte „Quick" erfolgreich etablieren, deren Inhalt eher auf Sensation und Klatsch ausgerichtet war. Modezeitschriften fanden ebenfalls reißenden Absatz. Doch gab es auch Wochenzeitschriften wie den „Stern" und den „Spiegel", die einen wichtigen Beitrag zum westdeutschen Journalismus leisteten, sowie seriöse Tageszeitungen wie die „Süddeutsche Zeitung" oder die „Frankfurter Allgemeine Zeitung".

Demokratische Kontrolle: Die „Spiegel-Affäre"

1962 erschütterte die „Spiegel-Affäre" die Öffentlichkeit. Wegen eines Artikels, der die angeblich nur bedingt einsetzbare Bundeswehr kritisierte, ließ der damalige Verteidigungsminister Franz Josef Strauß (CSU) Redakteure des „Spiegels" sowie den Herausgeber Rudolf Augstein verhaften und die Redaktionsräume durchsuchen. Vor dem Bundestag

M 2 **Philharmonie Berlin, 1960–63**

leugnete Strauß eine Beteiligung, musste aber später zugeben, die Aktion angeordnet zu haben. Die Öffentlichkeit sah das Grundrecht auf Meinungs- und Pressefreiheit in Gefahr, Strauß musste zurücktreten.

Literatur und bildende Kunst

Im literarischen Bereich konnten einige Exil-Schriftsteller wie Thomas Mann an ihre großen Erfolge anknüpfen. Zum Teil galt dies auch für Autoren der „Inneren Emigration“ wie Bergengruen, Le Fort oder Andres, die noch über eine große Leserschaft verfügten. Hinzu kam jetzt eine Generation junger Schriftsteller wie Böll oder Grass, die wegen ihrer Kriegserfahrungen dem Staat kritisch gegenüberstanden. Viele fanden sich in der „Gruppe 47“ zusammen.

In der Malerei setzte sich eine abstrakte Stilrichtung durch, mit Künstlern wie Ernst Wilhelm Nay, Emil Schumacher oder Willi Baumeister. Architekten der Nachkriegszeit setzten wieder dort an, wo sie 1933 aufhören mussten, und schufen interessante moderne Bauten wie die Philharmonie in Berlin (Hans Scharoun), die Liederhalle in Stuttgart (Rolf Gutbrod) oder das Olympiastadion in München (Otto Frei).

Eine neue Jugendkultur

Für die westdeutsche Jugend wurden die USA und der „american way of life“ maßgeblich, Rock’ n’ Roll, Haartolle und Bluejeans wurden von amerikanischen Vorbildern übernommen. Mit „BRAVO“ entstand eine eigene Jugendzeitschrift. Damit kündigte sich ein Generationswechsel an, der künftig das Gesicht der Bundesrepublik veränderte.

M 3 **BRAVO, Titelblätter der Jugendzeitschrift von 1956 (links) und 1957 (rechts)**

M 4 **„Meine Eltern verbieten mir den Urlaub“**

Unter der Rubrik „Eine BRAVO-Leserin stellt zur Diskussion“ erschien 1961 folgende Geschichte. Die Einleitung lautete:

Mein Verlobter und ich – er ist 20 Jahre, ich bin 18 Jahre alt – wollen den Sommerurlaub auf einem Campingplatz bei Venedig verbringen. Monatelang haben wir gespart, haben von der großen Reise geträumt. Als ich jetzt meine Eltern in den Plan einweihte, platzte die Bombe: Sie verboten mir die gemeinsame Urlaubsfahrt. Ihre Begründung: „Solange ihr nicht verheiratet seid, gibt es keinen Urlaub zu zweit – das schickt sich nicht!“ Alle Versuche, sie umzustimmen, waren erfolglos. Das hab ich also von meiner Ehrlichkeit. Wenn ich sie angelogen hätte, ich würde mit einer Freundin verreisen, dann wäre alles glatt gegangen. Aber weil ich ehrlich erzähle, was ich vorhabe, muss ich dafür büßen. Schließlich haben wir uns das Geld für die Urlaubsreise selbst verdient, und meine Eltern kennen meinen Verlobten seit eineinhalb Jahren; er gehört fast schon zur Familie. Es ist abgemacht, dass wir beide heiraten werden. Ist unter diesen Umständen die Meinung meiner Eltern nicht unfair, ungerecht, egoistisch – lebensfremd?

BRAVO 34, 1961.

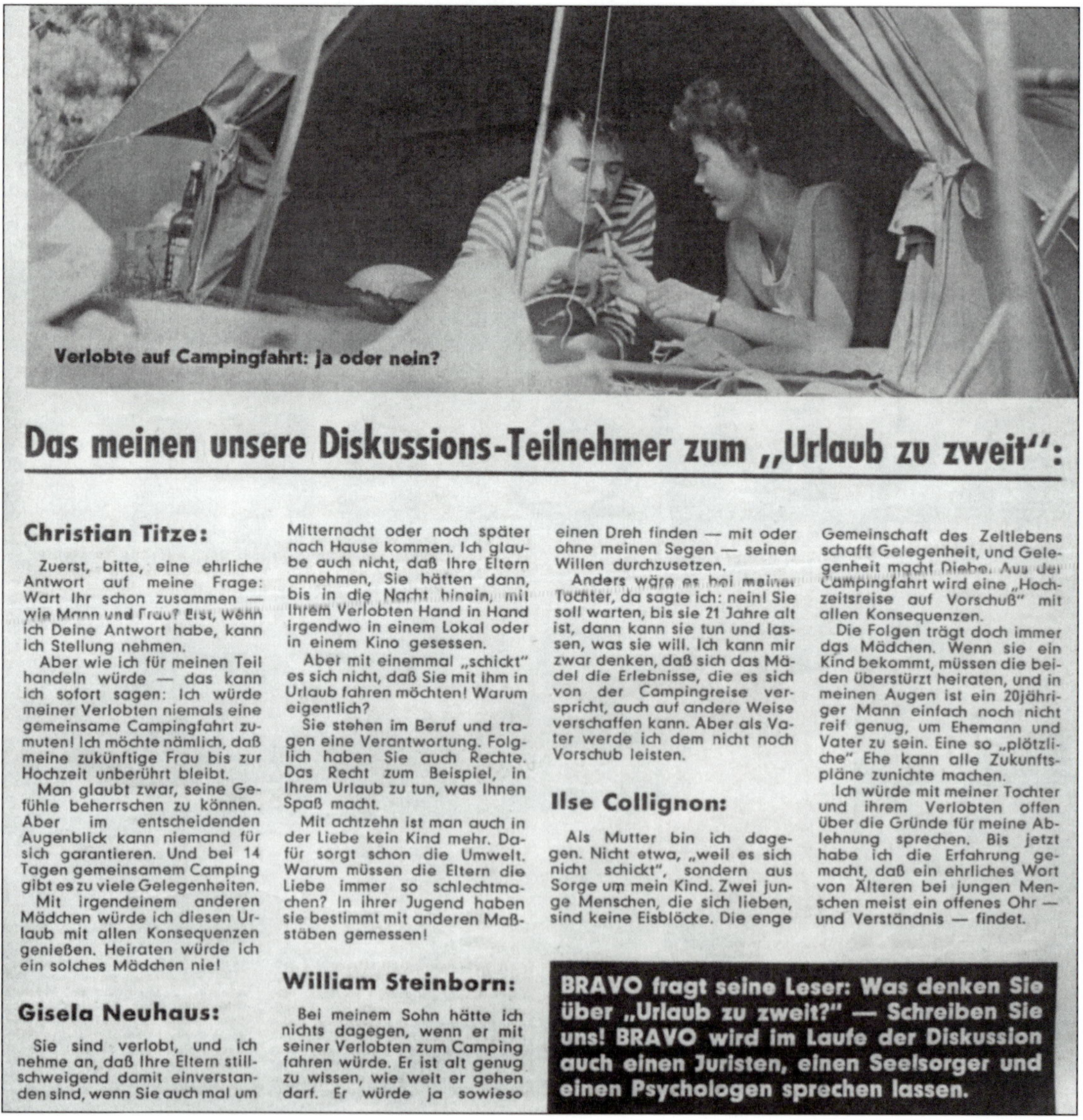

Verlobte auf Campingfahrt: ja oder nein?

Das meinen unsere Diskussions-Teilnehmer zum „Urlaub zu zweit“:

Christian Titze:

Zuerst, bitte, eine ehrliche Antwort auf meine Frage: Wart Ihr schon zusammen — wie Mann und Frau? Erst, wenn ich Deine Antwort habe, kann ich Stellung nehmen.

Aber wie ich für meinen Teil handeln würde — das kann ich sofort sagen: Ich würde meiner Verlobten niemals eine gemeinsame Campingfahrt zumuten! Ich möchte nämlich, daß meine zukünftige Frau bis zur Hochzeit unberührt bleibt.

Man glaubt zwar, seine Gefühle beherrschen zu können. Aber im entscheidenden Augenblick kann niemand für sich garantieren. Und bei 14 Tagen gemeinsamem Camping gibt es zu viele Gelegenheiten.

Mit irgendeinem anderen Mädchen würde ich diesen Urlaub mit allen Konsequenzen genießen. Heiraten würde ich ein solches Mädchen nie!

Gisela Neuhaus:

Sie sind verlobt, und ich nehme an, daß Ihre Eltern stillschweigend damit einverstanden sind, wenn Sie auch mal um Mitternacht oder noch später nach Hause kommen. Ich glaube auch nicht, daß Ihre Eltern annehmen, Sie hätten dann, bis in die Nacht hinein, mit Ihrem Verlobten Hand in Hand irgendwo in einem Lokal oder in einem Kino gesessen.

Aber mit einemmal „schickt“ es sich nicht, daß Sie mit ihm in Urlaub fahren möchten! Warum eigentlich?

Sie stehen im Beruf und tragen eine Verantwortung. Folglich haben Sie auch Rechte. Das Recht zum Beispiel, in Ihrem Urlaub zu tun, was Ihnen Spaß macht.

Mit achtzehn ist man auch in der Liebe kein Kind mehr. Dafür sorgt schon die Umwelt. Warum müssen die Eltern die Liebe immer so schlechtmachen? In ihrer Jugend haben sie bestimmt mit anderen Maßstäben gemessen!

William Steinborn:

Bei meinem Sohn hätte ich nichts dagegen, wenn er mit seiner Verlobten zum Camping fahren würde. Er ist alt genug zu wissen, wie weit er gehen darf. Er würde ja sowieso einen Dreh finden — mit oder ohne meinen Segen — seinen Willen durchzusetzen.

Anders wäre es bei meiner Tochter, da sagte ich: nein! Sie soll warten, bis sie 21 Jahre alt ist, dann kann sie tun und lassen, was sie will. Ich kann mir zwar denken, daß sich das Mädel die Erlebnisse, die es sich von der Campingreise verspricht, auch auf andere Weise verschaffen kann. Aber als Vater werde ich dem nicht noch Vorschub leisten.

Ilse Collignon:

Als Mutter bin ich dagegen. Nicht etwa, „weil es sich nicht schickt“, sondern aus Sorge um mein Kind. Zwei junge Menschen, die sich lieben, sind keine Eisblöcke. Die enge Gemeinschaft des Zeltlebens schafft Gelegenheit, und Gelegenheit macht Diebe. Aus der Campingfahrt wird eine „Hochzeitsreise auf Vorschuß“ mit allen Konsequenzen.

Die Folgen trägt doch immer das Mädchen. Wenn sie ein Kind bekommt, müssen die beiden überstürzt heiraten, und in meinen Augen ist ein 20jähriger Mann einfach noch nicht reif genug, um Ehemann und Vater zu sein. Eine so „plötzliche“ Ehe kann alle Zukunftspläne zunichte machen.

Ich würde mit meiner Tochter und ihrem Verlobten offen über die Gründe für meine Ablehnung sprechen. Bis jetzt habe ich die Erfahrung gemacht, daß ein ehrliches Wort von Älteren bei jungen Menschen meist ein offenes Ohr — und Verständnis — findet.

BRAVO fragt seine Leser: Was denken Sie über „Urlaub zu zweit?“ — Schreiben Sie uns! BRAVO wird im Laufe der Diskussion auch einen Juristen, einen Seelsorger und einen Psychologen sprechen lassen.

M 5 **Diskussionsteilnehmer, Originalseite aus der BRAVO, Heft 34, 1961**

M 6 **„Die Halbstarken“**
Filmplakat von 1956

M 7 **„Grün ist die Heide“**
Filmplakat von 1951

Aufgaben

1. Inwiefern ist es berechtigt, von einer neuen Jugendkultur zu sprechen?
   → Text
2. a) Untersuche die Titelblätter der BRAVO von 1956 und 1957. Wer sollte damit angesprochen werden?
   b) Vergleiche eine aktuelle BRAVO-Ausgabe mit der damaligen. Benenne Gemeinsamkeiten und Unterschiede.
3. a) Benenne das Thema, das in BRAVO diskutiert wurde.
   b) Ist dieses Thema deiner Meinung nach noch aktuell?
   c) Fasse die Positionen der einzelnen Diskussionsteilnehmer zusammen.
   d) Verfasst eigene Stellungnahmen zur damaligen Streitfrage aus heutiger Sicht.
   e) Legt ein aktuelles Thema fest und formuliert in Anlehnung an die damalige Diskussion verschieden Stellungnahmen dazu.
   → M4, M5
4. a) Informiere dich über den Inhalt der beiden Filme.
   b) Vergleiche die beiden Plakate im Hinblick auf Gestaltung und Adressaten.
   c) Untersuche, wie Männer und Frauen sowie ihr Verhältnis zueinander jeweils dargestellt werden.
   → M6, M7

Die DDR von der Gründung bis zum Mauerbau

M 1 Gründung der DDR
Auf seiner Sitzung am 7. Oktober 1949 proklamiert die Provisorische Volkskammer die Gründung der DDR.

Das Selbstverständnis der DDR

Die neu gegründete DDR suchte ihre Existenz dadurch zu rechtfertigen, dass sie sich in die „fortschrittliche Tradition" der deutschen Geschichte stellte. Überzeugte Kommunisten sahen im neuen Staat eine antifaschistische Alternative zur Bundesrepublik: In der DDR sollte der Faschismus endgültig ausgerottet sein und die sozialistische Planwirtschaft ihre Überlegenheit gegenüber dem Kapitalismus beweisen. Dieser neuen Gesellschaft, so hoffte man, würden die Menschen begeistert zustimmen.

Die SED – „führende Kraft des Sozialismus"

Die SED verstand sich als führende Kraft des Sozialismus, auch wenn formal weitere Blockparteien wie CDU, NDPD, DBD und LDPD fortbestanden. Sie erhob den Anspruch, die Interessen der „werktätigen Bevölkerung" zu vertreten, und durchdrang alle Bereiche des Alltagslebens ihrer Bürger.

Für die Überwachung der Bevölkerung schuf die SED ein mächtiges Werkzeug: den Staatssicherheitsdienst. Er überzog das Land mit einem Überwachungssystem, das bis in die Wohnungen und Betriebe reichte. Spitzel beobachteten Verdächtige, geheime Zentralen hörten Telefongespräche ab, öffneten die Post und sammelten staatsfeindliche Äußerungen für die Personalakte. Nach dem Zusammenbruch der DDR wurde bekannt, dass 173 000 Spitzel und 91 000 feste Mitarbeiter dem Ministerium für Staatssicherheit unterstanden hatten.

1952 bildete die DDR auf Befehl des Innenministeriums eine „Kasernierte Volkspolizei". Unter Jugendlichen wurde für diese als Polizei getarnte neue Armee geworben. 1956 erfolgte dann die offizielle Gründung der „Nationalen Volksarmee" (NVA), dem Gegenstück zur Bundeswehr.

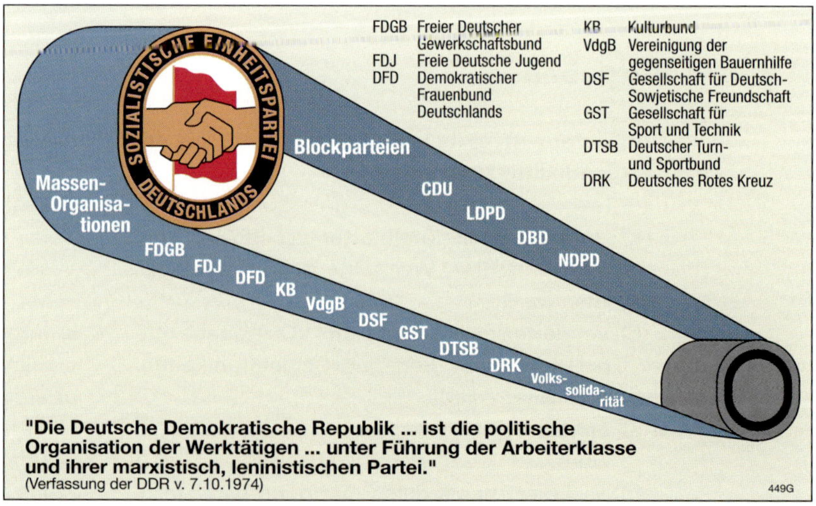

M 2 Politische Organisationen in der DDR
Drehpunkt des politischen Lebens ist die SED, um die sich Massenorganisationen und Blockparteien gleich einem Treibriemen drehen.

M 3 „Eisenhüttenkombinat Ost"
Das Kombinat wurde 1951 gegründet, galt als „sozialistische Großtat" und sollte Zentrum einer neuen Stahlindustrie sein. Es war geografisch nach Osten ausgerichtet und verarbeitete sowjetisches Eisenerz mit polnischem Koks zu Stahl. Die Beschäftigtenzahl lag bei etwa 20 000 Stahlarbeitern.
Neben dem Kombinat entstand als Wohnort für die Arbeiter „Stalinstadt", das man nach der Entstalinisierung in „Eisenhüttenstadt" umbenannte. 1953 hatte die Stadt 2 400 Einwohner, 1960 waren es bereits 24 000, Gemälde von Herbert Aschmann, 1952.

M 4 Plakat zum 17. Juni 1953
Der Volksaufstand spiegelt sich hier aus Sicht der Bundesrepublik wider.

Der Volksaufstand vom 17. Juni 1953

1953 kam es zu einer Versorgungskrise in der DDR. Der Funke im Pulverfass war die Erhöhung der Arbeitsnormen um 10%. Dieser Beschluss, den die SED-Führung am 28. Mai 1953 verkündete, bedeutete eine Arbeitszeitverlängerung ohne Lohnausgleich. Als die Regierung trotz der Proteste die Normerhöhung nicht zurücknahm, riefen die Arbeiter am 16. Juni den Generalstreik aus.

Am Morgen des 17. Juni 1953 versammelten sich die Streikenden um ihre Forderungen zu formulieren. Dabei ging es zunächst um Rücknahme der Normerhöhung und um Preissenkungen. Zunehmend wurden aber auch freie Wahlen und der Rücktritt der Regierung gefordert. Nicht nur in Berlin, sondern in vielen Orten zogen Demonstranten durch die Straßen. In wenigen Stunden war aus dem Protest der Arbeiter ein Volksaufstand geworden, an dem sich etwa 300 000 Menschen in allen größeren Städten beteiligten.

Die Staatsmacht befand sich in Auflösung. In dieser Situation griff die Sowjetarmee ein und verhängte den Belagerungszustand. Panzer rollten durch die Städte und suchen die Menschen einzuschüchtern. Diese gingen mit Steinen, Holzstücken und Eisenträgern gegen sie los. Es kam zu etwa hundert Todesopfern.

Gegen die massive sowjetische Militärmacht war jeder Widerstand aussichtslos. Viele Menschen entschlossen sich damals zur Flucht in den Westen, andere fügten sich in die Verhältnisse.

M 5 **DDR-Plakat von 1974**
Der „Rat für gegenseitige Wirtschaftshilfe“ (RGW) entstand als Reaktion auf den Marshallplan.

Warschauer Pakt und RGW
Das militärische Bündnissystem der Ostblockstaaten war der „Warschauer Pakt“, in den die DDR 1955 eintrat. Er erwies sich rasch als Herrschaftsinstrument der Sowjetunion, die 1956 den Aufstand in Ungarn niederschlug. Wirtschaftliche Kooperation sollte der „Rat für gegenseitige Wirtschaftshilfe“ (RGW) garantieren, der eine Arbeitsteilung der sozialistischen Länder vorsah. Die Schwerfälligkeit der Planwirtschaften und die Isolierung von der wettbewerbsorientierten Weltwirtschaft verhinderten jedoch einen nachhaltigen Erfolg.

Die Entstalinisierung und ihre Folgen
Nach Stalins Tod im März 1953 kam es auf dem XX. Parteitag der KPdSU 1956 zu einer Abkehr von dessen Terrormethoden. In einer geheimen Rede verurteilte der neue Parteichef Nikita Chruschtschow Stalins brutale Maßnahmen und den Kult um seine Person und forderte die Rehabilitierung der Opfer. Diese von Chruschtschow eingeleitete Entstalinisierung griff auf die anderen Ostblockstaaten über.

Auch in der DDR geriet die Partei in Erklärungsnot. Vor allem Studenten und Intellektuelle, selbst SED-Mitglieder, forderten mehr Demokratie. Doch konnte die SED die Lage mit Drohungen und Zugeständnissen beruhigen.

Die Wirtschaft der DDR
Schon während der Besatzungszeit waren industrielle Großbetriebe, Banken und ländlicher Besitz über 100 ha verstaatlicht worden. Ein zentraler Plan legte Produktionsmengen und Preise fest und wies den „Volkseigenen Betrieben“ (VEB), wie die enteigneten Firmen nun hießen, Aufträge und Rohstoffe zu, gab Arbeitszeiten vor und legte Löhne fest. Was der Bürger zum Leben brauchte, kaufte er in den staatlichen HO-Läden (Handelsorganisation).

Die schwerfällige Planwirtschaft litt jedoch an organisatorischen Mängeln, sodass sich vor den Geschäften oft lange Schlangen bildeten. Hinzu kam eine mangelhafte Warenqualität, Produkte wie Fisch, Südfrüchte oder Gemüse blieben seltene Wirtschaftsgüter. Schon zu Beginn der Fünfzigerjahre fiel der Lebensstandard der DDR weit hinter den der Bundesrepublik zurück.

Um 1960 verschärfte die DDR die Kollektivierung der Landwirtschaft. Unter der Losung eines „Sozialistischen Frühlings auf dem Lande“ wurden die Einzelbauern durch Druck und Versprechungen in die „Landwirtschaftlichen Produktionsgenossenschaften“ (LPG) gepresst. Viele Bauern verließen ihre Höfe und flohen in den Westen. Die Folge war eine schwere Versorgungskrise.

M 6 **1. Fünfjahresplan der DDR**
Fünfjahrespläne waren typische Instrumente sozialistischer Planwirtschaften, Plakat von 1950.

Der Mauerbau am 13. August 1961
Die offene Grenze in Berlin war ein Problem für die DDR, da qualifizierte Facharbeiter und Akademiker in den Westen strömten. Hunderttausende hatten bereits auf diese Weise die DDR verlassen, die damit gerade die Bürger verlor, die sie für den Aufbau brauchte. Am 13. August 1961 tat die DDR den entscheidenden Schritt: Unter dem Schutz von Polizei- und Militäreinheiten rückten Baukolonnen an und begannen mit dem Bau von Sperranlagen an der Sektorengrenze.

M 7 **Mauerbau in der Karikatur**
Abbildung in der westdeutschen Zeitung „Die Welt" vom 14.8.1961

Als der Morgen des 13. August über Berlin dämmerte, war die Stadt geteilt. In den nächsten Tagen wurde eine Mauer quer durch Berlin errichtet, die Straßen zerschnitt, Familien trennte und die Stadt für die nächsten 28 Jahre teilte. Viele Menschen hofften auf eine Intervention der Westmächte, doch reagierten die USA betont zurückhaltend. Sie betrachteten das Ereignis als Vorgang innerhalb des sowjetischen Machtbereichs und beließen es bei einer Protestnote.

Die innerdeutsche Grenze

Auch die 1400 km lange Grenze zur Bundesrepublik baute die DDR zu einem unüberwindlichen Bollwerk aus. Wachtürme, Metallzäune und Stolperdrähte in Verbindung mit Selbstschussanlagen sollten jede Flucht aus dem Arbeiter- und Bauernstaat verhindern. Hunde an Laufleinen und Minen perfektionierten die Grenzsicherung. Nur mit Sondergenehmigung durfte man die Sperrzone betreten, ein Streifen von 5 km entlang der Grenze.

Die Folgen des Mauerbaus

Der „antifaschistische Schutzwall", wie die DDR die neue Grenzbefestigung nannte, schuf neue Verhältnisse in Deutschland. Er war das Eingeständnis der moralischen, politischen und ökonomischen Bankrotterklärung des SED-Systems. Nur durch Stacheldraht und Betonmauern konnte die Regierung ihr eigenes Volk am Fortlaufen hindern.

Auch die Bonner Regierung stand vor einem Scherbenhaufen, denn der Mauerbau schien Deutschlands Teilung zu besiegeln. Berlins Regierender Bürgermeister Willy Brandt war überzeugt, dass gegen die Teilung nur eine „Politik der kleinen Schritte" helfen würde, eine Verhandlungspolitik also, die die Interessen der anderen Seite ernst nahm. Das hieß: Überwindung der Teilung durch Annäherung.

M 8 **Bau der Berliner Mauer**
Baukolonnen errichten unter Bewachung der Volkspolizei die quer durch Berlin laufende Mauer.

Flüchtlingszahlen nach 1949

Jahr	1949	1950	1951	1952	1953	1954	1955	1956	1957	1958	1959	1960	1961
Flüchtlinge	129245	197788	165648	182393	331390	184198	252870	279189	261622	204092	143917	199188	155402
Insgesamt	2686942												

Aus: Ploetz DDR, hrsg. von Alexander Fischer, Köln 2004, S. 266.

12446E

M 9

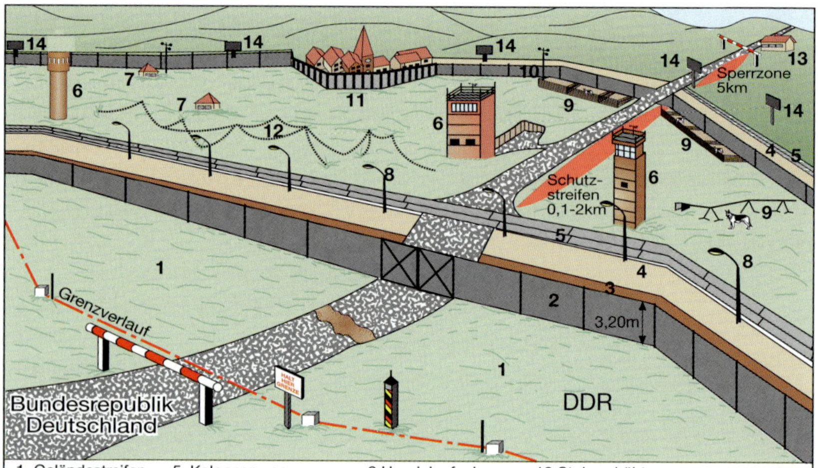

1 Geländestreifen
2 Metallgitterzaun
3 Kfz-Sperrgraben
4 Kontrollstreifen
5 Kolonnenweg
6 Beobachtungsturm
7 Beobachtungsbunker
8 Lichtsperre
9 Hundelaufanlage
10 Schutzstreifenzaun mit Signalanlagen
11 Betonsperrmauer
12 Stolperdrähte
13 Kontrollpassierpunkt zur Sperrzone
14 Hinweisschilder: „Beginn des Schutzstreifens"

704G

M 10 DDR-Grenzsperranlagen

M 11 Peter Fechter verblutet an der Mauer

Der achtzehnjärige Maurer Peter Fechter war das erste Todesopfer an der Berliner Mauer. Sein Schicksal am 17. August 1962 schildert folgender Bericht:

Vier Arbeiter, die auf einer Baustelle an der Ostberliner Prachtstraße „Unter den Linden" arbeiteten, machten am 17.August 1962 Mittagspause in einem Lokal namens „Bullenwinkel" am Hausvogteiplatz. Gegen 12.00 Uhr schickten sie sich an, zur Baustelle zurückzugehen, doch auf halbem Weg kehrten zwei Bauarbeiter, der Betonbauer Helmut K. und der Maurer Peter Fechter, beide achtzehnjährig und gut miteinander befreundet, noch einmal um. Sie sagten, sie wollten noch schnell Zigaretten holen, und die anderen beiden Arbeiter gingen weiter. Doch K. und Fechter kamen nicht mehr auf die Baustelle zurück.

Inzwischen war es 14.15 Uhr. Die beiden Grenzpolizisten, die im Abschnitt Zimmerstraße/Ecke Charlottenstraße eingeteilt waren, scheinen zu diesem Zeitpunkt nicht sehr aufmerksam gewesen zu sein, denn sie bemerkten nicht, dass zwei junge Männer die von einem Stacheldrahtzaun gebildete erste Absperrung überwanden, die zehn Meter Grenzstreifen überquerten und begannen, auf die Sperrmauer zu steigen. Erst als einer der Männer schon oben war, entdeckten die Uniformierten die Flüchtlinge. Laut MfS-Bericht [Ministerium für Staatssicherheit] an Erich Honecker eröffneten daraufhin „beide Posten [...] aus ca. 50 Meter Entfernung sofort das Feuer auf die Grenzverletzer". Fast zeitgleich schoss auch der Nachbarposten auf die Flüchtlinge. 35 Schuss wurden insgesamt abgefeuert. Helmut K. gelang es dennoch, unverletzt auf die westliche Seite zu kommen. Peter Fechter dagegen fiel auf die Ostberliner Seite zurück und blieb dort liegen. Verzweifelt versuchten Westberliner, dem vor Schmerzen schreienden Peter Fechter zu Hilfe zu kommen. Mit Unterstützung von Polizisten legten sie eine Leiter an die Mauer; sie kamen aber an den Verletzten nicht heran. In ihrer Hilflosigkeit warfen sie Verbandszeug über den Stacheldraht. Amerikanische Militärpolizisten vom etwa hundert Meter entfernten „Checkpoint Charlie" wurden mit dem Hinweis auf den Viermächtestatus händeringend aufgefordert einzugreifen, doch sie weigerten sich, mit der Begründung, das sei nicht ihre Aufgabe. Auch von der Ostberliner Seite erfolgte zunächst keine Bergung des Verletzten. [...] Erst gegen 15.00 Uhr, etwa eine Dreiviertelstunde nach den Schüssen, wurde der bereits leblos wirkende Peter Fechter von DDR-Grenzpolizisten weggeschleppt. Er verstarb noch auf dem Transport in das Krankenhaus der Volkspolizei.

Der Vorfall löste in Westberlin sofort helle Empörung aus. Schon wenige Stunden später wurde auf der Westseite der Mauerstelle, wo Fechter gelegen hatte, ein Holzkreuz aufgestellt, das schon nach kurzer Zeit mit Blumen überhäuft war. Diesmal jedoch richtete sich der Zorn nicht nur gegen die DDR und ihre Grenzpolizisten, sondern auch gegen die amerikanische Schutzmacht, der man wegen des Nichteingreifens schwere Vorwürfe machte.

Bernd Eisenfeld/Roger Engelmann, 13.8.1961: Mauerbau. Fluchtbewegung und Machtsicherung, Berlin, S. 105f.

M 12 **17.August 1962, 14.30 Uhr**
Der angeschossene Peter Fechter an der Berliner Mauer

M 13 **„Niemand half ihm"**

Der SPD-Politiker Egon Bahr erinnert sich 1996 an die Erschießung von Peter Fechter:

Die Kluft zwischen Wirklichkeit und Propaganda tat sich ein Jahr später auf. Der achtzehnjährige Bauarbeiter Peter Fechter wurde beim Versuch, die Mauer zu übersteigen, angeschossen, fiel auf die Ostseite zurück und schrie, fünfzig Minuten lang, bis er starb. Niemand half ihm. Ein Amerikaner, von dem man annahm, Uniform und Recht der Besatzungsmacht würden ihm gestatten, über die Mauer zu steigen und den Mann zu holen, erklärte, das sei jenseits seines Auftrags. Jetzt erst wurde den West-Berlinern schlagartig klar, dass die Vier-Mächte-Rechte nur noch Sprachhülsen waren. Die Kompetenzen der Westmächte endeten an der Mauer. Die Garantien galten nur den West-Berlinern. Es kam zu antiamerikanischen Kundgebungen und Ausschreitungen, erstmals nach dem Krieg. Die psychologische Krise war durch Johnsons Besuch [des amerikanischen Präsidenten] vermieden worden. Sie brach ein Jahr später auf: Wir sind eingemauert in einer Festung,mit einem einzigen unkontollierten Zugang durch die Luft. Wie lange würde sie sich halten können?

Mit der Teilung leben – und zwar für eine nicht übersehbare Zeit –, das war die Aufgabe nach der Zementierung der Teilung durch die Mauer. Das Ausland konnte das fast erleichtert zur Kenntnis nehmen. Die Westdeutschen vermehrten den Wohlstand. Die Ostdeutschen mussten ihrem Leben die DDR-Perspektive geben. Niemand würde helfen, den Status quo zu verändern.

Egon Bahr, Zu meiner Zeit, München 1996, S. 138f.

Aufgaben

1. Beschreibe das Bild „Eisenhüttenkombinat Ost" von 1952 und zeige auf, inwiefern es das Selbstverständnis der DDR widerspiegelt.
   → Text, M3
2. Erläutere, warum sowohl der 17. Juni 1953 als auch der 13. August 1961 entscheidende Daten der Deutschen Geschichte sind.
   → Text, M4, M7, M8, M9
3. a) Fasse die Ereignisse vom 17. August 1962 mit eigenen Worten zusammen.
   b) Beurteile die Haltung der Beteiligten.
   c) Zeige auf, inwiefern die Ereignisse um den Tod von Peter Fechter – nach Egon Bahr – zu einer „psychologischen Krise" führten.
   → M11–M13

M 1 **Der 17. Juni 1953 im Spiegel der Quellen**

*a) Siegfried Berger (*1918) war 1953 in einem Funkwerk in Ostberlin (Köpenick) als Ingenieur beschäftigt:*

Vor Beginn des Marsches zu den Ministerien hatte ich folgende drei Forderungen und Ziele unseres Streiks aufgestellt und volle Zustimmung erhalten:
1. Rücktritt der Regierung
2. Freie und geheime Wahlen
3. Die Wiedervereinigung.

Ich übernahm die Führung des Demonstrationszuges und forderte alle Teilnehmer auf, den Anweisungen unserer Kollegen, die den Ordnungsdienst übernahmen, Folge zu leisten und keinerlei Ausschreitungen oder Beschädigungen irgendwelcher Art zuzulassen. Mein Kollege Hans Erler bot sich an, dem Zug mit seinem Moped vorauszufahren, um vor Zusammenstößen mit Volkspolizisten oder sowjetischen Soldaten zu warnen und Ausweichmöglichkeiten auszuspähen.
Der Zug von mehr als 2000 Teilnehmern verlief ruhig und diszipliniert. Allerdings wurde er immer länger, denn weitere Einzelpersonen und Gruppen schlossen sich an. [...]
Unser Zug [bewegte sich] auf der Warschauer Straße weiter in Richtung S-Bahnhof. Hier kam uns eine größere Zahl von Volkspolizisten (Vopo) mit ihren Gewehren im Anschlag entgegen. Wir in der ersten Reihe hakten uns gegenseitig ein und versuchten, den Zug zu stoppen, was natürlich sehr schwer gelang. Als die Polizisten uns ihre Gewehrläufe auf die Brust drückten und riefen: „Zurück, oder wir schießen!", kam der Zug langsam zum Halten. Ich erklärte den Vopos, dass wir Arbeiter aus Köpenick wären, aber sie sagten, wenn wir nicht zurückgingen, hätten sie Befehl zu schießen. Langsam bewegte sich die Masse hinter uns zurück. Als die Entfernung zur Polizistenkette etwa gut 50 m betrug, schossen sie doch. Wir hatten etwa 3–5 Verletzte, die wir alle mit in den Westsektor nehmen konnten. Dies war das Ende unseres über fünf Stunden dauernden Protestmarsches. Wir verteilten uns und erfuhren erst jetzt, dass seit 13.00 Uhr im Ostsektor von den Sowjets der Ausnahmezustand ausgerufen worden war.

Siegfried Berger, „ich nehme das Urteil nicht an" – Ein Berliner Streikführer des 17. Juni vor dem Sowjetischen Militärtribunal, Schriftenreihe des Berliner Landesbeauftragten für die Unterlagen des Staatssicherheitsdienstes der ehemaligen DDR Band 8, Berlin 1998, S. 17–19.

b) Am 17. Juni erließ die DDR-Regierung folgende Bekanntmachung:

Maßnahmen der Regierung der Deutschen Demokratischen Republik zur Verbesserung der Lage der Bevölkerung sind von faschistischen und anderen reaktionären Elementen in West-Berlin mit Provokationen und schweren Störungen der Ordnung im demokratischen Sektor von Berlin beantwortet worden. Diese Provokationen sollen die Herstellung der Einheit Deutschlands erschweren. [...]
Die Unruhen, zu denen es gekommen ist, sind das Werk von Provokateuren und faschistischen Agenten ausländischer Mächte und ihrer Helfershelfer aus deutschen kapitalistischen Monopolen. Diese Kräfte sind mit der demokratischen Macht in der Deutschen Demokratischen Republik, die die Verbesserung der Lage der Bevölkerung organisiert, unzufrieden.

Deuerlein, Ernst (Hg.), DDR 1945–1970, München 1975, S. 135 f.

c) Am 21. Juni 1953 führte Bundespräsident Theodor Heuss für die Opfer des 17. Juni Folgendes aus:

Dieses Geschwätz über „Agenten" und „Provokateure" ist ja die ewige, schier zum Klischee gewordene Ausrede jener, die sich im Ungenügen von einer Instinktreaktion des Volkes ertappt fühlen. Es können nur die Primitiven der Regierungsleute in Ostberlin an ihre eigenen Kommuniqués glauben. [...] Gebt dem deutschen Menschen, gebt ihm zurück das eingeborene Recht zu seiner staatlichen Selbstgestaltung, seiner Freiheit, damit die Verkrampfungen sich lösen, damit Angst und Furcht, Misstrauen und Technik des Hasses den Boden des Vaterlandes verlassen. In freien Wahlen wird das deutsche Volk in seinen breiten Schichten, dessen unzerstörbares Einheitsbewusstsein in den Geschehnissen der letzten Woche, im Tun, im Erleiden, in der Kraft des Miterlebens sich das geschichtliche Zeugnis schuf, in freien Wahlen wird es sich die rechtlich-politischen Formen neu begründen, mit denen es der Sicherung der bürgerlichen Freiheit und der sozialen Gestaltung des Miteinander dienen wird. Nichts anderes als dies kann die Lehre und soll die Folge dieses Juni 1953 sein – Lehre für uns, Lehre für die andern. Dann weht über den frischen Grabhügeln, unter denen die Opfer ruhen werden, der Atem der Hoffnung und der Zuversicht.

Bulletin des Presse- und Informationsamtes der Bundesregierung, Nr. 115/1953, S. 977 f.

Umgang mit schriftlichen Quellen

Der Volksaufstand vom 17. Juni 1953 war ein gesamtdeutsches Ereignis, denn die Aufständischen forderten unter anderem die deutsche Einheit. Zudem spielte sich der Aufstand in Ost-Berlin ab, sodass die Westberliner das brutale Geschehen unmittelbar miterlebten. Im Gedenken an dieses Geschehen wurde der 17. Juni als „Tag der Deutschen Einheit“ ein Feiertag der Bundesrepublik. Die einzelnen Quellen zeigen dabei unterschiedliche Sichtweisen des 17. Juni 1953.

M 2 **Ost-Berlin am 17. Juni 1753**
Demonstranten greifen am Potsdamer Platz sowjetische Panzer an.

Fragen an schriftliche Quellen

1. Entstehung der Quellen

a) Wann entstanden die einzelnen Quellen?
b) Was war jeweils der Anlass?
c) Welche Ziele verfolgten die Verfasser?

2. Art der Quellen

a) Um welche Arten von Texten handelt es sich im Einzelnen? Suche passende Begriffe dafür.
b) Welche Überschriften würden zu den einzelnen Texten passen?

3. Inhalt der Quellen

a) Fasse den Inhalt der Quellen knapp zusammen.
b) Welche Aspekte des 17. Juni stehen jeweils im Mittelpunkt?
c) Welche Einstellung gegenüber den Ereignissen ist den Texten zu entnehmen? Suche Belege im Text.

4. Aussagekraft der Quellen

a) Prüfe, ob die Texte die Ereignisse objektiv wiedergeben.
b) Vergleiche die einzelnen Texte. Welche sind nach deiner Meinung objektiver, welche subjektiver?
c) Vergleiche M1a) und M1b). Trifft folgende Behauptung zu: „Die Bemühungen zur Verbesserung der Lage der Bevölkerung sind von faschistischen und anderen reaktionären Elementen in West-Berlin mit Provokationen und schweren Störungen der Ordnung im demokratischen Sektor von Berlin beantwortet worden"?
d) Enthält M1c) Informationen zu den Ereignissen?
e) Wofür lässt sich dieser Text als Quelle heranziehen?

5. Bedeutung der Quellen

a) Welche Sichtweisen kommen in den Quellen zu Wort?
b) Formuliere zu jeder Quelle eine geeignete Frage, die sich mit Hilfe des Textes beantworten lässt.
c) Welche anderen Sichtweisen des 17. Juni 1953 sind denkbar?

Leben in der DDR in den Fünfzigerjahren

Eine sozialistische Gesellschaft als Ziel
Die DDR nahm für sich in Anspruch, ein besserer Staat als die Bundesrepublik zu sein und die fortschrittlichen Traditionen der deutschen Geschichte weiterzuführen. Es sollte eine sozialistische Gesellschaft entstehen, in der das Prinzip der Gleichheit herrschte. Große Bedeutung hatte dabei das Bildungssystem, das den bisher Benachteiligten die Möglichkeit bieten sollte, sozial aufzusteigen. Die bisherigen sozialen Abgrenzungen sollten überwunden und die Bevölkerung – vor allem die Jugend – für die Ziele des Sozialismus gewonnen werden.

M 1 **„I. Funktionärskonferenz“** der FDJ, Plakat von 1950

Gründung der Freien Deutschen Jugend
Die sowjetische Besatzungsmacht und die SED setzten alles daran, die Jugend für den Aufbau jener neuen Ordnung zu gewinnen, die sie „antifaschistisch-demokratisch“ nannte. Im Juni 1946 tagte in Brandenburg/Havel das 1. Parlament der Freien Deutschen Jugend (FDJ). Von allen Rednern wurde die Überparteilichkeit beschworen. Doch allein die Besetzung der Führungspositionen widerlegte den schönen Schein. Der Vorsitz lag bei Erich Honecker, dem verantwortlichen Jugendpolitiker in der SED-Führung; auch andere wichtige Funktionen wurden von SED-Mitgliedern bekleidet.

Gerade im Bereich Sport, Freizeit und Wandern verzeichnete die FDJ großen Zuspruch. Die Besatzungsbehörden stellten Räumlichkeiten zur Verfügung und die Jugendlichen strömten zu den Veranstaltungen wie zum Beispiel Heimabenden, Tanzkursen oder Sportfesten.

Vergangenheitsbewältigung
Die SED bot den DDR-Bürgern eine klare Interpretation der Vergangenheit: Schuld an Faschismus und Krieg waren die Kapitalisten, die Hitler und die Nationalsozialisten unterstützt hatten. Die Arbeiter und Bauern waren allein durch ihre Klassenzugehörigkeit entsühnt. „Die Mörder sind unter uns“ – so hieß einer der ersten Filme, der nach dem Zweiten Weltkrieg in Ostdeutschland gedreht wurde. Im Film „Der Rat

M 2 **Filmplakate**
„Die Mörder sind unter uns“, Regie: Wolfgang Staudte, 1946 und „Der Rat der Götter“, Regie: Kurt Maetzig, 1949/50

der Götter“ ging es um die Führungsspitze des Chemiekonzerns IG-Farben, der Hitler in den Sattel gehoben, am Krieg verdient hatte und nun mit Hilfe der Amerikaner neue Kriege vorbereitete.

Widerstand in den Fünfzigerjahren

Doch es gab von Anfang Menschen, die sich der kommunistischen Diktatur bewusst verweigerten und teilweise sogar trotz hoher Risiken politischen Widerstand leisteten. Auch sie beriefen sich auf den antifaschistischen Widerstandskampf, insbesondere auf den Kreis der „Weißen Rose“. Sie wollten nicht wie ihre Eltern durch Schweigen mitschuldig an den Verbrechen der totalitären Staatsmacht werden.

So gründete in der sächsischen Kleinstadt Werdau ein Kreis von Oberschülern aus Protest gegen die Scheinwahlen zur Volkskammer am 15. Oktober 1950 eine Widerstandsorganisation. Die Gruppe verteilte selbstverfasste Flugblätter und schrieb nachts Parolen an Häuserwände. Überall in der Stadt tauchte ein symbolisches „F“ auf, das für Freiheit stand. Im Mai 1951 kam es zu den ersten Verhaftungen. Am 4. Oktober 1951 wurden 19 Schüler vom Landgericht Zwickau zu langen Zuchthausstrafen verurteilt.

Sowjetunion als Leitbild

Nicht nur politisch, sondern auch kulturell galt die Sowjetunion als Vorbild. Kunst und Literatur sollten den politischen Aufbau unterstützen. So findet sich in einschlägigen Werken oft eine idealisierende Darstellung der sozialistischen Wirklichkeit. Diese Kunstrichtung hieß „sozialistischer Realismus“ und verherrlichte den einfachen Arbeiter und die Aufbauleistungen nach dem Krieg.

Besondere Bedeutung hatte in den Anfangsjahren der DDR der Stalinkult. Der Führer der Sowjetunion wurde wie ein Übermensch dargestellt. Straßen trugen seinen Namen und sein Bild war in der Öffentlichkeit allgegenwärtig. Diese Propaganda wollte aber nicht recht zum mühsamen Wiederaufbau nach dem Zweiten Weltkrieg passen.

M 3 „Monat der Deutsch-sowjetischen-Freundschaft 1952“
Plakat der SED von 1952, im Hintergrund sind die Bauten der „Stalinallee“ in Berlin-Friedrichshain zu erkennen (heute Karl-Marx-Allee).

M 4 „Wie soll man Stalin danken"

a) In dem DEFA-Film „Roman einer jungen Ehe" (1952) von Bodo Uhse und Kurt Maetzig findet eine junge Schauspielerin in der Vier-Sektoren-Stadt Berlin ihren Weg durch die Wirren des Kalten Krieges an die Seite der „fortschrittlichen Arbeiterklasse". Den Höhepunkt des Films bildet die Rezitation eines Gedichts über den Namensgeber der Stalinallee:

Auf dieser Straße ist der Friede in die Stadt gekommen.
Die Stadt war Staub.
Wir waren Staub und Scherben
und sterbensmüde.
Aber sagt, wie soll man sterben?
Hat uns doch Stalin selber bei der Hand genommen
Und hieß uns, unsre Köpfe stolz erheben.
Und als wir Schutt wegräumten und uns Pläne machten,
Den grünen Streifen und die Häuserblocks erdachten,
Da war'n wir Sieger, und die Stadt begann zu leben.
Gradaus zu Stalin führt der Weg, auf dem die Freunde kamen.
Nun soll'n sich in den Fenstern, in den neuen, blanken,
die Feuer spiegeln!
Sagt, wie soll man Stalin danken?
Wir gaben dieser Straße seinen Namen.

M 5 Josef Stalin
Porträtaufnahme, 1945

M 6 Widerstand

Achim Beyer war einer der Oberschüler, die 1950 in der sächsischen Kleinstadt Werder eine Widerstandsorganisation gegründet hatten. Die Jugendlichen verteilten Flugblätter und wurden 1951 zu langjährigen Zuchthausstrafen verurteilt. Achim Beyer erinnert sich 2003:

Bei der Lektüre ihrer Flugblätter aus dem Jahre 1943 [der Widerstandsgruppe der „Weißen Rose"] wurde uns die Ähnlichkeit zwischen dem NS-Regime und dem Stalinismus von 1950 besonders offenkundig: ein Austausch der Begriffe NSDAP gegen SED, Hitlerjugend (HJ) gegen FDJ, Gestapo gegen Stasi drängte sich geradezu auf.
Damit erschien der politische Widerstand gegen die NS-Diktatur für uns in einem völlig anderen Licht: Es ging nicht mehr nur um eine überwundene Vergangenheit – es ging auch um die gegenwärtige politische Entwicklung. Die Geschwister Scholl wurden für viele Jugendliche zum Vorbild – und dies nicht nur in Werdau, sondern an vielen anderen Orten der DDR.

Achim Beyer, Urteil: 130 Jahre Zuchthaus, Leipzig 2003, S. 24.

M 7 „Einem Denkmale zu Lebzeiten gleich"

Der Schriftsteller Uwe Johnson beschreibt das „Führerbild" im Wohnzimmer seiner Eltern, das im Mai 1945 abgehängt wird, und schildert dann das Erscheinen des Porträts von Josef Stalin:

Im Bilde wurde er meist gezeigt nach der Manier seines Porträts auf dem Frontispiz seines Standardwerkes „Über den Großen Vaterländischen Krieg der Sowjetunion", Verlag für fremdsprachige Literatur, Moskau 1946: ein fülliger Mann mit frappierend glatter Uniformbrust, an einen Harnisch gemahnend, mit wenig Hals im verzierten Kragen und einem straffen Gesicht (keinerlei Pockennarben), das merkbar wurde durch die behagliche Behaarung über Stirn und Schläfen, über den Augenbrauen und unterhalb der Nase . Der Mann dargestellt in der Verfassung eines fünfzigsten Lebensjahres, tatsächlich den Siebzig nah, liess sich sehen im Halbprofil, den starr glänzenden Blick abwendend auf etwas Erheblicheres als den Betrachter, mit auffällig senkrecht hängenden Armen, als sei er schon längere Zeit unbeweglich und werde so verbleiben, einem Denkmale zu Lebzeiten gleich.

Uwe Johnson, Begleitumstände, Frankfurt/Main 1980, S. 35.

M 8 „Auf die Knie mit dem Krieg!"

Im August 1951 fand der so genannte Weltjugendtag in Ostberlin statt. Die in Ostberlin ansässige Tageszeitung „Neues Deutschland" berichtete darüber am 18. August 1951:

In allen Straßen, auf allen Plätzen der deutschen Hauptstadt zeigt die Jugend den unermesslichen Reichtum ihrer Lieder und Tänze. In weiten hellen Sälen hängen Bilder und Plastiken, deren Schönheit die reine Sehnsucht der Völker nach Glück und Frieden spiegelt, und zugleich den unaufhaltsamen Sieg des Tages über die Nacht. Schwarze und weiße und gelbe Söhne der Menschheit reichen einander die Hand und sprechen die Sprache der Zukunft: Die Sprache der Freundschaft.
Aber vor diesem leuchtenden sieghaften Bild liegen, die Zähne fletschend, die Fratzen wutverzerrt, die Kettenhunde des amerikanischen und deutschen Imperialismus, bereit über diese blühende Jugend herzufallen, sie in das entsetzliche Massengrab eines dritten Weltkrieges zu treiben, die Lieder, die Tänze, die Kunstwerke mit der höllischen Detonation der Atombomben zu vernichten.
Bereit zu dieser Mordtat sind sie, aber sie können nicht, wie sie wollen, denn die Jugend greift ihnen in den Rachen, schlägt ihre Pranken zurück. Die Jugend singt und tanzt, aber keine Sekunde lässt sie dabei die Todfeinde ihres glücklichen Lebens aus den Augen. Das mussten die [...] Mordkumpane zur Kenntnis nehmen, als tausende FDJler das leuchtende Blau des Friedens, den hellen Klang ihrer Lieder, den Stolz und die edle Begeisterung junger Menschen, die für die Wahrheit stehen, über die Sektorengrenzen hinübertrugen. [...]
Jetzt waren die „Kommunisten", die Friedenskämpfer da und sie sangen: „... das Kind will die Mutter vom Weinen befrein, und der Friede wird schön wie die Heimat sein. Im August, im August blühn die Rosen!" Und die Menschen in den Häusern hoben den stumpfgewordenen Blick, die Frau des Arbeitslosen presste ihr Kind erregt an die Brust, weil das Blau auf der Straße wie Hoffnung leuchtete: „Freundschaft!"

Neues Deutschland, 18. August 1951

M 9 „Weltjugendlied"

1. Jugend aller Nationen,
uns vereint gleicher Sinn, gleicher Mut!
Wo auch immer wir wohnen,
unser Glück auf dem Frieden beruht.
In den düsteren Jahren
haben wir es erfahren:
Arm ward das Leben!
Wir aber geben
Hoffnung der müden Welt!
Unser Lied die Ländergrenzen überfliegt,
Freundschaft siegt! Freundschaft siegt!
Über Klüfte, die des Krieges Hader schuf,
springt der Ruf, springt der Ruf:
Freund, reih dich ein,
dass vom Grauen wir die Welt befrein!
Unser Lied die Ozeane überfliegt,
Freundschaft siegt! Freundschaft siegt!
2. Schmerzhaft brennen die Wunden,
nun der Hass neuen Brand schon entfacht.
Denn wir haben empfunden:
Bittres Leid hat der Krieg uns gebracht.
Junger Kraft wird gelingen,
Not und Furcht zu bezwingen.
Licht soll es werden
ringsum auf Erden!
Zukunft, wir grüßen dich!
[...]

Worte: Lew Oschanin, deutsche Nachdichtung: Walter Dehmel, Weise: Anatoli Nowikow, 1947

Aufgaben

1. Erläutere anhand von Beispielen , inwiefern sich das Leben in der DDR der Fünfzigerjahre von dem in der frühen Bundesrepublik unterschied.
Text, Kapitel: Wandel der Lebensformen in den Fünfzigerjahren
2. Zeige anhand der Materialien, wie sich der „Stalinkult" in der frühen DDR auswirkte.
→ M4, M5, M7
3. a) Arbeite mit den Texten zu den „Weltfestspielen" von 1951. Erläutere mithilfe von Textzitaten, welche Position die Zeitung vertritt.
b) Fasse die Aussagen des „Weltjugendlieds" zusammen.
c) Zeige auf, dass das „Weltjugendlied" Propaganda darstellt.
→ M8, M9

M 1 **Volkswagen-Produktion am Fließband, Wolfsburg 1949**
Im Internet unter:
http://www.dhm.de/lemo

M 2 **Trabant Typ 601,** PKW mit dem im September 1989 eine Familie aus Ost-Berlin über Ungarn und Österreich nach Köln flüchtet, VEB Sachsenring, DDR, 1969, Kunststoff, Metall u. a.
Im Internet unter:
http://www.dhm.de/lemo

Umgang mit dem Internet

Die Automobilisierung war eine der wichtigsten Entwicklungen der Nachkriegszeit – und zwar in beiden deutschen Staaten. Zwei Autos – der „VW-Käfer“ und der Trabant, auch „Trabi“ genannt – stehen für diese Entwicklung. Sie wurden von den Menschen in beiden Teilen Deutschlands geliebt, besonders in der Aufbauphase, als man sich ein solches Automobil erstmals „leisten“ konnte.

Die Produktionsstätten konnten unterschiedlicher nicht sein: auf der einen Seite der Volkseigene Betrieb (VEB) Sachsenring Automobilwerke Zwickau, auf der anderen die kapitalistische Volkswagen AG in Wolfsburg, die noch unter Hitler ihre Geburtsstunde erlebt hatte. Entsprechend dem technologischen Entwicklungsstand in der DDR und der Bundesrepublik waren auch die Produktionsmethoden beider Werke durchaus unterschiedlich.

Eine genauere Recherche über den „VW-Käfer“ und den „Trabi“ im Internet ergibt interessante Aufschlüsse. Um sich in der Vielzahl von Informationen nicht zu verlieren, ist es jedoch notwendig, sich vorher eine Fragestellung zu überlegen: Soll es um die Technik, das Design, die Verkaufszahlen oder die Bedeutung des Autos für die Menschen in Ost und West gehen?

Fragen an Internetseiten

1. Finden einer Fragestellung
a) Welcher Aspekt der Motorisierung soll untersucht werden?
b) Wie lässt sich die Fragestellung möglichst präzise formulieren?

2. Beschreibung der ausgewählten Internetseiten
a) Wer hat die jeweilige Internetseite erstellt?
b) Wer ist der Adressat der jeweiligen Seite?
c) Wird die Herkunft der gezeigten Materialien genannt?
d) Geben die Seiten Auskunft darüber, welche Absicht der Präsentation zugrunde liegt?

3. Informationsgehalt der Internetseiten
a) Was erfährst du im Hinblick auf die gewählte Fragestellung über die beiden Autos?
b) Welche Fragen bleiben auf den Seiten dennoch offen?
c) Welche Informationen lassen sich aus anderen Informationsquellen, z.B. Lexika, gewinnen?

4. Art der Darstellung auf den Internetseiten
a) Wie ist die Seite gestaltet?
b) In welchem Verhältnis stehen Text und Bild zueinander?
c) Legt die Seite den Nutzern durch die Art der Gestaltung eine bestimmte Sichtweise nahe? (Begründung!)

5. Ergebnis der Recherche
a) Muss die ursprüngliche Fragestellung verändert werden? Wenn ja, wie?
b) Stelle die gefundenen Informationen zusammen.
c) Wie lassen sich die Ergebnisse angemessen präsentieren?

6. Beurteilung der Recherche
a) Waren die ausgewählten Seiten für die gewählte Fragestellung informativ?
b) Welche Informationen fehlen noch?

M 6 **Landessprache**

*In seinem Gedicht „Landessprache" von 1960 schildert der Schriftsteller Hans Magnus Enzensberger (*1929) seine Einstellung zu Deutschland:*

Was habe ich hier verloren,
in diesem Land,
dahin mich gebracht haben meine Älteren
durch Arglosigkeit?
Eingeboren, doch ungetrost,
abwesend bin ich hier,
ansässig im gemütlichen Elend,
in der netten, zufriedenen Grube.

Was habe ich hier? und was habe ich hier zu suchen,
in dieser Schlachtschüssel, diesem Schlaraffenland,
wo es aufwärts geht, aber nicht vorwärts,
wo der Überdruß ins bestickte Hungertuch beißt,
wo in den Delikateßgeschäften die Armut,
kreidebleich,
mit erstickter Stimme aus dem Schlagrahm röchelt
und ruft;
es geht aufwärts!
wo eine Gewinnspanne weit von den armen Reichen die reichen Armen
vor Begeisterung ihre Kinostühle zerschmettern,
da geht es aufwärts von Fall zu Fall,
wo die Zahlungsbilanz Hosianna und alles was recht ist singt
und ruft: das ist nicht genug,
daß da die Freizeit spurt und Gas gibt und hinhaut,
das ist das kleinere Übel, das ist nur die Hälfte,
das macht nichts, das ist nicht genug,
daß die Tarifpartner durch die Straßen irren
und mit geballten Fäusten frohlocken
und singen und sagen:
hier geht es aufwärts,
hier ist gut sein,
wo es rückwärts aufwärts geht,
hier schießt der leitende Herr den leitenden Herrn
mit dem Gesangbuch ab,
hier führen die Leichtbeschädigten mit den
Schwerbeschädigten Krieg,
hier heißt es unerbittlich nett zueinander sein,

[...]
Was soll ich hier? und was soll ich sagen?
in welcher Sprache? und wem?
Da tut mir die Wahl weh wie ein Messerstich,
das reut mich, das ist das kleinere Übel,
das schreit und so weiter
mit kleinen Schreien zum Himmel
und gibt sich für größer aus als es ist,
aber es ist nicht ganz,
es ist nur die himmelschreiende Hälfte,
es ist noch nicht genug:

denn dieses Land, vor Hunger rasend,
zerrauft sich sorgfältig mit eigenen Händen,
dieses Land ist von sich selber geschieden,
ein aufgetrenntes, inwendig geschiedenes Herz,
unsinnig tickend, eine Bombe aus Fleisch,
eine nasse, abwesende Wunde:

Deutschland, mein Land, unheilig Herz der Völker,
ziemlich verrufen, von Fall zu Fall,
unter allen gewöhnlichen Leuten:

Meine zwei Länder und ich,
wir sind geschiedene Leute,
und doch bin ich inständig hier,
in Asche und Sack, und frage mich:
was habe ich hier verloren?

Das habe ich hier verloren,
was auf meiner Zunge schwebt,
etwas andres, das Ganze,
das furchtlos scherzt mit der ganzen Welt
und nicht in dieser Lache ertrinkt,

verloren an dieses fremde, geschiedne Geröchel,
das gepreßte Geröchel im Neuen Deutschland,
das Frankfurter Allgemeine Geröchel
(und das ist das kleinere Übel),
ein mundtotes Würgen, das nichts von sich weiß,

von dem ich nichts wissen will, Musterland,
Mördergrube, in die ich herzlich geworfen bin
bei halbwegs lebendigem Leib,
da bleibe ich jetzt,
ich hadere aber ich weiche nicht,
da bleibe ich eine Zeitlang,
bis ich von hinnen fahre zu den anderen Leuten,
und ruhe aus, in einem ganz gewöhnlichen Land,
hier nicht,
nicht hier.

Hans Magnus Enzensberger, Landessprache, Frankfurt/M. 1960.

M 7 **„Satisfaction“**
Plattencover der „Rolling Stones“, 1965

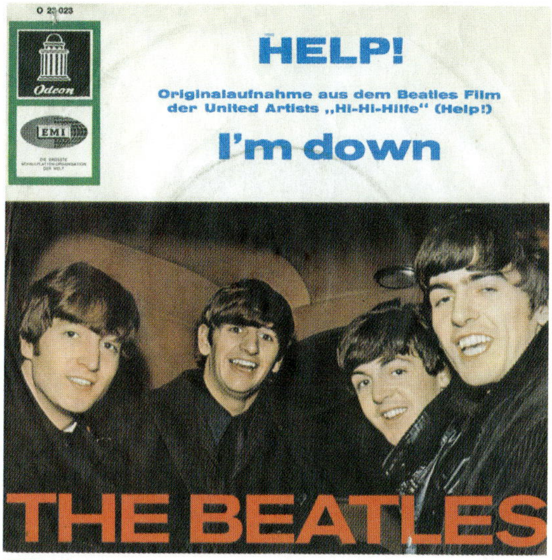

M 8 **„Help“**
Plattencover der „Beatles“, 1965

M 9 **„The unknown Soldier“**
Plattencover der „doors“, 1968

M 10 **„Voodoo Chile“**
Plattencover von „Jimi Hendrix“, 1969

Aufgaben

1. Stelle die politischen Streitfragen in der Bundesrepublik zusammen und erläutere sie.
   → Text
2. a) Lies das Gedicht „Landessprache“ aufmerksam durch. Erläutere die Anspielungen im Text. Was ist zum Beispiel mit „Schlaraffenland“ (Z. 11) gemeint?
   b) Welche Einstellung gegenüber der Bundesrepublik wird in dem Gedicht deutlich?
   c) Weshalb entschließt sich der Autor trotz aller Kritik zum Bleiben (Z. 70ff.)?
   → M6
3. a) Informiere dich über die Interpreten und die von ihnen repräsentierte Musikrichtung.
   b) Beschreibe und analysiere die grafische Gestaltung der einzelnen Plattencover. Berücksichtige dabei die jeweilige Entstehungszeit.
   → M7–M10

M 1 Aussöhnung mit Polen
Willy Brandt bei seinem Besuch in Warschau 1970 kniet vor dem Mahnmal des Warschauer Getto-Aufstandes.

Die sozialliberale Koalition von 1969 bis 1982

Machtwechsel in Bonn

Seit 1949 hatte die CDU/CSU die Regierung gestellt. Das änderte sich nach der Bundestagswahl 1969, denn nun übernahm eine sozialliberale Koalition aus SPD und FDP die Macht. Willy Brandt wurde im Oktober 1969 der erste sozialdemokratische Kanzler der Bundesrepublik, Walter Scheel (FDP) sein Außenminister.

Brandt trat mit dem Motto „Mehr Demokratie wagen" an. Das entsprach Forderungen der Jugend und führte zu wichtigen Reformen: So gewährte ein Betriebsverfassungsgesetz den Arbeitnehmern mehr Mitbestimmung. Im Rahmen einer Bildungsreform erhielten Gesamtschulen einen festen Platz, eine Hochschulreform strebte die Demokratisierung der Universitäten und eine größere Mitbestimmung der Studenten an. Das Wahlrecht wurde von 21 auf 18 Jahre herabgesetzt, die rechtliche und gesellschaftliche Stellung der Frau verbessert.

Eine neue Ostpolitik

Einen völlig neuen Kurs schlug die Ostpolitik ein. Sie war auf Verständigung und Aussöhnung mit Osteuropa ausgerichtet und suchte den Ausgleich mit der DDR. 1970 schloss die Bundesregierung Ostverträge mit der Sowjetunion und Polen. Am 21.12.1972 vereinbarte sie mit der DDR den „Grundlagenvertrag". In diesen Verträgen erkannte die Bundesrepublik die Unverletztlichkeit der Nachkriegsgrenzen an und verzichtete auf Gebietsansprüche und Gewaltanwendung.

Der Grundlagenvertrag regelte das Nebeneinander beider deutscher Staaten. In ihm erkannte die Bundesrepublik die Souveränität der DDR an, die dafür eine Reihe von Reiseerleichterungen garantierte, nicht aber die Freizügigkeit der DDR-Bürger. Die Forderung nach Wiedervereinigung erhielt die Bundesregierung aufrecht, akzeptierte aber die bestehenden politischen Realitäten.

Die Ostpolitik stieß bei der CDU/CSU-Opposition auf erbitterten Widerstand, wurde aber international hoch bewertet. Bundeskanzler Willy Brandt erhielt dafür 1971 sogar den Friedensnobelpreis. Die Ostpolitik legte den Grundstein für eine politische Entwicklung, die 1975 zur „Konferenz für Sicherheit und Zusammenarbeit in Europa" (KSZE) führte und schließlich zur Überwindung des „Eisernen Vorhangs" in Europa im Jahr 1989 beitrug.

M 2 Gipfeltreffen in Erfurt
Bundeskanzler Willy Brandt und Staatsratsvorsitzender Willi Stoph in Erfurt, 1970

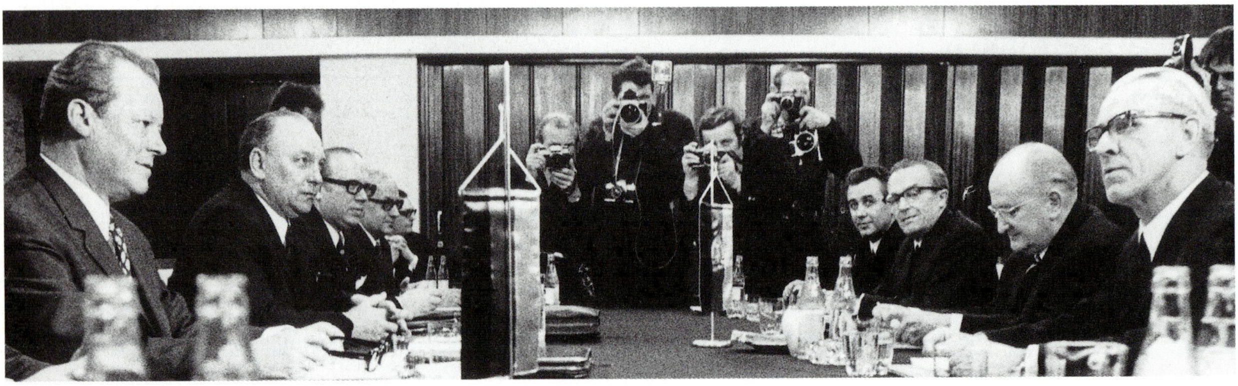

Von Brandt zu Schmidt

Nach dem Machtwechsel 1969 kehrten einige Abgeordnete der sozialliberalen Koalition den Rücken, sodass die knappe Mehrheit verloren ging. Aus den vorgezogenen Wahlen ging 1972 die SPD als stärkste Partei hervor. Willy Brandt war auf der Höhe seiner Macht angelangt und setzte die SPD/FDP-Koalition fort. Doch bereits im Mai 1974 erklärte er seinen Rücktritt, nachdem ein enger Mitarbeiter, Günter Guillaume, als Spion der DDR enttarnt worden war.

Nachfolger Brandts wurde Helmut Schmidt (SPD). Er setzte die Ostpolitik seines Vorgängers fort und festigte die deutsch-französischen Beziehungen. Zusammen mit dem französischen Präsidenten Valery Giscard d'Estaing war er einer der Initiatoren des Europäischen Währungssystems, das die Grundlage für die spätere gemeinsame europäische Währung legte. Schmidt profilierte sich international als Wirtschafts- und Finanzpolitiker und war Mitbegründer des Weltwirtschaftsgipfels, der jährlich die Staats- und Regierungschefs der sieben wichtigsten Industriestaaten zusammenführt.

In diese Zeit fielen auch die Auswirkungen der „Ölkrise", welche die Erdöl exportierenden arabischen Staaten durch Drosselung der Fördermengen 1973 auslösten. Diese Maßnahme sollte der arabischen Welt beim Jom-Kippur-Krieg gegen Israel als Waffe dienen. Der gestiegene Ölpreis führte zu einer internationalen Wirtschaftskrise, die in der Bundesrepublik die Zahl der Arbeitslosen ansteigen ließ.

Die RAF – Bedrohung durch den Terrorismus

Seit 1970 erschütterte eine Serie terroristischer Gewaltakte die Bundesrepublik. Eine kleine Gruppe aus dem Umfeld der APO war in den Untergrund gegangen, um die freiheitlich-demokratische Grundordnung zu stürzen. Bald überzogen Brand-, Sprengstoff und Mordanschläge das Land.

Die „Rote-Armee-Fraktion" (RAF), wie die Terroristen ihre Organisation nannten, bedrohte Repräsentanten des gesellschaftlichen Lebens, vor allem aus der Justiz und der Wirtschaft. Einen Höhepunkt und zugleich eine neue Dimension erreichte der Linksterrorismus 1977, als Generalbundesanwalt Siegfried Buback, der Vorstandssprecher der Dresdner Bank, Jürgen Ponto, und schließlich Arbeitgeberpräsident Hanns-Martin Schleyer ermordet wurden.

Schleyer, den die Terroristen zunächst entführt hatten, sollte gegen elf inhaftierte RAF-Mitglieder ausgetauscht werden. Nachdem die Bundesregierung diese Forderung nicht erfüllte, kaperten arabische Luftpiraten eine Lufthansa-Maschine mit deutschen Mallorca-Touristen, und entführten sie nach Mogadischu (Somalia). Eine Spezialeinheit des Bundesgrenzschutzes befreite die Touristen in einer dramatischen Rettungsaktion. Wenige Stunden danach begingen die RAF-Anführer Andreas Baader, Gudrun Ensslin und Jan Carl Raspe in der Strafanstalt Stammheim Selbstmord. Hanns-Martin Schleyer fand man am nächsten Tag ermordet.

Als Reaktion auf den Terrorismus kam es zu einer Verschärfung des bundesdeutschen Strafrechts und des Strafvollzugs. Neue „Antiterrorgesetze" stellten die Bildung terroristischer Vereinigungen und auch das Befürworten von Straftaten unter Strafe.

M 3 Gefangener der RAF
Der entführte Arbeitgeberpräsident Hanns-Martin Schleyer, 1977

M 4 Wandel durch Annäherung

Der SPD-Politiker Egon Bahr in einer Rede vom 15. Juli 1963:

Die amerikanische Strategie des Friedens lässt sich auch durch die Formel definieren, dass die kommunistische Herrschaft nicht beseitigt, sondern verändert werden soll. [....] Die erste Folgerung, die sich aus einer Übertragung der Strategie des Friedens auf Deutschland ergibt, ist, dass die Politik des Alles oder Nichts ausscheidet. Entweder freie Wahlen oder gar nichts, entweder gesamtdeutsche Entscheidungsfreiheit oder ein hartes Nein, entweder Wahlen als erster Schritt oder Ablehnung, das alles ist nicht nur hoffnungslos antiquiert und unwirklich, sondern in einer Strategie des Friedens auch sinnlos.
Heute ist klar, dass die Wiedervereinigung nicht ein einmaliger Akt ist, der durch einen historischen Beschluss an einem historischen Tag auf einer historischen Konferenz ins Werk gesetzt wird, sondern ein Prozess mit vielen Schritten und vielen Stationen. Wenn es richtig ist, was Kennedy sagte, dass man auch die Interessen der anderen Seite anerkennen und berücksichtigen müsse, so ist es sicher für die Sowjetunion unmöglich, sich die Zone zum Zwecke einer Verstärkung des westlichen Potenzials entreißen zu lassen. Die Zone muss mit Zustimmung der Sowjets transformiert werden. Wenn wir soweit wären, hätten wir einen großen Schritt zur Wiedervereinigung getan. [...]
Wir haben gesagt, dass die Mauer ein Zeichen der Schwäche ist. Man könnte auch sagen, sie war ein Zeichen der Angst und des Selbsterhaltungstriebes des kommunistischen Regimes. Die Frage ist, ob es nicht Möglichkeiten gibt, diese durchaus berechtigten Sorgen dem Regime graduell so weit zu nehmen, dass auch die Auflockerung der Grenzen und der Mauer praktikabel wird, weil das Risiko erträglich ist. Das ist eine Politik, die man auf die Formel bringen könnte: Wandel durch Annäherung.

Deutschland Archiv 8/1973, S. 862 ff.

M 5 „Unterschrift des Jahres", Karikatur von Hanns Erich Köhler, 1970

M 6 Grundlagenvertrag

Der 1973 in Kraft getretene Vertrag regelte die Grundlagen der Beziehungen zwischen der Bundesrepublik Deutschland und der DDR:

Artikel 1: Die Bundesrepublik Deutschland und die Deutsche Demokratische Republik entwickeln normale gutnachbarliche Beziehungen zueinander auf der Grundlage der Gleichberechtigung.
Artikel 2: Die Bundesrepublik Deutschland und die Deutsche Demokratische Republik werden sich von den Zielen und Prinzipien leiten lassen, die in der Charta der Vereinten Nationen niedergelegt sind, insbesondere der souveränen Gleichheit aller Staaten, der Achtung der Unabhängigkeit, Selbstständigkeit und territorialen Integrität, dem Selbstbestimmungsrecht, der Wahrung der Menschenrechte und der Nichtdiskriminierung.
Artikel 3: Entsprechend der Charta der Vereinten Nationen werden die Bundesrepublik Deutschland und die Deutsche Demokratische Republik ihre Streitfragen ausschließlich mit friedlichen Mitteln lösen und sich der Drohung mit Gewalt oder Anwendung von Gewalt enthalten. Sie bekräftigen die Unverletzlichkeit der zwischen ihnen bestehenden Grenze jetzt und in der Zukunft und verpflichten sich zur uneingeschränkten Achtung ihrer territorialen Integrität. [...]
Artikel 7: Die Bundesrepublik Deutschland und die Deutsche Demokratische Republik erklären ihre Bereitschaft, im Zuge der Normalisierung ihrer Beziehungen praktische und humanitäre Fragen zu regeln. Sie werden Abkommen schließen, um auf der Grundlage dieses Vertrages und zum beiderseitigen Vorteil die Zusammenarbeit auf dem Gebiet der Wirtschaft, der Wissenschaft und Technik, des Verkehrs, des Rechtsverkehrs, des Post- und Fernmeldewesens, des Gesundheitswesens, der Kultur, des Sports, des Umweltschutzes und auf anderen Gebieten zu entwickeln und zu fördern. Einzelheiten sind in dem Zusatzprotokoll geregelt.

Der Grundlagenvertrag, Seminarmaterial des Gesamtdeutschen Instituts, Bonn 1975, S. 3 f.

M 7 RAF-Terrorismus

Die RAF-Terroristin Ulrike Meinhof verteidigt im Jahre 1970 in einem Spiegel-Artikel („Natürlich kann geschossen werden") ihre Teilnahme an der Befreiung des Terroristen Baader aus dem Gefängnis. Zugleich nimmt sie zur Frage der Gewaltanwendung in der Bundesrepublik Stellung:

Die intellektuelle Linke hat die Aktion im Großen und Ganzen abgelehnt. Wir gehen davon aus, dass die Intellektuellen natürlich als Initiatoren von politischen Auseinandersetzungen gar nicht zu entbehren sind. Es ist ja auch eine Tatsache, dass es die Intellektuellen gewesen sind, auch in Deutschland und in Berlin, die die politischen Auseinandersetzungen zu dem Punkt gebracht haben, wo wir jetzt sind. Wir sehen aber auch, dass eben diese Intellektuellen mit ihren theoretischen Konzepten soweit sind, zu wissen, dass Bewaffnung notwendig ist und dass die Revolution nicht gemacht werden wird, ohne dass sich die Revolutionäre bewaffnen; dass sie aber gleichzeitig Leute sind, die den nächsten Schritt, der jetzt zu machen ist [...], nicht machen werden. [...]
Wovon wir ausgehen und was ja auch die Linken, die intellektuellen Linken begriffen haben, das ist, dass die Revolution nicht von ihnen gemacht werden wird, sondern vom Proletariat; das ist, dass man also in die Fabriken zu gehen hat und in Stadtteile und dass die Organisierung stattzufinden hat. Nur sind wir der Auffassung, dass die Organisierung des Proletariats ein Popanz [willenloses Geschöpf] dann ist, wenn man nicht gleichzeitig anfängt, das zu machen, was wir jetzt tun, nämlich die Rote Armee aufzubauen; [...]
Das ist ein Problem, und wir sagen, natürlich, die Bullen sind Schweine, wir sagen, der Typ in der Uniform ist ein Schwein, das ist kein Mensch, und so haben wir uns mit ihm auseinander zu setzen. Das heißt, wir haben nicht mit ihm zu reden, und es ist falsch überhaupt mit diesen Menschen zu reden, und natürlich kann geschossen werden.

Zitiert aus: „Der Spiegel", Nr. 25/1970, S. 74 f.

Aufgaben

1. a) Was versteht Egon Bahr unter der Formel „Wandel durch Annäherung"?
   b Was muss seiner Meinung nach oberstes Ziel bundesdeutscher Politik bleiben?
   → M4
2. Interpretiere die Karikatur von Hanns Erich Köhler. Ziehe einen Geschichtsatlas zu Rate.
   → M5
3. a) Fasse knapp den Inhalt des Deutschlandvertrages zusammen.
   b) Warum war dieser Vertrag innenpolitisch heftig umstritten?
   → M6
4. a) Welches Ziel verfolgte Ulrike Meinhof und welche Mittel wollte sie dafür einsetzen?
   b) Überlege, ob es – trotz Meinungsfreiheit – gerechtfertigt ist, einen derartigen Artikel zu veröffentlichen.
   → M7

Die Ära Kohl 1982 bis 1990

Das Ende der sozialliberalen Koalition

1982 brach die sozialliberale Koalition wegen Meinungsverschiedenheiten in der Wirtschaftspolitik auseinander. Zudem weigerte sich ein großer Teil der SPD, dem sicherheitspolitischen Konzept Helmut Schmidts zu folgen. Dieser forderte eine Nachrüstung durch amerikanische Mittelstreckenraketen als Antwort auf die Stationierung moderner sowjetischer SS-20-Atomraketen. Das führte zu heftigen Protestdemonstrationen der Friedensbewegung.

Am 1. Oktober 1982 wurde Helmut Schmidt durch ein konstruktives Misstrauensvotum gestürzt. Die CDU/CSU wählte mit Unterstützung der FDP Helmut Kohl zum neuen Bundeskanzler, der eine konservative Wende vollzog. Vorgezogene Neuwahlen bestätigten 1983 das Ergebnis.

M 1 Abrüstung und Atomkraft: heiß diskutierte Themen der 80er Jahre

M 2 Wahlplakat der „Grünen"

Die Partei der „Grünen"

Erstmals zog 1983 neben CDU/CSU, SPD und FDP mit den „Grünen" eine weitere Partei in den Bundestag ein. Die „Grünen" waren eine pazifistische, ökologische und basisdemokratische Partei, die sich in den 70er Jahren als Reaktion auf die atomare Bedrohung und die Verschmutzung der Umwelt gebildet hatte.

Die Ölkrise, die hemmungslose Ausbeutung natürlicher Ressourcen und Atomunfälle wie die Reaktorkatastrophe von Tschernobyl erzeugten bei vielen Menschen ein neues ökologisches Bewusstsein.

Außenpolitische Entscheidungen

Unter der neuen CDU-FDP Regierung wurde der NATO-Beschluss zur Nachrüstung gegen den Widerstand einer starken Friedensbewegung durchgesetzt. Doch nahm die Sowjetunion bald Verhandlungen mit den USA auf, die zu einem Durchbruch bei der Abrüstung führten: 1987 vereinbarten US-Präsident Reagan und der sowjetische Staatschef Gorbatschow die Vernichtung sämtlicher Mittelstreckenraketen.

M 3 Staatsbesuch von DDR-Staatschef Erich Honecker in Bonn 1987
Trotz Anerkennung der DDR 1972 war dieser Besuch eine Besonderheit.

Außenpolitisch setzte die Regierung Kohl die Ostpolitik ihrer Vorgänger fort. So erhielt die DDR 1983 einen Milliarden-Kredit, der ihr das wirtschaftliche Überleben sicherte. 1987 empfing Kohl sogar den Staatschef der DDR, Erich Honecker, zu Gesprächen in Bonn.

In die lange Amtszeit Helmut Kohls fiel 1990 die deutsche Wiedervereinigung. Er wurde damit der erste gesamtdeutsche Bundeskanzler.

M 4 Satirische politische Plakate des Grafikers Klaus Staeck
Das linke bezog sich 1982 auf Helmut Kohl, das rechte sollte 1976 auf den Abbau demokratischer Rechte hinweisen.

M 5 „Gorleben soll Leben"

In einem Aufruf, der im September 1977 veröffentlicht wurde, wird der geplante Bau einer atomaren Wiederaufbereitungsanlage im niedersächsischen Gorleben so bewertet:

Keine Atommülldeponie in Gorleben und anderswo!

Die Energiedebatte im Bundestag, die wieder einmal vor fast leeren Bänken stattfand, hat gezeigt, dass wir nicht länger auf die Einsicht von Regierung und Opposition in den Irrsinn ihrer eigenen Energiepolitik hoffen können. Die Fronten im Deutschen Bundestag verlaufen heute nicht mehr zwischen Befürwortern und Gegnern der Atomenergie, sondern zwischen denen, die den Bau weiterer Kernkraftwerke von der Lösung der Entsorgungsfrage abhängig machen, und denen, die sofort und ohne Rücksicht auf Verluste mit dem Bau beginnen wollen.

So oder so nimmt die in Gorleben geplante zentrale Atommülldeponie und Wiederaufbereitungsanlage dabei eine Schlüsselstellung ein: In Gorleben wird darüber entschieden, ob die Bundesrepublik bis zum Jahre 1984 in einen Atomstaat umgewandelt werden soll, in dem zusammen mit den letzten Rückzugsgebieten der Natur auch der letzte noch verbliebene Rest von Lebensqualität beseitigt werden wird.

[...] Um dieser Entwicklung frühzeitig Einhalt zu gebieten, muss sich der bundesweite Widerstand der Bürgerinitiativen verstärkt auf Gorleben konzentrieren. Zugleich sollen hier, unter dem Motto „Wiederaufforstung statt Wiederaufbereitung", neue Formen des gewaltfreien Widerstandes praktiziert werden.

Wir wollen ernstmachen mit der wichtigen Forderung, Energie zu sparen. Wir wollen zusammen mit alternativen Technologien auch soziale Alternativen entwickeln. Und wir wollen der radioaktiven Arbeitsbeschaffung der Plutoniumindustrie entgegentreten, indem wir selbst versuchen werden, Arbeitsplätze zu schaffen, punktuell und dezentralisiert, orientiert am Bedarf der einheimischen Bevölkerung:

- Energiegenossenschaften in kleinen, überschaubaren Einheiten (Betrieb, Gemeinde), die einen Teil der Energie, die sie verbrauchen, auf schonende Weise selbst erzeugen (Biogas, Recycling, Nutzung von Müll und Abwärme);
- Baufirmen und Handwerksbetriebe, die neue „sanfte" Technologien für den Hausgebrauch herstellen (Sonnenkollektoren, Wärmepumpen, Windräder usw.);
- Landwirtschaftliche Betriebe, die sich auf biologischen Anbau spezialisieren (ohne traditionelle Anbauweisen zu verketzern) und neue Formen gesunder Ernährung entwickeln.

Vaterland, Muttersprache. Deutsche Schriftsteller und ihr Staat seit 1945. Ein Nachlesebuch für die Oberstufe, zusammengestellt von Klaus Wagenbach u.a., Berlin 1979 S. 313–315.

M 6 Programm der „Grünen"

Die Präambel zum Parteiprogramm der Grünen (1980):

Wir sind die Alternative zu den herkömmlichen Parteien. Hervorgegangen sind wir aus einem Zusammenschluss von grünen, bunten und alternativen Listen und Parteien. Wir fühlen uns verbunden mit all denen, die in der neuen demokratischen Bewegung mitarbeiten: den Lebens-, Natur- und Umweltschutzverbänden, den Bürgerinitiativen, der Arbeiterbewegung, christlichen Initiativen, der Friedens- und Menschenrechts-, der Frauen- und 3.-Welt-Bewegung. Wir verstehen uns als Teil der grünen Bewegung in aller Welt.

Die in Bonn etablierten Parteien verhalten sich, als sei auf dem endlichen Planeten Erde eine unendliche industrielle Produktionssteigerung möglich. Dadurch führen sie uns nach eigener Aussage vor die ausweglose Entscheidung zwischen Atomstaat oder Atomkrieg, zwischen Harrisburg oder Hiroshima. Die ökologische Weltkrise verschärft sich von Tag zu Tag: Die Rohstoffe verknappen sich, Giftskandal reiht sich an Giftskandal, Tiergattungen werden ausgerottet, Pflanzenarten sterben aus, Flüsse und Weltmeere verwandeln sich in Kloaken, der Mensch droht inmitten einer späten Industrie und Konsumgesellschaft geistig und seelisch zu verkümmern, wir bürden den nachfolgenden Generationen eine unheimliche Erbschaft auf.

[...] Gegenüber der eindimensionalen Produktionssteigerungspolitik vertreten wir ein Gesamtkonzept. Unsere Politik wird von langfristigen Zukunftsaspekten geleitet und orientiert sich an vier Grundsätzen:

Sie ist ökologisch, sozial, basisdemokratisch und gewaltfrei.

http://www.dhm.de/lemo/html/dokumente/NeueHerausforderungen_programmPraeambelDerGruenen1980/index.html

M 7 **„Es muss was Wunderbares sein …"**
Karikatur von Horst Haitzinger, 1982

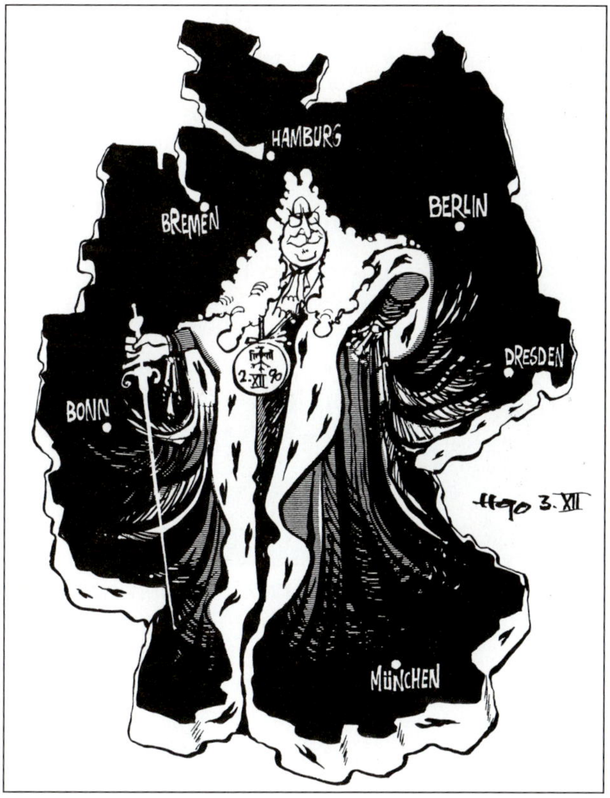

M 8 **„Sonnenkanzler"**
Karikatur von Horst Haitzinger, 1990

Aufgaben

1. Skizziere wichtige innenpolitische und außenpolitische Entwicklungen in der Ära Kohl.
   → Text
2. Analysiere die satirischen Plakate von Klaus Staeck.
   → M4
3. a) Was wird an der geplanten Atomanlage in Gorleben kritisiert?
   b) Welche Alternativvorstellungen werden entwickelt?
   → M5
4. a) Wie sieht die neue Partei der Grünen ihre Rolle im Verhältnis zu den schon bestehenden Parteien?
   b) Erläutere die Kernforderungen der neuen Partei.
   → M6
5. Wie wird Helmut Kohl in den beiden Karikaturen von Horst Haitzinger dargestellt? Berücksichtige dabei die jeweilige Entstehungszeit.
   → M7, M8

M 1 **Propagandaplakat um 1967**
Im Arbeiter- und Bauernstaat DDR war die offizielle Propaganda auf die „Werktätigen" abgestimmt.

Die DDR zwischen Mauerbau und Revolution

Wirtschaftsreformen nach 1961

Nach dem Mauerbau begann für die DDR eine Phase der Konsolidierung. Die Gefahr eines Wirtschaftskollapses durch die „Abstimmung mit Füßen" war gestoppt. Auch in der Bevölkerung setzte sich die Erkenntnis durch, dass die Mauer noch lange stehen würde und man sich mit dem Regime arrangieren müsse.

Die Wirtschaftplanung wurde Ziel einer vorsichtigen Reform. Der Ministerrat verkündete 1963 das „Neue Ökonomische System der Planung und Leitung" (NÖSPL), das Korrekturen bei der Planwirtschaft vorsah. Es sollte den Betrieben eine selbstständigere und gewinnorientiertere Arbeit ermöglichen. 1967 bekam die SED Angst vor der eigenen Courage und kehrte zum System des Zentralismus zurück.

Maulkorb für Schriftsteller und Kritiker

Auch gegenüber der kritischen Intelligenz verhärtete die SED Ende der 60er-Jahre ihren Kurs. 1965 wandte sie sich gegen „schädliche Tendenzen" in der Literatur und im Film und bezeichnete westliche Pop-Musik als unmoralisch und dekadent. Im Zentrum der Angriffe standen Kritiker wie der Schriftsteller Stefan Heym oder der Naturwissenschaftler Robert Havemann, der sogar Berufsverbot erhielt.

Die Ära Honecker (1971–1989)

Im Mai 1971 wurde Walter Ulbricht gestürzt und Erich Honecker übernahm das Amt des Staats- und Parteichefs. Unter ihm endeten die Reformprojekte und die Zusammenarbeit mit der Sowjetunion wurde stärker betont. Über das Politbüro setzte er sich vielfach hinweg.

Die Regierungszeit Erich Honeckers war anfangs durchaus erfolgreich. Im Grundlagenvertrag von 1972 gab die Bundesrepublik ihren

M 2 **Erich Honecker (1912–1994)**
Porträtaufnahme in einem Schaufenster anlässlich des 1. Mai 1985

M 3 **FDJ-Demonstrationszug in Ost-Berlin 1983**
Aufmärsche von Massenorganisationen wie dieser der „Freien Deutschen Jugend" (FDJ) waren in der DDR ein übliches Ereignis.

M 4 **Die Zwangskollektivierung**
1961 war die Kollektivierung der Landwirtschaft nahezu abgeschlossen. Viele enteignete Bauern flohen damals in den Westen.

Alleinvertretungsanspruch auf und erkannte die DDR als souveränen Staat an. Sie wurde Mitglied der UNO und in Ost-Berlin eröffneten nahezu alle Länder der Welt Botschaften.

Unter Honecker verschärfte sich die Abgrenzungspolitik der DDR. Alle Hinweise auf die deutsche Einheit verschwanden aus der neuen Verfassung vom Oktober 1974 und der Text der Nationalhymne entfiel wegen seiner Berufung auf „Deutschland, einig Vaterland“. Bei feierlichen Anlässen spielte man nur noch die Melodie.

Honecker proklamierte „Weite und Vielfalt“ in der Kunst. So entstanden bemerkenswerte Filme wie „Die Legende von Paul und Paula“ oder das Theaterstück „Die neuen Leiden des jungen W.“ von Ulrich Plenzdorf. Doch Kritik am SED-Regime sollte nicht geduldet werden. Nach der Ausbürgerung des Liedermachers Wolf Biermann im November 1976 endete die „liberale Phase“ der Kulturpolitik. Viele prominente Künstler verließen die DDR.

Mit einer Reihe sozialpolitischer Maßnahmen suchte die SED die Bevölkerung für sich zu gewinnen. 1976 wurde ein Babyjahr für Mütter eingeführt, ferner gab es Fördermaßnahmen für junge Familien. Das Wohnungsproblem sollte durch ein gewaltiges Wohnungsbauprogramm gelöst werden. Am Rande der Großstädte schossen neue Plattenbausiedlungen aus dem Boden, deren Wohnungen begehrt waren.

Arbeitsleben in der DDR

„Sozialistisch arbeiten, lernen und leben“, hieß die Devise. Die Arbeitswelt stand im Mittelpunkt des Lebens und erfreute sich in der öffentlichen Darstellung großer Wertschätzung. Bestarbeiter wurden hoch geehrt, ihr Bild auf dem Betriebshof in der „Straße der Besten“ ausgehängt. Für gute Planerfüllung gab es Prämien und Orden.

In der DDR herrschte Vollbeschäftigung, sodass niemand Entlassungen fürchten musste. Zudem bot der Betrieb Möglichkeiten der Weiterbildung. Er stellte Gesundheitseinrichtungen, Ferienplätze, Freizeitmöglichkeiten und Betriebskinderkrippen zur Verfügung.

M 5 **Die ideale sozialistische Frau**
Berufstätig, leistungsbereit und klassenbewusst sollte sie sein

Das sozialistische Kollektiv

Die sozialistische Lebensform setzte sich auch im Wohnviertel fort. Samstags gab es gelegentlich einen „Subbotnik“. Das war ein freiwilliger Einsatz zur Reinigung der Grünanlagen. Verantwortlich war die Hausgemeinschaftsleitung, die auch Festlichkeiten organisierte und das „Hausbuch“ führte. Feiern, Theaterbesuche und Dampferfahrten wurden in „Brigadetagebüchern“ verewigt, in denen man die Geborgenheit rühmte, die den Einzelnen im Sozialismus umgab. Das Arbeitskollektiv band den Einzelnen in eine Gemeinschaft ein, bildete aber auch ein dichtes Netz der Kontrolle und politischen Überwachung.

Die Stellung der Frau

Frauen fand man in der DDR in allen Berufen. Ihre Gleichberechtigung wurde als sozialistische Errungenschaft gefeiert und bedeutete völlige Integration in den Arbeitsprozess. Das Erziehungssystem der DDR war von der Krippe bis zur Universität streng organisiert. Es setzte auf Disziplin, Leistung, ideologische Beeinflussung und strenge Auswahlverfahren.

Mangel und Konsum

Die DDR war eine Mangelgesellschaft, obwohl keineswegs Hunger und Elend herrschten. Staatlich festgesetzte Preise führten zu billigen Grundnahrungsmitteln und Mieten, sodass es viel Kaufkraft, aber wenig Waren gab. Die schwerfällige Planwirtschaft litt jedoch an organisatorischen Mängeln. Der Alltag bestand in einer ständigen Jagd nach Verbrauchsgütern. Besonders schlimm sah es bei Baumaterialien, Autoersatzteilen und Möbeln aus, doch waren auch andere Waren selten. Einmal fehlten Briefumschläge, ein andermal suchte man vergeblich nach Bindfäden oder einer Schere. Südfrüchte und höherwertige Genussmittel waren rar, überall gab es Warteschlangen.

So entstand eine Schattenwirtschaft, in der Beziehungen wichtig waren. Im Intershop gab es für Devisen all die ersehnten Herrlichkeiten, die der DDR-Bürger nur aus dem Westfernsehen kannte. Doch dazu musste man Verwandte oder Freunde im Westen haben.

Ausreise und Opposition

In den 80er-Jahren beschleunigten die Auswirkungen der Weltwirtschaftskrise den Niedergang der DDR. Immer mehr Bürger stellten Anträge auf eine Ausreise. Allein 1984 verließen 35 000 Menschen legal das Land. Andere versuchten die Flucht in den Westen.

Im Schutz der evangelischen Kirche hatte sich eine christlich orientierte Friedensbewegung aus Umweltschützern und kritischen Bürgern gebildet, die vor allem bei der Jugend zahlreiche Anhänger fand. Sie wandte sich gegen die Aufrüstung und forderte Frieden, Gerechtigkeit und ein menschenwürdiges Leben. Angesichts der Reformpolitik des sowjetischen Staatschefs Gorbatschow wurden ihre Forderungen zunehmend politischer. Es bedurfte nur noch eines Anlasses, bis die Dauerkrise des Systems in eine akute politische Konfliktsituation umschlug.

M 6 **Demonstration von etwa 500 000 Menschen auf dem Berliner Alexanderplatz am 4. November 1989**

Der Zusammenbruch der SED-Herrschaft

Bei den Kommunalwahlen im Mai 1989 fälschten die Auszähler die Ergebnisse wie üblich und kamen auf 98,77 % Zustimmung zur Einheitsliste. Das steigerte den Unmut der Bevölkerung. Im Sommer nutzten Zehntausende die beginnende Urlaubszeit und flüchteten in die Botschaften der Bundesrepublik in Prag, Budapest und Warschau, um von dort ihre Ausreise in den Westen zu erlangen. Als Ungarn im September 1989 seine Grenzen öffnete, wagten Tausende die Flucht über Österreich in die Bundesrepublik.

Inzwischen fand sich die Bevölkerung der DDR zu mächtigen Demonstrationen zusammen, gegen die das SED-Regime nicht vorzugehen wagte. Hunderttausende gingen auf die Straße, demonstrierten gewaltlos für Demokratie und Reformen und riefen in Sprechchören „Wir sind das Volk!" – vor allem in Berlin und Leipzig. Das erschreckte Politbüro stürzte am 18. September den reformunwilligen Erich Honecker, doch konnte auch dessen Nachfolger Egon Krenz die Lage nicht wenden.

Der Fall der Mauer

Am Abend des 9. November 1989 strömten aufgrund von wirren Mitteilungen auf einer Pressekonferenz die Ostberliner zur Mauer. Die verunsicherten Grenzpolizisten öffneten unter dem Druck der Massen freiwillig die Schlagbäume. Hunderttausende besuchten in den nächsten Tagen über neue Grenzübergänge die Bundesrepublik.

Nach dem Rücktritt von Egon Krenz übernahm im November 1989 der als Reformpolitiker geltende Hans Modrow (SED) das Amt des Ministerpräsidenten. Ein aus Vertretern aller Parteien, der SED und den Bürgerbewegungen gebildeter „Runder Tisch" beschloss freie Wahlen für den 18. März 1990. Die von der West-CDU unterstützte „Allianz für Deutschland" erreichte 48 % der Stimmen, die SPD gewann 21,9 %, die Liberalen 5,3 %. Das „Bündnis 90" – die Gruppe der Bürgerrechtsbewegungen – kam hingegen nur auf 2,9 %. Die SED, die sich in „Partei des Demokratischen Sozialismus" (PDS) umbenannt hatte, erzielte 16,4 % der Stimmen. Nie war deutlicher geworden, dass die SED gegen eine Mehrheit der Bevölkerung geherrscht hatte.

M 7 Der Fall der Berliner Mauer
Menschen aus Ost und West haben die Mauer bestiegen und feiern die Grenzöffnung, 10. November 1989.

Das Ende der DDR

Eine große Koalition aus der „Allianz für Deutschland" und anderen Parteien strebte nun die rasche Vereinigung an und wählte Lothar de Maizière (CDU) zum Ministerpräsidenten. Wichtige Stationen auf diesem Weg waren:

- die Währungs- Wirtschafts- und Sozialunion vom 1. Juli, mit der die „Deutsche Mark" Zahlungsmittel der DDR wurde;
- der Beschluss der Volkskammer vom 23. August, der Bundesrepublik Deutschland nach Artikel 23 des Grundgesetzes zum 3. Oktober 1990 beizutreten. Parallel dazu gelang es der Bundesrepublik, die internationalen Voraussetzungen der Einheit zu schaffen.
- der Einigungsvertrag vom 31. August, der alle Details der deutsch-deutschen Vereinigung regelte;

Am 2. Oktober 1990 verabschiedete sich die DDR mit dem letzten Glockenschlag aus der Geschichte.

M 8 Soziale Errungenschaften der DDR

Aus einer DDR- Publikation über die „Geschichte der Sozialpolitik der DDR 1945–1985":

Seit dem X. Parteitag der SED war die gezielte Bevölkerungspolitik schrittweise weitergeführt worden. Das betraf:

• spezielle Maßnahmen zur finanziellen Unterstützung von Familien mit drei und mehr Kindern (1981) durch Erhöhung des Kindergeldes sowie

• umfassende Maßnahmen zur Verbesserung der Arbeits- und Lebensbedingungen von Familien mit 3 und mehr Kindern (Mai 1986).

Letzteres schloss eine verbesserte Versorgung mit Wohnraum, die Verlängerung des Babyjahres bis zum vollendeten 18. Lebensmonat des Kindes, die wirksame finanzielle Unterstützung bei Erkrankung der Kinder und besondere Unterstützung bei Aufnahme in Kindereinrichtungen sowie die Versorgung mit Ferienplätzen ein.

Diese Maßnahmen trugen den realen Lebensbedingungen der Familien mit drei und mehr Kindern Rechnung und bewirkten eine weitere Annäherung im Lebensniveau gegenüber Familien mit weniger Kindern.

Unmittelbar in Vorbereitung des XI. Parteitages der SED erließ der Ministerrat weitere Maßnahmen auf bevölkerungspolitischem Gebiet, die in Anlehnung an die 1984 beschlossenen Maßnahmen neue Linien setzten bzw. diese fortführten. Dazu rechnen

• die volle Entscheidungsfreiheit der Familien über die Inanspruchnahme des Babyjahres durch einen Ehepartner (bzw. Großmutter). Dabei liegt es ausschließlich im Ermessen der Familien,ob Vater, Mutter oder Großmutter des Kindes das Babyjahr in Anspruch nehmen;

• die Gewährung eines Babyjahres auch bei Entbindung des ersten Kindes;

• die Erhöhung des Kindergeldes auf 50 Mark für das 1. Kind, auf 100 Mark für das 2. und 150 Mark für jedes weitere Kind;

• die bezahlte Freistellung für verheiratete Werktätige mit zwei und mehr Kindern bei deren Erkrankung.

Gunnar Winkler, Geschichte der Sozialpolitik der DDR 1945–1985, Berlin (Ost) 1989, S. 223 f.

M 9 Engpässe

Aus einer streng vertraulichen Information der Bezirksverwaltung Suhl (Thüringen) des MfS (Ministeriums für Staatssicherheit) vom 13.5.1985:

Kreis Sonneberg: In den Grenzgemeinden des Kreises bestehen seit Monaten Schwierigkeiten bei der Bereitstellung von ausgewählten Gemüsekonserven wie Gurken, Paprika und Letscho. [...]

Ständige Nachfrage besteht in den Grenzgemeinden nach gekörnter Brühe, schwarzem Tee in Beuteln, Waffeln und Dauergebäck.

Kreis Suhl:] In der Konsumverkaufsstelle Suhl-Neundorf gibt es heftige Diskussionen über die schlechte Obst- und Gemüseversorgung; außer Kuba-Orangen gebe es z.Z. keinerlei Obst und Gemüse. [...]

In diesem Zusammenhang wurde die Auffassung geäußert, dass „40 Jahre nach dem Krieg die Versorgung mit bestimmten Dingen besser sein müsste". Unter der Bevölkerung der Bezirksstadt traten Diskussionen über den ungenügenden Frischegrad von Brot auf sowie über die ungenügende Versorgung mit Joghurterzeugnissen, Südfrüchten, Backzutaten und Kuko-Reis. Ausgewählte Käsesorten wie Limburger, Romadur und Brie sind nicht ständig im Angebot. Der Bedarf nach Edelfleisch- und Schinkenware kann derzeit nicht befriedigt werden.

BStU (Bundesbeauftragte für die Unterlagen des Staatssicherheitsdienstes der ehemaligen DDR), Archiv der Außenstelle Suhl, AKG/29 Bd. 2.

M 10 Einkaufen
Schlange vor einem Obst- und Gemüseladen in Weimar, 1983.

M 11 Opposition in der DDR

a) Am 25. November 1987 ging der Staatssicherheitsdienst der DDR gegen Friedensaktivisten der Zionskirchgemeinde in Berlin Mitte vor. Aus der Öffentlichen Erklärung der Mitglieder der Zionsgemeinde vom gleichen Tag:

In der Nacht vom 24. zum 25. November wurde [...] die Umweltbibliothek des Friedens- und Umweltkreises der Zionskirchgemeinde von etwa 20 Mitarbeitern des Generalstaatsanwaltes der DDR und des Ministeriums für Staatssicherheit durchsucht. Unter Berufung auf eine anonyme Anzeige gegen die Umweltbiliothek, deren Inhalt nicht bekannt wurde, und unter Auslassung der konkreten Rechtsgrundlagen drangen Einsatzkräfte in die Dienstwohnung des geschäftsführenden Pfarrers [...] ein. Es wurden 7 Personen festgenommen, Vervielfältigungsgeräte und Schriftmaterial beschlagnahmt. [...]
Wir sehen in dieser Aktion gegen die Umweltbibliothek einen Angriff auf alle Gruppen der Unabhängigen Friedensbewegung, auf die Ökologie- und Menschenrechtsgruppen. [...]
Während sich gestern in Genf die Außenminister der UdSSR und der USA auf ein wichtiges Abrüstungsabkommen einigten, bereiten in der DDR die Vertreter des harten Kurses nach altem Muster einen Angriff auf die Friedensbewegung vor. Dies war der vorläufige Höhepunkt eines zunehmenden Drucks auf politisch Engagierte nach dem Honecker-Besuch in der BRD.
Wir fordern
1. Die unverzügliche Freilassung der Festgenommenen: 2. Die Offenlegung der Verdachtsgründe; 3. Die sofortige vollständige Wiederherstellung der Arbeitsfähigkeit der Umweltbibliothek; 4. Die Einstellung jeglicher Repression gegen politisch Engagierte.

Matthias Indt, DDR-Geschichte in Dokumenten, Berlin 1997, S. 417 f.

b) Aus einer Information der Bezirksverwaltung für Staatssicherheit Berlin vom 24. Januar 1988:

Am 23. Januar 1988 wurde in der Zeit von 17.00 Uhr bis 17.45 Uhr in der Gethsemanekirche [Berlin Prenzlauer Berg] der geplante „Informationsgottesdienst" durchgeführt. An der Veranstaltung nahmen ca. 250 bis 300 Personen teil [...].Eine Aufstellung weiterer erkannter Teilnehmer ist als Anlage 1 eigefügt.
Im Umfeld der Kirche wurden wiederum Fahrzeuge westlicher Diplomaten und Korrespondenten fesrgestellt (Anlage 2). [...]
Zu Beginn der Veranstaltung gab Pfarrer Wekel unter demThema „Gott ist treu" eine religiöse Einleitung. [...] Danach trat der operativ bekannte Christian Halbrock in Erscheinung. [...] Halbrock verlas das Telegramm einer Gruppe der „unabhängigen offenen Arbeit" aus Jena, in dem die Solidarität mit den Inhaftierten zum Ausdruck kommt.

BStU (Bundesbeauftragte für die Unterlagen des Staatssicherheitsdienstes der ehemaligen DDR), Berlin

Aufgaben

1. a) Nenne die Maßnahmen zur Unterstützung von Familien in der DDR.
   b) Warum wurden die einzelnen Maßnahmen durchgeführt?
   c) Informiere dich im Internet über die Kinderbetreuung heute und vergleiche mit den Verhältnissen in der DDR.
   → M8, Internet
2. a) Beschreibe die „Engpässe" in der DDR im Bereich des Konsums.
   b) Erkläre, warum die Staatssicherheit der DDR diese Probleme thematisierte.
   → Text, M9
3. a) Fasse die Forderungen der Friedensaktivisten vom 25. November 1989 zusammen und erläutere die Zusammenhänge.
   b) Wie hat die Staatssicherheit der DDR reagiert?
   → Text, M11
4. a) Dokumentiere das Ende der DDR in Form eines Zeitstrahls. Wähle dafür wichtige Daten und Bilder aus.
   b) Führe eine Zeitzeugenbefragung durch. Suche dafür in dem Bekanntenkreis deiner Eltern Menschen aus Ost- und Westdeutschland. Befrage sie zu den Ereignissen im Jahr 1989.
   → Text, Zeitzeugenbefragung

M 1 **„Wir sind ein Volk"**
Demonstrant in Ostberlin am 9. Dezember 1989

Die deutsche Einheit 1990

Der deutsche Nationalfeiertag

Seit 1990 ist der 3. Oktober deutscher Nationalfeiertag. Er erinnert an die Vereinigung der beiden deutschen Staaten im Jahr 1990. An diesem Tag trat die DDR der Bundesrepublik bei. Das Grundgesetz hatte 1949 in seiner Präambel das deutsche Volk aufgefordert, „in freier Selbstbestimmung die Einheit und Freiheit Deutschlands zu vollenden." Wie kam es zur Wiedervereinigung Deutschlands und in welchen Bahnen verlief das Zusammenwachsen?

Von der „friedlichen Revolution" zum Ruf nach Einheit

Die friedliche Revolution hatte zum Zusammenbruch der SED-Herrschaft geführt und endlich den Weg in eine Demokratie frei gemacht. Nun mussten beide deutschen Staaten die weitere Zusammenarbeit koordinieren.

In seinem „Zehn-Punkte-Plan" ging Bundeskanzler Helmut Kohl im November 1989 noch von einer Konföderation beider deutscher Staaten aus, mit der Einheit als Fernziel. Doch mehrten sich in der Bevölkerung rasch Stimmen, die keine Reform des Sozialismus wünschten, sondern eine baldige Wiedervereinigung forderten.

Ferner drohte der wirtschaftliche und finanzielle Zusammenbruch der DDR, da der osteuropäische Markt wegbrach und westdeutsche Waren DDR-Produkte verdrängten. Die Bevölkerung forderte lautstark die Einführung der Deutschen Mark: „Kommt die D-Mark bleiben wir, kommt sie nicht, gehn wir zu ihr!", so lautete damals ein geläufiger Spruch. Um einen Exodus der DDR-Bevölkerung zu verhindern, verfolgte die Regierung Kohl nun eine rasche Vereinigung.

M 2 **Der Fall der Mauer am 9. November 1989**
Ausgelassen feiern Deutsche aus Ost und West die historische Maueröffnung in der Nacht vom 9. zum 10.11.1989.

Erste freie Wahlen zur Volkskammer

Aus der ersten freien Volkskammerwahl am 18. März 1990 ging die von der West-CDU unterstützte „Allianz für Deutschland" mit 48 % als Siegerin hervor. Die „Partei des Demokratischen Sozialismus" (PDS), die Nachfolgerin der SED, kam auf 16,4 %. Der neue Ministerpräsident Lothar de Maizière (Ost-CDU) bildete eine Regierung, die den Vereinigungsprozess beschleunigte.

Ein wichtiger Schritt in Richtung Einheit war der Staatsvertrag vom 1. Juli 1990 über eine „Währungs-, Wirtschafts- und Sozialunion": Jetzt galt die DM als alleiniges Zahlungsmittel in der DDR; Löhne, Renten und Mieten wurden im Verhältnis 1:1 umgestellt. Dieser Umtauschkurs blieb jedoch umstritten, da die reale Kaufkraft der DDR-Währung erheblich geringer war.

Die Vereinigung beider deutscher Staaten

Nun stellte sich die Frage, auf welche Weise die Vereinigung vollzogen werden sollte. Dafür boten sich zwei Lösungen: Artikel 23 des Grundgesetzes ermöglichte einen „Beitritt" der DDR zur Bundesrepublik. Bei Anwendung von Artikel 146 GG hätten beide deutsche Staaten erst eine neue Verfassung ausarbeiten müssen.

Da die Bevölkerung der DDR eine rasche Wiedervereinigung forderte und die internationalen Bedingungen günstig waren, beschloss die Volkskammer am 23. August 1990 mit überwältigender Mehrheit den Beitritt zur Bundesrepublik. Der Einigungsvertrag vom 31. August gliederte die neu geschaffenen Länder der Bundesrepublik ein und verfügte den Beitritt der DDR zur Bundesrepublik Deutschland nach Artikel 23 des Grundgesetzes zum 3. Oktober 1990.

M 3 **„March of the fourth Reich"**
Britische Karikatur aus dem „Daily Star" zur deutschen Vereinigung

Reaktionen im Ausland

Das Ausland betrachtete die Wiedervereinigung mit großer Skepsis. Viele europäische Staaten fürchteten ein wirtschaftlich dominantes und militärisch erstarktes Deutschland in Europas Mitte. Von den ehemaligen Siegermächten signalisierten lediglich die USA ihr volles Einverständnis. Beide deutsche Staaten suchten solche Bedenken zu zerstreuen und versicherten, ein vereintes Deutschland werde auch künftig dem Westen angehören und Mitglied der Europäischen Union (EU) und der NATO sein.

Der „Zwei-plus-Vier-Vertrag"

Nach langen Verhandlungen konnte im Juli 1990 die Zustimmung des sowjetischen Präsidenten Gorbatschow zur deutschen Einheit erreicht werden. Die sowjetischen Besatzungstruppen sollten bis 1994 abziehen, die UdSSR finanzielle Hilfen erhalten.

Nun galt es, in Verhandlungen zwischen beiden deutschen Staaten und den vier Siegermächten die Vereinigung außenpolitisch zu vollenden. Am 12. September 1990 unterzeichneten die Außenminister in Moskau den „Zwei-plus-Vier-Vertrag", der Deutschland die volle Souveränität zurückgab. Als Gegenleistung musste die Bundesrepublik die Oder-Neiße-Grenze zu Polen völkerrechtlich anerkennen und die Bundeswehr verkleinern. Damit war der Weg zur deutschen Einheit frei. Zu Recht wird dies als Ende der Nachkriegszeit angesehen.

M 4 **„Auf dem Weg zur Einheit"**, Karikatur von 1990

M 5 Die „Deutsche Frage"

a) Über sein Treffen am 10. Februar 1990 mit dem damaligen Bundeskanzler Helmut Kohl schreibt Michail Gorbatschow:

Was die prinzipielle Einstellung der UdSSR zu Deutschlands Vereinigung betraf, so erklärte ich Kohl: „Wahrscheinlich kann man behaupten, dass zwischen der Sowjetunion, der Bundesrepublik und der DDR in der Frage der Einheit der deutschen Nation keine Meinungsunterschiede bestehen. Um es kurz zu machen: Wir stimmen im wichtigsten Punkt überein. Die Deutschen selbst müssen ihre Entscheidung treffen. Und sie müssen unsere diesbezügliche Position kennen."
„Die ist ihnen bekannt", erwiderte Kohl. „Meinen sie damit, die Frage der Einheit ist eine Entscheidung der Deutschen selbst?"
„Aber im Kontext der Realitäten", fügte ich hinzu.
„Damit bin ich einverstanden", erklärte der Kanzler. In der gegebenen Situation war es in meinen Augen entscheidend, zu verhindern, dass Kohl in Euphorie verfiel und die „deutsche Frage" lediglich auf die Vereinigung und die Befriedigung nationaler Sehnsüchte der Deutschen reduzierte. Sie betraf die Interessen aller Nachbarstaaten, einschließlich der Sowjetunion, betraf die Situation in Europa ebenso wie die globale. In diesem Zusammenhang war eine Unzahl von Fragen zu lösen: nach Garantien der Unantastbarkeit der Grenzen und der Anerkennung der territorial-politischen Realitäten der Nachkriegszeit, nach dem militärpolitischen Status des vereinten Deutschland, nach der Verknüpfung des gesamteuropäischen Prozesses mit dem der deutschen Wiedervereinigung.
Der Kanzler nahm meine Argumente im großen und ganzen verständnisvoll auf, obwohl er sich sofort gegen alle Varianten einer deutschen Neutralität aussprach. Ansonsten einigten wir uns, alle mit der Wiedervereinigung zusammenhängenden Probleme in Rahmen der „Sechs" – die UdSSR, die USA, Großbritannien und Frankreich auf der einen, die Bundesrepublik und die DDR auf der anderen Seite – zu erörtern. Die Idee der „Vier plus Zwei"-Konferenz (später bestanden die Deutschen, aktiv unterstützt von den USA, darauf, dass sie die Bezeichnung „Zwei plus Vier" erhielt) sage ihm zu, meinte Kohl, eine separate Konferenz der vier Mächte zur „deutschen Frage" lehne er jedoch kategorisch ab. Ich versicherte ihm, dass ohne Beteiligung der Deutschen keine Entscheidungen getroffen würden. Damit schlossen wir unser Gespräch ab.

Gorbatschow, Michail, Erinnerungen, Berlin, 1995, S. 717.

b) Stellungnahme des US-Präsidenten George Bush sen. vom 24. Oktober 1989:

Interviewer: Können Sie irgendwelche Veränderungen im Status von Deutschland voraussehen?
Präsident Bush: Ja [...] Ich teile die Sorge mancher europäischer Länder über ein wiedervereinigtes Deutschland nicht, weil ich glaube, dass Deutschlands Bindung an und Verständnis für die Wichtigkeit des (atlantischen) Bündnisses unerschütterlich ist. Und ich sehe nicht, was einige befürchten, dass Deutschland, um die Wiedervereinigung zu erlangen, einen neutralistischen Weg einschlägt, der es in Widerspruch oder potenziellen Widerspruch zu seinen NATO-Partnern bringt [...]
Trotzdem glaube ich nicht, dass wir den Begriff der Wiedervereinigung forcieren oder Fahrpläne aufstellen und über den Atlantik hinweg unsererseits eine Menge neuer Verlautbarungen zu diesem Thema machen sollten. Sie braucht Zeit. Sie benötigt eine vorsichtige Entwicklung. Sie verlangt Arbeit zwischen ihnen (den Deutschen) [...] und Verständnis zwischen den Franzosen und Deutschen, den Engländern und Deutschen über alle diese (Fragen). Aber das Thema ist so viel wichtiger und zentraler geworden [...] wegen der schnellen Veränderungen, welche in Ostdeutschland stattfinden [...]
Und wer weiß, wie sich Herr Krenz entwi-

ckeln wird? Wird er nur eine Verlängerung des Honecker'schen Standpunkts oder etwas anderes sein? Ich glaube nicht, dass er dem Wandel völlig widerstehen kann.

Interview mit George Bush vom 24. Oktober 1989, in: New York Times vom 25. Oktober 1990.entnommen: Informationen zur politischen Bildung, Der Weg zur Einheit, Deutschland seit Mitte der achtziger Jahre, Heft 250, Bonn, 1996, S. 38 f.

c) Stellungnahme der englischen Premierministerin Margaret Thatcher (nach 1990):

Der wahre Ursprung der deutschen Angst [im original deutsch; A.d.Ü.] ist die Qual der Selbsterkenntnis. Wie ich bereits erklärt habe, ist das einer der Gründe, warum so viele Deutsche aufrichtig – und wie ich meine, irrigerweise – Deutschland in ein föderatives Europa eingebettet wissen wollen. Es ist doch wahrscheinlich, dass Deutschland in einem solchen Gefüge die Führungsrolle einnehmen würde, denn ein wiedervereinigtes Deutschland ist schlichtweg viel zu groß und zu mächtig, als dass es nur einer von vielen Mitstreitern auf dem europäischen Spielfeld wäre. Überdies hat Deutschland sich immer auch nach Osten hin orientiert, nicht nur in Richtung Westen, obwohl die moderne Version solcher Tendenzen eher auf wirtschaftliche denn auf kriegerische territoriale Expansion abzielt. Daher ist Deutschland vom Wesen her eher eine destabilisierende als eine stabilisierende Kraft im europäischen Gefüge. Nur das militärische und politische Engagement der USA in Europa und die engen Beziehungen zwischen den beiden anderen starken, souveränen Staaten Europas, nämlich Großbritannien und Frankreich, können ein Gegengewicht zur Stärke der Deutschen bilden. In einem europäischen Superstaat wäre dergleichen niemals möglich.
Ein Hindernis auf dem Weg zu einem solchen Gleichgewicht der Kräfte war zu meiner Amtszeit die Weigerung des von Präsident Mitterrand regierten Frankreich, französischen Instinkten zu folgen und den deutschen Interessen den Kampf anzusagen. Denn das hätte bedeutet, die französisch-deutsche Achse aufzugeben, auf die Mitterrand sich stützte. Wie ich noch ausführen werde, sollte sich dieser Schwenk für ihn als zu schwierig erweisen.

Thatcher, Margaret, Downing Street No. 10, Die Erinnerungen, Düsseldorf, 1993, S. 1095 f.

M 6 **„Es ist die Wiedervereinigung…“,** Frankreichs Staatspräsident François Mitterrand spricht zu Margaret Thatcher und Georg Bush, Karikatur von 1990.

Aufgaben

1. a) Welche Position vertritt Michail Gorbatschow gegenüber Helmut Kohl bezüglich der möglichen deutschen Wiedervereinigung?
   b) Warum lehnt Kohl eine mögliche deutsche Neutralität kategorisch ab?
   → M5
2. a) Vergleiche die jeweiligen Positionen von Margaret Thatcher und George Bush sen.
   b) Welche Bedenken äußert Thatcher?
   c) Warum teilt der US-Präsident George Bush nicht die Bedenken vieler europäischer Staaten?
   → M5
3. Erkläre die Aussagen der beiden Karikaturen zur deutschen Einheit.
   → M4, M6

M 1 **„Tag der Deutschen Einheit"**
Staatsakt und Volksfest – die Feier zur deutschen Einheit vor dem Berliner Reichstag am 3.10.1990

Das vereinte Deutschland

Politische Veränderungen

Seit dem 3. Oktober 1990 ist Deutschland wieder vereint. Doch waren damit nicht alle Probleme gelöst. Vielmehr zeigte sich, dass der neue Staat nun vor ganz anderen Herausforderungen stand.

Die erste gesamtdeutsche Wahl am 2. Dezember 1990 gewann die regierende CDU/CSU-FDP-Koalition, sodass Helmut Kohl auch künftig Bundeskanzler blieb. Zu diesem Zeitpunkt hatte sich das Parteienspektrum des neuen Deutschland verändert. Die alten Blockparteien der DDR gingen meist in den westlichen Parteien auf. Die SED, Staatspartei der DDR, benannte sich um in „Partei des Demokratischen Sozialismus" (PDS) und war vor allem bei Wahlen in den ostdeutschen Bundesländern erfolgreich.

Die neuen Bundesländer Sachsen, Sachsen-Anhalt, Thüringen, Brandenburg und Mecklenburg-Vorpommern gaben sich eigene Landesverfassungen und wirken im Bundesrat bei der Gesetzgebung mit. Heute besteht die Bundesrepublik Deutschland aus 16 Bundesländern mit Ministerpräsidenten bzw. Bürgermeistern an der Spitze.

Wirtschaftliche Probleme im Osten

Besonders schwierig erwies sich die Umstellung der DDR-Wirtschaft vom planwirtschaftlichen auf das marktwirtschaftliche System. Die Produktionsstätten der DDR waren veraltet, die Fabriken marode, die Infrastruktur in einem erbärmlichen Zustand. Hinzu kamen beträchtliche Umweltschäden. Somit konnte die ostdeutsche Wirtschaft der westlichen Konkurrenz nicht standhalten, zumal der frühere Absatzmarkt in Osteuropa wegbrach.

Die 1990 gegründete staatliche „Treuhandanstalt" sollte die Volkseigenen Betriebe sanieren und privatisieren und frühere Kombinate entflechten. Die Folge war die Schließung und Stilllegung vieler ostdeutscher Betriebe durch die „Treuhand", da eine rentable Produktion meist nicht möglich war. Die Arbeitslosigkeit erreichte in den neuen Bundesländern Schwindel erregende Höhen, in einigen Regionen über 30 %.

M 2 **Wirtschaft in der Sackgasse**
Ehemals begehrte Produkte sind schnell nicht mehr gefragt, Foto Mitte der 90er-Jahre.

Die Umstrukturierung der Wirtschaft

Finanziert wurde die Umstrukturierung Ostdeutschlands aus Steuermitteln. Seit 1995 zahlen alle Arbeitnehmer einen „Solidaritätszuschlag", der zur Finanzierung des Umwandlungsprozesses beiträgt. Vorrangige Ziele waren der Ausbau des Schienen-, Straßen- und Telefonnetzes, die Förderung des Wohnungsbaus und die Beseitigung der Umweltschäden. Hier wurde durch das Gemeinschaftswerk „Aufschwung Ost" viel geleistet, die Lebensqualität im Osten verbessert. Das von Helmut Kohl noch im Wahlkampf 1990 gegebene Versprechen von den „blühenden Landschaften" in Ostdeutschland konnte jedoch nur teilweise realisiert werden.

Oft herrschte bei Investoren aus dem Westen Anfang der 90er Jahre „Goldgräberstimmung". So führten steuerliche Anreize bei Investitionen zu einem Boom bei Neubauten in Gewerbegebieten. Da aber ein gesamtdeutscher Wirtschaftsaufschwung ausblieb, waren das oft Fehlinvestitionen. Hinzu kam die Unsicherheit beim Erwerb von Grundstücken: Der Einigungsvertrag schrieb vor, dass Altbesitzer alles Land zurückerhalten sollten, das die DDR nach 1949 enteignet hatte. Jahrelange juristische Verfahren waren die Folge, Investoren hielten sich mit dem Erwerb von Immobilien zurück.

Unterschiedliche Mentalitäten?

Viele Menschen im Osten waren enttäuscht über die wirtschaftliche und soziale Lage. Das führte zur Verbitterung einstiger DDR-Bürger, die sich im neuen Deutschland als „Bürger zweiter Klasse" fühlten. Der Erfolg der PDS in den neuen Bundesländern lässt sich vielfach darauf zurückführen, dass sie sich den Menschen als „ostdeutsche Partei" darstellte. Umgekehrt waren manchen Westdeutschen die Kosten der Wiedervereinigung zu hoch oder sie stellten sogar den Sinn der Vereinigung in Frage.

Die verschiedenen Lebenswege und Erfahrungen der Deutschen in Ost und West machten zuweilen eine Verständigung schwierig. Diese unterschiedlichen Mentalitäten finden z. B. in den ironischen Begriffen „Ossi" und „Wessi" ihren Ausdruck.

M 3 „Wo ist meine Akte?"
Vor der ehemaligen Stasi-Zentrale in der Normannenstraße in Ostberlin, 19. Februar 1990

Aufarbeitung der Vergangenheit

Als schwierig – aber notwendig – gestaltet sich die Aufarbeitung der DDR-Vergangenheit. Führende Mitglieder des SED-Politbüros aber auch Grenzsoldaten mussten sich Gerichtsverfahren stellen, in denen sie sich wegen Schusswaffengebrauchs an der Berliner Mauer und der innerdeutschen Grenze zu verantworten hatten. Der Schießbefehl galt als unvereinbar mit dem völkerrechtlichen Schutz des Lebens. So wurde der letzte Vorsitzende des SED-Politbüros, Egon Krenz, zu einer Haftstrafe verurteilt.

Die Bürgerrechtsbewegung in der DDR forderte vom Staatssicherheitsdienst („Stasi") schon während der Wendezeit die vollständige Öffnung der Archive. Diesem Begehren kam der deutsche Staat mit dem so genannten „Stasi-Unterlagen-Gesetz" von 1991 nach. Zugleich schuf der Bundestag eine Behörde, die jedem Bürger, den die Stasi verfolgt oder abgehört hatte, die Möglichkeit gab, seine personenbezogenen Unterlagen einzusehen.

M 4 **Rot-grüne Koalition 2005**
Bundeskanzler Gerhard Schröder (1998–2005) mit Vizekanzler und Außenminister Joschka Fischer

M 5 **Große Koalition 2006**
Bundeskanzlerin Angela Merkel, die erste Frau an der Spitze der Republik, mit Vizekanzler und Arbeitsminister Franz Müntefering

Regierungswechsel 1998 und 2005

Zwar gewann Helmut Kohl 1994 noch einmal die Wahlen, unterlag aber 1998 seinem sozialdemokratischen Gegenkandidaten Gerhard Schröder. Dieser bildete mit der Partei „Bündnis 90/Die Grünen" eine „rot-grüne Koalition". Sie vollzog den langfristigen Ausstieg aus der Kernenergie und suchte Deutschlands gewaltige Verschuldung durch einen Umbau des Sozialstaates abzubauen.

Abgelöst wurde diese Regierung 2005 durch vorgezogene Neuwahlen. Sie erbrachten nahezu ein Patt der Volksparteien, sodass es zu einer „Großen Koalition" aus CDU/CSU und SPD kam. Mit Angela Merkel (CDU) wurde erstmals eine Frau Bundeskanzlerin, die zudem aus Ostdeutschland stammte.

Die Außenpolitik des vereinten Deutschland

Das wiedervereinigte Deutschland blieb Mitglied sowohl der NATO als auch der Europäischen Union (EU). Die Sowjetunion hatte diesen Plänen bereits 1990 in langen Verhandlungen zugestimmt und ihre Truppen bis 1994 aus Deutschland abgezogen.

Mit der Erlangung der vollen Souveränität erhöhten sich die Anforderungen der internationalen Staatengemeinschaft an Deutschland. Durfte die Bundeswehr bislang nicht an „Out-of-area-Einsätzen", also Einsätzen außerhalb des NATO-Gebietes, teilnehmen, wurde nun die Bereitstellung deutscher Soldaten gefordert. Das war in Deutschland umstritten, sodass das Bundesverfassungsgericht angerufen wurde. Es entschied im Juli 1994, dass die Bundeswehr an bewaffneten Friedensmissionen teilnehmen darf, wenn der Bundestag ausdrücklich zustimmt. Seit Mitte der neunziger Jahre beteiligt sich die Bundeswehr an verschiedenen Auslandsmissionen, so auf dem Balkan, in Afghanistan und im Libanon.

Die rot-grüne Koalition hielt an den Grundlagen der deutschen Außenpolitik fest, weigerte sich aber 2003, die USA im Irak-Krieg durch Entsendung von Truppen militärisch zu unterstützen.

Die deutsche Europapolitik

Bei wichtigen europäischen Fragen übernahm Deutschland eine Vorreiterrolle. So trieb die Bundesregierung seit den 90er Jahren eine gemeinsame europäische Währung voran. 2002 wurde der Euro eingeführt, der in der deutschen Bevölkerung jedoch auf Skepsis stieß. Um die Stabilität der Währung zu garantieren, wurden im Vertrag von Maastricht 1992 Kriterien vereinbart, die jedes Land erfüllen muss, das dem Euro-Raum beitreten will. Die „Europäische Zentralbank" (EZB), die die Währungsstabilität des Euros überwacht, hat ihren Hauptsitz in Frankfurt am Main.

2001 beauftragten die Regierungschefs der EU einen Konvent mit der Ausarbeitung einer Verfassung. Der „Vertrag über eine Verfassung für Europa" wurde 2004 feierlich in Rom unterzeichnet, doch verweigerten die Bürger und Bürgerinnen Frankreichs und der Niederlande in Volksabstimmungen ihre Zustimmung. Seither ruht das Werk.

Auch wenn die deutsche Einheit neue Herausforderungen brachte, blieb eine aktive Europapolitik seit der Regierung Konrad Adenauers eine Konstante deutscher Außen- und Sicherheitspolitik.

M 6 15 Jahre Einheit – eine Bilanz

Der Journalist Hermann Rudolph zieht eine erste, vorläufige Bilanz im Jahre 2004:

Das Mindeste, was von der Einheit gesagt werden muss, ist, dass ein Grauschleier über ihr liegt. Keine Frage: Das hat auch mit der Gemütsverfassung der Deutschen zu tun, immer erst das Haar und dann die Suppe zu sehen. Doch er ist auch die Folge davon, dass das Ereignis der Einheit, das keiner mehr erwartet hatte, Entwicklungen auslöste und sich in Formen vollzog, mit denen auch niemand gerechnet hat.
Das Zusammenbrechen der Industrien, aus denen die DDR-Bürger doch ihren Stolz gezogen hatten, der Abbau so vieler Arbeitsplätze, an denen individuelles und kollektives Leben hing: Die Einheit kostete einen Preis, an den keiner gedacht hat. Dieser Schock hat der Erfolgsgeschichte deutsche Einheit das Selbstvertrauen genommen.
Ähnlich gebrochen stellt sich, fünfzehn Jahre nach der Vereinigung, das Lebensgefühl dar. Die Einheit hat unendlich vielen Menschen Lebenschancen eröffnet, von denen ihre Vorgänger-Generationen nicht einmal träumen konnten. Die Welt hat sich für die Menschen in den neuen Ländern geöffnet, für Reisen ebenso wie für berufliche Laufbahnen, für die Jüngeren noch mehr als für die Älteren – vor allem aber ist die Welt in einer so überwältigenden Weise in das Leben in Sachsen oder Brandenburg eingedrungen, dass es schwerfällt, sich an die Enge und Bevormundung überhaupt noch zu erinnern, mit denen man in diesem Teil Deutschlands über zwei, drei Generationen leben musste. Doch kann man nicht darüber hinwegsehen, dass die gewünschte und begrüßte Veränderung viele Biografien nicht bereichert, sondern aus der Bahn geworfen hat – wobei, natürlich, nicht an jene parteiergebenen Kader zu denken ist, die sich ihr Scheitern wahrlich verdient haben, sondern an den zur Wendezeit fünfzigjährigen Ingenieur oder Universitätsprofessor mit dem DDR-Horizont, die im Zuge all der Abwicklungen die Stellungen verloren haben, in die sie sich für den Rest ihrer Tage eingerichtet hatten. Es bleibt ein Schatten auf der Vereinigung, dass in einem glückhaften Prozess, den so gut wie jeder für richtig hält und den jedenfalls keiner rückgängig machen will, ein beträchtliches Maß an Irritation, Verstörung und Scheitern hat geschehen können, sodass oft – wie ungerecht das immer sein mag – weniger seine Erfolge, sondern seine Schwierigkeiten das Bild bestimmen und es fast den provokativen Ton eines Protestes gegen den Zeitgeist hat, wenn jemand erklärt, er freue sich über die Einheit.

Rudolph, Hermann: 15 Jahre deutsche Einheit. Eine Bilanz, in: Eppelmann, Rainer u.a. (Hrsg.), Das ganze Deutschland, Reportagen zur Einheit. S. 20 ff.

Aufgaben

1. Wie veränderte sich die innere und äußere Lage der Bundesrepublik nach der Einigung?
   → Text
2. a) Warum liegt nach Meinung des Autors Hermann Rudolph ein „Grauschleier" über der Einheit?
   b) Stimmst du dieser Beurteilung zu? Begründe deine Meinung.
   → M6
3. Der 3. Oktober ist seit der Einigung 1990 Nationalfeiertag der Bundesrepublik. Was bedeutet dieser Tag für dich? Stelle deine Meinung kurz dar.
   → Text

Deutschland – Von der Teilung zur Wiedervereinigung

Bedingungslose Kapitulaltion 8./9.05.45

Konferenz von Potsdam

Berlin-Blockade

Grundgesetz tritt in Kraft 23.05.49

Volksaufstand in der DDR 17.06.53

Mauerbau 13.08.61

68er Bewegung

1945 | 1950 | 1955 | 1960 | 1965

Grundwissen: Zeit	Grundwissen: Begriffe	Grundwissen: Methoden
1917 Russische Revolution 1918 Novemberrevolution 1923 Hitlerputsch 1929 Weltwirtschaftskrise	Vertrag von Versailles Weimarer Verfassung Inflation	Umgang mit Geschichtskarten Umgang mit Statistiken Umgang mit Spielfilmen
30.1.1933 Hitler Reichskanzler 1933 „Ermächtigungsgesetz“ 9.11.1938 Novemberpogrom 1.9.1939 Beginn des Zweiten Weltkriegs 20. Juli 1944 Attentat auf Hitler 8./9.5. 1945 bedingungslose Kapitulation Deutschlands	„Machtergreifung“ Nationalsozialismus Antisemitismus „Drittes Reich“ „Gleichschaltung“ „Nürnberger Gesetze“ Systematische Vernichtung der europäischen Juden Holocaust, Shoa Konzentrations- und Vernichtungslager Widerstand	Umgang mit Fotografien
1949 Gründung der beiden deutschen Staaten 23.5. 1949 Grundgesetz	Konferenz von Potsdam Flucht und Vertreibung Besatzungszonen Entnazifizierung Währungsreform	Umgang mit Berichten von Zeitzeugen
1945 Gründung der UNO 1962 Kuba-Krise ab 1985 Reformpolitik in der UdSSR 1989 Umbruch im Ostblock	Kalter Krieg NATO, Warschauer Pakt Europäische Einigung Vietnamkrieg Glasnost, Perestroijka	
17.6. 1953 Aufstand in der DDR **1961 Mauerbau** **1972 Grundlagenvertrag** **9.11.1989 Öffnung der Grenze** **3.10.1990 „Tag der Deutschen Einheit“**	**Ostverträge** **Entspannungspolitik** **68er-Bewegung**	**Umgang mit schriftlichen Quellen** **Umgang mit dem Internet**

Willy Brandt in Warschau

RAF-Terrorismus

Helmut Kohl Bundeskanzler >>>

Gorbatschow wird Generalsekretär

Fall der Mauer

Deutsche Einheit

1975 1980 1985 1990 1995

Zusammenfassung

Der Ost-West-Konflikt führte zur Teilung Deutschlands in zwei Staaten, die der „Eiserne Vorhang" trennte. Während in der Bundesrepublik eine freiheitlich-demokratische Staatsordnung mit freier Marktwirtschaft entstand, errichtete die SED in der DDR eine sozialistische Staats- und Gesellschaftsordnung.

Ein existentielles Problem der DDR bildete ihre fehlende Legitimation, denn das sozialistische System war nicht aus freien Wahlen hervorgegangen. Das zeigte der Volksaufstand im Jahr 1953, den nur sowjetische Panzer niederschlagen konnten. Um künftig jeden Widerstand zu ersticken, schufen die Machthaber ein ausgedehntes Spitzel- und Überwachungssystem: den Staatsicherheitsdienst, der die Herrschaft der SED garantierte. Der Flucht Hunderttausender DDR-Bürger setzte erst der Bau der Berliner Mauer 1961 ein Ende.

Auf der Basis des Marshallplans und einer sozialen Marktwirtschaft entwickelte sich in der Bundesrepublik nach 1949 ein „Wirtschaftswunder". Die von der CDU vertretene Integration in das westliche Bündnissystem stieß bei den meisten auf Zustimmung und wurde schließlich auch von der oppositionellen SPD akzeptiert.

Ende der 60er-Jahre übte eine links orientierte studentische Protestbewegung Kritik an der politischen Grundordnung des Staates. Es kam durch eine kleine Abspaltung zu Terror- und Mordanschlägen, doch zeigte sich die Bundesrepublik als „wehrhafte Demokratie", die sich nicht erpressen ließ. Zugleich erfasste eine Aufbruchstimmung die westdeutsche Gesellschaft, die in dieser Zeit ein liberaleres Gesicht erhielt.

Ein politischer Machtwechsel brachte 1969 die sozialliberale Koalition an die Regierung, die ein umfangreiches Reformprogramm einleitete. Die 1970 mit der Sowjetunion und Polen geschlossenen Ostverträge und der Grundlagenvertrag von 1972 mit der DDR sollten zu einer Entspannung und Verständigung führen.

Als der sowjetische Staats- und Parteichef Gorbatschow 1985 Reformen einleitete, sprang der Prozess der Demokratisierung auch auf die DDR über. 1989 demonstrierten Hunderttausende für mehr Demokratie und brachten mit ihrer „friedlichen Revolution" das SED-Regime zum Einsturz. Erste freie Wahlen zeigten, dass die überwiegende Mehrheit der Bevölkerung die deutsche Einheit wünschte. So kam es zu intensiven Verhandlungen auch mit den Alliierten und schließlich zur Vereinigung beider deutscher Staaten am 3. Oktober 1990.

Abrüstung. Im 20. Jh. gab es vielfach Versuche, Entspannung und Friedenssicherung durch Abbau von Waffenbeständen oder Rüstungskontrollen herbeizuführen. Doch weder die Haager Friedenskonferenzen (1899, 1907) noch die Bemühungen des Völkerbundes in den 20er und 30er Jahren konnten einen Durchbruch erzielen. Erst die Furcht vor einem Atomkrieg und das atomare Patt („Gleichgewicht des Schreckens") zwischen den USA und der Sowjetunion führten zu einem Wandel. Es kam zu Rüstungskontrollen wie dem Atomwaffensperrvertrag (1968) und dem SALT-Abkommen (1972). Echte Abrüstungsvereinbarungen brachte freilich erst eine außenpolitische Wende der UdSSR unter Präsident Gorbatschow. 1987 vereinbarten USA und UdSSR im Vertrag von Washington die Verschrottung aller Mittelstreckenraketen.

Achsenmächte. Die von Hitler und Mussolini 1936 vereinbarte Zusammenarbeit wurde als „Achse Berlin-Rom" bezeichnet. Sie wurde ergänzt durch den Beitritt Italiens zum deutsch-japanischen Antikominternpakt sowie 1939 durch den Stahlpakt, einem Militärbündnis zwischen dem nationalsozialistischen Deutschland und dem faschistischen Italien. Im 2. Weltkrieg nannte man alle mit Deutschland verbündeten Staaten „Achsenmächte".

Alleinvertretungsanspruch. Von der Bundesrepublik Deutschland seit 1955 erhobener Anspruch, dass nur sie Deutschland völkerrechtlich vertreten könne, da allein ihre Regierung durch freie Wahlen legitimiert sei. Dieser Grundsatz westdeutscher Außenpolitik ging auf den Staatssekretär Walter Hallstein zurück und beinhaltete zugleich den Abbruch diplomatischer Beziehungen zu allen Staaten, die die DDR anerkannten. Die Hallstein-Doktrin wurde erst mit der neuen Ostpolitik der sozialliberalen Koalition nach 1969 endgültig aufgegeben.

Alliierter Kontrollrat. Im August 1945 gebildetes oberstes Regierungsorgan der Besatzungsmächte in Deutschland. Der Kontrollrat setzte sich aus den vier Oberbefehlshabern der alliierten Besatzungstruppen zusammen und vertrat die Interessen der USA, der Sowjetunion, Großbritanniens und Frankreichs. Neben seinen Kontrollfunktionen sollte er ein einheitliches Vorgehen bei allen Fragen gewährleisten, die Deutschland als Ganzes betrafen. Auf Grund zunehmender Meinungsverschiedenheiten (→ Kalter Krieg) wurde er bald handlungsunfähig und trat seit März 1948 nicht mehr zusammen.

Antisemitismus. Abneigung oder Feindseligkeit gegenüber Juden. Bezeichnung für völkisch-rassistische Anschauungen, die sich auf soziale, religiöse und ethnische Vorurteile stützen. Derartige Vorstellungen spielten eine zentrale Rolle in der Ideologie der Nationalsozialisten und wurden mit ihrem Machtantritt 1933 in Deutschland politisch wirksam. Sie führten zur Ausgrenzung der jüdischen Bevölkerung aus dem politischen, wirtschaftlichen und gesellschaftlichen Leben (→ Nürnberger Gesetze, 1935), steigerten sich mit dem Pogrom vom 9./10. November 1938 (→ „Reichskristallnacht") und mündeten schließlich in eine systematische Massenvernichtung. Die Berliner Wannseekonferenz beschloss 1942 die sogenannte → „Endlösung der Judenfrage", die zur Ermordung von 6 Millionen Juden in Konzentrations- und Vernichtungslagern führte.

Appeasement-Politik (engl. = Beschwichtigung). Bezeichnung für die konzessionsbereite britische Außenpolitik gegenüber dem nationalsozialistischen Deutschland, die vor allem von Chamberlain vertreten wurde. Chamberlain machte Zugeständnisse bei den deutschen Revisionsbestrebungen, weil er hoffte, Hitler dadurch von einer kriegerischen Durchsetzung seiner Ziele abhalten zu können (Sudetenkrise, Münchner Abkommen 1938). Diese Politik wurde in England zum Teil heftig kritisiert und nach dem deutschen Einmarsch in Böhmen und Mähren 1939 aufgegeben.

Arisierung. Die von den Nationalsozialisten geprägte Wortschöpfung bezeichnete die Enteignung der Juden und die Überführung ihres Eigentums in „arischen", d. h. nicht-jüdischen Besitz. Die Folge dieser Ausplünderung war eine Verarmung der jüdischen Bevölkerung sowie ihre totale finanzielle und wirtschaftliche Deklassierung.

Atlantik-Charta. 1941 von Roosevelt und Churchill auf dem Schlachtschiff „Prince of Wales" im Atlantik beschlossene Erklärung über die Grundzüge der künftigen Nachkriegsordnung. Hierzu zählten das Selbstbestimmungsrecht der Völker, Verzicht auf Annexionen und Gewalt, Gleichberechtigung im Welthandel und die Errichtung eines kollektiven Sicherheitssystems. Die Atlantik-Charta bildete das Grunddokument der → Vereinten Nationen (UNO).

Bekennende Kirche. Bewegung protestantischer Pfarrer und Laien, die seit 1934 den Eingriffen der Nationalsozialisten in kirchliche Angelegenheiten entgegentrat. Sie wandte sich insbesondere gegen die Verfälschung des Christentums durch die nationalsozialistischen „Deutschen Christen" und verurteilte den → Antisemitismus. Trotz Verfolgungen und Verhaftungen setzten kleine Gruppen ihren Widerstand gegen den Nationalsozialismus bis Kriegsende fort.

Berliner Blockade. Von der sowjetischen Besatzungsmacht verhängte Blockade Westberlins durch Sperrung aller Zufahrtswege am 24.6.1948. Dieser Versuch der UdSSR, ganz Berlin unter ihre Kontrolle zu bringen, scheiterte am Widerstand der Westmächte. Sie versorgten Westberlin über eine Luftbrücke, sodass die sowjetische Regierung die Blockade am 12.5.1949 abbrach.

Besatzungsstatut. Parallel zur Gründung der Bundesrepublik Deutschland erließen die drei Westmächte 1949 ein Besatzungsstatut. Mit ihm traten sie wesentliche Hoheitsrechte an den neuen Staat ab, behielten sich jedoch Kontrollbefugnisse und die außenpolitische Vertretung vor. Die Interessen der Westalliierten nahm eine Hohe Kommission mit drei Hochkommissaren wahr. Die Pariser Verträge hoben das Statut nach mehrfacher Lockerung 1955 endgültig auf, doch blieben den Alliierten weiterhin Rechte in Berlin sowie Notstandsbefugnisse vorbehalten.

Besatzungszonen. Die Besatzungsgebiete der vier alliierten Siegermächte, in die Deutschland nach einem Abkommen vom 5.6.1945 aufgeteilt wurde. Berlin erhielt einen Viersektorenstatus.

Bodenreform. Neuverteilung von Landbesitz aus wirtschaftlichen oder politischen Gründen. Nach dem Zweiten Weltkrieg kam es insbesondere in den kommunistischen Staaten zu einer Bodenreform durch Enteignung des Großgrundbesitzes zu Gunsten kleiner oder besitzloser Bauern. Dies war der erste Schritt auf dem Weg zur → Kollektivierung im Sinne einer sozialistischen Gesellschaftsordnung.

Bolschewismus, Bolschewiki (russ. = Mehrheitler). Bezeichnung für die radikalen sozialdemokratischen Anhänger Lenins, die seiner revolutionären Taktik (Leninismus) auf einem Parteitag 1903 zustimmten. Die bei dieser Abstimmung Unterlegenen akzeptierten für sich den Namen Menschewiki (= Minderheitler). Nach Lenins Theorie muss die Proletarische Revolution von einer straff geführten Kaderpartei getragen werden. Sie ist die bestimmende Kraft auf dem Weg zum → Sozialismus und muss durch Parteifunktionäre alle nachgeordneten gesellschaftlichen Gruppierungen beherrschen. In der Sowjetunion erzwang Stalin die Umgestaltung von Staat und Gesellschaft nach bolschewistischen Prinzipien, was nach 1945 von allen Staaten innerhalb des sowjetischen Machtbereichs übernommen wurde.

Breschnew-Doktrin. 1968 besetzten Truppen des Warschauer Pakts unter Führung der Sowjetunion die Tschechoslowakei, um die Reformbewegung des „Prager Frühlings" gewaltsam zu beenden. Um diesen Einmarsch nachträglich zu rechtfertigen, vertrat der sowjetische Generalsekretär Breschnew die These, dass alle Staaten des sozialistischen Lagers lediglich ein „eingeschränktes Selbstbestimmungsrecht" besäßen. Die UdSSR hätte daher das Recht zur Intervention, falls der Sozialismus in einem Land gefährdet sei.

Demontage. Erzwungener Abbau von Industrieanlagen in einem besiegten Land. Die Reparationen, welche die Alliierten Deutschland nach dem 2. Weltkrieg auferlegten, sollten vor allem die Demontage der deutschen Industrie betreffen. Ein Plan sah den Abbau von 1800 Betrieben und eine Begrenzung der Produktion auf 50% des Vorkriegsniveaus vor. Der sich verschärfende Ost-West-Konflikt führte in den westlichen Besatzungszonen schon ab 1946 zu einer teilweisen, 1951 zur endgültigen Einstellung der Demontagen. In der sowjetischen Besatzungszone kam es hingegen zu umfassenden Demontage-

maßnahmen, die den Wiederaufbau stark behinderten. Die Startbedingungen der DDR waren daher ungleich schlechter.
Deutsche Arbeitsfront (DAF). NS-Organisation, die nach Zerschlagung der Gewerkschaften angeblich die Interessen der Arbeitnehmer vertrat. Aufgabe der DAF sollte die Überwindung des „Klassenkampfes“ durch die Idee der nationalsozialistischen „Volksgemeinschaft“ sein.
Deutsch-Sowjetischer Nichtangriffspakt. Am 23. August 1939 in Moskau unterzeichneter Vertrag, auch Hitler-Stalin-Pakt genannt. Beide Staaten sicherten sich im Fall eines Kriegs gegenseitige Neutralität zu. Bedeutender war ein „Geheimes Zusatzprotokoll“, das die Interessengebiete beider Mächte in Osteuropa voneinander abgrenzte und „für den Fall einer territorialen Umgestaltung“ in Kraft treten sollte.
Dolchstoßlegende. Nach dem 1. Weltkrieg von deutschen Nationalisten verbreitete Behauptung, dass nicht das Militär und die kaiserliche Führung für Deutschlands Niederlage verantwortlich seien, sondern Sozialisten und demokratische Politiker. Diese Propaganda diente nationalistischen und antidemokratischen Kräften zur Diffamierung der → Weimarer Republik.
Dritte Welt. Bezeichnung für wirtschaftlich und sozial unterentwickelte Staaten in Afrika, Asien und Lateinamerika. Der Begriff geht zurück auf eine nach 1945 entstandene Klassifizierung, wonach man die hochentwickelten kapitalistischen Industriestaaten des Westens als „Erste Welt“ und die Länder des einstigen kommunistischen Machtblocks als „Zweite Welt“ bezeichnete. Für die unterentwickelten Staaten der Dritten Welt ist auch die Bezeichnung → Entwicklungsländer üblich.

Eindämmungspolitik. Nach dem 2. Weltkrieg gliederte die Sowjetunion Osteuropa ihrem Machtbereich ein und suchte Einfluss auf die angrenzenden Staaten zu gewinnen. Um eine weitere Expansion und die Ausbreitung des Kommunismus zu verhindern propagierten die USA eine Politik der Eindämmung (containment). Sie fand 1947 in der → Truman-Doktrin ihren Niederschlag, die den Beginn des Ost-West-Konflikts und den Ausbruch des → Kalten Kriegs markiert.
Einheitsliste. Kennzeichnendes Element einer Scheinwahl in Diktaturen bzw. → Einparteienstaaten. Bei „Wahlen“ kann lediglich einer Liste zugestimmt werden, welche die Kandidaten der Partei und Vertreter der von ihr beherrschten Organisationen enthält. Eine Auswahlmöglichkeit ist nicht vorgesehen und der Ausgang der „Wahl“ steht von vornherein fest. Einheitslisten waren ein typisches Herrschaftsinstrument der SED in der DDR.
Einparteienstaat. Ein Staat, in dem nur eine Partei das Machtmonopol besitzt, während andere Parteien und Verbände entweder verboten oder → gleichgeschaltet sind. Das Prinzip der Gewaltenteilung ist aufgehoben und eine Opposition, die eine demokratische Willensbildung ermöglichen würde, nicht vorhanden. Einparteienstaaten lassen sich durch Scheinwahlen bestätigen (→ Einheitsliste).
Eiserner Vorhang. Von Winston Churchill 1945 geprägtes Schlagwort. Es bezeichnet die waffenstarrende Grenze in Europa, mit der die Sowjetunion nach dem 2. Weltkrieg ihren Machtbereich von der übrigen Welt abriegelte.
„Endlösung der Judenfrage“. Auf Befehl Hitlers und einer Anweisung Görings vom Juli 1941 kamen am 20.1.1942 führende Vertreter der Reichsregierung und der SS zur Berliner Wannseekonferenz zusammen. Die dort beschlossenen Maßnahmen zielten auf die Vernichtung der europäischen Juden durch Massenmord: „Säuberung“ von West nach Ost mittels Deportation der Juden in die besetzten Ostgebiete zum „Arbeitseinsatz“ und vor allem zur „entsprechenden Behandlung“, d.h. Ausrottung in eigens eingerichteten Vernichtungslagern. Die Wannseekonferenz leitete den größten Völkermord der Geschichte ein, dem etwa 6 Millionen Juden zum Opfer fielen.
„Entartete Kunst.“ Nationalsozialistisches Schlagwort, das moderne Kunst (z. B. Expressionismus, Surrealismus) als „undeutsch“, „zersetzend“ oder „kulturbolschewistisch“ diffamierte. Nach 1933 kam es in mehreren Großstädten – so 1937 in München – zu Ausstellungen „Entarteter Kunst“, die eine Brandmarkung zum Ziel hatten. Um Arbeits- und Ausstellungsverboten zu entgehen emigrierten viele Künstler oder gingen in die innere Emigration. Den Maßnahmen gegen die „Entartete Kunst“ kam häufig eine Abwehrhaltung des deutschen Bürgertums zugute, die auf Unkenntnis und mangelndem Verständnis beruhte.
Entkolonialisierung. Die Auflösung der Kolonialreiche, die die Kolonialmächte seit dem 16. Jh. in Amerika, Afrika und Asien errichtet hatten. Beschleunigt wurde der Prozess der Entkolonialisierung durch den 2. Weltkrieg, der in den folgenden Jahren nahezu allen Kolonien die ersehnte Freiheit brachte.
Entstalinisierung. Nach Stalins Tod kam es auf dem XX. Parteitag der KPdSU 1956 zu einer Abkehr von dessen Terrormethoden. Dazu zählte auch eine Verurteilung des Personenkults sowie die Rehabilitierung politischer Opfer der Stalindiktatur. Diese von Chruschtschow eingeleitete Entstalinisierung griff auf andere Ostblockstaaten über und führte zumeist zur Ablösung der „Stalinisten“. Das System der Diktatur und die beherrschende Rolle der Kommunistischen Partei bestanden unverändert fort.
Entwicklungsländer. Bezeichnung für die Länder der → Dritten Welt, die im Vergleich zu den Industriestaaten einen wirtschaftlich geringen Entwicklungsstand aufweisen. Infolge eines sehr niedrigen Lebensstandards ist die Bevölkerung dieser Länder, die etwa drei viertel der Weltbevölkerung umfasst, von Hunger, Armut und Krankheit bedroht. Die Probleme haben verschiedene Ursachen: mangelnde Industrialisierung, rückständige Landwirtschaft, hohes Bevölkerungswachstum mit Unterernährung, Auslandsverschuldung, Abhängigkeit von Industriestaaten und deren Importen, hohe Analphabetenquote und geringer Bildungsgrad, Mangel an Fachkräften für die Wirtschaft und Verwaltung. Hinzu kommen häufig feudale Oberschichten, die Reformansätze verhindern, da sie um ihre politische Macht fürchten. Der Export dieser Länder beschränkt sich zumeist auf wenige landwirtschaftliche Produkte aus Monokulturen oder auf billige Rohstoffe.
Erfüllungspolitik. Demagogisches Schlagwort von rechten Gegnern der → Weimarer Republik. Es bezeichnete die 1921 eingeleitete Politik der deutschen Regierung, die Reparationsverpflichtungen nach Möglichkeit zu erfüllen trachtete, um damit zugleich die Grenzen der Leistungsfähigkeit offenkundig zu machen. Ziel war somit eine Revision der unhaltbaren Reparationsbestimmungen.
Ermächtigungsgesetz. Ein Gesetz, durch das ein Parlament die Regierung dazu ermächtigt, an seiner Stelle Gesetze oder Verordnungen zu erlassen. Die Gewaltenteilung ist damit aufgehoben und die demokratische Ordnung gefährdet. Katastrophale Folgen hatte das Ermächtigungsgesetz vom 24.3.1933 („Gesetz zur Behebung der Not von Volk und Reich“). Es übertrug die gesamte Staatsgewalt der nationalsozialistischen Regierung und schuf damit die Grundlage der NS-Diktatur.
Europäische Union (EU). 1957 schlossen sich die Bundesrepublik Deutschland, Frankreich, Italien sowie die Benelux-Staaten zur Europäischen Wirtschaftsgemeinschaft (EWG) zusammen. Nach ihrer Verschmelzung mit der Montanunion und der Europäischen Atomgemeinschaft (EURATOM) entstand 1967 die Europäische Gemeinschaft (EG), der weitere europäische Staaten beitraten. 1992 kam es mit dem → Vertrag von Maastricht zu einer grundlegenden Ergänzung, später zum Beitritt zahlreicher osteuropäischer Staaten. Die Europäische Union (EU), wie die Gemeinschaft der 27 Staaten seither heißt, setzte sich neue Ziele: Neben dem zollfreien Binnenmarkt ist eine noch engere Wirtschaftsunion sowie eine europäische Verfassung geplant, weiterhin eine gemeinsame Außen-, Sicherheits- und Rechtspolitik. Fernziel ist die völlige Verschmelzung der Volkswirtschaften.

Faschismus (von lat. fasces = Rutenbündel römischer Beamter als Symbol der Richtgewalt). Der Begriff bezeichnet ursprünglich die nationalistische, autoritäre und nach dem Führerprinzip ausgerichtete Bewegung Mussolinis, die 1922 in Italien zur Macht kam. Die Bezeichnung wurde bald übertragen auf rechtsgerichtete Bewegungen in anderen Staaten, die gleiche Merkmale aufwiesen: eine antimarxistische, antiliberale und demokratiefeindliche Ideologie mit extrem nationalistischen Zügen und imperialistischen Tendenzen. Ziel des Faschismus ist der Einheitsstaat mit dem Machtmonopol der faschistischen Partei, die das gesamte öffentliche Leben beherrscht. Der Staat fordert vom Bürger bedingungslose Unterwerfung, verherrlicht die → „Volksgemeinschaft" und stilisiert den „Führer" zum Mythos. Die Durchsetzung der Macht besorgt ein brutales Polizei- und Überwachungssystem, verbunden mit der Einschränkung von Menschenrechten und einer intensiven Propaganda. Das Ergebnis dieser Diktatur ist der „totale Staat": Verlust aller demokratischen Freiheiten, Terror gegenüber Andersdenkenden, Ausgrenzung ethnischer und religiöser Minderheiten. Zu den Erscheinungsformen des Faschismus zählt auch der → Nationalsozialismus.

Freikorps. Ein aus Freiwilligen bestehender Kampfverband, der nicht zur regulären Armee zählt. In den Jahren 1919–23 setzte die Reichsregierung mehrfach Freikorps zur Abwehr kommunistischer Aufstände und zum Grenzschutz im Osten ein. Auch nach ihrer offiziellen Auflösung bestanden die oft antirepublikanisch eingestellten Freikorps vielfach fort, meist in Form rechtsextremer Untergrundorganisationen, die den inneren Frieden der → Weimarer Republik bedrohten.

Gleichschaltung. Mit der Gleichschaltung bezweckte der → Nationalsozialismus die Durchdringung des Staates und die Ausrichtung aller staatlichen Organe und Interessenverbände auf die nationalsozialistische Reichsregierung. Entsprechende Gleichschaltungsgesetze beseitigten ab 1933 die Länderparlamente, machten die NSDAP zur alleinigen Staatspartei, zentralisierten Gesetzgebung und Verwaltung und zwangen Presse und Kultur unter die Leitung des Propagandaministeriums. Interessenverbände wie z. B. die Gewerkschaften wurden entweder zerschlagen oder durch systemkonforme NS-Organisationen ersetzt.

Grundgesetz. Die vom → Parlamentarischen Rat ausgearbeitete und 1949 in Kraft getretene Verfassung der Bundesrepublik Deutschland wurde Grundgesetz genannt. Damit sollte ihr provisorischer Charakter angesichts der deutschen Teilung deutlich werden, die zu beheben das Grundgesetz gebot.

Grundlagenvertrag. Vertrag von 1972 „über die Grundlagen der Beziehungen zwischen der Bundesrepublik und der DDR". Der Vertrag erkannte erstmals die Souveränität der DDR an und sollte im Rahmen der neuen Ostpolitik der sozialliberalen Koalition eine Normalisierung zwischen beiden deutschen Staaten einleiten.

GUS (Gemeinschaft Unabhängiger Staaten). 1985 leitete der sowjetische Generalsekretär Michail Gorbatschow demokratische Reformen ein, die bald zur Abspaltung nichtrussischer Völker und schließlich zum Zerfall der UdSSR führten. 1991 wurde die Sowjetunion formell aufgelöst und auf ihrem Territorium entstanden neben der Russischen Föderation zahlreiche neue Nachfolgestaaten. Sie schlossen sich unter der Führung Russlands zur lockeren „Gemeinschaft Unabhängiger Staaten" zusammen, der lediglich die drei baltischen Staaten fern blieben.

Hallstein-Doktrin s. Alleinvertretungsanspruch

Hitlerjugend (HJ). Bezeichnung für die nationalsozialistische Jugendorganisation mit ihren verschiedenen Untergliederungen. Bereits 1926 von der NSDAP gegründet, wurde die HJ nach der Machtübernahme 1933 zur umfassenden Staatsjugend ausgebaut. Das 1936 erlassene „Gesetz über die Hitlerjugend" bestimmte, dass diese Organisation die Jugend außerhalb von Schule und Elternhaus im Geist des Nationalsozialismus erziehen sollte. 1939 wurde der Dienst in der HJ Pflicht und zum „Ehrendienst am deutschen Volke" erklärt. Zur HJ zählten auch der „Bund Deutscher Mädel" (BDM), das Deutsche Jungvolk (DJ) für 10–14-jährige Jungen und der Jungmädelbund (JM) für gleichaltrige Mädchen.

Judenverfolgung s. Antisemitismus, „Endlösung der Judenfrage", Nürnberger Gesetze, Reichskristallnacht.

Kalter Krieg. Bezeichnung für die machtpolitische und ideologische Auseinandersetzung zwischen den USA und der Sowjetunion nach dem 2. Weltkrieg. Er war eingebettet in den globalen Ost-West-Konflikt, in dem sich die Militärblöcke der → NATO und des → Warschauer Pakts gegenüberstanden. Angesichts der Vernichtungskraft nuklearer Waffen vermieden die Supermächte eine direkte militärische Konfrontation. Stattdessen versuchten sie die Position des Gegners durch Militärbündnisse, Infiltration, Spionagetätigkeit und wirtschaftlichen Druck zu schwächen. An die Schwelle eines „heißen" Kriegs führten vor allem die → Berliner Blockade (1948/49), der Koreakrieg (1950–53) und die Kubakrise (1962/63). Nach 1963 ließen Entspannungsbemühungen den Kalten Krieg abklingen, doch führte erst der Zerfall des Ostblocks 1989/90 sein endgültiges Ende herbei.

Kapp-Putsch. Umsturzversuch rechtsradikaler Politiker um Wolfgang Kapp und unzufriedener Armeeteile um General v. Lüttwitz. Am 13.3.1920 besetzte eine Marinebrigade das Berliner Regierungsviertel und rief Kapp zum Reichskanzler aus. Mangelnde Unterstützung seitens der Reichswehr und Beamtenschaft ließen den Putsch nach wenigen Tagen scheitern.

Koexistenz. Auf dem XX. Parteitag der KPdSU proklamierte Chruschtschow die „Friedliche Koexistenz" von Staaten unterschiedlicher Gesellschaftsordnung als Leitlinie sowjetischer Außenpolitik. Die Auseinandersetzung zwischen → Sozialismus und Kapitalismus sollte künftig auf wirtschaftlicher und sozialer Ebene ausgetragen, der ideologische Kampf jedoch fortgesetzt werden. Diese Politik führte zu einer Entspannung im sowjetisch-amerikanischen Dialog.

Kolchose. Landwirtschaftlicher Großbetrieb in der Sowjetunion auf genossenschaftlicher Basis. Er war ein Ergebnis der → Kollektivierung und entstand durch Zusammenschluss bäuerlicher Einzelbetriebe unter Aufgabe des Privateigentums an Land und Produktionsmitteln. Jeder Kolchosbauer durfte daneben ein Stück Hofland bis 0,5 ha in privater Regie bewirtschaften.

Kollektivierung. Überführung von Produktionsmitteln – vor allem landwirtschaftlicher Privatbesitz – in genossenschaftlich bewirtschaftetes Gemeineigentum. Die Kollektivierung der sowjetischen Landwirtschaft erfolgte vor allem nach 1927 unter Stalin und zwar zumeist gewaltsam als Zwangskollektivierung. Die so entstandenen Betriebe nennt man → Kolchosen. Nach 1945 kollektivierten auch die sozialistischen Ostblockstaaten ihre Landwirtschaft, so z. B. die DDR in Form der → Landwirtschaftlichen Produktionsgenossenschaften (LPG).

Kommunismus. Von Marx und Engels begründete Theorie, welche die Vorstellung einer klassenlosen Gesellschaft enthält, in der das Privateigentum abgeschafft ist und die Produktionsmittel (Fabriken, Maschinen) in Gemeineigentum überführt worden sind. Eingeleitet wird der Kommunismus durch die Proletarische Revolution. Die Arbeiterklasse errichtet die „Diktatur des Proletariats" und nach der Übergangsphase des Sozialismus entsteht allmählich die kommunistische Gesellschaft. Im 20. Jh. bezeichnete der Kommunismus vor allem die Gesellschaftsform, die nach der → Oktoberrevolution 1917 in der Sowjetunion errichtet wurde und durch die Diktatur der Kommunistischen Partei (KPdSU) gekennzeichnet war. Die Begriffe Kommunismus und Sozialismus werden häufig synonym gebraucht.

Konzentrationslager (KZ). Nach ihrer Machtübernahme 1933 errichteten die Nationalsozialisten Konzentrationslager, in denen anfangs politische Gegner, später auch „rassisch" oder religiös Verfolgte in großer Zahl inhaftiert wurden (1945: 715 000 Häftlinge). Die Lager dienten der Einschüchterung, Ausschaltung und Vernichtung und unterstanden der → SS. Zwangsarbeit, Hunger, Seuchen und sadistische Quälerei brachten vielen Häftlingen den Tod. Im Rahmen der sogenannten → „Endlösung der Judenfrage" errichtete die SS seit 1942 Vernichtungslager in den eroberten Ostgebieten. Etwa 6 Millionen Juden aus allen Teilen des besetzten Europas wurden hier durch Giftgas ermordet.

Kriegskommunismus. Die Wirtschaftspolitik der Sowjetunion im Bürgerkrieg 1918–21. Sie ist gekennzeichnet von einer radikalen Verstaatlichung, dem Verbot des Privathandels und einem Zwang für Bauern zur Abgabe von Nahrungsmitteln.

Leninismus s. Bolschewismus

Locarno-Verträge. In Locarno unterzeichneten am 16.10.1925 Frankreich, England, Belgien, Italien und Deutschland einen Vertrag, in dem Deutschland den Friedensvertrag von Versailles ausdrücklich anerkannte und die Unverletzlichkeit der Westgrenze bestätigte. Der Vertrag beendete Deutschlands Isolierung, führte zum Eintritt in den Völkerbund und leitete eine Entspannung in Europa ein. Verantwortlich für den erfolgreichen Verlauf der Konferenz von Locarno waren vor allem der deutsche Außenminister Gustav Stresemann und sein französischer Amtskollege Aristide Briand.

LPG. Nach dem Vorbild der Sowjetunion führte auch die DDR die → Kollektivierung der Landwirtschaft durch. Bäuerliche Betriebe wurden meist zwangsweise zu Landwirtschaftlichen Produktionsgenossenschaften (LPG) zusammengeschlossen, der Boden einheitlich bestellt und gemeinsam bewirtschaftet.

Marktwirtschaft. Wirtschaftsordnung, die keiner Lenkung durch den Staat unterliegt, sondern dem freien Spiel der Kräfte des Marktes gehorcht. Art und Umfang der erzeugten Güter werden von der Nachfrage bestimmt, die Preisregulierung erfolgt im Wettbewerb mit Konkurrenzprodukten. Voraussetzungen einer Marktwirtschaft sind Privateigentum, Gewerbe- und Vertragsfreiheit, freie Berufs- und Arbeitsplatzwahl sowie ein freier Wettbewerb. Das Gegenmodell zur Marktwirtschaft ist die → Planwirtschaft. – Bei einer sozialen Marktwirtschaft trifft der Staat Vorkehrungen um negative Auswirkungen des freien Wettbewerbs auf die Bevölkerung zu korrigieren. Das geschieht durch eine entsprechende Sozialpolitik, eine Wettbewerbsordnung sowie weitere flankierende Maßnahmen. So z. B. eine Strukturpolitik für wirtschaftlich unterentwickelte Regionen oder eine Konjunkturpolitik zur Dämpfung von Konjunkturschwankungen. Ziel dieser Maßnahmen ist eine gleichmäßigere Einkommensverteilung, der Schutz sozial schwacher Schichten sowie die Verhinderung von Wettbewerbsverzerrungen durch Monopole oder Kartelle (Bundeskartellamt).

Marshallplan. Auf Anregung des amerikanischen Außenministers George Marshall entwickeltes „Europäisches Wiederaufbauprogramm“, das die USA 1947 als Wirtschaftshilfe für das kriegszerstörte Europa einleiteten. Die Westeuropa zufließenden Mittel umfassten Rohstoffe, Maschinen, Nahrungsmittel sowie Kredite und waren die Grundlage eines Neuanfangs. Die Ostblockstaaten lehnten den Marshallplan unter sowjetischem Druck ab und gründeten unter Führung der UdSSR 1949 den → Rat für gegenseitige Wirtschaftshilfe (RGW).

Münchener-Abkommen. Vereinbarung zwischen den Regierungschefs von Großbritannien (Chamberlain), Frankreich (Daladier), Italien (Mussolini) und Deutschland (Hitler) auf der Münchener Konferenz vom 29. September 1938. Sie besiegelte die Abtretung des Sudetenlands ans Deutsche Reich durch die Tschechoslowakei, die hierzu noch nicht einmal angehört wurde.

Nationalsozialismus. Nach dem 1. Weltkrieg in Deutschland entstandene rechtsradikale Bewegung, die nationalistische, expansive und demokratiefeindliche Ziele vertrat. Der Nationalsozialismus ist eine deutsche Ausformung des → Faschismus, von dem er sich freilich durch besonders radikale Positionen abhebt. So vor allem durch einen übersteigerten Rassenwahn („Rassenlehre“), einen extremen → Antisemitismus und die mythische Überhöhung des „arisch-nordischen Herrenmenschen“. Nach ihrer Machtübernahme 1933 errichteten die Nationalsozialisten unter ihrem „Führer“ Adolf Hitler eine Diktatur. Das System stützte sich auf einen Terror- und Überwachungsapparat, inhaftierte Gegner und Minderheiten in → Konzentrationslagern und führte Deutschland mit dem 2. Weltkrieg in den Untergang.

NATO (North Atlantic Treaty Organization, Nordatlantikpakt). Angesichts der Ausweitung des kommunistischen Machtbereichs durch die Sowjetunion schlossen sich 1949 12 Staaten Europas und Nordamerikas zum Militärbündnis der NATO zusammen. Heute umfasst das Bündnis, dessen Führungsmacht die USA sind, 26 Staaten. Die Bundesrepublik trat 1955 bei, Frankreich schied 1966 aus der militärischen Integration aus, da es sie als unvereinbar mit seiner Souveränität betrachtete. Die NATO trug während des Ost-West-Konflikts entscheidend zur Stabilität Westeuropas bei und sucht nach Auflösung des Ostblocks 1989/90 ihre Ziele neu zu definieren. Seit dieser Zeit sind auch zahlreiche ehemalige Ostblockstaaten der NATO beigetreten.

Neue Ökonomische Politik (NEP). 1921 von Lenin eingeleitetes Wirtschaftsprogramm, das die katastrophale Lage am Ende des → Kriegskommunismus überwinden sollte. Die NEP erlaubte den Bauern den privaten Verkauf ihrer Erzeugnisse, ließ einen freien Binnenhandel zu und kehrte partiell zur Marktwirtschaft zurück. Die Folge war eine beachtliche Erholung der Wirtschaft. Unter Stalin wurden diese marktwirtschaftlichen Elemente wieder beseitigt.

New Deal (engl. = Neuverteilung der Spielkarten). Bezeichnung für die nach 1933 eingeleiteten Reformen von US-Präsident Roosevelt, mit denen er die Folgen der → Weltwirtschaftskrise zu überwinden suchte. Zu den zentralen Bestandteilen zählten: Drosselung der Überproduktion, inflationistische Wirtschaftspolitik, Arbeitsbeschaffungsprogramme sowie Unterstützungsmaßnahmen für Farmer. Flankiert wurden diese Maßnahmen nach 1935 durch eine arbeiterfreundliche Sozialgesetzgebung, eine Stärkung der Gewerkschaften sowie Gesetze zur Entflechtung großer Trusts. Die Impulse des New Deal vermochten zwar die Krise nicht endgültig zu meistern, stellten aber wichtige Weichen für die Veränderung des amerikanischen Gesellschaftssystems, vor allem zu Gunsten benachteiligter Schichten. Die Auffassung des modernen Sozialstaats, der für das Wohlergehen seiner Bevölkerung verantwortlich ist, setzte sich mit dem New Deal in Amerika weitgehend durch.

Notverordnung. Durch Artikel 48 der Weimarer Verfassung war der Reichspräsident ermächtigt, bei Gefährdung der „öffentlichen Sicherheit und Ordnung“ gesetzesvertretende Verordnungen zu erlassen, welche die Grundrechte völlig oder teilweise außer Kraft setzten. Diese Maßnahmen mussten zwar auf Verlangen des Reichstags rückgängig gemacht werden, doch da der Reichspräsident den Reichstag jederzeit auflösen konnte, verlieh ihm der Artikel 48 praktisch diktatorische Vollmachten. In der Endphase der → Weimarer Republik (1930–33) wurden Notverordnungen zum eigentlichen Regierungsinstrument und ermöglichten den totalitären Staat der Nationalsozialisten.

Novemberrevolution. Im November 1918 in Deutschland ausgebrochene Aufstände, welche zum Ende der Monarchie führten und den Übergang zur parlamentarischen Republik einleiteten. Zu den Ursachen zählten Deutschlands militärischer Zusammenbruch im 1. Weltkrieg, die langjährige Verweigerung innerer Reformen sowie die wirtschaftliche Notlage. Meuternde Matrosen und aufständische Arbeiter in Kiel und Wilhelmshaven lösten die Revolution aus, die rasch auf die großen Binnenstädte übergriff. Träger der Erhebung waren spontan gebildete Arbeiter- und Soldatenräte, die am 10.11.1918 einen „Rat der Volksbeauftragten“ als Reichsregierung bildeten. Der Streit, ob der revolutionäre Weg zu einer → Räterepublik oder einer verfassungsgebenden Nationalversammlung führen sollte, wurde auf einem Reichsrätekongress im Dezember 1918 zu Gunsten der parlamentarischen Lösung entschieden. Während die SPD diese Entscheidung befürwortete, verfochten Teile der USPD und die Spartakusgruppe eine Räterepublik. Die Wahlen zur Nationalversammlung am 19.1.1919 machten den Weg zur → Weimarer Republik frei.

Nürnberger Gesetze. Die Ausgrenzung der jüdischen Bevölkerung durch eine diskriminierende Gesetzgebung leiteten die Nationalsozialisten gleich nach ihrer Machtübernahme ein. Das Berufsbeamtengesetz von 1933 verwehrte allen Deutschen jüdischer Herkunft den Zugang zum öffentlichen Dienst. Verschärfte Bestimmungen schlossen Juden bald aus der Wirtschaft und dem öffentlichen Leben aus und führten 1935 mit den Nürnberger Gesetzen zu einem Höhepunkt der NS-Rassegesetzgebung: Der Entzug zentraler Bürgerrechte deklassierte die jüdische Bevölkerung zu minderen Staatsangehörigen, Eheschließungen und sexuelle Beziehungen zwischen Deutschen und Juden waren als „Rassenschande“ verboten und wurden mit Zuchthaus bestraft. Die rechtliche Diskriminierung zog die gesellschaftliche Isolierung nach sich und bereitete den Boden für den Völkermord an den Juden vor (→ „Endlösung“, Antisemitismus).

Oder-Neiße-Linie. Auf der → Potsdamer Konferenz der Siegermächte des 2. Weltkriegs (USA, Sowjetunion, Großbritannien) 1945 festgelegte Demarkationslinie zwischen Deutschland und Polen. Alle deutschen Gebiete östlich dieser Linie, die entlang der Oder und Lausitzer Neiße verlief, wurden polnischer Verwaltung unterstellt. Die Oder-Neiße-Linie sollte bis zur endgültigen Regelung durch einen Friedensvertrag Bestand haben und wurde mit dem „Vertrag über die deutsche Souveränität" vom 12.9.1990 zur völkerrechtlich verbindlichen Grenze. Die Westverschiebung Polens hatte ihre Ursache im Bestreben der Sowjetunion, das ihr im Hitler-Stalin-Pakt 1939 zugesicherte Ostpolen zu annektieren. Polen sollte dafür im Westen mit deutschen Gebieten entschädigt werden.

Oktoberrevolution. Bolschewistischer Umsturz in Russland am 25. Oktober 1917 (nach westlicher Zeitrechnung der 7. November 1917), der eine gewaltige politisch-soziale Umwälzung einleitete. Der wirtschaftliche und militärische Zusammenbruch des Zarenreichs als Folge des 1. Weltkriegs schuf Mitte 1917 die Voraussetzungen für die Revolution. Bolschewistische Truppen und Arbeitermilizen besetzten die wichtigsten Gebäude von St. Petersburg und erstürmten den Regierungssitz. Unter Führung Lenins übernahm der „Rat der Volkskommissare" die Regierung, die bei Bauern und Soldaten Rückhalt fand. Sofort erlassene Dekrete enteigneten den Großgrundbesitz zu Gunsten der Bauern, verstaatlichten Banken und Industrie, beseitigten die Pressefreiheit und bereiteten den Friedensschluss mit den Mittelmächten vor.

Ostverträge. Bezeichnung für mehrere Verträge, die die Bundesregierung unter Bundeskanzler Willy Brandt (SPD) schloss. Hierzu zählen der Moskauer Vertrag mit der Sowjetunion vom 12.8.1970, der Warschauer Vertrag mit Polen vom 7.12.1970 und der → Grundlagenvertrag mit der DDR vom 21.12.1972. In diesen Verträgen erkannte die Bundesrepublik die Unverletzlichkeit der polnischen Westgrenze und die Souveränität der DDR an und verzichtete damit auf ihren → Alleinvertretungsanspruch. Die Ostverträge waren zwischen der sozialliberalen Koalition und der CDU umstritten, führten aber zu einer Phase der Entspannung.

Parlamentarischer Rat. Am 1.9.1948 in Bonn zusammengetretene Versammlung, die auf Anordnung der Westmächte eine Verfassung für die Länder der westdeutschen Besatzungszonen ausarbeiten sollte. Der Rat umfasste 65 Mitglieder, welche die elf Landtage delegiert hatten. Zum Präsidenten des Rats wurde Konrad Adenauer (CDU) gewählt. Am 8.5. 1949 verabschiedete der Rat das „Grundgesetz für die Bundesrepublik Deutschland", das am 23.5.1949 feierlich verkündet wurde.

Planwirtschaft. Bezeichnung für ein Wirtschaftssystem, in dem der Staat die gesamte Volkswirtschaft lenkt und kontrolliert. Produktion, Verteilung von Waren und Preisfestsetzung erfolgen nach einem einheitlichen Plan, dessen Erfüllung eine zentrale Planbehörde überwacht. Ein Wettbewerb ist in diesem System nicht vorgesehen und das freie Spiel der Kräfte des Marktes zur Regulierung von Angebot, Nachfrage und Preisen außer Kraft gesetzt. Die Planwirtschaft – auch Zentralverwaltungswirtschaft genannt – ist vor allem in sozialistischen Staaten verbreitet. Das gegensätzliche Modell ist die → Marktwirtschaft.

Potsdamer Konferenz. Vom 17.7.–2.8.1945 traten die Regierungschefs der alliierten Siegermächte zur Konferenz von Potsdam zusammen um die deutsche Nachkriegsordnung zu beraten. Truman (USA), Stalin (UdSSR) und Churchill (Großbritannien) fassten hier wichtige Beschlüsse, die im Potsdamer Abkommen vom 2.8.1945 verankert wurden: Einsetzung eines → Alliierten Kontrollrats, Entmilitarisierung, Entnazifizierung, Verfolgung von Kriegsverbrechern, Reparationszahlungen, Übertragung der Verwaltung der deutschen Ostgebiete jenseits der → Oder-Neiße-Linie an Polen und die UdSSR (nördliches Ostpreußen), Ausweisung der deutschen Bevölkerung aus den Ostgebieten, Entflechtung der Wirtschaft, Aufbau einer deutschen Selbstverwaltung nach demokratischen Grundsätzen. Die Beschlüsse der Potsdamer Konferenz bestimmten die Deutschlandpolitik nach 1945 entscheidend, wurden jedoch infolge des ausbrechenden → Kalten Kriegs und der Gründung beider deutscher Staaten in vielen Bereichen bedeutungslos.

Räterepublik. Staatsform, die unterprivilegierte Bevölkerungsschichten (z.B. Arbeiter, Bauern, Soldaten) direkt an der Macht beteiligt. Gewählte Delegierte bilden einen Rat, der alle Entscheidungsbefugnisse besitzt und ausführende, gesetzgebende und richterliche Gewalt in seiner Hand vereinigt. Die Gewaltenteilung ist damit aufgehoben. Die Räte sind ihrer Wählerschaft direkt verantwortlich und jederzeit abwählbar. Das Rätesystem bildet somit ein Gegenmodell zur parlamentarischen Demokratie. In Russland bildeten sich 1905 und während der → Oktoberrevolution 1917 spontan Räte (russ. = → Sowjets), die freilich später zu Herrschaftsinstrumenten der Kommunistischen Partei wurden. Während der → Novemberrevolution 1918 kam es auch in Deutschland zur Bildung von Arbeiter- und Soldatenräten, die jedoch dem parlamentarischen System der → Weimarer Republik weichen mussten.

„Reichskristallnacht." Ein von den Nationalsozialisten inszeniertes Pogrom gegen die jüdische Bevölkerung im Deutschen Reich, das eine neue Phase der Judenverfolgung einleitete. In der Nacht vom 9. zum 10. November 1938 zerstörten nationalsozialistische Kolonnen etwa 7000 jüdische Geschäfte, setzten Synagogen in Brand und demolierten Wohnungen, Schulen und Betriebe. Im Verlauf des Pogroms wurden zahlreiche Juden misshandelt, 91 fanden den Tod, über 30000 wurden ohne Rechtsgrundlage in „Schutzhaft" genommen um ihre Auswanderung zu erpressen (→ Nürnberger Gesetze, „Endlösung der Judenfrage").

RGW. Rat für gegenseitige Wirtschaftshilfe, auch COMECON (Council for Mutual Economic Assistance) genannt. 1949 von der Sowjetunion und 5 weiteren Ostblockstaaten gegründete Organisation, die als Reaktion auf den von der UdSSR abgelehnten → Marshallplan entstand. Die DDR trat 1950 bei. Ziel des RGW war die wirtschaftliche Integration der Ostblockstaaten im Rahmen einer internationalen sozialistischen Arbeitsteilung, basierend auf der Koordination der einzelnen Volkswirtschaftspläne. Die Schwerfälligkeit der → Planwirtschaften und die Isolierung des RGW von der wettbewerbsorientierten Weltwirtschaft verhinderten jedoch einen Erfolg. Der Zerfall des Ostblocks und die Ausrichtung der osteuropäischen Staaten auf die → Marktwirtschaft führten 1991 zur Auflösung des RGW.

Roll-back-Politik. Der amerikanische Außenminister J.F. Dulles entwarf 1950 ein Konzept, das eine Abkehr von der Politik der → Eindämmung vorsah und stattdessen eine aktive Machtpolitik befürwortete. Gestützt auf ihre atomare Überlegenheit sollten die USA die Sowjetunion „zurückdrängen" (roll back) und die unter kommunistische Herrschaft geratenen Länder befreien (liberation). Das Kriegsrisiko wurde dabei in Kauf genommen. Im Gegensatz hierzu verfolgte Dulles jedoch sowohl beim Aufstand in der DDR (1953) als auch in der Ungarn- und Suezkrise (1956) eine vorsichtige, auf den Status quo gerichtete Politik.

SA (Sturmabteilung). Militärisch organisierter Kampfverband der Nationalsozialisten. Sie war bei Saalschlachten und Straßenkämpfen als Schlägertruppe gefürchtet, verlor jedoch nach Ausschaltung ihrer Führungsspitze 1934 an Bedeutung.

Sowjet (russ. = Rat). In der russischen Oktoberrevolution von 1917 bildeten sich – wie schon zuvor in der Revolution von 1905 – spontane Arbeiter-, Soldaten- und Bauernräte. Sie gerieten rasch unter den Einfluss der → Bolschewisten, die mit dem „Rat der Volkskommissare" unter Lenin die Regierungsgewalt übernahmen. 1917 wurde die Russische Sozialistische Föderative Sowjetrepublik gegründet, 1922 konstituierte sich die Union der Sozialistischen Sowjetrepubliken (UdSSR). Dem Staatsaufbau lag seither das Rätesystem (→ Räterepublik) zu Grunde, dessen Spitze der Oberste Sowjet bildete. Dieses Parlament wurde alle vier Jahre gewählt, wobei die Bevölkerung lediglich den Kandidaten der Kommunistischen Partei und Vertretern der von ihr beherrschten Organisationen zustimmen konnte.

Sozialismus. Im 19. Jh. entstandene politische Bewegung, die bestehende gesellschaftliche Verhältnisse mit dem Ziel sozialer Gleichheit und Gerechtigkeit verändern will. Als Mittel hierzu dient die Abschaffung des Privateigentums, die

Überführung der Produktionsmittel in Gemeineigentum, die Einführung einer → Planwirtschaft und die Beseitigung der Klassenunterschiede. Seit Ende des 19. Jh. bildeten sich gemäßigte und radikale sozialistische Richtungen, deren Ziele von einer Reform der kapitalistischen Wirtschaftsweise bis zum Umsturz der auf ihr beruhenden Gesellschaftsordnung reichten. Nach 1945 unterschied man den realen Sozialismus, wie ihn die Ostblockstaaten praktizierten, und den demokratischen Sozialismus, wie ihn die sozialdemokratischen und sozialistischen Parteien der westlichen Welt vertreten. In der marxistischen Theorie bildet der Sozialismus das Übergangsstadium vom Kapitalismus zum → Kommunismus.

SS (Schutzstaffeln). Elite- und Terrororganisation der Nationalsozialisten, die 1925 mit Sicherungsaufgaben der NSDAP und ihres „Führers" Adolf Hitler betraut wurde. Unter der Leitung von Heinrich Himmler stieg sie nach 1933 zum stärksten Machtfaktor im nationalsozialistischen Deutschland auf. Als Himmler 1936 zugleich Chef der Polizei wurde und die Geheime Staatspolizei (Gestapo) mit ihrem Spitzelsystem übernahm, verfügte die SS über die totale Macht im Staat. Während des 2. Weltkriegs übernahmen besondere SS-Verbände zunehmend militärische Aufgaben (Waffen-SS). Als Herrschaftsinstrument der Nationalsozialisten verübte die SS zahlreiche Verbrechen. Vor allem ist sie verantwortlich für die brutale Verfolgung politischer Gegner (→ Konzentrationslager) und den millionenfachen jüdischen Mord in den Vernichtungslagern. Der Nürnberger Gerichtshof stufte die SS als „verbrecherisch" ein.

Stahlpakt. Am 22.5.1939 geschlossener Bündnisvertrag zwischen dem nationalsozialistischen Deutschland und dem faschistischen Italien. Der Vertrag sah eine Beistandspflicht im Kriegsfall und militärische Kooperation vor. Damit richtete er sich gegen die westlichen Demokratien und sicherte Hitlers unmittelbar bevorstehenden Polenfeldzug ab.

Stalinismus. Von Stalin geprägtes Herrschaftssystem, das sich der Gewalt und des Terrors bediente, und von etwa 1927 bis 1953 währte. Der von Stalin propagierte „Aufbau des Sozialismus in *einem* Land" sollte vor allem die Industrialisierung vorantreiben und Überreste des Kapitalismus durch einen verschärften Klassenkampf beseitigen. Die Folge war ein brutales Terrorregime, das seine Ziele mit Schauprozessen, Liquidierungen, Deportationen und „Säuberungen" durchsetzte, wobei Stalin einen ausgeprägten Personenkult inszenierte. Der XX. Parteitag der KPdSU verurteilte 1956 die terroristischen Elemente des Stalinismus (→ Entstalinisierung).

Truman-Doktrin. Außenpolitische Leitlinie der USA im → Kalten Krieg, die auf einer Kongressbotschaft des amerikanischen Präsidenten Harry S. Truman (1945–52) vom 12.3.1947 basierte. Unter dem Eindruck der sowjetischen Expansionspolitik versprachen die USA, „alle freien Völker zu unterstützen, die sich Unterjochungsversuchen durch bewaffnete Minderheiten oder auswärtigem Druck widersetzen". Diese → Eindämmungspolitik der USA sollte von einer massiven Militär- und Wirtschaftshilfe begleitet werden und eine kommunistische Infiltration der westlichen Welt verhindern.

Vereinte Nationen (United Nations Organization, UNO). Gestützt auf die → Atlantik-Charta gründeten 51 Nationen am 26.6. 1945 in San Francisco die UNO. Die Organisation soll den Weltfrieden sichern und die Achtung der Menschenrechte gewährleisten. Die UNO verfügt über fünf Hauptorgane: Zentrale Beratungsinstanz ist die Generalversammlung, die aus den Vertretern der Mitgliedstaaten besteht. Sie wählt die nichtständigen Mitglieder des Sicherheitsrats, den Wirtschafts- und Sozialrat sowie den Generalsekretär. Ihre Entschließungen haben den Charakter von Empfehlungen. Der Sicherheitsrat entscheidet über Maßnahmen zur Friedenssicherung. Er umfasst 5 ständige Mitglieder mit Vetorecht (USA, Russland, VR China, Großbritannien, Frankreich) sowie 10 nichtständige Mitglieder. Weitere Organe sind der Wirtschafts- und Sozialrat, der Internationale Gerichtshof in Den Haag sowie der Generalsekretär als ausführende Instanz. Zahlreiche Sonderorganisationen nehmen sich weiterer Aufgaben der UNO an, vor allem im Bereich der Entwicklungshilfe, der Bildung und Kultur sowie der Gesundheit.

Vertrag von Maastricht. Der in Maastricht beschlossene „Vertrag über die Europäische Union", der 1993 in Kraft trat, ergänzte die bisherige Europäische Gemeinschaft (EG) grundlegend. Neben der Vollendung des zollfreien Binnenmarktes sieht er eine vertiefte europäische Integration vor, die durch folgende Maßnahmen erreicht werden soll: Errichtung einer Wirtschafts- und Währungsunion (bereits erfolgt), gemeinsame Außen- und Sicherheitspolitik, Zusammenarbeit in der Innen- und Rechtspolitik, in der Umwelt- und Sozialpolitik. Fernziel ist neben der wirtschaftlichen auch die politische Integration, deren Form aber umstritten ist.

Volksdemokratie. Bezeichnung für kommunistische Herrschaftssysteme, die nach 1945 vor allem in den osteuropäischen Staaten des sowjetischen Machtbereichs errichtet wurden. Während die Einrichtungen einer parlamentarischen Demokratie äußerlich fortbestanden, herrschte in Wirklichkeit die kommunistische Partei, die das gesamte gesellschaftliche und wirtschaftliche Leben bestimmte. Zu den Merkmalen der Volksdemokratie zählen Vergesellschaftung der Produktionsmittel (→ Kollektivierung, Planwirtschaft) und das Herrschaftsmonopol der kommunistischen Partei, der sich vielfach weitere Parteien im Rahmen eines Blocks unterordnen (→ Einheitsliste). In der marxistisch-leninistischen Theorie sichert die Volksdemokratie den Übergang vom Kapitalismus zum Sozialismus.

Volksgemeinschaft. In der Ideologie des → Nationalsozialismus wurde stets die „schicksalhaft verbundene Volksgemeinschaft" beschworen, die über Klassengegensätzen stehen und sich dem „Führer" unterordnen sollte. Da die Nationalsozialisten entschieden, wer zu ihr zählen sollte, war die Volksgemeinschaft ein Instrument zur Ausgrenzung von Minderheiten und zur Brandmarkung politischer Gegner.

Warschauer Pakt. 1955 in Warschau gegründetes Militärbündnis, dem 7 Ostblockstaaten unter Führung der Sowjetunion angehörten. Albanien trat 1968 aus. Der Pakt entstand als Reaktion der UdSSR auf den Beitritt der Bundesrepublik zur → NATO und beide Militärblöcke prägten nachhaltig den globalen Ost-West-Konflikt. Das Bündnis erwies sich rasch als Herrschaftsinstrument der Sowjetunion, die 1956 den Volksaufstand in Ungarn niederschlug. 1968 marschierten Truppen des Warschauer Pakts in die Tschechoslowakei ein und beendeten die Reformbewegung des „Prager Frühlings". Mit der deutschen Vereinigung verließ 1990 die DDR den Warschauer Pakt, der sich nach Zerfall des Ostblocks 1991 auflöste.

Weimarer Republik. Bezeichnung einer von 1919–1933 währenden Epoche deutscher Geschichte, die nach dem ersten Tagungsort der verfassungsgebenden Nationalversammlung 1919 benannt ist. Eingeleitet wurde die Weimarer Republik von der → Novemberrevolution 1918, die zum Zusammenbruch des Kaiserreichs führte. Die Weimarer Verfassung, welche die Nationalversammlung 1919 verabschiedete, ersetzte die Monarchie durch eine parlamentarische Republik. Sie bestand bis 1933 und fiel dann der nationalsozialistischen Diktatur zum Opfer. Trotz wirtschaftlicher Not und politischer Gegensätze kam es in der Weimarer Republik zu bedeutenden kulturellen Leistungen, die sich frei von staatlicher Bevormundung entfalten konnten. Auch auf den Gebieten der Forschung und Wissenschaft wurde in vielen Bereichen Weltgeltung erreicht.

Weltwirtschaftskrise. Ende der 20er Jahre verschlechterten sich die Konjunkturdaten der USA. Die Gründe lagen in einer hohen Überproduktion, einem Absatzrückgang sowie einem aufgblähten Kreditvolumen. Hinzu kam die destabilisierende Wirkung von Reparationszahlungen sowie die Schuldenlast, welche die Alliierten der USA noch aus der Zeit des 1. Weltkriegs trugen. Dies führte am 24.10. 1929 („Schwarzer Freitag") zu einem Kurssturz an der New Yorker Börse, der eine weltweite Wirtschaftskrise auslöste. Die sozialen Folgen der Weltwirtschaftskrise trugen erheblich zur politischen Radikalisierung bei und bewirkten in Deutschland ein Anwachsen des Nationalsozialismus. Massenarbeitslosigkeit und Verelendung breiter Bevölkerungsschichten diskreditierten nicht nur das kapitalistische Wirtschaftssystem, sondern auch die liberale Demokratie.

Akademie der Künste, Kunstsammlung, Berlin: 88 M5 (Inv.Nr. Heartfield 419)
akg-images, Berlin: Schutzumschlag o.li., Schutzumschlag o.re. (AP), 6 o., 7 Mi., 9 M3 + M4, 19 M6, 23 M3, 28 M4, 30 M8, 33 M2, 37 M3, 43 M6, 46 M1, 47 M3, 50 M1, 52 M5, 62 M1, 63 M2, 68 M4, 70 M1 + M2, 75 M14, 78 o. re., 79 o. li., 80 M1, 81 M2 + M3, 83 M6, 84 M11 85 M13 + M14, 89 M7 o., 92 M2, 101 M3, 102 M6, 109 M5 + M6, 113 M9, 114 M2, 119 M2, 128 M5, 129 M7, 137 M3 + M4, 138 M6, 140 M8, 142 M1, 144 M4 (M. Teller), 144 M5, 145 M6, 147 M3, 148 M6 + M7, 152 M1, 153 M3, 158/159, 159 o. li., 164 M1, 178 M1, 179 M2, 181 M6, 184 M1, 186 M4 + M5, 192 M4, 201 M3, 225 M4, 154 o. Mi. (AP), 257 M3, 261 M9 + M10, 270 M1, 271 M3, 296 M2 (N. Rau-Härning), 296 M3 (U. Hesse), 302 M1 (AP)
artur architekturbilder agentur, Essen: 198/199 (F. Toelle), 267 M2 (K. Frahm)
Associated Press, Frankfurt/M.: 161 M4

Baaske Cartoons, Müllheim: 155 M7 (F. Behrendt), 248 M1 (Th. Plaßmann), 251 M7 (J. Tomicek)
Bayerisches Hauptstaatsarchiv, München: 54 M8, M10 + M11 (Plakatsammlung)
Bildarchiv Preußischer Kulturbesitz, Berlin: Schutzumschlag u., 6 u., 8 M1, 9 M5, 26 M1, 36 M1, 37 M2, 61 M2, 64 M4, 66 M1, 74 M11 (D. Katz), 82 M5, 93 M4, 96 M1, 102 M4 (H. Hoffmann), 104 M11, 107 M3 (L. Aufsberg), 266 M1 (H. Hubmann)
Bundesarchiv Koblenz: 23 M2, 93 M3 (3/23/27), 159 Mi. li., Mi. re. + o. re, 175 M3, 177 M6 (Plak 004.05-05), 183 M8, 188 M11, 272 M6

ccc, www.C5.net: 220 M1 (F. Behrendt)
Cinetext, Frankfurt/M.: 269 M7, 278 M2 li.
© CORBIS, Düsseldorf: 7 o. (Bettmann), 41 M2 (Bettmann), 209 M9 (W. McNamee)

ddp, Berlin: 159 u.li. (M. Kappler), 195 M8 (M. Kappler)
Deutsches Filminstitut – DIF, Frankfurt/ M.: 38 M6, 56/57, 56 M2, 58 M4
Deutsches Historisches Museum, Berlin: 38 M7, 49 M7 (P62/1058), 54 M9 (PL I 14382), 111 M5 (Stadtbildstelle, Essen), 124 M5, 208 M5 (PL I 03445), 254 u.li., 272 M5, 279 M3, 292 M1 li., 297 M4
Deutsch-Französisches Jugendwerk, Berlin: 229 M3
Die Deutsche Bibliothek, Frankfurt/M.: 102 M5
DIE ZEIT 11.04.1969: 235 M8
Dokumentationsarchiv des österreichischen Widerstands, Wien: 130 M10

Edition Klaus Staeck, Heidelberg: 293 M4 li.
Europäische Gemeinschaften, Luxemburg: 229 M2
Europäisches Informationszentrum, Hannover: 249 M2
Europäisches Parlament, Luxemburg: 238 M1
Express Newspapers Distr. Bulls © 1997: 303 M3

Gedenkstätte Deutscher Widerstand, Berlin: 147 M4, 149 M9
© GLOBUS Infografik GmbH, Hamburg: 239 M3, 249 M3
Gottscheber, P., München: 251 M6

Grafik Werkstatt, Bielefeld: 292 M2

Haitzinger, H., München: 220 M2, 242 M1, 296 M7 + M8
Hanel, W., Bergisch Gladbach: 237 M12, 304 M4, 305 M6
Haus der Geschichte, Bonn: 163 M7, 167 M5, 176 M5 (W. Hicks), 235 M7 (P. Leger), 240 M4 o. li. (P. Leger), 265 M5, 282 M2 (M. Jensch)
Hessisches Landesmuseum, Darmstadt: 13 M3 (W. Kumpf)

Institut für Zeitungsforschung der Stadt Dortmund: 190 M1 Mi, o. + u.
Interfoto, München: 57 M3, 267 M3 re. (Weber)

Jürgens Ost- und Europa-Photo, Berlin: 73 M10, 293 M3

Keystone Pressedienst, Hamburg: 32 M1, 233 M3, 306 M1
Köhler, H.E.: 290 M5, 292 M1 re.
Konrad-Adenauer-Stiftung e.V., Archiv für Christlich-Demokratische Politik, Sankt Augustin: 167 M6, 256 M1
Kranz, P., Braunschweig: 78/79
Kulow, B., Tübingen: 173 M2

laif, Köln: 198 u.re. (Redux), 203 M8 (Redux)
Landesarchiv, Berlin: 13 M2
Lang, E.M.: 284 M2
Langner, P., Hannover: 150 M11
Lenin-Bibliothek, Moskau: 73 M7

Maruki, Iri und Toshi „Pika-Don“: 154 M4
Münchner Stadtmuseum: 100 M1 (K92/16), 186 M6, 271 M4 (Pulfer)
Museum für Kunst und Gewerbe, Hamburg: 148 M8

Ostkreuz, Berlin: 296 M1 (S. Bergmann)
Otto, W., Oberhausen: 6/7

Picture Alliance, Frankfurt/M.:
AFP: 198 o. re., 226 M6
akg-images: 198 Mi.li, 216 M1, 269 M6, 277 M2, 280 M5, 282 M1
BRAVO: 267 M3 li.
dpa: 143 M2, 159 u. re. (H.-J. Goettert), 195 M9 (H.-J. Goettert), 198 o. li., 198 u.li. (DB/Pressens Bild), 200 M1 (Scholz), 202 M5 (Belga), 203 M7 (DB/Pressens Bild), 215 M5, (DB), 225 M3, 254/255, (Kumm), 254 o.li., 254 o.re., 258 M4 (Ossinger), 263 M2, 275 M12, 288 M1, 289 M3, 298 M6 (Bildfunk), 302 M2, 306 M2 (P. Kneffel), 308 M4 (W. Kumm), 308 M5 (T. Brakemeier)
Pielert, K.: 240 M4 o.re.
Presse- und Informationsamt der Bundesregierung - Bundesbildstelle, Berlin: 191 M2

R.G. Fischer Verlag, Frankfurt/M:. 60 M1
Rowohlt Verlag, Reinbeck: 219

Schaffernich, C.: 293 M4 re.
Schöne, W., Essen: 288 M2
Sipa Press, Paris: 126 M1, 243 M2 (Robert)
Staatliche Museen zu Berlin, Preußischer Kulturbesitz: 185 M3 (Kunstbibliothek/K. Petersen)
Staatliches Russisches Museum, Sankt Petersburg: 72 M5, 132 M2, 134 M6
Stadtarchiv Nürnberg: 110 M2
Stadtarchiv und Stadtmuseum, Münster: 112 M7
Stadtmuseum München: 34 M4
Stehle, K., München: 17 M2
STERN: 285 M3 (C. Meffert)
SV Bilderdienst, München: 86 M1, 115 M3, 206 M2, 207 M3, 224 M1 (S.M.), 226 M5, 233 M4, 234 M6, 262 M1 (AP), 265 M6, 300 M10 (U. Gerig)
Scherl: 10 M6, 51 M3, 97 M3, 106 M2, 115 M4, 127 M3, 133 M3

The Punsh, 5.12.1934: 116 M7 (B. Partridge)
Tonn, D., Bovenden: 58 M5 , 76/77, 156/157, 196/197, 252/253, 310/311
travelstock44.de, Berlin: 136 M1 (Held)

ullstein bild, Berlin: 27 M3, 39 M8 li (Granger Collection), 39 M8 re. (AKG Pressebild), 40 M1, 42 M4 (P/F/H), 50 M2, 52 M4, 63 M3 (Archiv Gerstenberg), 78 o. li., 89 M7 u. li., 89 M7 u. re., 90 M1, 100 M2, 114 M1 (Archiv Gerstenberg), 120 M5 (Archiv Gerstenberg), 122 M1, 122 M2 (SV Bilderdienst), 129 M8, 130 M1, 133 M4 (Reuters), 136 M2 (Granger Collection), 146 M1 (Borgas), 160 M1, 160 M2, 174 M1 (Nowosti), 174 M2 (dpa), 180 M4, 193 M6 (HDG, Bonn), 198 Mi. re. (UPI), 201 M4 (Bonnsequenz), 202 M6 (AP), 207 M4 (Europress), 210 M10, 213 M2, 217 M2 (dpa), 217 M3 (UPI), 230 M5 (BPA), 244 M3 (Roger Viollet), 245 M4 (dpa), 284 M1 (dpa), 299 M7 (Röhrbein)
Unionsverlag, Zürich: 218

© VG Bild-Kunst, Bonn 2007: 6 o. + u., 18 M3, 52 M5, 53 M7, 61 M2, 70 M2, 73 M7, 88 M5, 138 M6, 293 M4 li.

Westfälisches Museum für Kunst und Kulturgeschichte, Münster: 18 M3
Wilhelm-Busch-Museum, Hannover: 257 M2 (P. Gauditz)
Wochenpost Verlag, Berlin/Deutsche Bücherei, Leipzig: 297 M5

Zöllner, R., Berlin: 307 M3

alle übrigen Schaubilder und Karten: Westermann Kartographie/Technisch Graphische Abteilung, Braunschweig